《國學論文索引》全編(全四冊)

劉修業等　編

第四册

國家圖書館出版社

第四冊目錄

目録

國學論文索引五編

侯植忠　編

北京:北京圖書館參考研究組 1955 年 1 月油印本,
分上下兩冊

國學論文索引五編

（上　冊）

北京圖書館參攷研究組印

一九五五·一·

國學論文索引五編

（上　冊）

內部參攷

北京圖書館參攷研究組印

一九五五．一

说　　明

我馆以往曾陆续编印过国学论文索引一至四编。抗战前，已故职员侯植忠接着完成了第五编，但一直没有付印。最近有好些单位知道我们有这部稿本，纷纷前来钞录　为了免于大家钞录的麻烦，特将全部稿本油印出来，以供有关单位内部参考。

例　　言

一、本編乃繼四編而作所收期刊以二十六年六月以前出版者為限

二、本編分類與一至四編均大體相同惟圖書館學之前增博物館學一類復因論文之多少亦間有增刪讀者請參看目錄便知

三、本編改用橫行每條之後均注明日期及面數較從前各編為詳茲舉例說明如下

　　　例一

　　怎樣研究國學　仲翁　天地人月刊　1:12　497—499面
　　　25年11月15日

　　　　1:12表示第一卷第十二期　497—499面表示此文刊在該誌自四九七面起至四九九面止　25年11月15日表示該期雜誌為二十五年十一月十五日出版

　　　例二

　　從中國藝術以探索中國文化　唐君毅　論學　2　28—36面　26年2月1日

　　　　2表示期數因論學不分卷故也

　　　例三

　　續通鑑紀事本末書後　孟森　天津大公報圖書副刊　160　25年12月10日　又圖書季刊　3:4　—221—244面　25年12月　表示此文嘗刊於大公報圖書副刊第一百六十期　又刊於圖書季刊三卷四期

四、其餘各項請參看索引三編例言茲不在贅

國學論文索引五編目錄

國學論文索引五編所收期刊卷期一覽表

二　畫

十日戲劇　上海　國劇保存社編　26年1月朔刊　收1：3—14
　　（中缺1：1．2兩期）　26年3月7日——7月1日

丁己雜誌（月刊）　北京　丁己雜誌社編　6年2月20日朔刊
　　收1：1—2　6年2月20日——4月20日

丁丑雜誌（月刊）　北平　丁丑學會編　26年4月30日朔刊
　　收朔刊號　26年4月30日

人文月刊　上海　人文月刊社編　19年朔刊　收7：1——8：5
　　25年2月15日——26年6月15日

人生評論（月刊）　北平　人生評論社　25年10月朔刊　收1：2
　　25年10月10日——11月10日

人生與文學（季刊）　天津　人生與文學社編　收2：2　25年
　　7月10日　2：4　26年4月10日

人海燈（月刊）　浙江　人海燈社編　23年1月創刊　收3：1
　　——4：7　（中缺1．2卷及3：4，4：3）　25年1月1日—
　　26年7月1日

三　畫

之江期刊（半年刊）　杭州　之江文理學院學生自治會編　22年
　　6月20日朔刊　收4，5，7．（中缺1，3，6）

之江經濟期刊（半年刊）　杭州　之江文理學院經濟學會編
　　23年1月1日朔刊　收1，6　（缺2．3．4．5）　23年1月
　　——25年5月1日

之江學報（年刊）　杭州　之江文理學院之江學報編輯委員會編
　　6月朔刊　收5　25年9月

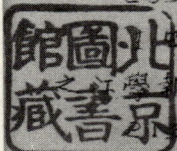

2

工商學誌（半年刊） 天津 工商學院編 19年荊刊 收7：1
——9：1（7卷以前各期缺） 24年4月25日——26年
5月31日

工業學院學報 見河北省立工業學院學報

工讀周刊 上海 圖書學校編 24年12月7日荊刊 收1：2.3
24年12月14日——21日

大地（月刊） 廣州 中山大學地質學會編 26年1月15日荊
刊 收1：1——6 25年1月15日——26年6月15日

大夏年刊 上海 大夏大學年刊編輯委員會編 收1 ：22年
6月1日

大衆知識（半月刊） 北平 通俗讀物編輯社編 25年10月20
日荊刊 收1：1——9 25年10月20日——26年3月5日

大道半月刊 天津 大道半月刊社編 22年12月22日荊刊
收15——24 23年7月16日——12月1日

大學藝文（月刊） 北平 燕京大學藝文社編 25年5月1日
荊刊 收1：1——2 25年5月1日——6月1日

女師學院季刊 河北省立女師學院學生自治會編 21年12月
25日荊刊 收1：1,2期合刊——3：3,4期合刊

女師學院期刊（半年刊） 天津 河北省立女子師範學院出版
課編 收4：1,2期合刊 25年6月29日

山西大學法學季刊 太原 山西大學法學院編 26年5月1日
荊刊 收荊刊號 26年5月1日

山東民衆教育月刊 山東省立民衆教育館編 收6：6——8：3
24年3月25日——26年4月

山東省立圖書館季刊 濟南 山東省立圖書館編 22年3月荊
刊 收1：2 25年12月13日

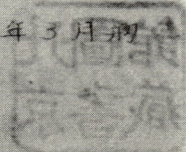

18

四　畫

方志（兩月刊）　南京　方志學會編　收 9:1 —— 3,4 期合刊
　　25 年 1 月 —— 7 月

文化批評（季刊）　南京　文化批評社編　23 年 7 月刊刊　收
　　3:3 —— 4:2 （缺 3:1.2.4）.　25 年 6 月 15 日 —— 26 年 4 月
　　10 日

文化建設（月刊）　上海　文化建設月刊社編　23 年 10 月刊刊
　　收 2:4 —— 3:9　25 年 1 月 10 日 —— 26 年 6 月 10 日

文化與教育（旬刊）　北平　文化與教育旬刊社編　23 年 11 月
　　20 日刊刊　收 75 —— 115　24 年 12 月 20 日 —— 26 年 1 月 30 日

文化論衡（月刊）　上海　雜誌公司出版　25 年 9 月 1 日刊刊
　　收刊刊號　25 年 9 月 10 日

文哲月刊　北平　清華大學文哲月刊社編　24 年 10 月刊刊　收
　　1:4 —— 9　25 年 1 月 15 日 —— 12 月 20 日

文華圖書館學專科學校專刊　武昌　文華大學圖書館專科學校
　　編　13 年刊刊　收 3:1 —— 9:2　25 年 3 月 15 日 —— 26 年 6
　　月 15 日

文學（月刊）　上海文學社編　22 年 6 月刊刊　收 6:1 —— 7:6
　　25 年 1 月 1 日 —— 12 月

文學年報　北平　燕京大學國文學會編　21 年 7 月刊刊　收 2-3
　　25 年 5 月 —— 26 年 5 月

文學雜誌（月刊）　上海　商務印書館出版　26 年 5 月 1 日刊刊
　　收刊刊號　26 年 5 月 1 日

文藝大路（月刊）　上海　文藝大路社編　24 年 5 月 10 日刊刊
　　收 1:1 —— 6 （中缺 1:5）　24 年 5 月 10

文藝月刊　南京　中國文藝社編　19 年 8 月刊刊　收 3:1 —— 9:6

4

25年1月1日 —— 12月1日

文瀾學報（季刊）　杭州　浙江省立圖書館編　24年1月報刊
收2:1 — 3:1　25年3月21日 —— 26年3月21日

文獻特刊　國立北平故宮博物院文獻館編　收特刊1期　24年
10月

文獻論叢　國立北平故宮博物院文獻館編　收論叢紀念刊1種
25年10月10日

文獻叢編（月刊）　北平故宮博物院文獻館編　17年3月報刊
收29輯 —— 26年第四輯　24年3月 —— 26年4月

天地人（半月刊）　上海　徐訏等編　獨立出版社出版　25年
三月報刊　收1:1 — 8　25年3月 — 6月16日

天地人（月刊）　北平　天地人月刊社編　24年十二月15日報
刊　收1:1 — 2:6　24年12月15日 —— 26年5月15日

天風（不定期刊）　江蘇　天風社編　26年6月1日報刊　收1
26年6月1日

天津大公報文藝　大公報文藝編輯部編　收25年1月 —— 26年
7月底止

天津大公報史地周刊　燕京大學史地周刊社編　收25年1月——
26年7月底止

天津大公報明日之教育　明日社編　收25年1月 —— 26年7月
底止

天津大公報科學副刊（雙周）　大公報科學副刊社編　收25年
1月 —— 26年7月底止

天津大公報經濟周刊　經濟周刊社編　收25年1月 — 26年7月

天津大公報圖書副刊　國立北平圖書館編　收25年1月 — 26年
7月底止

天津大公報藝術周刊　藝術周刊社編　收25年1月 — 26年7月底止

天津大公報醫學　北平丙寅醫學社編　收25年1月——26年
7月底止

天津市立通俗圖書館月刊　天津市立通俗圖書館編　23年5月
刱刊　收1:1——2:3.4分刊　23年5月30日——25年4月
20日

天津益世報人文　輔仁大學敏之學社編　收25年1月——26年
7月底止

天津益世報史學（雙周）　史學研究會編　收25年1月——26年
7月底止

天津益世報社會研究　燕京大學社會研究社編　收25年1月——
26年7月底止

天津益世報宗教與文化　收25年1月1日——26年7月底止

天津益世報食貨　陶希聖編　收25年1月——26年7月底止

天津益世報通俗科學　通俗科學社編　收25年1月——26年
7月底止

天津益世報商業　商業研究社編　收25年1月——26年7月底止

天津益世報農村　農村問題研究社編　收25年1月——26年
7月底止

天津益世報讀書　北京大學讀書週刊社編　收25年1月——26年
7月底止

孔子儒學月刊　北平　汪望俊　馬廮榮編　26年1月刱刊　收
刱號　26年1月20日

中山大學文學院專刊　見國立中山大學文學院專刊

中山文化教育館專刊　南京　中山文化教育館編　23年秋季刱
刊　收3:2.4及4:1

中心評論（旬刊）　南京中心評論社編　25年1月21日刱刊
收1——34　25年1月21日——12月21日

6

中央大學文藝叢刊　見國立中央大學文藝叢刊

中央大學社會科學叢刊　見國立中央大學社會科學叢刊

中央大學教育叢刊　見國立中央大學教育叢刊

中央日報文史　收26年1月——6月底止

中央日報中央公園　收26年1月——6月底止

中央日報民風　收26年1月——6月底止

中央日報周刊　收26年1月——6月底止

中央日報圖書評論　收26年1月——6月底止

中央軍校圖書館月報　南京　中央軍校圖書館編　22年3月1日
　　創刊　收1——32（中缺第18）22年3月1日——25年9
　　月15日

中央研究院史語研究所專刊之十三——田野考古報告　見國立
　　中央研究院歷史語言研究所專刊之十三——田野考古報告

中央研究院史語研究所集刊　見國立中央研究院歷史語言研究
　　所集刊

中央時事周報（周刊）南京　中央時事周報社編　21年11月
　　5日創刊　收4:43——6:13　24年11月9日——26年4月
　　10日

中外文化月刊　上海　中外文化協會編譯委員會編　26年2月
　　1日創刊　收創刊號　26年2月1日

中外月刊　南京　中外月報社編　收1:1——2:5　24年12月1
　　日——26年5月1日

中西醫藥（月刊）上海　中西醫藥研究社編　24年9月創刊
　　收1:3——3:6　24年11月1日——26年6月1日

中法大學月刊　北平　中法大學月刊社編　20年11月創刊　收
　　8:2——11:2　24年12月1日——26年5月1日

中國文化建設協會山西分會月刊　中國文化建設協會山西分會

編 24年1月期刊 收2：1—3 25年1月16日——3月16日

中國文學會集會（不定期刊） 杭州 之江文理學院中國文學
　　會編 22年6月版刊 收23 25年——25年8月

中國古生物誌 北平 地質調查所編 收甲種1：1—3 2：1
　　4：1 乙種1：1—4 2：1—2 3：1—3 4：1—2 5：1—3
　　6：1,4,5,6 7：1 8：1—3 9：1—3 11：1—3 12：3—5
　　13：1 14：1 15：1 兩種1：1—4 2：1—4 4：1—5
　　5：1—5 6：1—4 7：1—3 8：1—3 3：1 10：1 丁種
　　1：1—4 3：1 6：1 7：1—2

中國出版月刊 杭州 中國出版月刊社編 21年10月朔刊 收
　　5：1—6：5.6合刊 24年8月25日——9月10日

中國社會（季刊） 南京 中國社會問題研究會編 23年7月
　　期刊 收2：3—3：4 25年1月15日——26年4月15日

中國社會經濟史集刊（季刊） 國立中央研究院社會科學研究
　　所編 21年11月期刊 收3：2—5：1 24年11月——26年
　　3月

中國美術會季刊 南京 中國美術學會編輯委員會編 25年1
　　月期刊 收1：1—4 25年1月1日——26年1月1日

中國建設（月刊） 南京 中國建設協會編 19年朔刊 收14：1
　　—16：1（14卷以前各期未收） 25年7月——26年7月

中國建築（月刊） 上海 中國建築師學會編 22年7月朔刊
　　收1：1—28 22年7月——26年1月

中國新論（月刊） 南京 中國新論社編 24年4月期刊 收
　　2：1—10 25年1月1日——11月1日

中國國際聯盟同志會月刊 南京 中國國際聯盟同志會編 25年
　　5月15日版刊 收1：1—7 25年5月15日—11月15日

中國博物館協會會報（兩月刊） 北平 中國博物館協會編

8

24年9月创刊　收1:1——2:3　24年9月——26年1月

中國學生（周刊）　上海　中國學生周刊社編　24年9月20日
　創刊　收1:1——3:25　24年9月20日——26年2月26日

中國營造學社彙刊（不定期刊）　北平　中國營造學社編　19
　年創刊　收6:2——3　24年12月——25年9月

中華月報　上海　中華日報館編　22年1月創刊　收3:1——5:7
　24年1月1日——26年7月1日

中華法學雜誌（月刊）　南京　中華民國法學會編　19年創刊
　收1:1——8　25年9月1日——26年4月1日

中華季刊　武昌　中華大學中華季刊編輯委員會編　19年2月
　創刊　收3:2——3　25年2月——3月

中華教育界（月刊）　上海　中華教育社編　元年2月創刊
　收23:7——24:10　25年1月1日——26年4月1日

中華圖書館協會會報（兩月刊）　北平　中華圖書館協會編
　14年6月創刊　收11:4——12:5　25年2月29日——26年
　4月30日

中華醫學雜誌（月刊）　收23:1——24:1　26年1月——27年
　1月

中等算學月刊　武昌大學中等算學月刊社編　22年創刊　收
　5:1——3（5卷以前各期未收）　26年1月——2月

中興月刊　南京　中山學社編　25年6月1日創刊　收1:1——5
　25年6月1日　2:5　26年5月1日

中興週刊　武昌　中興週刊社編　22年6月創刊　收72——160
　（中缺121——152）　23年12月1日——26年3月7日

中學生雜誌（月刊）　上海　開明書局中學生雜誌社編　19
　年2月創刊　收61——72　25年1月1日——26年2月1日

內外雜誌（半月刊）　南京　內外雜誌社編　25年8月5日創刊

24

收1：1——2：10　25年8月5日——26年6月10日

水利月刊　南京　水利工程學會編　20年7月刊刊　收1：1——12：3　20年7月——26年3月

仁愛月刊　廣東　仁愛月刊社編　24年1月1日刊刊　收1：6——12　25年4月

五　畫

市政評論（月刊）　杭州　市政評論社編　22年刊刊　收4：1——5：5　26年5月16日

正中月刊　武昌　正中月刊社編　23年12月刊刊　收3：1——4　25年1月20日——4月20日

正風雜誌（半月刊）　北平　正風雜誌社編　25年3月1日期刊　收2：2——3：12　25年3月1日——26年3月1日

古泉學（季刊）　上海　中國古泉學會編　25年6月1日期刊　收1：1——4　25年6月1日——26年3月

世界動態（月刊）　北京大學出版社出版　25年11月刊刊　收1：1——2　25年11月1日——12月1日

民俗（兩月刊）　廣州　國立中山大學研究院文科研究所民俗學會編　25年3月15日復刊　收1：1——2　25年9月15日——26年

民族學研究集刊（不定期刊）　南京　中山文化教育館研究部民族問題研究室編　25年5月刊刊　收1　25年5月

民族雜誌（月刊）　上海　民族雜誌社編　22年1月刊刊　收4：1——5：7（中缺5：4，5，6）　25年1月1日——26年7月1日

民鐘季刊　廣東　國民大學文法學院學術研究社編　24年3月刊刊　收1：4——2：3　24年12月——25年10月

10

申報周刊　上海　申報周刊社編　25年1月刱刊　收1:1—25
　　2:1—28　25年1月1日——26年7月18日（中缺1:25
　　以後數期及2:16）

史地半月刊　北平　史地補充敎材編譯社編　25年11月1日刱
　　刊　收1:4.—13.14合刊　25年12月16日——26年5月16日

史地社會論文摘要月刊　上海　大夏大學史地社會學研究室編
　　23年10月20日刱刊　收1:1—5　23年10月20日——24年1
　　月20日　又收3:5.7.8（其餘各期均缺）

史地雜誌（兩月刊）　杭州　國立浙江大學史地學系編　26年
　　5月1日刱刊　收刱刊號及1:2　26年5月1日——26年
　　7月1日

史學年報　北平　燕京大學歷史學會編　收2:3（第八年總號
　　八期）——4（第九年總號九期）　25年12月1日——26年
　　12月

史學消息（月刊）　北平　燕京大學歷史學系編　25年10月25
　　日刱刊　收1:1—8　25年10月25日——26年7月1日

史學專刊（季刊）　廣州　國立中山大學研究院文科研究所歷
　　史學部編　24年12月1日刱刊　1:2—4　25年12月10日

史學集刊　國立北平研究院史學集刊編輯委員會編　25年4月
　　刱刊　收1—2　25年4月——10月

北大社會科學季刊　見國立北京大學社會科學季刊

北平世界日報文藝周刊　收24年4月1日——26年6月30日

北平世界日報明珠　收24年4月1日——26年6月30日

北平世界日報音樂　收24年4月1日——26年6月30日

北平世界日報副刊　收24年4月1日——26年6月30日

北平世界日報國語周刊　北平敎育部國語推行委員會編　收24
　　年4月1日——26年6月

北平世界日報圖書館周刊　芸社編　收24年4月1日——26年
　　6月30日

北平世界日報戲劇　收24年4月1日——26年1月30日

北平私立木齋圖書館季刊　北平　私立木齋圖書館編　22年2
　　月期刊　收1,2　26年2月1日——5月1日

北平故宮博物院年刊　見國立北平故宮博物院年刊

北平研究院院務彙報　見國立北平研究院院務彙報

北平晨報生活與教育　收25年1月——26年6月

北平晨報思辨　北平中西編譯會思辨社編　收25年1月1日——
　　26年6月30日

北平晨報社會研究　北平　燕京大學社會研究社編　22年9月
　　期刊

北平晨報風雨談　收25年1月——26年6月

北平晨報現代政治周刊　收25年1月——26年6月

北平晨報婦女青年　收25年1月——26年6月

北平晨報婦女副刊　收25年1月——26年6月

北平晨報婦女與家庭　收25年1月——26年6月

北平晨報國劇周刊　北平　清華大學戲曲研究社編　收25年1
　　月1日——26年6月30日

北平晨報學園　收25年1月1日——26年6月30日

北平晨報謠俗周刊　收25年1月——26年6月

北平晨報藝圃　收25年1月1日——26年6月30日

北平華北日報中國文化　北平文化團體聯合會編　收20年1月
　　1日——26年6月30日

北平華北日報中國古占卜術研究　江紹源編　收20年1月——
　　26年6月

北平華北日報史學周刊　北平新史學建設學會編　收20年1月1

12

日——26年6月30日

北平華北日報每 談座 收20年1月——26年6月

北平華北日報副刊 收20年1月——26年6月

北平華北日報副葉 收20年1月——26年6月

北平華北日報經濟周刊 收20年1月——26年6月

北平華北日報圖書周刊 收23年11月5日——25年3月30日

北平華北日報藝術周刊 收20年1月——26年6月

出版周刊 上海 商務印書館出版 13年1月期刊 收142——233 26年5月13日

生力月刊 江蘇鎮江 生力月刊社編 24年11月期刊 收1:4——5 25年2月10日——3月10日

六 畫

江西省立圖書館館刊（不定期刊） 南昌 江西省立圖書館編 23年11月期刊 收1,2 23年11月——24年

江漢思潮（月刊） 武漢 江漢思潮社編 收4:1——5：3（中缺5:1） 25年1月15日——12月15日

江蘇省立國學圖書館年刊 南京 國學圖書館編 17年期刊 收5——9 21年12月——25年10月

江蘇研究（月刊） 上海 江蘇研究社編 24年5月期刊 收2:6——3:5,6合刊（中缺2:1——5） 25年6月30日——26年6月30日

安大季刊 安慶 安徽大學編審委員會編 25年1月期刊 收1:1——3 25年1月1日——7月1日

宇宙風（半月刊） 上海 宇宙風社出版 24年9月期刊 收6——24 24年12月1日——25年9月1日

安雅（月刊） 武昌 安雅月刊社編 24年2月期刊 收1:12

25年5月1日

交大平院季刊　北平　交通大學學生自治會編　24年6月29日
　　創刊　收1:1—2:1　24年6月29日—25年9月30日

交大季刊　上海交通大學編　19年4月創刊　收1—23　19年
　　4月—26年3月

交大唐院季刊　唐山　交通大學土木工程學院編　19年9月30
　　日創刊　收1:1—4:1　19年9月—24年3月

交通雜誌（月刊）　南京　交通雜誌社編　21年10月創刊　收
　　1:1—5:5　21年10月—26年5月

地理學報（季刊）　南京　中國地理學會編　23年3月創刊
　　收3:1—3　25年3月—9月

地質專報　北平　地質調查所編　收甲種1—5.11；乙種1
　　—3.5；丙種1—2

地質論評（兩月刊）　北平　地質學會編　25年2月創刊　收
　　1:6—2:4（缺1:1—5）　25年12月—26年8月

地質彙報（季刊）　北平　地質調查所編　8年7月創刊　收
　　1—29　8年7月—26年3月　甲種1—5.11；乙種1—
　　3.5　丙種1—2

地學季刊　上海　中華地學會編　收2:2—3　24年9月1日
　　—12月1日

地學雜誌（季刊）　北平　中國地學會編　清宣統2年創刊
　　收25年第1期（本誌第117期）至26年第一期（本誌第181
　　期）

西北論衡（月刊）　北平　西北論衡社編　22年創刊　收4:2
　　—5:5　25年2月15日—26年5月15日

西風（月刊）　上海　西風月刊社編　25年9月1日創刊　收
　　1—11　25年9月1日—26年7月1日

14

西湖博物館館刊　見浙江省立西湖博物館館刊

考文學會雜報（兩月刊）　蘇州　考文學會籌備會編　26年5
　　月1日創刊　收期刊號　26年5月1日

考古社刊（半年刊）　北平　燕京大學考古學社編　23年12月
　　創刊　收4,5　25年6月——12

同行月刊　上海　商務印書館編　22年1月創刊　收4:1——
　　5:4,5合刊（內5:1及5:以前各卷期缺）

同濟大學二十週年紀念冊　見國立同濟大學二十週年紀念冊

光華大學半月刊　上海　光華大學半月刊編輯委員會編　21年
　　10月創刊　收4:6——5:9　25年3月10日——26年5月
　　10日

七　畫

社會科學（季刊）　國立清華大學社會科學編輯部編　24年10
　　月創刊　1:2——2:3　25年1月——26年4月

社會科學論叢（月刊）　廣州　國立中山大學法科社會科學論
　　叢編輯委員會編　27年11月創刊　收1:1——5　17年12月15
　　日——18年3月15日　2:3——8,9合刊　19年3月1日——9月1日
　　3:1——2　20年1月1日——2月10日　3:10——11,12合刊
　　20年10月1日——12月1日　4:1——9　20年1月1日——
　　22年9月1日

社會科學論叢季刊　廣州　國立中山大學社會科學論叢季刊編
　　輯委員會編　收2:3——3:1　24年7月1日——26年1月1日

社會科學雜誌（季刊）　國立中央研究院社會科學研究所編
　　19年創刊　收2:1——8:2（一卷缺）　27年3月——26年

社會研究（季刊）　廣州　中山大學社會學系社會研究所編
　　25年1月創刊　收1:1——3　25年1月——26年1月

社會學界（年刊）　北平　燕京大學社會學界編輯委員會編
　　16年6月期刊　收9　25年8月

八　畫

河北（月刊）　保定　河北省政府月刊社編　22年1月期刊
　　收1:1—5:4　22年1月1日—26年4月15日

河北省立工業學院學報（年刊）　天津　河北省立工業學院學
　　報社編　23年9月期刊　收1—3　23年9月—26年6月

河北博物院畫刊（半月刊）　天津　河北博物院編　收105—
　　140（中缺134）　25年2月25日—26年7月10日

河南政治月刊　開封　河南政治討論會編　20年9月期刊　收1:1
　　—7:4（6:1缺）　20年9月—26年4月

河南博物館館刊（月刊）　開封　河南博物館編　25年7月期
　　刊　收1—9　25年7月1日—26年5月1日

法律評論（周刊）　北平　朝陽學院法律評論社編　12年期刊
　　收12:41（總號613期）—14:32（總號709期）24年
　　3月11日—26年6月30日

法學雜誌（兩月刊）　上海　東吳大學法學雜誌社編　11年4
　　月期刊　收1:1—10:2　11年4月11日—26年6月

治史雜誌（季刊）　國立北京大學史學會編　26年3月期刊
　　收期刊號　26年3月1日

青年月刊　南京　青年月刊社編　24年期刊　收1:5—3:6
　　（中缺1:6,2:5,3:3）　25年2月15日—26年3月15日

青年界（月刊）　上海　北新書局出版　20年3月期刊　收9:1
　　—11:2　25年1月—26年2月

青鶴雜誌（半月刊）　上海　青鶴雜誌社編　21年11月期刊
　　收3:24—5:4　24年11月1日—26年1月1日

16

武大文哲季刊　見國立武漢大學文哲季刊

武大社會科學季刊　見國立武漢大學社會科學季刊

武大理科季刊　見國立武漢大學理科季刊

東方雜誌（半月刊）　上海　商務印書館東方雜誌社編　清光
　　緒30年荊刊　收33:1──34:14　25年1月1日──26年
　　7月16日

東吳學報（半年刊）　蘇州　東吳大學文理學院東吳學報社編
　　22年4月荊刊　收2:1──3:1　24年4月

亞波羅（雙月刊）　西湖　國立杭州藝術專科學校編　17年10
　　月荊刊　收13──17　23年3月1日──25年10月1日

長城季刊　綏遠　長城社編　24年6月荊刊　收1:3──2:2
　　25年1月1日──10月1日

制言半月刊　蘇州　章氏國學講習所編　24年荊刊　收8──32
　　25年1月1日──26年1月1日

金陵學報（半年刊）　南京　私立金陵大學學報編輯委員會編
　　20年荊刊　收5:2──6:2　24年11月──25年11月

九　畫

美育（不定期刊）　廣州　市立美術學校編　16年荊刊　收4
　　（復刊號）　26年1月1日

美術（月刊）　廣州　市立美術學校編　24年11月荊刊　收2─5
　　24年11月──25年6月（荊刊號缺）

前途雜誌（月刊）　上海　前途雜誌社編　22年1月荊刊　收
　　4:7──5:9（中缺4:1──6）25年7月16日──26年7
　　月16日

建國月刊　南京　建國月刊社編　18年5月15日荊刊　收14:1
　　──15:2　25年1月25日──3月20日

政治月刊　南京　政治通訊月刊社編　23年4月15日荊刊　收
　　1：1—4：2　23年4月15——24年12月1日
政治季刊　南京　中央政治學校研究部編　收2：1（2卷以前
　　各卷期未收）　25年5月15日
政治經濟學報（季刊）　天津　南開大學經濟研究所編　22年
　　荊刊　收4：3——5：3　25年4月——26年4日
政治學報（年刊）　上海　光華大學政治學會期刊委員會編
　　18年荊刊　收3，4，6，7（缺1，2，5）　25年2月——26年
　　3月
協大學術（不定期刊）福建　私立協和大學出版委員會編　19
　　年6月荊刊　收4　25年11月
盍旦（月刊）　北平　盍旦月刊社編　24年19月15日荊刊　收
　　1：4—5　25年1月15日——2月15日
南洋研究　上海　暨南大學海外文化事業部編　17年荊刊　收
　　6：1—5（六卷以前各卷期未收）　25年4月—10月
南華月刊　廣州　南華社編　26年1月25日荊刊　收1：1　26年
　　1月25日
故宮旬刊　北平　故宮博物院編　25年5月1日荊刊　收1——
　　28（內缺第13）　25年5月1日——26年6月1日
故宮周刊　北平　故宮博物院編　18年10月10日荊刊　收493
　　——510　24年12月27日——25年4月25日
思想月刊　上海　思想月刊社編　26年2月荊刊　收1：2—3
　　（創刊號缺）　26年3月1日——4月1日
科學的中國（半月刊）　南京　中國科學化運動協會編　21年
　　1月1日荊刊　收1：2—9：8　21年1月15日——26年
　　4月15日
科學雜誌（月刊）　上海　中國科學社編　4年1月荊刊　收

15：1 —— 21：6　19年11月1日 —— 26年6月1日

紅豆（月刊）　香港　南國社出版　22年12月荊刊　收3：6——
4：6　24年12月25日 —— 25年8月15日

約翰聲（半月刊）　上海　聖約翰大學出版　收46——47（46
期以前各期未收）　24年12月31日 —— 25年6月1日

食貨（半月刊）　北平　食貨社出版　收3：3 —— 5：12　25年
1月1日 —— 26年9月16日

禹貢（半月刊）　北平　禹貢學會編　23年3月1日荊刊　收
4：9——7：8，9合刊　25年1月1日 —— 26年7月1日

十　畫

浙江省立西湖博物館館刊（半年刊）　浙江　西湖博物館編
22年6月荊刊　收1——4　22年6月 —— 24年6月

浙江省立圖書館協會會刊（年刊）　浙江省立圖書館協會編
25年5月荊刊　收1，2　25年5月 —— 26年4月

海事月刊　天津　海事編譯局辦事處編　16年7月1日荊刊
收1：1——10：6　16年7月1日 —— 25年12月1日

海潮音（月刊）　武昌　海潮音雜誌社編　收17：1——18：4
25年1月15日 —— 26年4月15日

書人（月刊）　上海　書人月刊社編輯部編　26年1月荊刊
收1：1——3　26年1月1日 —— 3月1日

書林（半月刊）　廣州市立中山圖書館編　26年3月10日荊刊
收1：1——5　26年3月10日 —— 5月10日

哲學評論（不定期刊）　北平　中國哲學會編　16年4月荊刊
收6：1——7：2　24年3月 —— 25年12月

哲學與教育（半年刊）　國立武漢大學哲學教育學會編　21年
6月荊刊　收4：2——5：1　25年6月1日 —— 12月1日

真光雜誌（月刊） 上海 真光雜誌發行部出版 清光緒28年
　刊刊 收35：1——13 25年1月——12月

時代青年（月刊） 濟南 時代青年社編 25年5月25日刊刊
　收1：1——2：1 25年5月25日——11月30日

時事月報 南京 時事月報社編 13年11月刊刊 收12：1——6
　24年1月1日——25年1月1日

時事類編（半月刊） 南京 中山文化教育館編 22年8月10
　日刊刊 收3：1——5：9（中缺5：1——8） 24年1月10日
　——26年5月1日

員幅（半年刊） 湖南大學中國文學會編 25年7月1日刊刊
　收1：1，2 25年7月1日——26年1月1日

師大月刊 北平 國立師範大學師大月刊社編輯委員會編 21
　年11月1日創刊 收23——31 24年12月30日——26年
　1月31日

十一畫

清華大學工程學會會刊 見國立清華大學工程學會會刊

清華月刊 北平 國立清華大學月刊社編 21年5月刊刊 收
　刊刊號 26年5月

清華週刊 北平 國立清華大學清華週刊社編 3年3月24日
　刊刊 收44：1——45：12 25年4月12日——26年1月
　25日

清華學報（季刊） 北平 國立清華大學學報社編 4年刊刊
　收11：1——12：2 26年4月

商業叢刊（不定期刊） 上海 大夏大學商學會編 24年7月
　1日刊刊 收3，4（中缺1，2） 25年9月20日——26年
　3月10日

20

康藏前鋒（月刊） 南京 康藏前鋒社編 22年9月創刊 收4:1

合刊—— 8.9合刊 25年10月20日 —— 26年5月20日

通俗文化（半月刊）上海 通俗文化社編 24年1月創刊 收2:1

—— 4:12 24 —— 25年12月30日

現代史學 廣州 國立中山大學史學研究會編 22年1月10日創刊

收3:1 —— 2 25年5月25日 —— 26年4月5日

張菊生先生七十生日紀念論文集（特刊） 上海 商務印書館編

收特刊一冊 26年1月

教育新潮（季刊） 安慶 安徽大學教育學社編 21年創刊 收

4:1,2合刊—— 4:4 24年4月 —— 25年12月

教育學報（年刊） 北平 燕京大學教育學會編 25年3月3日創

刊 收1,2 25年3月3日 —— 26年4月5日

教育雜誌（月刊） 上海 商務印書館教育雜誌社編 清宣統元年

創刊 收21:10 —— 27:5 13年10月20日 —— 26年5月10日

國立中山大學文學院專刊 廣州 國立中山大學文學院出版審查委

員會編 收2.3 25年11月

國立中央大學文藝叢刊（半年刊） 南京 國立中央大學文學院編

收2:2（黃季剛先生遺著專號） 25年1月

國立中央大學社會科學叢刊（半年刊） 南京 國立中央大學法學

院編 23年5月創刊 收2:2 25年7月

國立中央大學教育叢刊（半年刊） 南京 國立中央大學編 22年

11月20日創刊 收3:1.2（3卷以前各卷期缺）

國立中央研究院歷史語言研究所集刊 南京 中央研究院歷史語言

研究所集刊編輯部編 17年創刊 收2:3 —— 7:3（中缺4:4）

23年 —— 26年11月

國立中央研究院歷史語言研究所專刊 南京 中央研究院歷史語言

研究所考古組編 收專刊13（田野考古報告） 25年8月

國立北平大學學報　北平　國立北平大學校長辦公處出版　22
　　年期刊　收1:5（工學專刊）　25年12月

國立北平故宮博物院年刊　北平　國立北平故宮博物院編　25
　　年7月期刊　收期刊號　25年7月

國立北平研究院院務彙報（兩月刊）　北平　國立北平研究院
　　出版部編　19年5月期刊　收1:1－7:6　19年5月——
　　25年11月

國立北平圖書館館刊　北平　國立北平圖書館編17年6月期刊
　　收3:4——11:1　24年6月——26年2月

國立北京大學社會科學專刊　北平　國立北京大學社會科學季
　　刊編輯委員會編　收1:1－3　25年3月——9月

國立同濟大學二十週年紀念冊　上海　國立同濟大學編　收二
　　二十週年紀念冊1冊　17年9月

國立武漢大學文哲季刊　國立武漢大學文哲季刊委員會編　19
　　年4月期刊　收5:2——6:1

國立武漢大學社會科學季刊　國立武漢大學社會科學季刊委員
　　會編　19年3月期刊　收6:1——7:1　25年1月——10月

國立武漢大學理科季刊　國立武漢大學理科季刊委員會編　19
　　年9月期刊　收1:1——6:1　19年9月——25年9月

國立暨南大學圖書館館報（月刊）　上海　國立暨南大學圖書
　　館編　26年4月24期刊　收期刊號及第2期　26年4月24
　　日——5月24日

國立清華大學工程學會會刊（季刊）　北平　國立清華大學工
　　程學會編　21年期刊　收4:1－2　24年4月——11月

國光雜誌（半月刊）長沙　國光雜誌社編　收13－13（缺12）
　　25年1月16日——6月16日

國風（月刊）南京　國風社編　21年9月期刊　收8:1－12

22

25年1月1日 ——12月1日

國專月刊 無錫 國學專修學校學生自治會編 24年3月15日
創刊 收2：5 — 5：5 25年1月15日 —— 26年6月15日

國聞週報 天津 國聞週報社編 13年1月創刊 收13：1 ——
14：25（中缺14：7,8） 26年6月23日

國論月刊 上海 國論月刊社編 24年7月創刊 收1：5 ——
2：8 24年11月29日 —— 26年4月15日

國學（月刊） 天津 國學研究社出版 26年4月1日創刊
收1：1—3 26年4月1日 —— 6月1日

國學季刊 北平 國立北京大學國學季刊編輯委員會編 12年
1月創刊 收5：1—4 25年9月

國衡半月刊 南京 國衡半月刊社編 24年5月創刊 收1：3
—13 24年8月25日 ——11月10日

細流（不定期刊） 北平 輔仁大學細流社編 23年創刊 收
5,6合刊—7 24年6月15日 —— 25年6月29日

船山學報（季刊） 湖南長沙 船山學報社編 收11—13 24
年12月 —— 26年3月

十二畫

湖社月刊 北平 湖社畫會編 16年11月創刊 收98 —100
25年1月1日 —— 3月1日

詞學季刊 上海 開明書店出版 22年4月創刊 收3：1—3
25年3月31日 —— 9月30日

廈大週刊 福建 廈門大學週刊委員會編 15年3月創刊 收
15：1—30 24年9月23日 —— 25年6月22日

廈大圖書館館報（月刊） 福建 廈門大學圖書館編 24年9
月創刊 收1：3—8 24年11月30日 —— 25年5月30日

十 三 畫

24

新亞細亞月刊　南京　新亞細亞月刊社編　19年10月刋刊　收11:4—13:1　26年1月1日

新苗　北平　國立北平大學女子文理學院出版委員會編　25年5月1日刋刊　收1—17　25年5月1日——26年5月16日

新蒙古（月刊）　北平　新蒙古月刊社編　23年刋刊　收3:5——4:4　24年5月15日——25年3月15日

新壘（月刊）　上海　大夏大學新壘文藝社編　22年1月刋刊　收5:2.3合刊—6　24年1月15日——6月15日

福建文化（月刊）　福州　福建協和大學福建文化研究會編　20年12月刋刊　收3:18—21　24年4月——25年1月

道德半月刊　北平　萬國道德真國總會編　24年刋刊　收2:23合刊—3:12（中缺2:4—12）　24年8月15日——25年6月30日

聖教雜誌（月刊）　上海　聖教雜誌社出版　元年1月刋刊　收25:1—26:6（二十五卷以前各卷期缺）　25年1月——26年6月

農行月刊　鎮江　江蘇省農民銀行月刊編輯委員會編　23年5月20日刋刊　收1:1—4:3　23年5月20日——26年3月15日

農村經濟（月刊）　鎮江　農村經濟月刊社編　23年刋刊　收3:2—12（缺3:1.10.11）　24年12月1日——25年11月1日

微妙聲（月刊）　北平　微妙聲月刊社編　25年11月15日刋刊　收1:1—8　25年11月15日——26年6月15日

經世（半月刊）　南京　經世半月刊社編　25年11月15日刋刊　收1:1—11　26年1月15日——6月15日

經理月刊　武昌　經理研究會編　24年7月30日　收1：1——3：5
　　24年7月30日——25年11月30日
經濟學季刊　上海　中國經濟學社編　19年3月期刊　收7：1
　　——3（中缺6：4）　25年6月——11月

十四畫

語文（月刊）　上海　新知書店出版　26年1月1日期刊　收
　　1：1——2：1（缺1：4.5）　26年1月1日——7月1日
語言文學專刊（季刊）　廣州　國立中山大學研究院文科研究
　　所編　25年3月期刊　收1：1——3.4合刊　25年3月——
　　26年6月
齊大季刊　濟南　私立齊魯大學編　21年12月期刊　收3.5合
　　刊——7（中缺6）　23年12月——24年12月
廣州大學圖書館季刊　廣州大學圖書館編　22年6月1日期刊
　　收2：2，3合刊　26年3月1日
廣州學報（季刊）　廣州市立中山圖書館編　26年1月期刊
　　收1：1，2　26年1月1日——4月1日
廣播週報　南京　中央廣播無線電台管理處編　23年9月期刊
　　收1——143（中缺122——132）　23年9月——26年6月
　　26日
暨南大學圖書館館報　見國立暨南大學圖書館館報
暨南學報（季刊）　上海　國立暨南大學編譯出版委員會編
　　25年2月期刊　收1：1——2：2　25年2月——26年6月
歌謠（週刊）　國立北京大學研究院文科研究所歌謠研究會編
　　11年12月17日期刊　收2：1——13　25年4月4日——6月
　　27日　2：32　26年1月9日　2：36——40　26年2月27
　　日——3月27日　3：1——13（周缺4.11）

26

輔仁學誌（半年刊）　北平　輔仁大學輔仁學誌編輯會編　17年1月1日期刊　收5：1，2合刊——6：1，2合刊

圖書季刊　北平　國立北平圖書館編　23年3月期刊　收2：4——3：4

圖書展望（月刊）　杭州　浙江省立圖書館圖書展望部編　24年10月期刊　收1：4——2：7　25年1月15日——26年5月10日

圖書館學季刊　北平　中華圖書館協會編　15年期刊　收9：1——11：2　24年3月——26年6月

蒙藏月報　南京　蒙藏月報委員會編　21年期刊　收4：4——7：1　25年1月31日——26年4月30日

蒙藏旬刊　收110——133　25年1月1日——26年6月25日

粵風（月刊）　上海　粵風月刊社編　24年7月15日期刊　收1：5——3：3.4合刊　24年11月15日——25年11月1日

十五畫

論語（半月刊）　上海　時代圖書公司出版　21年9月期刊　收97——114　25年10月1日——26年6月16日（中缺103）

論學（月刊）　李源澄編　26年1月1日期刊　收1——6.7合刊　26年1月1日——6月1日

慶祝蔡元培先生六十五歲論文集（特刊）　收上下兩冊　22年1月——24年1月

甌風雜誌（月刊）　瑞安　歐風雜誌社編　23年1月期刊　收21.22合刊——23.24合刊　24年10月20日——12月20日

劇學月刊　北平　中國戲曲音樂學院研究所編　21年1月期刊　收4：8——5：5

數學雜誌（季刊）　上海　中國數學會編　25年8月1日期刊

收1:1-3 25年8月1日 —— 26年2月1日

磐石雜誌（月刊） 北平 輔仁大學磐石雜誌社編 21年6月
30日刊刊 收4:1 —— 5:6 25年1月1日 —— 26年6月1日

十六畫

燕京大學圖書館報（月刊） 北平 燕京大學圖書館編 20年
刊刊 收84,85合刊 —— 104 24年12月1日 —— 26年
5月1日

燕京學報（半年刊） 北平 燕京大學哈佛燕京學社編 16年
6月刊刊 收19 —— 22 25年6月 —— 26年12月

歷史教育（季刊） 國立北平師範大學史學會編 26年2月1日
刊刊 收1,2 26年2月1日 —— 5月25日

歷史與考古（月刊） 濟南 歷史學會編 26年2月刊刊 收
1 —— 4 26年2月 —— 6月25日

歷史學報（年刊） 國立武漢大學歷史學會編 25年10月刊刊
收刊刊號 25年10月

遺族校刊（月刊） 南京 國民革命遺族學校校刊編輯委員會
編 21年11月18日刊刊 收1:1 —— 4 21年11月18日 ——
23年1月31日 2:4.5合刊 —— 6 24年6月8日 —— 9月
1日 3:1 —— 4:3 24年11月20日 —— 26年5月10日

興中月刊 上海 興中月刊社編 26年5月報 收刊刊號 26
年5月16日

學風（月刊） 安徽省立圖書館編 29年10月刊刊 收6:2 ——
7:5 25年3月1日 —— 26年6月20日

學術世界（月刊） 上海 學術世界編譯社編 24年6月刊刊
收1:7 —— 2:4 24年12月 —— 26年4月

學術彙報（不定期刊）重慶 軍事委員會委員長行營學術研究

28

總書編　26年7月1日創刊　收創刊號　26年7月1日

學觚（月刊）　南京　國立中央圖書館籌備處編　25年2月15日創刊　收1：1──2：3　25年2月15日──26年4月15日

學藝雜誌（月刊）　上海　中國學藝雜誌社編　6年創刊　收14：10──15：9　24年12月15日──25年11月15日

獨立評論（周刊）　北平　獨立評論社編　21年5月22日創刊　收163──242

十七畫

勵學（半年刊）　青島　國立山東大學勵學社編　22年12月創刊　收5，6　25年1月30日──7月15日

嶺南學報（季刊）　廣州　私立嶺南大學學報編輯委員會編　18年12月創刊　收5：1──6：1

戲劇旬刊　上海　國劇保存會出版　24年12月創刊　收2──35　24年12月21日──26年1月21日（中缺1．4．26．27．28．32）

十九畫

勷勤大學季刊　廣州　勷勤大學出版委員會編　24年10月創刊　收1：2──3　25年1月──26年2月

勷勤大學師範學院月刊　廣州　勷勤大學師範學院編　收16──19（中缺18）　24年3月25日──6月25日

藝文印刷月刊　上海　藝文印刷社編　26年1月1日創刊　收1：1──7　26年1月1日──7月1日

藝文雜誌（月刊）　上海　藝文社編　25年4月1日創刊　1：1──3　25年4月1日──6月15日

藝風（月刊）　杭州　藝風雜誌社編　22年1月創刊　收3：10

―― 4：7，8 合刊　24年10月1日 ―― 25年12月1日

藝術論壇（月刊）　杭州　藝術論壇社編　25年8月荊刊　收
　　荊刊號　25年8月

藝浪雜誌（不定期刊）　蘇州　美術專科學校藝浪社編　收7
　　―― 2：2，3 合刊　21年1月1日 ―― 25年6月1日

邊事研究　南京　邊事研究會編譯組編　23年12月荊刊　收3：2
　　25年1月15日

邊疆（半月刊）　南京　邊疆半月刊編輯部編　25年8月25日
　　荊刊　收1：1 ―― 2：9　25年8月15日 ―― 26年5月15日

二 十 畫

嚶鳴雜誌（月刊）　上海　嚶鳴社出版　收1：1 ―― 2　25年9
　　月1日 ―― 10月1日

二 十 二 畫

讀書生活（半月刊）　上海　讀書生活出版社出版　23年11月
　　荊刊　收4：1 ―― 12（中缺4：10）　25年5月10日 ―― 10
　　月25日

讀書青年（半月刊）　上海　讀書青年社編　25年7月荊刊
　　收1：3 ―― 2：2　25年8月1日 ―― 26年1月20日

讀書與出版（月刊）　上海　生活書店出版　24年5月18日荊
　　刊　收荊刊號 ―― 23（中缺11，16 ―― 22）　24年5月18
　　日 ―― 26年3月16日

國學論文索引五編

（一） 通 論

讀書聲中試談國學研究的問題 王瑞 學風 6:1 1—7面 25年2月1日

怎樣研究國學 仲翁 天地人月刊 1:12 497——499面 25年11月15日

如何研究國學 王叔嶺 青年月刊 2:2 42——46面 25年5月15日

研究國學應持之態度 嚴耕望 學風 6:5 1—5面 25年8月1日

要用最新的科學方法來研究國學 何鍵 國光雜誌 17 47——52面 25年5月16日

我對於研究國學及締造大同之意見 何益樵 國專月刊 5:1 1——4面 26年2月25日

研究國學之途徑（續） 支昻子 國光雜誌 13 83——88面 25年1月16日 14 88——97面 25年2月16日 15 92——94面 25年3月16日 16 68——72面 25年4月16日

研究國學的途徑 胡懷琛 讀書青年 1:4 19——21面 25年8月16日

對於國學之新認識 劉斯楠 國專月刊 3:2 24——29面 25年3月15日

從叢書子目說到國故整理（謝國楨叢書子目類編序） 黎錦熙 文化與教育旬刊 83 26——27面 25年3月10日

整理國故意見 費怒春 江漢思潮月刊 4:5—6 45—48

2月11日 16 24年2月18日 17 24年2月25日

無兵的文化（目次：政治制度之凝結；中央與地方；文官與武
　　官；士大夫與流氓；朝代交替；人口與治亂；中國與外族
　　） 雷海宗 社會科學 1：4 1005——1030面 25
　年7月

文化復興與民族復興 陳嘉異 丁丑雜誌 1 1——38面
　26年4月30日

中國文化與文學（轉載協大文藝第五期二十六年正月出版）
　　李冠芳 史地社會論文摘要月刊 3：8 46——47面
　26年5月20日

林語堂及中國人（原名 my country and my people 由倫
　　敦 William Heinemann 出版） 萬異 天津大公報
　　圖書副刊 135 25年6月18日 又圖書季刊 3：1—2
　48——52面 25年3月

中國的文化問題 東蓴 申報周刊 2：8 159——160面
　26年2月28日

中國文化史上的循環矛盾現象 陳高傭 文化建設月刊 3：1
　37——44面 25年10月10日

編纂中國文化史之研究 王雲五 東方雜誌 34：7、195面
　26年4月1日 又史地社會論文摘要月刊 3：8 20——
　21面 26年5月20日 又張菊生先生七十生日紀念論文
　集 603——650面 26年正月

費次者洛德的中國文化小史（G.P Fitzgerald：China short
　　Cultural history 倫敦 Cresset Press. 一九三五年出
　　版 四開本 本文及索引六一五頁 書價三十先令）
　　陳受頤 獨立評論 189 16——20面 25年2月23日

中國文化之回顧與前瞻 尊憩 張菊生先生七十生日紀念論文

葉 587——602面 26年正月

中國近世文化史（陳安仁著 上海商務印書館出版 實價壹元壹角） 賀次君 書林半月刊 1：2 26年3月25日 又出版周刊 新232 19——20面 26年5月8日

中國文化之起源 高潛子 中外文化月刊 1 1——3面 26年2月1日

中國文化起源與世界文化移動之研究（根據文化人類學之多源說中國文化為由西至東移動之中線文化） 李長傳 東方雜誌 34：7 169面 26年4月1日 又史地社會論文摘要月刊 3：8 46面 26年5月20日

中國文化的起源和發達 賈豐臻 東方雜誌 34：7 159面 26年4月1日 又史地社會論文摘要月刊 3：8 47面 26年5月20日

中國文化之起源及發達 林惠祥 東方雜誌 34：7 177面 26年4月1日 又史地社會論文摘要月刊 3：8 44——45面 26年5月20日

關於中國文化的發達問題（致賈豐臻林惠祥先生） 李旭 史地半月刊 1：13——14 10——12面 26年5月16日

關於中國文化的起源問題（致王雲五先生） 李旭 史地半月刊 1：11——12 10——12面 26年4月16日

中國文化起源於東南發達於西北的探討 衛聚賢 東方雜誌 34：7 147——157面 26年4月1日 又史地社會論文摘要月刊 3：7 2——3面 26年4月20日

吳越文化傳播於黃河流域的說明 衛聚賢 東方雜誌 34：10 63——70面 26年5月16日

中國古文化由東南傳播於黃河流域 衛聚賢 江蘇研究 3：5——6 1——2面 26年6月30日

中國文化來南早於西北說　呂思勉講　呂翼仁記　光華大學半
　　月刊　5：1　9—13面　25年10月17日　又文化建設月刊
　　3：2　55面　25年11月10日

從中國藝術以探索中國文化　唐君毅　論學　2　28—36面
　　26年2月1日

中華遠古之文化（目次：緒言；中國器形之源流；古代文化之
　　遺址；石器遺址之年代；仰韶文化與中國人種之關係；仰
　　韶文化與古代外國文化之關係）　安特生著　袁復禮譯
　　地質彙報　5（上冊）　1—45面　12年10月

中國之風積文化與沖積文化（原文載日本評論五月號）　石川
　　三四郎著　潘文夫譯　文化建設　2：9　61—66面　25
　　年6月10日

三皇五帝時代之文化（先秦封建時代史稿之一）　陳德儉　河
　　南政治月刊　6：5　1—13面　25年5月

略述黃帝時代之文化制度　黃鐵民　中興半月刊　1：2　22
　　—34面　25年6月15日

夏商時代之文化（先秦封建時代史稿之一）　陳德儉　河南政
　　治月刊　6：6　1—13面　25年6月

殷周文化之蠡測　徐中舒　中央研究院歷史語言研究所集刊
　　2：3　275—280面　20年4月

由三代都邑論其民族文化　丁山　中央研究院歷史語言研究所
　　集刊　5：1　87—129面　24年10月

開國前周人文化與西域關係　丁山　禹貢半月刊　5：10　23
　　—26面　26年1月16日．又史地社會論文摘要月刊
　　3：5　9面　26年2月20日

西周時代之文化（先秦封建時代文稿之一）　陳德儉　河南政
　　治月刊　6：7　1—17面　25年7月　6：8　1—9面

25年8月

春秋戰國時代之文化　陳德倫　河南政治月刊　6：9　1——22
面　25年9月

古代越族的文化　羅香林　江蘇研究　3：5——6　1——12面
26年6月30日

江蘇古文化時期之重新估定　衛聚賢　江蘇研究　2：6　1——
13面　25年5月31日　又正風雜誌　2：11　1037——1099
面　25年7月16日

與衛聚賢論吳越文化書　呂思勉　江蘇研究　3：5——6　1——3
面　26年6月30日

唐宋時代的文化　張春華　女師學院季刊　3：1——2　159——
163面　24年1月10日

唐代對於西藏文化之影響　馬鶴天　新亞細亞月刊　12：5
15面　25年11月1日　又史地社會論文摘要月刊　3：5
16面　26年2月20日

由五四運動談到通俗文化　陶希聖　大眾知識　1　2——5面
25年10月20日

河北文化的略評　夷姑　河北月刊　4：5　1——3面　25年5
月15日

西藏文化的啟端與佛教傳播之痕爪　德潛　新亞細亞月刊　11：
5　7——12面　25年5月1日

新疆文化之跡象　劉照　蒙藏月報　6：2　1——6面　25年
11月30日　又史地社會論文摘要月刊　3：5　38面
26年2月20日

東西文化觀　陳序經　嶺南學報　5：1　37——98面　25年
7月　5：2　75——133面　25年8月　5：3——4　52
——116面　25年12月

嚴復的中西文化觀　振甫　東方雜誌　34：1　293——302
　　面　26年1月1日　又史地社會論文摘要月刊　3：5　40
　　面　26年2月20日

清末反對西化的言論　余漢昇　嶺南學報　5：3——4　122——
　　166面　25年12月

評中學為體西學為用　閔仁　國聞週報　13：13　13——19面
　　25年4月6日

論中學為體西學為用　白旭　大眾知識　1：2　26——30面
　　25年11月5日

中國本位的文化建設宣言　陶希聖　樊仲雲　薩孟武　何炳松
　　等　北平華北日報　24年1月15——16日

中國文化建設與顏李學派的實幹學說　希九　北平華北日報中
　　國文化　26　24年3月3日

中國文化運動之動向　章淵若　中興週刊　93　4——7面
　　24年5月4日

關於中國本位文化建設問題　吳忠亞　中興週刊　50　68面
　　24年4月13日

中國本位文化建設之路　吳忠亞　中興週刊　91　7——11面
　　24年4月20日

中國文化的出路（陳序經著　商務印書館發行）　牛亦未　新
　　北辰　1：7　773——782面　24年7月15日

中國文化運動的回顧與前瞻　周瑩　國衡半月刊　1：11
　　113——116面　24年10月10日

動盪中一年來的中國本位文化問題與前瞻　卞鎬田　文化與教
　　育旬刊　77　4——10面　25年1月10日

資本主義文化的可能性（中國文化建設問題討論之一）　李立
　　中　文化建設　2：4　38——48面　25年1月10日

54

中國文化與異族　馮馭　北平華北日報中國文化　16　23年12月23日　17　23年12月30日　18　24年1月6日

中國文化所受印度佛教之影響　吳鼎第　文化建設月刊　3:1　102—112面　25年10月10日

評「中國文化所受印度佛教之影響」　茗山　海潮音月刊　18:4　29—42面　26年4月15日

中外文化接觸最早之時期　衛聚賢　中外文化月刊　1　4—7面　26年2月1日

中國文化在世界上之地位　孫本文　政治季刊　2:1　11—19面　26年5月15日

西洋漢學與中國文明　陳受頤　獨立評論　198　8—11面　25年4月26日

東方文明與西方文明異同的究竟　樸桐孫　中國國際聯盟同志會月刊　1:2　21—34　25年6月15日

亞可布教授Georg Jacob論東方對於西方文化的影響　陳銓　天津大公報史地周刊　79　25年4月3日

中國文化與世界使命　江元虎　中外文化月刊　1　15—17面　26年2月1日

中國與世界文化合作　郭子雄　中國國際聯盟同志會月刊　1:2　35—54面　26年6月15日

中國學之世界的興趣　吳廷璆　天津益世報史學　31　25年6月21日

中國文化與國際關係（就中西文化上一般見地闡述）　吳凱聲　中外文化月刊　1　10—14面　26年2月1日

評郭沫若講「中日文化之交流」　周金　益旦　1:4　198—202面　25年1月15日

上古時期中國與日本文化的關係　莊進輝　女師學院季刊

3:1-2 26—27面 24年1月10日

上古期間中日兩國在文化上之關係 劉道鳳 女師學院季刊

　　3:1-2 22—25 24年1月10日

從食品上所見中日文化的交流（原文載支那第二十七卷第三號

　　） 姚谷文洁著 陳迅之譯 國聞週報 13:37 31—

　　34面 25年9月21日

西洋人觀察之中國（目次：序言；法國耶穌教士之中國派遣；

　　法國耶穌教士在清朝之活動其醫教禁令之解除與再禁；法

　　國耶穌教士之中國研究著述及其價值；法國耶穌教士之中

　　國觀；法國一般知識階級之中國觀；百科全書家之中國觀

　　；法蘭西中國學之勃興及其成立；結語） 後藤末雄著

　　魏守謨譯 國光雜誌 14 67—75面 25年2月16日

　　15 55—62面 25年3月16日 16 49—57面

　　25年4月16日

中國的過去與現在（La Chine: Passe et Présent. Par Jean

　　Escarra, Paris. A Colin, 1937. P.213. 13 frs.

　　此書係國民政府法律顧問巴黎大學法科教授愛士嘉納（

　　Jean Escarra）最近關於吾國的著述） 張弘伯 經世

　　1:9 61—64面 26年5月15日

洋鬼子眼中的中國人（節譯巴黎法國新評論雜誌） Henri

　　michaux 著 黃嘉德譯 西風月刊 1 8—10面 25年

　　9月1日

中國的創造精神（本文原著者賽珍珠女士載於1935年2月9日

　　及16日偷敦時潮周刊） 黃嘉音節譯 西風月刊 3

　　276—280面 25年11月1日

日人研究中國學術之機關 劉選民 史學消息 1:4 2—7面

　　26年3月1日

評王古魯著最近日人研究中國學術之一斑（民國二十五年三月
一日南京日本研究會出版 定價每冊四元） 吳成 中國
新論 2:4 156—157面 25年4月1日

日本「支那學」論文提要 復·翰· 史學消息 1:3 16—
22面 25年12月25日

日本東洋史學論文提要 史學消息 1:4 19—28面 26年
3月1日 1:5 23—37面 26年4月1日 1:6 24—30面
26年5月1日

歐美蒐集漢籍記略 劉曼仙 東方雜誌 33:24 67—75面
25年12月16日

歐美人漢學研究文獻目錄（原文載日本歷史研究會所主編的歷
史學研究月刊 5卷3—6號） 青木富太郎著 編者譯
北平華北日報史學周刊 55 24年10月3日 56 24年10月
10日 57 24年10月17日 59 24年10月30日 60 24
年11月7日 61 24年11月14日 62 24年11月21日
64 24年12月5日 65 24年12月12日 66 24年12
月19日 67 24年12月26日 69 25年1月16日 70
25年1月23日 71 25年1月30日 73 25年2月13日
74 25年2月20日 75 25年2月27日 76 25年3月
5日 77 25年3月12日 81 25年4月9日 82 25
年4月23日 83 25年4月30日 85 25年5月14日
86 25年5月21日 87 25年5月28日 89
25年6月11日 93 25年7月9日 95 25年7月23日
98 25年8月13日 99 25年8月20日 100 25年
8月27日 101 25年9月3日 102 25年9月10日
105 25年10月1日 113 25年11月26日 114 25
年12月3日 121 26年1月21日 123 26年2月4日

—— 12 ——

", 1:5 26年2月25日 文史學消息 1:4 26年3月1日
1:5 26年4月1日 1:6 26年5月1日 1:7 39——
40面 26年6月1日

西洋漢學論文提要 史學消息 1:3 13——16面 25年12月
25日 1:4 12——18面 26年3月10日 1:5 10——
22面 26年4月1日 1:6 12——23面 26年5月1日
1:7 20——34面 26年6月1日

英國漢學家翟理斯教授之生平及其著作概要（原文見 The
Chinese social and Political Science Review Vol.
XX, no. 1, 1931） 黃培永譯 史學消息 1:7 6——8
面 26年6月1日

英國漢學家翟理斯教授的生平著作 傅尚霖（Life and
work of the veteran British sinologist Prof.
Herbert A. Giles） 中山大學文學院專刊 2

現代蘇聯邦的東方文獻 劉選民譯 史學消息 1:2 25年11月
25日

在蘇俄的中國文獻 王禮錫 東方雜誌 33:23 43——45面
25年12月1日

俄國漢學家帕雷狄阿斯之生平及其著作概略 劉選民譯 史
學消息 1:1 25年10月25日

俄國漢學家葉西里夫之生平及其著作概略（譯自 China Journal
of Science and arts. buy John C. Ferguson Vol. XII
1930 PP. 15——20） John C. Fergason 著 劉選民
譯 史學消息 1:3 8——12面 25年12月25日

俄國漢學家伯西轟德之生平及著作概略 羅秀貞譯 史學消息
1:4 26年3月1日

俄國漢學家雅撒持之生平著作概略 湯瑞琳譯 史學消息

1:5　26年4月1日

德國「支那學」的現狀　德國耶提（Fritz Jäger）著　赤炳
　　蓀譯　文學年報　3　173—176面　26年5月　又中華
　　月報　4:8　50面　25年8月1日

馬伯樂之近代漢學研究論（續）　柯永譯　天津益世報讀書周
　　刊　32　25年1月16日

誤解古書以致道術分裂論　黃華　船山學報　11　1—4面
　　25年4月1日

朱子的讀書方法　葉大年　廈大圖書館館報 1:8　5—7面　25年
　　5月30日

朱熹讀書法中之經濟學習法　謝武鵬　圖書展望　1:11　33—
　　37面　25年8月31日

金聖歎讀書方法的剖解　姜天愊　學風　6:5　1—4面　25年
　　8月1日

量守廬讀葉記　黃季剛講　黃席群．閔孝吉筆記　新民月刊
　　1:6　29—38面　24年10月

勸同學諸君作札記說　孫德謙遺著　書林半月刊　1:4　18—
　　21面　26年4月25日

考證學方法之來歷　胡適講　路翠記　北平華北日報　23年1月
　　12—13日

古書多偽之原因　普暄　女師學院期刊　4:1—2　1—5面
　　26年6月20日

論考證中國古書真偽之方法附譯者引言*（Bernhard Karlgren
　　: The authenticity of Ancient Chinese Texts—
　　The Bulletin of museum of far eastern antiquit-
　　ies No1 Stockholm 1929 ）　高本漢著　王靜如譯
　　中央研究院歷史語言研究所集刊　2:3　283—295面

（二） 經 學

（1） 通 論

怎樣研究經學 周予同 出版周刊 新195 1—6面 25年8
　　月22日 新196 1—6面 25年8月29日

經義臆談 張博言 國光雜誌 15 95—98面 25年3月16日

論經數 侯坤 安大季刊 1：1 58—68面 25年1月1日

經學與歷代政教 北貢 中興週刊 149 6—9面 26年2月
　　28日

略談五經及其與孔子之關係 未明 北平華北日報史學周刊
　　30 24年4月11日

中國經學史（馬宗霍著 商務印書館出版 中國文化史叢書第
　　一輯 定價一九） 覺齋 天津大公報圖書副刊 184
　　26年6月3日

歷代經學述略 馬宗霍 制言半月刊 9 1—12面 25年1
　　月16日 10 1—19面 25年2月1日 11 1—14面
　　25年2月16日 12 1—10面 25年3月1日 13 1—
　　11面 25年3月16日 14 1—6面 25年4月1日 16
　　1—9面 25年5月1日

兩漢經學源流 胡坤達 復旦學報 2 1—9面 24年5月30日

近世經學與漢儒異同論 錢卓升 遺族校刊 2：6 103—104
　　面 24年9月1日

王若虛治經學的態度（讀滹南遺老集劄記之一） 劉錫銘 中
　　央日報文史副刊 13 26年2月21日

淡園答問（群經） 許銘彝 船山學報 13 5—12面 26年
　　3月立夏日

船山注重五經說 黃翠 船山學報 9 10—13面 24年9月

2—3面　25年10月

樂水無經補證　張西堂　北平晨報思辨　59　25年10月30日

齊魯學考　張汝舟　學風　6:3　25年5月1日

應用的經學　楊壽昌　新民月刊　1:6　1—6面　24年10月

教育與讀經　何幹鈞　民鐘季刊　2:1　197—202面　25年4月

亟經諍義　孫德謙　大夏季刊　75—83面　22年6月1日

讀經問題　楊壽昌　教育雜誌　25:5　13—20面　24年5月10日

讀經問題　鄭鶴聲　教育雜誌　25:5　40—44面　24年5月10日

讀經問題　陳鐘凡　教育雜誌　25:5　61—64面　24年5月10日

讀經問題　姚永樸　教育雜誌　25:5　6面　24年5月10日

讀經問題　羅遠存　廣播週報　47　55—57面　24年8月10日　48　54—56面　24年8月24日　50　55—57面　24年8月31日

讀經平議　劉紹寬　甌風雜誌　21—22　1—3面　24年10月20日

讀經宜知體要儀　黃華　船山學報　9　3—7面　24年9月

申讀經宜知體要儀　黃華　船山學報　9　7—10面　24年9月

說讀經（陶樹說叢之一）　謝宗陶　河北月刊　4:4　1—4面　25年4月5日

與人論讀經書　太炎遺著　制言半月刊　21　1—2面　25年7月16日

中學讀經分年日程　太炎遺著　制言半月刊　24　1—2面　25年9月1日

—— 18 ——

論讀經次第支配　唐文治　國專月刊　5：3　1—3面　26年4
　　月15日

論讀經分類刪節法　唐文治　國專月刊　5：3　4—6面　26
　　年4月15日

讀經問題芻議　盧白　河北月刊　4：3　1—4面　25年3月5日

讀經　趙當侯　平風雜誌　3：1　24—28面　25年8月16日
　　3：2　146—151面　25年9月1日

對於讀經問題之商榷　李郁　中央日報第三版　26年3月18日
　　，21日

讀經平議　胡適　獨立評論　231　13—16面　26年4月25
　　日　又天津大公報星期論文　26年4月18日

讀經雜感並評胡適讀經平議　李源澄　論學　5　62—67面
　　26年5月1日

我對於讀經的抗議　陳公博　民族雜誌　5：3　26年3月1日
　　又中華教育界　24：10　106—108面　26年4月1日

論尊孔必須讀經　李廷玉　國學　1：2　1—13面　26年5月
　　1日

讀經新論　伍非百　經世半月刊　1：10　13—20面　26年
　　6月1日

讀經問答　李廷玉　國學　1：3　1—13面　26年6月1日

關於讀經　梁實秋　獨立評論　239　11—13面　26年6月
　　20日

（2）　易　經

釋周（周易之「周」疑為周天三百六十度之「圓周」解）
　　蔣維周　北平晨報思辨　26　25年1月30日

明「易」　蔣維周　北平晨報思辨　27　25年2月7日

64

與尚槐軒先生論易第三書　黃壽祺　北平晨報藝圃　26年8月
　　2日

再答黃之六論易書　尚節之　北平晨報藝圃　26年6月4日

半象覆象大象不能濫用　尚節之　北平晨報思辨　26　25年
　　1月30日

先後天釋疑（象數釋疑初稿之一）　沈瓞民　光華大學半月刊
　　4：8　15—26面　25年4月15日

象數義理辯　牟宗三　北平晨報思辨　33　25年4月8日

由太玄證河圖數中央五十之誤　尚節之　北平晨報思辨　33
　　25年4月8日

左傳國語易象釋引言　尚節之　北平晨報思辨　31　25年3月
　　16日

左傳國語易象釋　尚節之　北平晨報思辨　32　25年3月27
　　日　25年4月8、16、27日　25年5月6、18日

杭辛齋易學得失及其重要發明之數事　李翊灼　北平晨報思辨
　　61　25年11月13日　62　25年11月20日

周易象數漫談　齊繩周　北平晨報思辨　28　25年2月17日
　　30　25年3月16日　35　25年4月27日　36　25年
　　5月6日

周易哲學　馮伯璜　仁愛月刊　1：12　23—44面　25年
　　4月

周易無哲學價值說　傅銅　北平晨報思辨　50　25年8月
　　28日　又人生評論　2　1—6面　25年11月10日

易經之價值與其中心思想　張師惠　河北月刊　4：7　1—4面
　　25年7月15日

周易中的辯證觀念　劉清澌　清華週刊　45：12　39—
　　43面　26年1月25日

朱熹對於易學的貢獻　白壽彝　北平晨報思辨　31　25年3月
　　16日

朱易散記　白壽彝　北平晨報思辨　34　25年4月16日

周易顯言本義的鑽求和上古社會史的探討（互見社會學）
　　江紹原　北平華北日報中國古占卜術研究　5　25年5月
　　1日

景印周易正義序　傅增湘　圖書館學季刊　9：3—4　473—
　　476面　24年12月

相臺本周易校記　孟森　國立北平圖書館館刊10：3　119—
　　124面　25年5.6月

焦氏易傳述義縢要　沈怡民　光華大學半月刊　5：3—4　4面
　　25年12月8日

孟氏易傳授考（附沈怡民周易孟氏學自序，沈延國周易孟氏學
　　跋）　沈怡民　制言半月刊　29　1—24面　25年11月
　　16日

周易孟氏學序　蔣維喬　制言半月刊　31.　1—2面　25年12月
　　16日　又光華大學半月刊　5：5　81面　26年1月9日

周易孟氏學　沈怡民　制言半月刊　26　1—26面　25年10
　　月1日　27　1—31面　25年10月16日　28　1—25面
　　25年11月1日

周易孟氏學跋　沈延國　光華大學半月刊　5：3—4　134—
　　135面　25年12月8日

周易孟氏學補遺　沈怡民　制言半月刊　29　1—4面　25年
　　11月16日

太玄新解（附周易華上九爻辭十一家註解）　江紹原　北平華
　　北日報中國古占卜術研究　1　25年3月22日　2　25年
　　4月4日　3　25年4月16日　4　25年4月22日

5　25年5月1日　6　25年5月16日　7　25年5月31日　8　25年6月19日　9　25年7月8日　10　25年8月31日　11　25年9月18日　14　25年10月10日　15　25年11月7日　16　25年11月21日　17　25年11月28日　19　25年12月20日　21　26年1月25日

太玄經考　夏敬觀　藝文雜誌　1:2　1—4面　25年5月10日　1:3　5—6面　25年6月15日

崇志堂易經解劄記（篬恩堂外集未刊稿之一）（上卷五十二則　下卷八十一則）　陳道遺著　青鶴雜誌　4:1　1—5面　24年11月16日　4:3　1—5面　24年12月16日　4:6　25年2月1日　4:7　1—4面　25年2月16日　4:9　1—4面　25年3月16日　4:11　1—5面　25年4月16日　4:13　1—4面　25年5月16日　4:15　1—5面　25年6月16日　4:17　1—5面　25年7月16日　4:19　1—5面　25年8月16日

一部新出版的易經傳白話註解（鹽山劉恩白撰　鉛印　共二百七十頁　分訂四冊　價二元五角　民國二十四年十一月初版　天津北馬路直隸書局總發行）　江紹原　北平華北日報中國古占卜術研究　4　25年4月22日

辜鴻銘曾譯周易否？周易西文譯本有幾？　江紹原　北平華北日報中國古占卜術研究　15　25年11月7日

讀周易古義（楊樹達者　中華書局出版　價一元四角）　屈萬里　北平華北日報圖書評論　65　25年1月27日

讀易臆斷（續）（共三卷卷末附跋一）　沈候民　制言半月刊　8　1—19面　25年1月1日　9　1—21面　25年1月16日　10　1—19面　25年2月1日　11　1—19　25年2

月16日 12 1—19面 25年3月1日 13 1—18面
25年3月16日 14 1—22面 25年4月1日 16
1—17面 25年5月1日 17 1—14面 25年5月
16日 18 1—16面 25年6月1日 19 1—15面
25年6月16日 20 1—14面 25年7月1日 21
1—32面 25年7月16日 22 1—26面 25年8
月1日 23 1—22面 25年8月16日 24 1—30面
25年9月1日

讀英國Arthur Waley周易新論記同異（英國Arthur Walcy氏The Book of Changes一文原載瑞典首都（Stockholm）東西古物館館刊第五期The museum of Far-Eastern antiquties oestasiatiska samlingarna Bulletin no. 5 1933）江紹原 北平華北日報中國古占卜術研究 27 26年5月31日

八卦所含之數字性（八卦上古數目字）葉國慶 廈門大學學報六本 1—4面 25年2月

說八卦以言易之義起 李閩第 河南政治月刊 6:6 1—3面 25年6月

易卦如何得名（說明六十四卦得名之美因本因）江紹原 北平華北日報中國古占卜術研究 6 25年5月16日 8 25年6月19日 9 25年7月8日 10 25年7月20日 11 25年8月8日 22 26年2月16日

周易六十四卦精蘊 李東園 新民月刊 2:2 27—53面 25年4月

論卦氣異同 徐昂 中國文學會集刊 3 1—7面 25年8月

周易卦爻新論 譚戒甫 國立武漢大學文哲季刊 5:2 289—323面 25年

周易卦序分析（中國哲學會第一屆年會論文之一） 沈有鼎
　　哲學評論 7：1 125—126面 25年9月

周易三陳九卦釋義 蔣維喬 張菊生先生七十生日紀念論文集
　　43—51面 26年1月

周易綜卦述義舉例 沈延國 制言半月刊 32 1—8面 26
　　年1月1日

易卦中爻多暴多功說 林尹 北平晨報思辨 52 25年9月
　　11日

支辰表 徐昂 之江學報 5 1—13面 25年9月

周公時訓與卦氣圖卦象考 尚節之 北平晨報思辨 28 25年
　　2月17日

由周公用象知卦氣圖之古 節之 北平晨報思辨 32 25年
　　3月27日

周易坤卦第三爻辭新解 江紹原 北平華北日報中國古占卜術
　　研究 28 26年6月14日

周易第六卦「訟」卦六爻辭新解 邛邵廊 北平華北日報中國
　　古占卜術研究 24 26年3月23日

周易第六卦「訟」卦六爻辭新解補遺（附古籍古器銘「組」
　　「唯」二字新解） 邛邵廊 北平華北日報中國古占卜術
　　研究 25 26年4月7日

訟卦第二爻新解補 江慕丙 北平華北日報中國古占卜術研究
　　26 26年5月5日

周易訟卦辭新解 江紹源 北平華北日報中國古占卜術研究
　　27 26年5月31日

豫卦古義 于省吾 北平晨報思辨 27 25年2月7日

「朋盍簪」釋（易豫九四爻辭「由豫，大有得，勿疑，朋盍簪」
　　） 李鏡池 文學年報 2 37—41面 25年5月

周易剝上九爻辭「碩果不食君子得輿小人剝廬」新解　江紹原
　　北平華北日報中國古占卜術研究　21　26年1月25日
申剝復否泰之義　黃箠　船山學報　10　8—11面　24年12月
易无妄辭解不耕而穫不菑而畬與詩不稼不穡而取禾孟子：君子
　　不耕而食．情歌：茶壺裝在夜壺裡，反語：姐在房頭梳手
　　之比較　江紹原　北平華北日報中國古占卜術研究　14
　　25年10月10日
周易頤卦初九爻辭「舍爾靈龜觀我朵頤凶」解　江紹原　北平
　　華北日報中國古占卜術研究　10　25年7月20日
周易頤卦初九爻辭「舍爾靈龜觀我朵頤凶」續解　江紹原　北
　　平華北日報中國古占卜術研究　12　25年8月31日
周易頤上九爻辭「由頤厲吉利涉大川」新解　江紹原　北平華
　　北日報中國古占卜術研究　13　25年9月18日
周易頤卦上爻新解補　江紹原　北平華北日報中國古占卜術研
　　究　14　25年10月10日
讓我們努力於考察周易卦爻辭文字在享有「治外法權」前所具
　　的本義——而從頤卦始　江紹原　北平華北日報中國古占
　　卜術研究　15　25年11月7日
坎六四「樽酒簋貳用缶納約自牖終无咎」解　于省吾　北平晨
　　報思辨　32　25年3月27日
易益卦六四「利用為依遷國」解　于省吾　北平晨報思辨　26
　　25年1月30日
周易姤卦九五爻辭「以杞包瓜含章有隕自天」新解　江紹原
　　北平華北日報中國古占卜術研究　28　26年6月14日
周易升卦上六爻辭新解　江紹原　北平華北日報中國古占卜術
　　研究　23　26年3月10日
升九三「王明並受其福」解　于省吾　北平晨報思辨　30　25

年3月5日

答江紹原先生論鼎卦九三九四爻詞解　尚秉和　北平晨報思辯
　　27　25年2月7日

艮（☶）為林乎，巽（☴）為林乎，並為林乎？（申明人求知
　　德近人尚節之「艮為林」説；兼擬議巽亦為林）　江紹原
　　北平華北日報中國古占卜術研究　22　26年2月16日

「豆只一」足「其名為」校「（崔東壁主豐卦以象形得名云「豆」
　文「上一畫象蓋，下一畫象底：圜者象腹，歧者象足」又
　云「豐之卦畫下一陽象豆底次一陰象豆足，次兩陽象豆腹」
　作者辯之　江紹原　北平華北日報中國古占卜術研究　11
　25年8月8日

周易旅六五「射雉一矢亡：終以譽命」解（附：噬嗑九四「噬
　乾胏，得金矢：利艱貞吉」六五「噬乾肉得黃金：貞厲，无
　咎」解九二「田獲三狐得黃矢：貞吉」解）　江紹原　北
　平華北日報中國古占卜術研究　22　26年2月16日

殷王亥慘死及後君王恒上甲微復仇之傳説　江紹原　北平華北
　日報中國古占卜術　17　25年11月28日　20　26年1
　月12日

殷王亥傳説續考　江紹原　北平華北日報中國古占卜術研究
　　18　25年12月7日

「殷王亥慘死……之傳説」補遺正誤　江紹原　北平華北日報中
　國古占卜術研究　19　25年12月20日

偶在王亥傳説「三」「四」考之間　紹原　北平華北日報中國古
　占卜術研究　21　26年1月25日

易繫辭傳在學術史上之地位　趙越　北平晨報思辯　32　25年
　3月27日

歐陽修論易繫辭傳　摩倫　北平晨報思辯　31　25年3月15日

說卦先為附決解　于省吾　北平晨報思辨　35　25年4月27日
周易序卦骨構大意　沈有鼎　北平晨報思辨　36　25年5月6日
易樞其一考　屈萬里　山東省立圖書館季刊　1:2　109——
　　112面　25年12月13日

（3）　詩　經

讀詩偶識　王先獻　國專月刊　3:2　63——66面　25年3
　　月15日
詩經拙言　牛磊若　河南政治月刊　5:8　1——15面　24年8
　　月　5:9　1——16面　24年9月
詩經的種種問題　靈芬女士　聖教雜誌　26:3　167——170
　　面　26年3月　26:4　233——236面　26年4月
　　26:5　297——299面　26年5月　26:6　361——
　　363面　26年6月
論詩經（答英國賈克生女士）　子水　天津益世報讀書週刊
　　59　25年7月30日
孔子刪詩之我見　梁景昌　勷勤大學師範學院月刊　17　19——
　　22面　24年4月25日
刪詩辨　薛思明　國專月刊　3:4　11——16面　25年5月15日
孔子說詩　廢名　北平世界日報明珠　18　25年10月16日
古詩說掫遺（詩三百五篇舊說以為出於孔子手定作者疑成書之
　　日必與孔子同時或略先於孔子）　朱東潤　武大文哲季刊
　　6:1　83——112面　25年
詩厄篇　邵祖平　中國文學會集刊　2　1——6面　25年
七詩說　瞿潤緡　天津大公報人文週刊　1　26年1月1日
論詩序　熊化達　中國文學會集刊　3　89——90面　25年8
　　月

74

23

傳考；尾聲）　魏佩蘭　師大月刊　30　92—105面
　　25年10月30日

毛詩中之怨女詞　王緇塵箋　學術世界　1：8　44——47面
　　25年1月

讀牟應震毛詩古韻考（字寅同別署盧坡氏山東棲霞人清乾隆四
　　十八年舉人）　羅莘田　天津益世報讀書周刊　42　25年
　　4月2日

詩經韻例　李葊雲　語言文學專刊　1：1　185—205面
　　25年3月

詩音去作入證　施則敬　制言半月刊　9　1—2面　25年1月
　　16日

風雅韻例　陸侃如　燕京學報　20　133—154面　25年12月

毛詩雙聲通轉韻徵　丁惟汾　山東省立圖書館季刊　1：2　1—
　　12面　25年12月13日

詩經的修辭（互見語言文字學）　王俊瑜　天津益世報讀書周
　　刊　67　25年9月24日

詩經之修辭（互見語言文字學）　張蘆泊　北平晨報藝圃　26
　　年5月30，31日

詩經複問考（互見語言文字學）　唐圭璋　制言半月刊　17
　　1—10　25年5月16日

答楊立三毛詩「言」字義（互見語言文字學）　太炎　制言半月
　　刊　19　1—4面　25年6月16日

釋詩經之于（目次：從黃鳥于飛說起；從「于飛」到「于歸」「于役
　　」，「于以」辨釋「于」為「曰」義而非問詞者二種，于字常語之
　　用法分析，于以通轉釋例，于字餘義雜箋）　吳世昌　燕
　　京學報　21　231—280面　26年6月

詩經「式」字說（互見語言文字學）　丁聲樹　中央研究院史語

—— 30 ——

　　研究所季刊　6:4　487—495面　25年12月

「詩經語譯」質疑（陳子展著上海太平洋書店出版定價一元二角）　龔書煇　廈大圖書館館報　1:7　23—27面　25年4月30日

論詩經語譯（續完）　黃承燊　勷勤大學師範學院月刊　1:6　6—12面　24年3月25日

詩經中表現的土地關係　非斯　食貨半月刊　5:7　326——328面　26年4月1日

詩經國風中所表現的民族精神　林伯華　河南政治月刊　4:7　1—18面　23年7月

詩經新義（二南）　聞一多　清華學報　12:1　63—98面　26年1月

周南補詁　許篤仁　進德月刊　2:10　85—92面　26年5月1日

讀詩札記（目次：關雎、摽有梅、芣苢、葛生、蒹葭、柔冠、東山）　龔書煇　廈大圖書館館報　1:5　23—25面　25年2月29日　1:6　23—26面　25年3月31日

詩關雎中的「鳩」和女人　張延舉　時代青年　1:2　36—38面　25年6月25日

鄭風淫之研究（鄭風雖有言情之作，不當以淫釋之或不失詩人情正之意）　牛磊若　河南政治月刊　5:3　1—14面　24年3月

風雨尾聲（詩經風雨章）　林庚　新苗　3　6—7面　25年6月1日

談七月在野（豳風七月篇）　智堂　天津益世報讀書周刊　50　25年5月28日

豳風說（豳風春秋時魯詩）　徐中舒　中央研究院史語研究所

集刊　6：4　431—452面　25年12月

讀「匡齋尺牘」質聞一多先生（匡齋尺牘應名之曰匡齋說詩，說
　　詩而以尺牘出之乃以文學形式說道理）（解豳風狼跋一節
　　）　張玄　北平華北日報中國文化　4　23年9月30日
　　5　23年10月7日

詩大小雅說臆（詩三百篇皆夏民族之詩商頌附焉）　朱東潤
　　武大文哲季刊　5：3　583—610面　25年

詩「食我農人」之一新解（作「養我營轄下之農夫」解）　非斯
　　食貨半月刊　5：7　317—320面　26年4月1日
　　又史地社會論文摘要月刊　3：86面　26年5月20日

生民有相之道解（詩大雅生民篇：「誕后稷之穡，有相之道」
　　）　吳北江　國立北平圖書館館刊　9：6　1面　24年11，
　　12月　又河北月刊　5：3　1面　26年3月15日　又藝
　　文雜誌　1：2　1面　25年5月10日

論周頌的韻（原文見遠東博物館雜誌 Bull, mus Far East
　　Antiq 卷四）　高本漢（B. Karlgren）著　朱炳蓀譯
　　文學年報　3　163—167面　26年5月

周頌「徂葵有彤，惟邲有恙之行」解（此詩之意謂西自沮水東至岐山皆
　　大王文王發祥之封疆）　于省吾　禹貢半月刊　5：1　21—
　　22面　25年3月1日

商頌總論　周幹庭　進德月刊　2：3　9面　25年11月1日

關於商頌玄鳥篇　俞平伯　江紹原　北平華北日報　23年12月
　　30日

周頌魯頌商頌作者今古文異說辨　朱希祖　制言半月刊　29
　　1—4面　25年11月16日

（4）. 書經.

黎絕地天通的傳說) 顧頡剛 經世 1：9 13——16面
26年5月15日

「唐寫殘本尚書釋文」考證（出於燉煌莫高窟海鹽張氏景印入
涵芬樓叢書） 龔道耕 華西學報 4 1——18面 25年
6月

燉煌本尚書六跋 王重民 國立北平圖書館館刊 9：4 1—5
面 24年7.8月

尚書中的厥字 Bernhard Karlgren 著 江應樑譯 學術世
界 1：9 127—131面 25年3月

書經中的代名詞「厥」字 高本漢（B. Karlgren）著 陸侃如
譯 文學年報 2 55—60面 25年5月

堯典語譯 黃典誠 廈大圖書館館報 1：8 8—11面 25年
5月30日

禹貢地理論 李兆民 協大學術 4 1—14面 25年11月

禹貢雍州規制要指 姚大榮 禹貢半月刊 4：10 1—7面 25
年1月16日

讀「禹貢雍州規制要指」蔣恩和 禹貢半月刊 4：10 9—14面
25年1月16日

「禹貢雍州規制要指」質疑 曹詩成 禹貢半月刊 5：8—9
179——182面 25年7月1日

讀尚書禹貢篇之偽孔傳與孔氏正義 顧頡剛 禹貢半月刊 7：
1—3 271——276面 26年4月1日

尚書盤庚篇研究法 唐文治 學術世界 1：11 135——136面
25年5月

尚書盤庚篇釋義 張譽海 國學 1：3 27—32面 26年6月1日

盤庚今譯之商榷 李鏡池 文瀾學報 3：1 1——11面 26年
3月31日

論書傳說盤庚五遷數自湯遷亳之誤　鍾泰　中國文學會集刊
　　2　1—3面　25年

太誓答問平　方勇　安大季刊　1:1　47—152面　25年1月
　　1日　1:2　249—258面　25年4月1日　1:3　221
　　—229面　25年7月1日

尚書金滕篇研究法　唐文治　國專月刊　4:4　70—71面
　　25年12月25日

大誥解　劉節　文學年報　2　19—22面　25年5月

洛誥新解辨（洛誥，尚書之一篇）　吳國濬　之江學報　5　25
　　年9月

尚書呂刑補逸　溫丹銘　語言文字學專刊　1:2　585—586
　　面　25年6月

論重黎絕地天通（書經呂刑篇云：「皇帝……命重黎絕地天通，
　　罔有降格」）　H. maspero 著　馮沅君譯　女師學院
　　期刊　4:1—2　1—4面　25年6月20日

（5）　禮

禮學略說　黃季剛遺著　中央大學文藝叢刊　2:2　1—33面
　　25年1月

周官小記　孫文昱　黌幅　1:2　1—42面　26年1月1日

讀周官職方　顧頡剛　禹貢半月刊　7:6—7　327—332
　　面　26年6月1日

西漢周官師說考　劉申叔遺著　制言半月刊　23　1—45面
　　25年8月16日

儀禮今古文異同釋例　許敬武　進德月刊　2:6　19—34面
　　26年2月1日

（6） 春 秋

12月

春秋元年春王正月辨　吳方圻　國專月刊　4：1　62面　25年
9月15日

春秋紀年考（原文載德文漢學雜誌專刊第一期）　耿乃德（
G·J·Kennedy）著　徐道鄰譯　民族雜誌　4：6
967—976面　25年6月1日

與徐哲東論春秋書　太炎　制言半月刊　17　1—3面　25年5
月15日

春秋修辭學（崩薨卒葬篇）　李源澄　論學　6—7　1—19面
26年6月1日

左傳國語原非一書證　孫次舟　北平華北日報圖書週刊　52
24年10月28日　53　24年11月4日　54　24年11月
11日

論左傳之性質及其與國語之關係　楊向奎　史學集刊　2．41
——81面　25年10月

讀左隨筆　南銑　北平世界日報明珠　80　25年12月19日

讀左傳小箋　楊樹達　清華學報　12：2　257—296面　26
年4月

春秋左傳藝言　顧時　國專月刊　2：5　13—24面　25年1
月15日

左傳發凡　張傑　光華大學半月刊　5：8　43—56面　26年
4月20日

與孫次舟論春秋左傳書　榮調甫　北平華北日報圖書週刊　74
25年3月30日

論左傳「君子曰」　楊向奎　文瀾學報　2：1　1—8面　25年3
月31日

春秋左氏傳君子曰撰辭　楊明照　文學年報　3　103—112面

—— 3 8 ——

26年5月

讀左分類述目（續）　陸修祐　國專月刊　3：3　9—11面
　　25年4月15日

左傳紀事類鈔按語　國專月刊　2：5　53—58面　25年
　　1月15日

增訂「春秋杞子用夷殿爵列年」　陳槃　禹貢半月刊　7：1—3
　　89—117面　26年4月1日

左氏述春秋盟會　盛熙　歷史學報　11—16面　25年10月

左氏學鄭興賈逵不同蠡測（後漢書鄭興賈逵傳書後）　倉德建
　　廈門圖書館聲　3：10—12　6—8面　25年7月

衛冀隆難杜得失說（坿北史衛冀隆稽服氏學上書難杜氏六十二
　　事孔氏正義引其九事）　張蒓暉　國學　1：1　9—16面
　　26年4月1日

駁鄭（春秋三傳考證之八）（駁家鄭樵春秋傳證左氏為六國人
　　）　孫易　國專月刊　3：1　68—69面　25年2月15日

「威齋齊」後評　李源澄　學術世界　2：3　46—50面
　　26年1月　2：4　80—83面　26年4月

與陳柱尊教授論公羊學書　李源澄　學術世界　1：11　101—
　　102面　25年5月

春秋穀梁傳柯氏釋例目錄叙　劉煥燮　書林半月刊　1：2
　　18—19面　26年3月25日

（7）孝　經

孝經新論　周予同　中學生雜誌　69　3—21面　25年11月

孝經論略　李慶富　學風　6：9—10　25年12月15日

孝經所謂孝之始與孝之終之批評　傅佩青　人生評論　21—
　　23面　25年11月10日

84

孝經與論語之抵觸　傅佩青　人生評論　11—21面　25年10月10日

孝經在兩漢六朝所生之影響　陳子展　復旦學報　4　136—165面　26年1月31日

孝經補傳述禮　黃筆　船山學報　10　1—18面　24年12月

毓清臣校貢孝經韻語序　勞乃宣遺稿　船山學報　10　9—10面　24年12月

孝經韻語跋　郭尺崖　船山學報　10　10—11面　24年12月

蔡汝賀孝經通考序　張西堂　北平晨報思辨　63　25年11月27日

孝經翼自序　唐文治　學術世界　2:2　80—83面　25年11月

孝經翼（後改名孝經救世篇）　唐文治　學術世界　2:2　11—15面　25年11月　2:3　1—3面　26年1月　又圖專月刊　4:1　1—3面　25年9月15日　4:2　1—3面　25年10月15日　4:3　1—7面　25年11月25日　4:4　1—15面　25年12月25日　4:5　1—13面　26年1月15日　5:1　5—14面　26年2月25日　5:2　1—7面　26年3月15日

（8）石　經

讀石經記　張厚璜　河北博物院畫刊　134　26年4月10日　136　2面　26年5月10日　138　2面　26年6月10日

從實驗上窺見漢石經之一斑（目次：字體；經數；經本；行款；石經；人名）　馬衡　慶祝蔡元培先生六十五歲論文集（上）　65—72面　22年1月

漢魏石經殘字敘　王獻唐　北平華北日報圖書副刊　28　24年
　　5月13日　29　24年5月20日　30　24年5月27日
書洛陽讀出三體石經後　太炎　制言半月刊　16　1—2面
　　25年5月1日

（9）　四　書　孔教附

讀四子書筆記（集思堂外集未刊稿之一）　陳道遺著　青鶴雜
　　誌　4：24　1—4面　25年11月1日
政事雙專刊呂子評語　錢穆　天津益世報讀書周刊　35　25年
　　2月13日
讀書志疑　程昌祺　華西學報　4　21—22面　25年6月
「論語」一名之來歷與其解釋　趙貞信　史學集刊　2　1—40
　　面　25年10月
論語要略　周逸　船山學報　13　3—5面　26年3月立
　　夏日
讀論語隨筆　雪漢　北平世界日報明珠　25年11月15日
論語講疏　顧楊生　國專月刊　3：1　22—32面　25年
　　2月15日　3：2　3—11面　25年3月15日　3：3
　　5—8面　25年4月15日　3：4　1—11面　25年5月
　　15日
燕趙悲歌（解釋論語）　方月坡　孔子哲學月刊　1　16—22
　　面　26年1月20日
讀論語雜記　張傑　光華大學半月刊　5：9　52—55面　26
　　年5月10日
讀經發疑（論語）　虞以道　國專月刊　3：2　2面　25年3
　　月15日

論語言政述　吳兢成　國專月刊　3：5　5—7面　25年6月15日

論語中的刑法思想　任啟珊　社會科學論叢　4：8　33—39面
　　22年3月1日

論語孔子論學　張國淦　新民月刊　2：3　1—25面　25年5
　　月

述論語毀孔之辭　馮革軒　進德月刊　2：2　19—26面　25
　　年10月1日

學而時習之章義　黃葷　船山學報　12　1—3面　25年10月
　　30日

論語類纂孝弟篇大義　陳柱　交大學刊　19　147—148面
　　25年3月

子奚不為政解　楊遇夫　制言半月刊　18　1—2面　25年6月
　　1日

"管氏有三歸"的確解（"三歸"係一種市租）　楊聯陞　天津大
　　公報史地周刊　120　26年1月15日　又史地社會論文
　　摘要月刊　3：5　9面　26年2月20日

子見南子章辨正解　黃葷　船山學報　11　6—9面　25年4
　　月1日

樊遲請學稼章辨　黃葷　船山學報　11　9—12面　25年4月
　　1日

孔子不見陽貨欲往公山佛肸之召辨　黃葷　船山學報　10　3—
　　6面　24年12月

子夏曰仕而優則學學而優則仕　黃葷　船山學報　11　4—6面
　　25年4月1日

孟學大義　徐季廣　國專月刊　4：1　25—26面　25年9月
　　15日

孟子考略　吳家駒　國專月刊　3：1　25年2月15日

中和節辨疑）　唐文治　學術世界　1：8　2—4面　25年
　　1月

讀叢蒙術中庸講義（蒙齋、絜齋之子得陸學之心、中庸講義散
　　見於永樂大典中）　張壽鏞　光華半月刊　4：7　1面　25
　　年3月25日

中庸通義序（中庸通義一書北流陳柱尊撰）　蘇紹章遺著　學
　　術世界　2：2　78—79面　25年11月

孔教研究（目次：孔教的經典，孔教的倫理，孔教的神觀，孔
　　教中之國教，孔教中之平民宗教，孔教之優點，孔教之弱
　　點）　萬福林譯　真光雜誌　35：1　36—39面　25
　　年1月　35：7　39—42面　25年7月

孔教非國教論　蔣晉德　丁己雜誌　1：2　1—20面　6年4月
　　20日

孔教之源流及其地位　勞思民　學風　6：5　25年8月1日

孔子教義與人生的重要關係　何鍵　國光雜誌　18　35—
　　38面　25年6月16日

論儒教為歐洲學者誤譯為孔教　何鍵　國光雜誌　13　50—52
　　面　25年1月16日

儒教之傳入法國　穆伯　國光雜誌　18　11—19面　25年6
　　月16日

三百年前的建立孔教論（跋王啟元的清署經談）　陳受頤　中
　　央研究院史語研究所集刊　6：2　133—162面　25年
　　7月

康南海之孔教觀　梁啟超遺稿　大道半月刊　18　49—
　　52面　23年9月1日

論尊孔並質胡適　黃寶實　中央週刊　79　3—4面　24年1
　　月26日

———44———

尊孔史序（尊孔史一書石蓋年撰民國十七年初版最近將刊印二
　　版）孔德成　孔子哲學月刊　1　5面　26年1月20日

尊孔與復興民族之關係　張鴻烈　進德月刊　2：1　1—9面
　　25年9月1日

歷代尊孔紀　石榮暲　道德半月刊　2：2—3　68—78面
　　24年8月15日　3：1　27—33面　25年1月15日
　　3：2　28—33面　25年1月30日　3：3　23—28
　　面　25年2月15日　又船山學報　9　1—8面　24年
　　9月　10　1—5面　24年12月

尊孔論　吳鐵城　北平華北日報　23年8月29日

尊崇孔子論　張真原　道德半月刊　3：6　20—23面　25年
　　3月30日　3：8　19—22面　25年4月30日

祀孔典林（目次：追崇諡號，歷代崇奉詔略，崇奉雜事，誕辰
　　諱日考正，孔子世家譜，孔廟配享考，祀孔禮樂志）
　　小閒　北平晨報藝圃　25年3月9—10、13日

（三）　語言文字學

（1）　通　論

中國字和中國教育　陸志韋　教育學報 2　10―13面　26年
　　2月3日

中國語文教育之歷史的演進　黎錦熙　經世　1：9　1――4面
　　26年5月15日

識字教學新工具之研究（與全國小學國語教師作一商榷）
　　黃綸書　學風　6：7―8　25年11月1日

中國之文字語言學（1.文字之起源 2.六書 3.古今助詞之異文 4.
　　字體之變遷及正偽 5.字體偏旁之可移易及不可移易 6.字音
　　）　錢鍾英　光華大學半月刊　5：1　63―70面　25年
　　10月17日　5：2　55―64面　25年11月7日　5：5
　　65―74面　26年1月9日　5：6　46―55面　26年
　　3月16日

中國語言文字三論（目次：中國語言文字的特點，中國語言文
　　字之組織，中國語言文字的變遷）　姜亮夫　民族雜誌
　　4：8　1369―1393面　25年8月1日

語言和文字底分家　紺弩　語文　1：2　28―33面　26年2
　　月1日

論聯緜字與探求語根之關係　呂宗賓　北平晨報思辨　48
　　25年8月14日

中國語音系統的演變　張世祿　暨南學報　1：1　213―228
　　25年2月

語言學的基本認識　之光　清華週報　44：1　42―45面
　　25年4月12日

—— 46 ——

中國語言學界一瞥（轉載東南日報） 王維嗇 開明月報 1:5
　　1092—1093面 26年5月15日

明清兩代日本長崎之中國語學的色色（續） 劉銘恕 師大月
　　刊 26 207—216面 25年4月30日 30 208
　　—226面 25年10月30日

比較文字學淺識 林祝敔 東方雜誌 34:8 51—67面
　　26年4月16日

中國文字之發生與變遷 胡樸安 中國學生 2:1—4 26—
　　28面 25年1月1日

評吳貴因中國文字之起源及變遷（百科小叢書之一 商務印書
　　館發行 民國二十八年八月出版 每冊大洋壹角）
　　　 孫次舟 北平華北日報圖書週刊 31 24年6月3日

文字證原舉例 高文 金陵學報 5:2 351—358面 24
　　年11月

文字學辨證（續） 李礎 船山學報 10 1—6面 24年12月
　　11 1—6面 25年4月1日

文字學辨證序 曹孟其 船山學報 13 11—14面 26年3月
　　立夏日

論漢宋小學 陳澤霖 國學 1:2 14面 26年5月1日

小學金石論叢跋（楊遇夫著） 沈雁士 天津益世報人文周刊
　　2 26年1月8日

論清人疏證小學書籍所用之「義近」例 呂宗賓 學藝雜誌
　　15、6 613—623面 25年8月15日

用科學方法整理中國文字的意見 姚定塵 科學的中國 2:3
　　10—18面 22年7月15日

中國文字寫法規例 陳果夫 陳祖平 科學的中國 4:5
　　177—179面 23年9月1日

中國語言文字上的三個新工具（注音符號．國語羅馬字．國語
　　述記）　汪怡講　張東勛記　北平世界日報國語周刊
　　298　26年6月26日

六十四種書體考　蕙農　天津益世報說苑　26年6月10日

古代東西土古籀文字不同考　金德建　文瀾學報　3：1——
　　47面　26年3月31日

驂視樓小篆說　王文琦　河北博物院畫刊　114　2面　25年6
　　月10日　116　1面　25年7月10日　117　1面　25年7
　　月25日　119　1——2面　25年8月25日　124　2面
　　25年11月10日　126　2——3面　25年12月10日　128
　　1面　26年1月10日　129　1面　26年1月25日　131
　　2面　26年2月25日

「今字解剖」題詞（今字解剖十三篇　王純甫著　述篆隸元本言
　　形者六言音義者七）　太炎遺著　制言半月刊　24　1——2面
　　25年9月1日　又出版周刊　新150　7面　24年10月12日

論識字並介紹王著今字解剖（王有宗著　上海商務印書館出版
　　每冊壹元壹角）　江顯之　出版周刊　新157　13——14面
　　24年11月30日

與友人論篆書　試翁　北平晨報藝圃　25年4月3日

用筆九法與章草　卓定謀　北平研究院院務彙報　2：1　20年
　　1月

俗用數字考（辨世俗一二三四五六七八九十廿百千萬等字寫作
　　壹貳叁肆伍陸柒捌玖拾念佰仟万為唐武后所改之非）
　　朱奇　藝文雜誌　1：3　25年6月15日

遼道宗及宣懿皇后契丹國字哀冊初釋　王靜如　中央研究院史
　　語研究所集刊　3：4　467——468面　22年

契丹國字再釋　王靜如　中央研究院史語研究所集刊　5：4

537—543面　24年12月

蒙古的語言與文字　聶西生　天津益世報讀書周刊　58　25年
　　7月23日　60　25年8月6日　68　25年10月1日

蒙古用畏兀字之原因　林韻濤　禹貢半月刊　5:12　21—24
　　面　25年8月16日

（2）六書

六書概略　邱鴻　江漢思潮月刊　5:2　72—76面　25年
　　11月15日

"六書"新說和中國語文"音""形"對立演進的七大階段（國語辭
　　典序上）　黎錦熙　北平世界日報國語週刊　274　26年
　　1月9日

形聲釋例　林尹　制言半月刊　10　1—5面　25年2月1日

形聲釋列　陳北年　論學　1　18—25面　26年1月1日

形聲緣起　陳北年　學術世界　1:10　36—38面　25年
　　4月

形聲字之字義與形旁之關係　陳北年　論學　2　1—11面
　　26年2月1日

字義同緣於構造同例證　楊樹達　員幅　1:1　1—20面　25
　　年7月1日

諧聲通假乃始於方音至異或古文篆隸傳寫失其讀　王立中　學
　　風　7:1　1—3面　26年1月20日

（3）聲韻

聲韻略說　黃季剛遺著　中央大學文藝叢刊　2:2　1—40面
　　25年1月

聲韻學（續）　李植　華西學報　4　49—99面　25年6月

聲與韻之結合　徐昂　中國文學會集刊　2　1—8面　25年

謳歌之興替與音理的解釋　趙蔭棠　中央日報文史副刊　11
　　26年1月31日

音準（續）　曾浩然　女師學院期刊　4：1—2　1—9面　25
　　年6月20日

辨音札記　任銘善　中國文學會集刊　3　57—59面　25年8月

古韻論　江瀚　安雅月刊　1：12　31—32面　25年5月1日

古音考據沿革　錢玄同講　白滌洲記　北平世界日報國語周刊
　　238　25年4月25日

韻文體語中所見之古今音變示例　芋田　天津益世報讀書週刊
　　74　25年11月12日

雙聲疊韻辨　陳乃文　讀書青年　1：4　19—21面　25年8月
　　16日

漢字中之拼音字　林語堂　中央研究院史語研究所集刊　2：4
　　387—392面　21年

論古無複輔音凡來母字古讀如泥母　唐蘭　清華學報　12：2
　　297—307面　26年4月

古代漢語中的Sŋ複輔音　陳連味　天津益世報人文周刊　14
　　26年4月9日

對於中國古音重訂的貢獻　俄國A. Dragunov原著　唐虞譯
　　中央研究院史語研究所集刊　3：2　295—308面　20年
　　12月

曉匣歸立古音變轉例證　張為綱　中山大學文學院專刊　2

明組古音變轉例證　張為綱　語言文學專刊　1：1　217—227
　　面　25年3月

五聲二變十二律為記音符號釋　宗志黃　員幅　1：2　1—6面

反切語八種 趙元任 中央研究院史語研究所集刊 2：3 312
—354 20年4月

默識舊新反切法 默識 東方雜誌 33：23 47—60 面
25年12月1日

兒子盦的演變 唐虞 中央研究院史語研究所集刊 2：4 457
—467面 21年

省字為何讀作 miao？ 陳達咏 天津益世報人文週刊 17
26年4月30日

蘗陵石刻哀册文中之入聲韻 魏建功 天津益世報讀書週刊
69 25年10月8日

雙聲疊韻的應用及其流弊 王力 文學年報 3 21—23面
26年5月

談添盍帖分四部說 黃季剛遺著 孫世揚錄 制言半月刊 8
1—10面 25年1月1日 又中央大學文藝叢刊 2：2
1—8面 25年1月

古等呼說 湯炳正 制言半月刊 11 1—3面 25年2月16日

古等韻八攝四流說 任銘善 之江學報 5 25年9月

等韻門法駁議 曾運乾 語言文學專刊 1：2 291—302面
25年6月

等韻學講稿序 趙蔭棠 北平晨報學園 25年8月24日

明清等韻之北音系統 趙蔭棠 輔仁學誌 6：1—2 65-128
面 26年6月

明清等韻之存濁系統 趙蔭棠 天津益世報讀書週刊 73 25
年11月5日 78 25年12月10日 83 26年1月14日
84 26年1月21日 85 26年1月28日 86 26年2月
4日

契文辨類序 許敬武 河南政治月刊 6：10 1—2面 25年10月

——— 5 2 ———

荀子韻表及考釋 陳獨秀 東方雜誌 34：2 67—75面 26
年1月16日

屈宋韻譜 王愛夫 華西學報 4 101—110面 25年6月

南北朝詩人用韻考 王力 清華學報 11：3 783—842面
25年7月

通志七音畧研究（景印元至治本通志七音畧序） 羅常培 中
央研究院史語研究所集刊 5：4 521—535面 24年
12月

戴東原轉語釋補 曾廣源 安雅月刊 1：12 17—22面 25年
5月1日

林景伊中國聲韻學要旨序 錢玄同 北平世界日報國語週刊
280 26年2月20日

評王力中國音韻學上册（商務印書館大學叢書之一） 朱晶明
天津益世報讀書週刊 65 25年3月10日

高本漢中國音韻學研究譯本序 高本漢（B. Karlgren）作
趙元任譯 天津益世報讀書週刊 67 25年9月24日
75 25年11月9日

武爾披蔣利的中國音韻學述評 Z. volpicellis chinese
phonology. 38 pages with 9 tables 1896 China
gazette, office Shanghai 羅莘田 中央日報文史
副刊 25 26年5月23日 26 26年5月30日

（4） 方　音

說方音研究 祖謨 北平世界日報國語週刊 194 24年6月
15日

高本漢方音字典序（Bernhard Karlgren：Étude sur

la phonologie chinoise P. 703—713）（此文是趙元任，李方桂，羅常培合譯高本漢中國音韻學研究的一段） 趙元任　國學季刊　5：1　95—106面　24年

中國方言當中爆發音的種類　趙元任　中央研究院史語研究所集刊　5：4　515—520面　24年12月

方言性變態語音三例　趙元任　中央研究院史語研究所集刊　5：2　241—252面　24年12月

張洵如北平音系十三轍序　魏建功　北平世界日報國語周刊　282　26年3月6日　283　26年3月13日　284　26年3月20日　285　26年3月27日

北平音系十三轍序（本書一名「北平同音小字典」張洵如作魏建功校訂）　黎錦熙　北平世界日報國語周刊　262　25年10月10日　又文化與教育旬刊　106　16面　25年10月30日

北平音系的性質　趙元任　北平世界日報國語周刊　283　26年4月24日

津語中的兩個小問題　陳鐵卿　河北月刊　1：4　1—2面　22年4月1日

臨清音的字調　劉錫鉻　中央日報文史副刊　23　26年5月9日

泰音與農諺　鏡東　申報週刊　1：13　312面　25年4月5日

關中入聲之變化　白滌洲　蔡元培先生六十五歲論文集（下）　997—1092面　24年1月

陳宋淮楚歌寒對轉考　林玉堂　蔡元培先生六十五歲論文集（上）　425—428面　22年1月

論湖南方言復趙元任書　黎錦熙　北平世界日報國語周刊　215　24年11月9日

長沙方音字母　趙元任　黎錦熙　北平世界日報國語周刊

—— 5 4 ——

239 25年5月2日

讀雲南尚劍屬語言譜古而妄改易林（張福证劍屬語音在吾國語
　　音學上之地位一文載南強月刊第一卷第四．五期合刊）

江紹原　北平華北日報中國古占小術研究　26　26年5
月5日

（5）方言

方言調查方法概論　李麟祥　語言文學專刊　1：1　23—73
　　面　25年3月

說文方言逐錄後記　郭豫才　河南博物館館刊　4　1—10面
　　25年10月　5　1—8面　25年12月　7—8　1—8
　　面　26年4月

元曲中方言考　苦水　天津益世報讀舊周刊　25年6月17日
　　72　25年10月29日

果足（宋元間一種俗語作盤纏或路費解）　馮沅君　逸經半
　　月刊　28　16面　26年4月20日

明代以前之中國方言考略　洪惠疇　學風　6：2　25年3月
　　15日

俗語考古編（續）　納生　天津益世報語林副刊　25年1月1．
　　4．6—11．13—18．20—22．28—31日　25年
　　2月1．3—7．10—15．18—22．24—29日
　　25年3月2—7．9—14．16—21．23—27日

俗語考　許蕙芬　北平世界日報明珠副刊　26年1月11．13
　　—14．17—19．21．24—25．27—31日　3月11
　　15—16．18．20日

質言辨　但值之　制言半月刊　14　1—34面　25年4月1
　　日

100

罵人語雜考　窨田鄉人　北平華北日報咖啡座　26年4月18日

禹虎考　李銘　逸經半月刊　9　46—47丁面　25年7月5日

綠巾小誌（世俗以「綠巾」誚龜妓）　小開　北平晨報藝圃
25年3月15日

潲米湯　聽水　北平世界日報明珠　26年2月20日

瀋陽土話彙集注釋（續）　杜書田　師大月刊　26　197—
206面　25年4月30日

北平市內語言之檢討　張景蘇　市政評論　4：2　8—11面
25年2月16日

北平話裡的比喻　畢樹棠　守宙風　20　430—432面　25年
7月1日

南和方言　劉夢猶　河北省立工業學院學報　3　189—193面
26年6月

山東土話研究（魯南部土話）　周斡庭　齊大季刊　7　127
—145面　24年12月

齊魯方言雜考　屈萬里　時代青年　1：1　21—22面　25年
5月25日

關於「沒的」（山東濟南附近地帶土語表疑問口氣作莫非解）
趙蔭棠　北平世界日報國語周刊　188　24年5月4日

蔣東古語摘錄　湯炳正　制言半月刊　17　4面　25年5月16
日

趣味的秦蜀閩三地方音方言　劉鑑恕　歷史與考古　2　14—
26面　26年3月

漢音源流考　禹伯綜著　沈仲章譯　天津益世報讀書周刊　61
25年8月13日

記咸陽方言　劉文錦　國立中央研究院歷史語言研究所集刊

3：3　415——430日面　21年10月

合肥方言考　李慶富　學風　6：4　25年6月15日

江浙語「樓窗機拾」謂之「宵子」本名考　傅乎驤　學術世
　　界　2：3　96面　26年1月

潤東故鄉質言錄（鎮江古名潤州，潤東即鎮江東鄉）　萬幼圃
　　廈門圖書館聲　4：4—6　19—20面　26年3月

常州方言小識　陳松茂　廈門圖書館聲　3：7—9　10—11面
　　25年3月

雨諺名詞箔記（續）　陳訓正　文瀾學報　2：1　1—34面
　　25年3月31日

浙江象山方言考　龔恭垣　人文月刊　7：2　1—9面　25年3
　　月15日　7：3　3—18　78—83面　25年3月

長沙方言考　楊樹達　清華學報　11：1　205——219面　25
　　年1月

大埔縣新志方言之二篇（釋親屬釋蟲魚鳥獸）　溫廷敬　語言
　　文學專刊　1：2　253——363面　25年6月

龍溓女先生論「李秀成論于姪書」方言的來函（附羅爾綱書
　　龍溓女先生來函後）　天津益世報史學　29　25年5月
　　24日

廣西太平府屬土州縣司譯語考　聞宥　中央研究院史語研究
　　所集刊　6：4　437——552面　25年12月

爨文叢刻甲編（中央研究院歷史語言研究所專刊之十一）
　　丁文江編　民二十一正月上海商務印書館出版）王了一
　　天津大公報圖書副刊　139　25年7月16日

讀爨文叢刊　聞宥　天津大公報圖書副刊　150　25年10月1日
　　151　25年10月8日　又圖書季刊　3：4　177——198面
　　25年12月

再論揚雄文數字　聞宥　天津大公報圖書季刊　115　25年1月30日

截東原橋方言稿序　羅常培　中央研究院史語研究所集刊　2:4　450—456面　21年

讀「新方言」劄記（章太炎著民國四年出版）　童振華　語文　1:2　8—9面　26年2月1日

（6）專著

（A）爾雅釋名

爾雅略說　黃季剛遺著　中央大學文藝叢刊　2:2　1—36面　25年1月

爾雅正名　汪笠石著　黃季剛評　制言半月刊　18　1—63面　25年6月1日　19　1—132面　25年6月16日

重印雅學考跋　周祖謨　天津益世報讀書周刊　44　25年4月23日

爾雅篇數考　孫次舟　北平華北日報圖書週刊　53　25年1月13日

學郵齋讀書小識（周次：讀釋名，讀爾雅）　徐復　制言半月刊　14　12面　25年4月1日　16　18面　25年5月1日　21　12面　25年7月16日

致丁梧梓書（釋名釋水條）　沈兼士　天津益世報人文周刊　21　26年5月28日

王氏釋名疏證補引吳氏校本舉誤　萬信益　天津益世報人文周刊　24　26年6月18日

（B）玉篇

大廣益會玉篇跋　周祖謨　天津益世報讀書週刊　62　25年8月20日

103

（C）說文

論說文爲眼學　陳澤寰　國學　1:1　21面　26年4月1日

說文略說　黃季剛遺著　中央大學文藝叢刊　2:2　1—44面
　　25年1月　又制言半月刊　15　1—48面　25年4月16日

說文講疏　吳承仕　制言半月刊　18　1—10面　25年6月1
　　日　20　1—12面　25年7月1日　21　1—12面　25年
　　7月16日

讀說文會意字之管見（鳳晨，師宦，典命，政教）　陳澤寰
　　國學　1:3　22面　26年6月1日

說文轉注釋例　曾運乾　中山大學文學院專刊　2

說文異字而偏旁全同之比較　馮振　國專月刊　3:2　1—2
　　面　25年3月15日

說文凡某之屬皆從某考并叙　張智敏　女師學院期刊　4:1
　　—2　1—18面　25年6月20日

說文重文小篆考　葉啟勳　金陵學報　6:2　266面　25年
　　11月

說文古聲考序　吳英華　國學　1:1　22面　26年4月1日

說文重文讀若轉音考　鐘歆　制言半月刊　29　1—17面　25
　　年11月16日

說文漢讀與廣韻部對比舉證　宋雨霖　制言半月刊　28　1—
　　12面　25年11月1日

許氏說文所稱別國殊語與楊氏方言異同係證　李道中　文瀾學
　　報　2:2　25年6月30日

說文部首均語注補誼　章仲鑑注　徐復補誼　制言半月刊　32
　　1—34面　26年1月1日

說文籀文古文考　孫海波　文哲月刊　1:6　58—78面　25
　　年9月20日

與某先生論小學（附原函）　許敬參　河南博物館館刊　3
　　65—70面　25年9月
說文中之古文考（續）　商承祚　金陵學報　5：2　267——
　　298面　24年11月　6：2　71—262面　25年11月
甲金文中所見說文之逸文　孫海波　師大月刊　26　177——
　　184面　25年4月30日
讀說文別釋　高潛子　學術世界　1：9　48—49面　25年3月
許書今語釋　孫文昱　貢幅　1：2　1—22面　26年1月1日
跋丁少山覆刻監本說文解字　周祖謨　天津益世報讀書周刊
　　32　25年1月16日
說文解字之傳本（孫刻說文解字校勘後記）　周祖謨　國學季
　　刊　5：1　107—117面　24年
孫星衍平津館重刻宋本說文解字校勘記　周祖謨　國學季刊
　　5：1　113—142面　24年
陶刻孫本說文解字正誤　周祖謨　國學季刊　5：1　143—145
　　面　24年
說文演例叙　羅傑　船山學報　1.2　15—17面　25年10月30日
說文義證定本（原書藏日照丁德辰處）　許印林遺著　北平華
　　北日報圖書副刊　71　25年3月9日
說文解字韻隸叙（丁樹五先生著）　王獻唐　北平華北日報圖
　　書副刊　9　23年12月31日
正殽（將許氏說文所錄正字之無別而異於古籀者，擇錄百餘則
　　證段說之誤）　羅君惕　考古社刊　5　281—295面
　　25年12月
說文解字段注釋例序例　呂宗賓　學藝雜誌　15：3　255——
　　260面　25年4月15日
段注說文武斷說舉例（續）　劉世昌　師大月刊　26　185—

——ᄃᄆ——

、 136面 25年4月30日

評清代文字學家段玉裁氏之說文解字注 吳英華 工商學誌
　8:1 1—4面 25年5月15日

餘杭章公評校段氏說文解字注 章太炎評 駱鴻凱錄 制言
　半月刊 27 1—6面 25年10月16日

王氏說文釋例稿本校記 清何焯暨張石州等遺著 員幅 1:1
　1—61面 25年7月1日

文選李善注引說文箋 董懋 天津益世報人文周刊 10 26年
　3月12日

（D）韻書

韻書與聲韻史 祖謨 北平世界日報國語周刊 196 24年6
月29日

切韻魚虞之音值及其所據方音考 羅常培 中央研究院史語研
　究所集刊 2:3 358—385面 20年4月

切韻開口九韻之古讀及其演變 羅常培 蔡元培先生六十五歲
　論文集（上） 469—523面 22年1月

切韻â的來源 李方桂 中央研究院史語研究所集刊 3.1
　1—38面 20年8月

切韻與鮮卑（此文英譯在北平輔仁大學華裔學誌第二卷發表）
　陳垣 天津大公報圖書副刊 142 25年8月6日 又圖
　書季刊 3:3 83—88面 25年9月

唐抄本韻書及印本切韻之斷片（本書四編收有王俊瑜譯文刊天
　津益世報讀書周刊第二十六期因譯者不同茲再複錄） 武
　內義雄著 萬斯年譯 國立北平圖書館館刊 10:5 45
　——60面 25年9.10月

論切韻系的韻書（十韻彙編序） 魏建功 國學季刊 5:3

61—140面 25年7月

十韻彙編敘例 羅常培 國學季刊 5:2 175—192面 25
年5月

廣韻通檢凡例稿 白滌洲 北平世界日報國語周刊 252 25
年8月1日

廣韻訂補敘例 湯炳正 制言半月刊 21 1—11面 25年7月
16日

廣韻部目原本陸法言切韻證 曾運乾 語言文學專刊 1:1
19—22面 25年3月

廣韻聲勢及對轉表 黃季剛遺稿 孫世揚錄 制言半月刊 8
1—3面 25年1月1日 又中央大學文藝叢刊 2:2
1—7面 25年1月

廣韻字聲注誤辨正 萬信益 天津益世報人文周刊 3 26年
1月15日

釋文廣均反切異同表釋（反切之傳莫古於廣韻及經典釋文二書
） 張文焯 女師學院期刊 4:1—2 1—8面 25年6
月20日

跋廣韻校勘記 吳春晗 北平華北日報圖書館學週刊 12 20
年6月25日

集韻聲類考 白滌洲 中央研究院史語研究所集刊 3:2 159
—230面 20年12月

讀集韻撝俗語 黃季剛遺著 制言半月刊 24 1—29面 25
年9月1日

黃侃集韻聲類表（上海開明書店出版 定價八角。施則敬集韻
表 北平來薰閣出版 實價一元五角） 王丁一 天津大
公報圖書副刊 172 26年3月11日

關於集韻表評論之商榷 施則敬 天津大公報圖書副刊 177

—— 62 ——

26年4月15日

漢魏六朝韻譜序　魏建功　天津益世報讀書週刊　61　25年8月13日

于海瀾「漢魏六朝韻譜」所收太玄韻　紹原　北平華北日報中國古卜術研究　17　25年11月28日

于安瀾漢魏六朝韻譜（二十五年五月出版）　王了一　天津大公報圖書副刊　148　25年9月17日　又圖書季刊　3:3　151——153面　25年9月

唐律通韻例證　施則敬　制言半月刊　22　1——11面　25年8月1日

敦煌寫本守溫韻學殘卷跋　羅常培　中央研究院史語研究所集刊　3:2　251——261面　20年12月

評水詩韻的分析　趙景深　文藝大路月刊　1:1　35——40面　24年5月10日

元明系韻書考論目錄　趙蔭棠　北平世界日報國語周刊　239　25年5月2日

中原音韻聲類考　羅常培　中央研究院史語研究所集刊　2:4　423——456面　21年

洪武正韻聲類表　劉文錦　中央研究院史語研究所集刊　3:2　237——243面　20年12月

音聲紀元述要（吳繼仕著繼仕字公信又號荃舒子徽郡人）　趙蔭棠　中央日報文史副刊　21　26年4月25日

王石臞先生韻譜合韻譜稿後記（韻譜稿凡十八冊合韻譜稿凡二十四冊）　陸宗達　國學季刊　2　123——174面　25年5月

康熙字典字母切韻要法考證　趙蔭棠　中央研究院史語研究所集刊　3:1　93——120面　20年8月

榕村韻書正名 羅莘田 天津益世報讀書週刊 51 25年6月
　　4日

四聲切韻表 江永 丁巳雜誌 1:1 1—9面 6年2月20日
　　1:2 1—11面 6年4月20日

錢大昕聲類釋訓篇疏證 徐畫海 語言文學專刊 1:1 207—
　　215面 25年3月

'韻史'纂著之旨趣 何萱 出版週刊 新219 9—10面 26
　　年2月6日

秦興何石閭韻史稿本跋 羅常培 中央研究院史語研究所集刊
　　4:2 227—232面 22年

（7）　訓詁與釋字

右文説在訓詁學上之沿革及其推闡 沈兼士 蔡元培先生六十
　　五歲論文集（下） 777—853面 24年1月

反訓纂例 董璠 燕京學報 22 119—173面 26年12
　　月

字説輯佚 宋王安石撰 張壽輯 河北博物院畫刊 133 1—
　　2面 26年3月25日 135 2面 26年4月25日
　　137 1面 26年5月25日 139 2—3面 26年6月
　　25日

北溪字義在訓詁學上之地位（陳淳字安卿漳州龍溪人生於宋高
　　宗紹興二十九年。所著字義上下二卷凡二十五門為閱讀宋
　　儒書之鎖鑰） 鄭師許 學術世界 1:8 20—31面 25
　　年1月

春秋名字解詁補誼 黃季剛遺著 中央大學文藝叢刊 2:2
　　1—7面 25年1月

「春秋名字解詁」商誼 于省吾 考古社刊 5 271—273
面 25年12月

周秦名字解詁跋（二卷，清高郵王引之撰） 沫俠 書林半月
刊 1：3 12—17面 26年4月10日

書佘秋室干祿字書後 清王萊友遺著 北平華北日報圖書週刊
20 24年3月18日

古今字詁疏證叙（許印林著） 王獻唐 北平華北日報圖書週
刊 1 23年11月5日 2 23年11月12日

韻海餘濤（章容谷撰一字梅門，官至御史。是書沫炳元以舊鈔
未有名稱命為字類考訂及得其孫婷某序乃知原名為韻海餘
濤其書於考證古今俗語甚為翔實） 章有為遺著 藝文雜
誌 1：3 1—8面 25年6月15日

四年前的一段著述工作—— 考釋一個字和兩樣東西（辭海序代
生涯自叙） 黎錦熙 文化與教育旬刊 108—109 13
—19面 25年11月25日

實庵字說 陳獨秀 東方雜誌 34：5 26年3月 34：6
26年3月 34：7 47—面 26年4月1日 34：10 71
—78面 26年5月16日 34：13 241—253面
26年7月1日

詩經「式」字說 丁聲樹 中央研究院史語研究所集刊
6：4 487—495面 25年12月

釋「賁」 于省吾 北平晨報思辨 25年2月17日

釋蔵 江麟 細流 7 26 25年6月20日

五釋（目次：釋東，釋廟，釋詞，古字釋義，釋呆，附陳鱸釋
禮） 清朱駿聲允倩遺著 華西學報 4 29—48面
25年6月

釋詞補箋（續） 清朱駿聲允倩撰著 朱師轍少濱補箋 華西

學報　4　1—18面　25年6月

釋宰　沐大可　青鶴雜誌　4：12　1—3面　25年5月1日

釋槳與來　朱奇　青鶴雜誌　4：16　1—5面　25年7月1日

諷字肌記　任銘善　中國文學會集刊　2　1—4面　25年

釋「奇斝」　李松筠　天津益世報讀書周刊　8．2　26年1月7日

儒家德名釋義　李源澄　論學　2　51—58面　26年2月1日

天黿柝朿解　吳闓生　藝文雜誌　1　10—11面　25年4月1日

說朿　如臾　語文　1：2　34—36面　26年2月1日

廣「釋三九」　江馥泉　復旦學報　4　166—195面　26年1月31日

響嚮向。（咬文嚼字章之一）　阿曼　天津益世報語林副刊　25年7月15日

父谷甫伯夫諸字之關係　南西光　天津益世報人文週刊　19　26年5月14日

谷楊立三毛詩言字義附楊立三原書）　太炎　制言半月刊　13　1—4面　25年6月16日

鐳鐦釙镭四字釋　徐復　制言半月刊　17　1—4面　25年5月16日

釋四方之名　唐蘭　考古社刊　4　1—6面　25年6月

釋夏　許同莘　河南政治月刊　7：1　1—4面　26年1月

釋雷電　許敬參　河南博物館館刊　1　25年7月1日

釋鬼　許敬參　河南博物館館刊　2　1—8面　25年8月

「鬼」字原始意義之試探（本文有英文譯文載輔仁大學華裔學誌此為中文原稿末附郭沫若陳寅恪二氏覆札）　沈兼士　國學季刊　5：3　45—60面　25年7月

釋四　湯炳正　制言半月刊　31　1—4面　25年12月16日

111

—— 66 ——

釋璽 道墅 細流 7 27面 25年6月20日

釋「珠」陳松俊 廈門圖書館聲 4:4—6 18—19面
26年3月

釋冊 陳夢家 考古社刊 5 17—22面 25年12月

史字新釋（附尹亜） 陳夢家 考古社刊 5 7—12面 25年12月

史字新釋補證（附論焉綱） 陳夢家 考古社刊 5 13—16面
25年12月

釋咸魚 陳夢家 考古社刊 4 40—42面 25年6月

釋中 陳両池 仁愛月刊 1:9 59—63面 25年1月

釋閟 仲子 新苗 2 11—13面 25年5月16日

說卯北西卯 仲子 新苗 5 17面 25年7月16日

記載款項上面應用一什麼字（主張用「鈔」「幣」或「布」）
馮柳堂 申報周刊 2:20 444—445面 26年5月23日

為面字答客問 馮柳堂 申報周刊 2:23 511面 26年6月13日

介紹一個新字面（面代表「國幣」二字） 袁左辰 申報周刊
2:22 486面 26年6月6日

釋庀 勵乃驥 北平故宮博物院年刊 31—54面 25年7月

釋自 孫海波 禹貢半月刊 7:1—3 49—53面 26年4月1日

石鼓文「廟」字之商榷 蘇秉琦 史學集刊 1 127—133面
25年4月

釋朱 聞一多 文學年報 3 7—12面 26年5月

釋刀 歐守敬 學風 7:5 1—3面 26年6月20日

——67——

釋百（文字分化狀況之一例） 董懋 細流 7 22—25面
　　25年6月20日

說芙 董作賓 考古社刊 4 7—10面 25年6月

釋家 邵君樸 中央研究院史語研究所集刊 5:2 279——
　　281面 24年12月

釋家字義 葉啟勳 金陵學報 6:2 239面 25年11月

吳聲歌中的幾個字（讀詩雜記之一） 馮沅君 守宙風 13
　　47—50面 25年3月16日

說字解經十二首 楊樹達 清華學報 11:4 899——913面
　　25年10月

十文說義 楊樹達 武大文哲季刊 5:2 357—366面
　　25年

「苑」「囿」一義說 黄森梁 細流 5—6 42—44面 24年
　　6月15日

「共」「工」「公」右文說 黄森梁 細流 5—6 44—51面
　　24年6月15日

經世釋義 蕭一山 經世半月刊 1 1—2面 26年1月15日

說「克」「頗」 蔣禮鴻 之江期刊 1:7 80—82面 26年
　　1月20日

字說（釋翔·釋眔） 郭豫才 河南博物館館刊 3 4—8
　　面 25年9月

說「朋」 摩倫 北平晨報思辨 33 25年4月8日

釋父 欒調甫 山東省立圖書館季刊 1:2 13—15面 25年
　　12月13日

釋祜 欒調甫 山東省立圖書館季刊 1:2 17—20面 25年
　　12月13日

（8）國 語

國語漫談（助詞虛字和標點符號） 北平世界日報國語周刊
　233　26年5月22日

怎樣研究國語　黎錦熙　出版週刊　新113　1——6面　24年
　3月9日　新120　1——6面　24年3月16日

國語與漢字　周作人　胡適　獨立評論　207　4——6面　25
年6月28日

國語語調　趙元任　廣播週報　23　15——18面　24年2月23
　日　又北平世界日報國語週刊　214　24年11月2日

審查黃覺肥標準國語會話呈教育部文　北平世界日報國語周刊
　289　26年4月24日　290　26年5月1日

音標的派別和國際音標的來源　羅莘田　東方雜誌　34：1
　323——329面　26年1月1日

國語畫音字全義　附直音條例　白滌洲遺稿　北平世界日報國
　語週刊　260　25年9月26日　261　25年10月3日

民國二年讀音統一會通過增製閏音音標之說明　吳敬恒　北平
　世界日報國語周刊　240　25年5月9日

蔡乃宣與汪怕書（此信論中國新式速記術兼講發音）　北平世
　界日報國語周刊　244　25年6月6日

方音政國音應注意之點　趙元任編講　北平世界日報國語周刊
　223　25年1月4日　224　25年1月11日

國語的變音　白廷實　北平世界日報國語周刊　219　24年12
　月7日　220　24年12月14日　221　24年12月21日

矯枉過正的國音　趙元任　廣播週報　1　又北平世界日報國語
　周刊　202　24年8月10日　203　24年8月17日

國語上輕唇音的演化　張世祿　暨南學報　1：2　73——92面

25年6月

邵鳴九國音沿革六講材料探源（民國二十六年二月初版商務印
書館印行　百科小叢書之一）　王揚蒙　天津大公報圖書
副刊　187　26年6月24日

繁簡字體在學習效率上的實驗　周學章　教育雜誌　26：1
99——106面　25年1月10日

漢字改革問題的回顧和展望　蕭迪忱　山東民眾教育月刊　6：7
35——58面　24年9月25日

從教育觀點論漢字的存廢　吳俊升　獨立評論　212　12——
16面　25年8月2日　又天津大公報星期論文　25年7
月26日

和俊升先生談談我國普及教育與改革文字問題（土耳其文字和
我國文字之比較）　段話人　北平世界日報國語周刊215
24年11月9日　216　24年11月16日

漢字改革的理論與實際　丁一　獨立評論　205　6—8面　25
年6月14日

我懷疑漢字的改革方法　金毀　獨立評論　217　11——14面
25年9月6日

漢字改革的我見　魏建功　天津孟世報讀書週刊　94　26年4
月3日

漢字的將來　沈有乾　華年　6：21　405——412面　26年
6月7日

蘇俄的「中國字拉丁化」與國定的「國語羅馬字」之比較（濟
濟南青年文化書社）　黎錦熙　文化與教育旬刊　82　1——
5面　25年2月29日

拉丁化呢？國語羅馬字呢？　周辨明　廈大周刊　15：28　4
——10面　25年5月25日

—— 70 ——

怎樣統一中國的語言（答黎錦熙論拉丁化字母） 紺弩 中華
　　月報 4：8 47—48面 25年8月1日

論「拉丁化的中國字母」（復濟南青年文化社函） 黎錦熙
　　北平世界日報國語周刊 228 25年2月15日 229 25
　　年2月22日 又北平晨報學園 906 25年2月14日
　　又民眾教育月刊 7：3 53—60面 25年4月25日

新文字和方言的矛盾（拉丁化新文字問題答王紹堂君） 讀書
　　生活 4：6 304—308面 25年7月25日

我對於「中國話寫法拉丁化」底意見 胡漢華 江漢思潮月刊
　　4：2—3 33—34面 25年3月15日

拉丁化論者的慣技和拉丁化本身的缺點（給友人論拉丁化的信
　　） 蕭迪忱 北平世界日報國語週刊 237 25年4月18
　　日 238 25年4月25日

拉丁化新文字的缺點 王玉川 山東民眾教育館月刊 7：10
　　61—72面 25年12月

漢字拉丁化的可能性 楊際時 西北論衡 4：4 24—30面
　　25年4月15日

教育部最近推行注音漢字述略 黎錦熙 北平華北日報 24年
　　10月24—29日

推行注音漢字辦法之疑問 龔啟昌 天津大公報明日之教育
　　141 25年9月28日

注音漢字與日本之「ルビ付」 黎錦熙 文化與教育旬刊 95
　　1—3面 25年7月10日

注音漢字小序 黎錦熙 北平世界日報國語週刊 251 25年
　　7月25日

「國語羅馬字」的介紹 蕭暄宗 齊濤僑 工讀週刊 1：2
　　33—35面 24年12月14日

國語羅馬字　趙元任講稿　廣播週報　74　37—46面　25年2月22日　又北平世界日報國語周刊　230　25年2月29日

國語羅馬字的四百六十四字文　繆篆　語言文學專刊　1:1　173—183面　25年3月

國語羅馬字的失敗　林曦　清華週刊　45:1　32—36面　25年11月1日

國語羅馬字的臉孔合理嗎　林曦　清華週刊　45:10—11　50—52面　26年1月10日

關於guoyeu Romatzyh字母的選用及其他（原載北平新生周刊第一卷第八期國語羅馬字運動特刊）　錢玄同　北平世界日報國語周刊　231　25年3月7日　232　25年3月14日　233　25年3月21日　234　25年3月28日　235　25年4月4日

同吳俊升先生談談國語羅馬字　王玉川　北平世界日報國語周刊　271　25年12月12日　272　25年12月19日　273　25年12月26日　274　26年1月9日　275　26年1月16日　276　26年1月23日　277　26年1月30日　278　26年2月6日　又山東民眾教育月刊　7:7　53—81面

注音符號與簡體字（中央教育播音講稿）　黎錦熙　北平世界日報國語周刊　247　25年6月27日　248　25年7月4日　又文化與教育旬刊　93　1—5面　25年6月20日　94　1—5面　25年6月30日

魯迅與注音符號　黎錦熙　北平世界日報國語周刊　265　25年10月31日　又師大月刊　30　347—349面　25年10月30日　又文化與教育旬刊　107　10—11面　25年11月10日

（9）簡體字

簡體字在識字運動上之意義　雷震　廣播週報　56　39—40
面　24年10月10日

由漢字史觀論到簡體字的推行　張文正　細流　7:1—6　25年
6月20日

簡體字應否強制推行　萬定華　北平華北日報　24年12月15—
18日

論教部所頒佈之簡體字　胡朴齋　國光雜誌　14　24——26面
25年2月16日

部頒簡字及推行辦法　編者　山東民眾教育月刊　6:7　233
——240面　24年9月25日

關於簡體字　袁偉　中學生雜誌　63　160—161面　25年
3月1日

簡體字（北平教育部國語推行委員會最近三大工作之重要公牘
之一）　錢玄同致王雲艇部長、張星舫司長函　北平世界
日報國語週刊　191　24年5月25日

論簡體字致黎錦熙汪怡書　錢玄同　北平世界日報國語周刊
204　24年8月24日

簡體字論　黎錦熙　北平世界日報國語週刊　246　25年6
月20日

簡體字的縱橫論述　杜子勁　山東民眾教育月刊　7:3　61—
80面　25年4月25日

簡字問題答客難（答杜子勁先生，按：杜氏原文發表在北平世
界日報國語周刊第4—9期上）　陳光堯　北平華北日報
21年1月29—2月4日

常用簡字表序（附簡字叢書內容述略）　陳光堯　北平華北日

報　24年6月18—21日

吾人對於簡體字義應有的認識　顧良杰　教育雜誌　25：11　1—6面　24年11月10日

簡體字年譜　杜子勁　北平世界日報國語周刊　242　25年5月23日　243　25年5月30日　244　25年6月6日　又山東民眾教育月刊　7：3　81—92面　25年4月25日

（10）文　法　與　修　辭

中國文法學初探　王力　清華學報　11：1　21—77面　25年1月

文法新論　孫先六　北平世界日報國語週刊　263　25年10月17日　264　25年10月24日　267　25年11月14日　269　25年11月28日

中國文法歐化的可能性　丁一　獨立評論　193　11—14面　25年4月26日

中國文法歐化與國語羅馬字　劉學濬　獨立評論　200　15—17面　25年5月10日

漢語和歐洲語用動詞的比較　陸志韋　燕京學報　20　225—243面　25年12月

論金文文法致容庚書　黎錦熙　北平世界日報國語週刊　226　25年2月1日

周金文中之「雙賓語句式」　沈春暉　燕京學報　20　375—408面　25年12月

先秦時代文法之特徵　李粹穌　語言文學專刊　1：2　463—555面　25年6月

論「語首發聲詞」答江紹原教授書（附江氏原函）　李粹穌

—— 74 ——

語言文學專刊 1:3—4 911—923面 26年6月

就元秘史譯文中所見之中國人稱代名詞 王靜如 中央研究院
　　史語研究所集刊 5:4 545—549面 24年12月

Word Families in Chinese (By B. Karlgren (高本漢
　　) Reprinted from The Bulletin of the Museum
　　of Far Eastern Antiquities, no. 5 Stockholm
　　1934) 丁一 圖書季刊 2:4 217—221面 24年
　　12月

字詞正名 何容 北平世界日報國語周刊 288 26年4月17
日

略論'字'和'詞' 張文正 北平華北日報每日談座 208 23
年11月7日 209 23年11月8日

詞類連書的研究（原載民間半月刊三卷十九期） 沈海鳴 北
平世界日報國語周刊 281 26年2月27日

文學釋詞（續安大月刊二卷八期） 陳朝爵 安大季刊 1:1
69—109面 25年1月1日 1:2 179—248面
25年4月1日

中國文法中的繫詞 王力 清華學報 12:1 1—67面
26年1月

元曲中聲音形容詞之兩公式 苦水 中央日報文史副刊 12
26年2月7日

讀馬氏文通 何容 中央日報文史副刊 10 26年1月17日
11 26年1月31日 12 26年2月7日

馬氏文通之'次' 何容 北平世界日報國語周刊 255 25
年8月22日 256 25年8月29日

馬氏文通論句之術語 何容 北平世界日報國語周刊 279
26年2月13日

120

中台藏緬數目字及人稱代名詞語源試探　王靜如　中央研究院
　　史語研究所集刊　3：1　49—92面　20年8月

國文典大全（再續）（代名詞）　劉鉉元　學藝　14：10
　　1165—1184面　24年12月15日　15：8　899——
　　932面　25年10月15日　15：9　992——1020面
　　25年11月15日

中國文法動詞變化例　胡懷琛　興中月刊　1：1　119面　26
　　年5月16日

副詞語尾和重疊的副詞語尾　汪馥泉　青年界　11：2　45——
　　49面　26年2月

釋否定詞「弗」「不」　丁聲樹　蔡元培先生六十五歲論文集（下）
　　967——996面　24年1月

語尾助詞「矣」的意義和功用　walter simon 著　曾省譯
　　廈門大學學報　六本　1—18面　25年2月

用今語比釋的虛字用法與集釋　許篤仁　進德月刊　2：5　70
　　—81面　26年1月1日　2：6　63—81面　26年2月1日
　　2：7　65—78面　26年3月1日

「詞兒」構成底分析　汪馥泉　中山文化教育館季刊　3：4
　　1419—1436面　25年10月

談北平歌謠中的「兒」字　趙煥筠　歌謠　3：12　1—2面　26
　　年6月19日

談「兒」贅説　魏建功　歌謠　3：12　2—4面　26年6月19日

「的」詞底用法　汪馥泉　青年界　11：1　107—112面　26年
　　1月

論「蓋」「而」及文法的研究法（復汪梅風的信）　黎錦熙　北平
　　世界日報國語周刊　217　24年11月23日

「了」「着」「呢」　何容　北平世界日報國語周刊　292　26年5

121

—— ７６ ——

月15日

除了「這裏」「那裏」　吳世昌　歌謠　3:2　4——5面　26年
　　4月10日

論別字　齊佩瑢　中學生雜誌　63　158——160面　25
　　年3月1日

文法書目　國語文獻館　北平世界日報國語週刊　207　24
　　年9月14日　225　25年1月18日

各個社會中的修辭現象　祝秀俠　語文　1:6　29——36面
　　26年6月1日

論誇飾　何爵三　勷勤大學季刊　1:2　149——156面　25年
　　1月

駢字格　吳之英　學藝雜誌　15:6　601——612面　25年8
　　月15日

「左傳 國語 戰國策」三書中的譬喻　劉禹昌　中央日報文
　　史副刊　16　26年3月14日　17　26年3月21日

文章的尚略　夏丏尊　中學生雜誌　62　23——32面　25年
　　1月1日

句子的安排　夏丏尊　中學生雜誌　65　27——37面　25年
　　5月1日

從聲韻上討論語句的安排　周振甫　中學生雜誌　71　331——
　　340面　26年1月

造句的周徧律（造句的三種律之一）　汪馥泉　青年界　10:2
　　24——28面　25年9月

造句的側重律（造句的三種律之二）　汪馥泉　青年界　10:3
　　34——38面　25年10月

造句的呼應律（造句的三種律之三）　汪馥泉　青年界　10:4
　　36——39面　25年11月

122

詩經的修辭　王俊瑜　天津益世報讀書週刊　67　25年9月24
　　日
詩經之修辭　張蘆泊　北平晨報藝圃　26年5月30日31日
詩經複詞考　唐圭璋　制言半月刊　17　1—10面　25年5
　　月16日
修辭學比興篇序　黎錦熙　北平世界日報國語周刊　220　24
　　年12月14日
修辭學序（介白撰）　蚩明　北平華北日報副刊　533　20年
　　7月15日

（四）考古學
（1）通論

給中學生講考古學　侯仁之　時代青年　1：3—4　14—22面
　　25年8月25日

中國發古的動向　周蔭棠　遺族校刊　3：3　104—109面
　　25年7月10日

疑古與釋古　仲絙　學風　6：3　1—2面　25年5月1日

疑古與釋古的申說　劉興唐　食貨半月刊　3：5　195—196
　　面　25年2月1日

考古學大義　閻百益講　趙惜時記　河南博物館館刊　1　10
　　—24面　25年7月1日　2　1—13面　25年8月

考古學研究法譯者序　鄭師許　學術世界　1：7　51—53面
　　24年12月

地下考古與地面考古　王紉僑　河南博物館館刊　5　1—7面
　　25年12月1日　6　1—4面　26年2月1日　7—8　1—
　　5面　26年4月1日　9　1—7面　26年5月1日

考古與搜訪　李鑑昭　河南博物館館刊　9　1—9面　26年5
　　月

史前考古學發見史略　岑家梧　考古社刊　5　307—319面
　　25年12月

近四十年中國考古學上之重要發見與古史之展望　姚紹華　新
　　中華　4：19　51—62面　25年10月10日

中國舊石器時代遺跡之發現（中國上古史新史料目錄學第二章
　　）　鄭德坤　厦大圖書館報　1：7　12—17面　25年
　　4月30日

考古學上所見的古代之東北文化　姚鑒　天津益世報史學　47
　　26年2月7日

日人在東北的考古　馮家昇　燕京學報　19　173—195面
　　25年6月

朝陽附近之新石器時代遺跡（譯自考古學雜誌二十六卷十一號
　　昭和十一年十一月刊行）八幡一郎著　高桂華譯　禹貢
　　半月刊　7:5　11—19面　26年5月1日

遼蒙考古錄　畢任庸遺著　人文月刊　8:3　1—11面　26年
　　4月15日

昂昂溪史前遺址　梁思永　中央研究院史語研究所集刊　4:1
　　1—44面　21年10月

熱河查不干廟、林西、雙井、赤峯等處所採集之新石器時代石器
　　與陶片　梁思永　中央研究院史語研究所專刊之十三田野
　　考古報告　1　1—67面　25年8月

懷安漢墓發掘訪問記　張維華　禹貢半月刊　7:8—9　175—
　　179面　26年7月1日

宛東訪古記　孫文青　考古社刊　4　183—190面　25年6月

易縣燕都故址調查報告　常惠　北平研究院院務彙報　1:1
　　13—26面　19年5月

易縣燕址研究初步　王慶昌　北平研究院院務彙報　1:3
　　1—6面　19年9月

易縣燕下都考古團發掘報告　　常惠　北平研究院院務彙報
　　1:3　1—4　19年9月

赴磁縣武安縣南北響堂寺及其附近工作報告　馬豐　北平研究
　　院院務彙報　7:4　111—119面　25年7月

滕縣考古小說　牟祥農　北平華北日報　23年12月24.31日；
　　25年1月10—21日

125

—— 8 0 ——

奄城及奄城文化的蠡測 陳志良 新疆 5：6 15—24面
24年6月15日

寶山訪古記 孫文青 河南博物館館刊 2 1—3面 25年8月

河南安陽縣發見之古物（原文載昭和十一年十一月東方學報京
都第七冊六章之一） 梅原末治著 胡紹堂譯 河南博物
館館刊 6 1—4面 26年2月 7—8 1—4 26年4
月 9 1—8 26年5月

第一次調查試掘汲縣山彪鎮古物小記 許敬武 河南政治
月刊 7：4 1—3面 26年4月

參加汲縣山彪鎮古物發掘報告 江志中 河南政治月刊 5：
12 1—14面 24年12月

盧王岐及寶山調查報告 徐炳昶 北平研究院院務彙報
7：4 97—110面 25年7月

河南湄縣大賚店史前遺址 劉燿 中央研究院史語研究所專刊
之十三 田野考古報告 1 69—89面 25年8月

湄縣辛村古殘墓之清理 郭寶鈞 中央研究院史語研究所專刊
之十三 田野考古報告 1 167—200面 25年8月

陝西調查古蹟報告 徐炳昶 常惠 北平研究院院務彙報
4：6 1—17面 22年11月

北平研究院與陝西省政府合組陝西考古會經過 北平研究院院
務彙報 5：4 67—76面 23年7月

陝西考古會工作報告 北平研究院院務彙報 6：1 79—85面
24年1月

陝西最近發現之新石器時代遺址 徐炳昶 北平研究院院務彙
報 7：6 201—208面 25年11月 又開明月報 1：2
332—394面 26年2月15日

鬥雞臺考古見聞錄 蘇秉琦 北平研究院院務彙報 7：1 77—

94面 25年3月

唐大明興慶及太極宮圖殘石發掘報告 何士驥 北平研究院院
　　務彙報 5：4 53—66面 23年7月

唐代柔持城塞之發掘及其出土文書（原文載東洋學報第二十二
　　卷三號） 岩佐精一郎著 萬斯年譯 天津大公報圖書副
　　刊 120 25年3月5日

甘肅考古記（Preliminary Report on Archaeological Re-
　　search in Kansu. by. J. G Andersson, memoirs
　　Series A no. 5. 1925）安特生著 樂森璕譯 地質專
　　報 甲種第5號 1—50面 14年6月

新疆考古之發現與古代西域文化之關係 黃文弼 蒙藏旬刊
　　120 5—8面 25年7月16日

斯坦因西域考古記（Sir Aurel Stein著 向達譯 廿五年
　　九月中華書局印行 定價二元六角 全書三百頁） 徳軒
　　天津益世報人文周刊 4 26年1月22日 華一 天津益世
　　報讀書周刊 86 26年2月4日 藏雲 天津大公報圖
　　書副刊 175 26年4月1日

倫敦所見斯坦因搜集之吾國西北文物 傅振倫 國聞週報
　　14：2 26年1月4日

古代中亞之遺跡（On Ancient Central-Asian Tracker）
　　本書一名亞洲中部與中國西北部三次考古旅行簡述（Bri
　　ef narrative of three expeditions in innermoste
　　Asia and north western China） 著者斯坦因博士
　　（Sir Aurel Stein） 出版者倫敦聖馬丁街（St. mar-
　　tins Street London）麥美倫書局 macmillan and
　　Co. Limited） 斯坦因著 周谷城評 暨南學報 2：1
　　250—258面 25年12月 邊疆半月刊 2：8 63—70面

—— 8 2 ——
26年4月30日

南京訪古記　陳志良　江蘇研究　3：5—6　1—5面　26年
6月30日

南京朝天宮所發現之古蹟　禹叔平講稿　新苗　11　1——3面
25年11月16日

六朝陵墓調查報告（中央古物保管委員會調查報告第一輯，該
會編輯，全書一冊，插圖一〇五幅調查踪線詳圖七幅，二
十四年八月出版，定價十元）　藏雲　圖書季刊　2：4
209——211面　24年12月

壽縣楚墓調查報告　李景聃　中央研究院史語研究所專刊之十
三田野考古報告　1　213——279面　25年8月

浙江石器年代的討論　衛聚賢　江蘇研究　3：5—6　1—5
面　26年6月30日

石器的形成與地層之探討（質衛聚賢先生）　劉之遠　江蘇研
究　3：5—6　1—2面　26年6月30日

浙江果有新石器時代文化乎？　胡行之　江蘇研究　3：5—6
1—3面　26年6月30日

湖州錢山漾石器之發現與中國文化之起源　慎微之　江蘇
研究　3：5—6　1—6面　26年6月30日

杭縣第二區遠古文化遺址試掘簡錄　施昕更　江蘇研究　3：5
—6　1—7面　26年6月30日

鄭成功墓被掘之始末　謝雲聲　逸經　26　40—41面　26年
3月20日

第十五次國際人類學及史前考古學會議記　劉咸　科學雜誌
15：7　1015——1054面　20年7月1日

國際人類學及史前考古學巴黎會議記　劉咸　科學雜誌
16：4　507——535面　21年4月1日

中國原人史要　步達生（Black. Davidson）　德日進（De Chardin. Teilhard）合著　楊鐘健　裴文中節譯　地質專報　甲種11號　1―4面　22年5月

中國人類化石及新生代地質概論　楊鐘健　地質專報　乙種5號　1―93面　22年10月

奉天沙鍋屯及河南仰韶村古代人骨與近代華北人骨之比較（Human Skeleton Remains from Sha-Kuo-Tun Cave Deposit is Comparison with those from Yang-Shao-Tsun etc Palaeontologia Sinica Series D Vol.1 Fare 3 1925）英國步達生（Black. D.）著　李濟節譯　中國古生物誌　丁種　1號　3冊　1―16面　14年6月

甘肅河南晚石器時代及甘肅史前後期之人類頭骨與現代華北及其他人種之比較（中英文合璧）　英國步達生（Black. D.）著　裴文中節譯　中國古生物誌丁種　6號　1冊　1―5面　17年12月

中國猿人與人類進化問題　楊鐘健　科學雜誌　15：3　1379―1397面　20年9月1日

中國猿人　法人布勒教授（M. Boule）　裴文中譯　地質評論　2：3　233―246面

中國猿人之先軀　魏敦瑞　天津大公報　26年2月24―25日

中國猿人北京種頭蓋骨之研究（中英文合璧）　英國步達生（Black. D.）著　楊鐘健節譯　中國古生物誌丁種　7號　2冊　1―4面　20年5月

北京猿人之發現（中國上古史新史料目錄學第一章）　鄭德坤　廈大圖書館館報　1：5　3―13面　25年2月29日

北京人之研究　Weidenreich著　孫克剛譯　歷史教育　2　35―

卜辭文字小記（續）孫海波 考古社刊 4 11—21面 25年6月 5 45—57面 25年12月

殷商貞卜文字考補正 羅振玉 考古社刊 5 59—76面 25年12月

契文卜王釋例 許敬參 河南博物館館刊 4 1—20面 25年10月 5 1—8面 25年12月

殷契亡囚說 戴蕃豫 考古社刊 5 23—44面 25年12月

關於「尾右甲」卜辭 唐蘭 國學季刊 5：3 203—210面 25年7月

殷虛書契解詁（六續）吳其昌 武大文哲季刊 5：4 713—760面 25年6月

柏根氏舊藏甲骨文字考釋 James. M. menzies（明義士）齊大季刊 7 17—72面 24年12月

書庫方二氏藏甲骨卜辭印本（此冊所印獸骨刻辭六百七十，龜甲刻辭十十六，鹿角刻辭一，都十六百八十七專為英人庫全英（S. couling）及美人方法歛（F. H. Chalfant）所藏，由方氏勾摹傳世，商務印書館出版，定價二元四角）胡光煒 圖書館學季刊 9：3—4 493—498面 24年12月

評甲骨文字理惑（徐英著 民國二十五年七月出版 定價二元 安徽大學出版課代售）陳庚 天津大公報圖書副刊 168 26年2月4日

評孫海波甲骨文編（北平哈佛燕京學社出版）雲齋 天津益世報人文周刊 14 26年4月9日 15 26年4月16日

商辭序（著錄甲骨文不同之句法，摹寫而趨錄之，考釋之）商承祚 金陵學報 6：2 263—265面 25年11月

殷墟甲骨 焦木 北平晨報藝圃 25年12月19，21日

安陽侯家莊出土之甲骨文字　董作賓　中央研究院史語研究所
　　專刊之十三田野考古報告 1 91—165面　25年8月
抱殘守缺齋日記（目次：購得殷墟甲骨三則，據古錄金文字數
　　）　清劉鶚遺稿　考古社刊 5 296—743面 25年
　　12月
全國二次美展中央研究院殷墟出土展品參觀記　胡厚宣　中
　　央日報專載欄第三張第三版 26年4月28—30日

（3）金石

（A）通論

金石學大綱　顧鼎梅　科學雜誌 18:4 571—572面 23
　年4月
金石述略　二千石　北平晨報藝圃 25年4月13.15.17.18
　日
中國金石學之過去及其材料　沈維鈞　藝浪雜誌 2:2—3
　　1—12面 25年6月
清代金石學述要　朱傑勤　美育 4 125—134面 26年1
　　月1日
龔定盦之金石學　朱傑勤　文瀾學報 3:1 1—22面 26年
　　3月31日
潘文勤金石手札鈔　楊樹達　考古社刊 4 329—334面
　25年6月
金石證史　岑仲勉　文學專刊 1:4 51—80面 25年12月
　10日
經史金文證補　溫廷敬　廣州學報 1:1 1—24面 26年1
　　月1日 1:2 1—10面 26年4月1日

金仙與上仙（駁岑仲勉金石證史內上仙金仙一人說） 何格恩
　　嶺南學報　6:1　131—132面　26年3月

金石萃編補眎訂誤　儲皖峰　天津大公報圖書副刊　129　25
　　年5月7日

金石萃編唐碑補訂偶記　幼梧　天津益世報史學　29　25年5
　　月24日

治氏中國伊蘭卷金石譯證（metels aud stones as treated in
　　Laufer's "Sino-iranica" by H. T. chang me
　　mairo Series B. no. 3 1925）章鴻釗　地質專
　　報乙種　第三號　1—119面　14年6月

石雅　章鴻釗著　地質專報乙種　第二號　1—432面　16年
　　12月

唐長安城金石考自敘附目錄　張朋鳥一　國立北平圖書館館刊
　　10:2　1—7面　25年3.4月

宋代金石書考目　楊殿珣撰　容庚校補　考古社刊　4　191—
　　203面　25年6月

宋代金石佚書目　楊殿珣撰　容庚校補　考古社刊　4　204—
　　228面　25年6月

歐陽修集古錄目考　姚薇元　廣州學報　1:1　1—5面　26年
　　1月1日

跋繆輯集古錄目　楊殿珣　國立北平圖書館館刊　10:1　77—
　　80面　25年1.2月

校正名原跋　戴家祥　天津益世報讀書周刊　53　25年6月17日

獻陵金石錄　濛山　河北月刊　4:5　1—2面　25年5月15日

河南博物館藏歷代墓誌圖錄凡例　孫文青　考古社刊　4　326
　　—328面　25年6月

河南金石志圖第一集（關百益輯河南博物館印行全書共分四編）

——88——

遞萬里 清華學報 11：2 560—564面 25年4月

歙縣金石志序 陳訓慈 文瀾學報 3：1 9—11面 26年3月31日

歙縣金石志自序 葉為銘 學風 6：7—8面 25年11月1日

江西金石目初編自序 劉郁文 江西圖書館館刊 1 21面 23年11月

南華金石錄 南華月刊 1：1 1—6面 26年1月25日

（B） 吉金 鏡鑑泉幣印璽附

古器釋名 郭寶鈞 蔡元培先生六十五歲論文集（下） 689—708面 24年1月

讀金器刻識 馬敘倫 國學季刊 5：1 83—94面 24年

金文嘏辭釋例 徐中舒 中央研究院史語研究所集刊 6：1 1—44面 25年3月

金文名象疏證（續） 吳其昌 武大文哲季刊 5：3 469—564面 25年 6：1 183—262面 25年

古代彝器譌字研究補篇 商承祚 考古社刊 5 297—306面 25年12月

殷墟銅器五種及其相關之問題 李濟 蔡元培先生六十五歲論文集（上） 73—104面 22年1月

古鐘鼎彝器訓釋七首 吳北江 正風雜誌 3：10 1207—1208面 26年1月1日

許德人中國北部古銅器（Sino-Siberian art in the Collection of C. T. Loo by A. Salmony 此書一九三三年出版於巴黎著者薩爾莫尼氏為德國考古學者）（原文載東洋學報廿三卷二號） 江上波夫作 稼軒譯 天津

大公報圖書副刊　126　25年4月16日

論古銅器之鑑別　徐中舒　考古社刊　4　229—247面　25年
　　6月

所見古器銘另一「歔」又「逝⋯⋯歔」（周易訟卦新研究之另
　　一副產）　邱邵廉　北平華北日報中國古占卜術研究　26
　　年5月5日

關於吉金拓本　誠齋　北平晨報藝圃　25年4月7—8日

彝器紋繢的研究　　　　熊海平　民族學研究集刊　1　239—
　　260面　25年5月

新鄭銅器為戰國作物考　孫次舟　歷史與考古　1　3—7面
　　26年2月

關於銅器蟠螭紋的通訊（蟠螭紋為戰國器物普遍裝飾）
　　鄭師許　歷史與考古　2　27—28　26年3月

宋拓石本歷代鐘鼎彝器款識法帖殘本再跋　徐中舒　中央研
　　究院史語研究所集刊　2:4　468—470面　21年

考古圖釋文之作者　容媛　考古社刊　5　141—142面　25年
　　12月

嘉慶元年刻十六長樂堂古器款識考四卷跋　葉啟勳　金陵學
　　報　6:2　275—276面　25年11月

吉金文錄自序　吳北江　正風雜誌　2:12　1243—1247面
　　25年8月1日

評秦漢金文錄,金文續編兩書（二書容庚撰）　鄭師許　學術
　　世界　1:12　29—31面　25年7月

宋代吉金書籍述評　容庚　蔡元培先生六十五歲論文集（下）
　　661—687面　24年1月

善齋彝器圖錄序（書凡三冊,容庚著,民國二十五年五月哈佛
　　燕京學社北平辦公處出版,定價二十二元）　容庚　考古

社刊 4 323—325面 25年6月

續殷文存序 于省吾 國立北平圖書館館刋 9：4 7—8面
24年7，8月

評十二家吉金圖錄（商承祚著 民國二十四年五月金陵大學中
國文化研究所出版影印二冊一函 定價大洋二十六元，
此書所收乃于省吾，方煥經，方若，王辰，周進，孫壯，
孫政，張瑋，張允中，黃濬，商承祚，葉恭綽等十二家所
藏凡一百六十九器，照其形狀拓其文字及花紋而加以考
釋 鄭師許 學術世界 1：11 37—38面 25年5月

尊古齋所見吉金圖初集（尊古齋主人黃濬字伯川 鑑別銅玉器
著稱，定價三十六元 北平琉璃廠來薰閣代售） 立廠
天津大公報圖書副刊 142 25年8月6日 又圖書季刊
3：3 147—149面 25年9月

考商代所藏古夾鐘器 胡光煒 金陵學報 5：2 237—246
面 24年11月

周王鈇鐘考 唐蘭 北平故宮博物院年刊 1—16面 25年7月

驫羌鐘之年代（On the Date off the piaobells ） By. B.
Karlgren （高本漢）著 劉叔揚譯 考古社刊 4 281
—307面 25年5月

董武鐘跋考 譚戒甫 武大文哲季刊 5：3 565—581面
25年

大禹九鼎所在考 王猩菌 考古社刊 4 266—276面 25
年6月

毛公鼎之年代 溫建敬 史學專刊 1：3 309—314面 25
年4月1日 又文史地社會論文摘要月刊 3：5 5面 26
年2月20日

令彝令毀與其它諸器之重研（令彝為成王器） 溫丹銘 史學

專刊　1:2　339—349面　25年2月1日

令彝新釋　陳夢家　考古社刊　4　27—39面　25年6月

遊敦考釋　徐中舒　中央研究院史語研究所集刊　3:2　279
　　—293面　20年12月

廾侯殷考釋　于省吾　考古社刊　4　22—26面　25年6月

幽敦跋　丁山　中央研究院史語研究所集刊　2:4　416—
　　418面　21年

邵王之諻敦跋　柯昌泗　考古社刊　4　43—44面　25年
　　6月

齊侯壺釋（金文正郭之一）　温廷敬　中山大學文學院專刊2

頌壺考釋（附釋文）　沈維鈞　藝浪雜誌　2:2—3　1—2面
　　25年6月

題曾姬壺　吳闓生　藝文雜誌　1　11—12面　25年4月1日

陳侯四器考釋　徐中舒　中央研究院史語研究所集刊　3:4
　　479—506面　22年

禺邗王壺考釋　陳夢家　燕京學報　21　207—229面　26
　　年6月

周貌季子白盤釋文　清王榮友遺著　天津華北日報圖書週刊
　　10　24年1月7日　11　24年1月14日　12　24年1月21日

說盨　高亨　河南博物館館刊　4　1—3面　25年10月

說鋪　高亨　河南博物館館刊　5　1—2面　25年12月

說畢（輝縣發掘報告之一）　郭豫才　河南博物館館刊　9
　　1—3面　26年5月

「商鞅量」與「商鞅量尺」　唐蘭　國學季刊　5:4　119—126
　　面　25年9月

說兵器（輝縣發掘報告之一）　郭豫才　河南博物館館刊　7—
　　8　1—9面　26年4月

————92————

說劍（輝縣發掘報告之一） 許敬參 河南博物館館刊 7—8 1—4面 26年4月

戈戰餘論 郭寶鈞 中央研究院史語研究所集刊 5：3 313—326面 24年12月

新嘉量五量銘釋 勵乃驥 國學季刊 5：2 71—84面 25年5月

新嘉量考釋 馬衡 北平故宮博物院年刊 17—30面 25年7月

新嘉量銘跋 楊樹達 考古社刊 5 6面 25年12月

莽權價值之重新考訂 勞榦 中央研究院史語研究所集刊 3：4 507—508面 22年

得尺記 葉恭綽 逸經半月刊 3 15面 25年4月5日

銅鼓考略追記 鄭師許 學術世界 2：4 49—52面 26年4月

宣爐考 李石孫 北平晨報藝圃 25年1月6.8.15.,7.18日

宣鑪小誌 沈氏 故宮旬刊 1 3—4面 25年5月1日 2 7—8 25年5月11日 3 11—12面 25年5月21日 4 14—16面 25年6月1日 5 20面 25年6月11日 6 24面 25年6月21日 7 27—28面 25年7月1日 8 31—32面 25年7月11日 9 36面 25年7月21日 10 39—40面 25年8月1日 11 43—44面 25年8月11日 12 47—48面 25年8月21日

宣鑪小誌補注 編者 故宮旬刊 14 55—56面 25年9月11日 15 59—60面 25年9月21日 16 63—64面 25年10月1日 17 67—68面 25年10月11日

宣鏪欵識　逸　北平晨報藝圃　25年5月6日

中國古銅鏡雜記（原載中國科學美術雜誌四卷一期）Oscar
　　Karlbeck著　張蔭麟譯　考古社刊　4　308——318面
　　25年6月

藤花亭鏡譜　知堂　天津益世報讀書週刊　59　25年7月30日

何謂泉貨學　張絅伯　古泉學　3　16——24面　25年12月1日

中國古泉學的檢討　謝瑞齡　古泉學　2　24——56面　25年
　　9月1日

古泉學大綱　丁福保　古泉學　3　31——40面　25年12月1日

古泉略說　董昱　西湖博物館館刊　1　1——9面　22年6月

古泉叢談　戴葆庭　古泉學　3　42——49面　25年12月1日

古歡齋泉說（未刻稿）　饒登秋　古泉學　1　29——45面　25
　　年6月1日

與友人論古泉書　試齋　北平晨報藝圃　25年4月1日

古泉質疑　岺子潛　古泉學　2　50——51面　25年9月1日

論古泉家不識權度之缺點　丁福保　古泉學　1　8——12面　25
　　年6月1日

對於研究古泉與權度關係之希望　吳承洛　古泉學　3　49——
　　53面　25年12月1日

古錢與藝術　鄭師許　古泉學　2　52——54面　25年9月1日

古化沿革及變遷　鄭家相　古泉學　1　2——6面　25年6月1日

泉文書體變遷概述　陳仁濤　古泉學　1　13——15面　25年
　　6月1日

寒雲泉簡　袁克文　古泉學　4　4——8面　26年3月

鮑子年先生遺札跋　楊愷齡　古泉學　2　1——2面　25年9
　　月1日

為上海市博物館接收晴韻館收藏古錢小記　鄭師許　考古社刊

—— 3+ ——

4　45—61面　25年6月

王錫棨泉貨彙考評（十二卷，清琅邪王錫棨戟門纂，民國十三
年上海中華書局玻璃版影印原拓本，價四十八元卷首有同
治二年自序）　王樹偉　北平世界日報圖書周刊　21　24
年12月11日

錢志新編（二十卷清張崇懿撰咸豐五年（乙卯）古漢趙鈁校刊
本）　王樹偉　北平世界日報圖書周刊　82　25年9月
30日

古泉彙考自敍（未刻稿）　清翁樹培　古泉學　1　23—27面
25年6月1日

翁氏古泉彙考書後　清鮑康　古泉學　1　27—28面　25年6
月1日

譜錄（未刻稿）　饒登秩　古泉學　1　45—53面　25年6月
1日

近代泉幣拓本自敍　徐寄廎　古泉學　1　22面　25年6月1日

近代泉幣拓本補遺自序　徐寄廎　古泉學　1　28面　25年6
月1日

古錢大辭典自序　丁福保　古泉學　1　6—7面　25年6月1日

古泉小辭典摘要　金維城　古泉學　4　21—44面　26年3月

刀幣考　褚道菴　北平華北日報史學周刊　38　24年6月6日

說貝（碑縣發掘報告之一）　郭豫才　河南博物館館刊　6
1—3面　25年2月

半兩之研究（半兩常制，自秦始沿用至武帝元狩五年行五銖錢
時廢止）　鄭家相　古泉學　4　8—9面　25年3月

漢高郵竖邑鄉等四銖錢　陳進宜　古泉學　3　41面　25年12
月1日

新莽六泉（錄古泉彙考未刻稿）　翁樹培　古泉學　2　3—9

面　25年9月1日

新莽十布（錄古泉彙考未刻稿）　翁樹培　古泉學　3　1—15
　　面　25年12月1日

新莽錯刀（錄古泉彙考未刻稿）　翁宜泉　古泉學　4　1—4
　　面　26年3月

孫吳大泉五千大泉記　程文龍　古泉學　3　35—36面　25
　　年12月1日

記南京出土之梁五銖泥範　商承祚　金陵學報　5：2　433—
　　442面　24年12月

大齊通寶考　羅伯昭　古泉學　2　16—17面　25年9月1日

遼錢考　鄭家相　古泉學　3　24—34面　25年12月1日

銀質太平通寶墨本跋　程文龍　古泉學　4　15面　26年3月

論鐵錢（宋蜀中鐵錢未刻稿）　饒登秩　古泉學　1　53—54面
　　25年6月1日

大朝通寶（錄古泉學彙考未刻稿）　翁樹培　古泉學　2　10—
　　11面　25年9月1日

大朝通寶續考　宣愚公　古泉學　2　11—15面　25年9月1日

釋定海方氏所藏四體字至元通寶錢文　王靜如　中央研究院史
　　語研究所集刊　3：2　277—278面　20年12月

綠雪館泉談（清錢）　陳仁濤　古泉學　1　17—22面　25年
　　6月1日

後索樓清錢談　張絅伯　古泉學　4　10—14面　26年3月

故宮清錢譜叙錄　黃鵬霄　文獻論叢故宮博物院十一週年紀念刊
　　49—56面　25年10月10日

關於平靖勝寶　錢葆湘　古泉學　4　19—20面　26年3月

古印概論　二千石　北平晨報藝圃　25年6月10.12.15日

山左近出五官印考　王獻唐　山東省立圖書館季刊　1：2　75

——96——
　　——94面　25年12月13日
齊魯古印攈後序　宋晉之遺稿　北平華北日報圖書週刊　28
　　24年5月13日

（C）　石刻　畫像玉器附

語石二則（目次：中國所用之化石；中國所用之印章石）
　　施昕更　西湖博物館館刊　1　83—97面　22年6月
釋桃花石（Taugus）（Taugus之用稱我國在五胡亂華後南北朝
　　時代）　岑仲勉　東方雜誌　33:21　63—73面　25
　　年11月1日
先秦時代之禺面及其原始　駒井和愛著　孫作雲譯　考古社刊
　　5　320—324面　25年12月
中國四大石刻記（大同雲崗石窟，洛陽龍門石窟，莒縣石窟，
　　甘肅敦煌石窟）　常景宗　北平晨報藝圃　25年3月14,
　　16, 17日
彙輯碑目（續）　樊彬輯　河北博物院畫刊　106　4面　25
　　年2月10日　108　4面　25年3月10日　110　4面
　　25年4月10日　112　4面　25年5月10日　114　4面
　　25年6月10日　116　4面　25年7月10日　117　4面
　　25年7月25日　119　4面　25年8月25日　124　4面
　　25年11月10日　125　4面　25年11月25日　127　4面
　　25年12月25日　130　4面　26年2月10日　132 4面
　　26年3月10日
河北石刻輯釋　陳鐵卿　河北月刊　3:9　1—6面　24年8月
補拓北平石刻續目（史學研究會調查）　北平研究院院務彙報
　　5:4　111—114面　23年7月
北平研究院史學研究會調查北平廟宇碑記報告　北平研究院院

院務彙報 1:2 11—32面 19年7月 1:3 5—10
面 19年9月 1:4 1—7面 19年11月 2:1 1—7
面 20年1月 2:2 1—6面 20年3月 2:3 1—11
面 20年5月 2:4 1—10面 20年7月 2:5 1—8
面 20年9月 2:6 1—16面 20年11月 3:1 1—4
面 21年1月 3:2 1—5面 21年3月 3:3 1—5
面 21年5月 3:4 1—3面 21年7月

北平寺廟碑目 史學研究會 北平研究院院務彙報 2:3 1—
10面 20年5月 2:4 1—13面 20年7月 2:5 1—
17面 20年9月 2:6 1—16面 20年11月 3:1 1—
17面 21年1月 3:2 1—24面 21年3月 3:3 1—
16面 21年5月 3:4 1—6面 21年7月 3:5 1—
6面 21年9月 3:6 1—10面 21年11月

北平廟寺碑刻目錄（內城篇外城篇） 張江裁 許道齡 北平
研究院院務彙報 7:1 167—138面 25年1月 7:2
95—128面 25年3月 7:3 145—184面 25年5
月

北平四郊寺廟碑目 史學研究會 北平研究院院務彙報 5:1
5—10面 23年1月 5:2 1—6面 23年3月

北平東嶽廟碑刻目錄 劉厚滋 北平研究院院務彙報 7:6
115—138面 25年11月

保定蓮池大幢亭記 陳鐵卿 河北月刊 3:9 1—4面 24
年9月

記隆平縣唐陵石儀（隆平縣王尹村北舊有唐祖陵遺址今其地尚
存陵前列置之石儀多種） 王紹年 河北月刊 2:10 1
—5面 23年10月1日

南北響堂寺及其附近石刻目錄（國立北平研究院史學會編 民

── 98 ──

國廿五年九月出版定價一元二角） 許道齡 天津大公報
圖書副刊 153 25年12月3日

伊闕古跡圖序（伊闕俗名龍門） 關百益 河南博物館館刊
5 1—5面 25年12月

整理河南博物館藏石刻記 孫文青 河南博物館館刊 1 26—
37面 25年7月1日

河南博物館藏石刻整理經過及其序説 孫文青 河南博物館館
刊 6 1—21面 26年2月 7—8 1—6面 26年4
月

河南博物館藏石拓片目 史學研究會調查 北平研究院院務彙
報 4：4 1—16面 22年7月 4：5 1—17面 22年
9月 4：6 1—13面 22年11月

河南博物館藏石刻目錄提要 孫文青 河南博物館館刊 3 26
—34面 25年9月

中國北部古代藝術考察報告——雕刻 梁冶民 亞波羅 17
23—42面 25年10月1日

雲岡石佛小記 周一良 考古社刊 4 100—118面 25年
6月

大同雲岡石佛 劉選民 天津大公報藝術周刊 73 25年3月
7日 74 25年3月14日

陝西省大小碑林碑目 史學研究會 北平研究院院務彙報
4：1 1—16面 22年1月 4：2 1—15面 22年3
月 4：3 1—14面 22年5月

整理西安碑林計劃書 中國博物館協會會報 1：4 8—11面
25年3月

四川訪碑錄 劉喜海 藝文雜誌 1：2 1—16面 25年5月
10日

金陵六朝石　張蘆泊　北平晨報藝圃　25年7月18, 20日

攝霞山石刻題名小記　任龏　廣州學報　1:2　1—10面　26年
　　4月1日

兩漢石刻集釋　疑　北平晨報藝圃　25年7月3. 6. 7. 10. 13.
　　—15. 17. 21. 24. 31日　25年8月4. 5. 8. 11. 12. 17.
　　24—26日　25年9月1. 7. 12. 15日

晉南北朝殘碑文紀　李翹　甌風雜誌　21—22　1—6面　24年
　　10月20日　23—24　7—12面　24年12月20日

國立北平圖書館藏李唐墓誌目(續)　范騰端　國立北平圖書
　　館館刊　9:4　105—123面　24年7. 8月　9:5　89
　　—109面　24年9. 10月　9:6　111—134面　24年
　　11. 12日

半隱廬碑目記　蕭仲祁理衡　船山學報　11　15—17面　25年
　　4月1日　又國光雜誌　16　58—59面　25年4月16
　　日

孔子十字碑(在丹陽縣城西南四十五里距延陵鎮九里的一個小
　　村, 村名九里, 有吳季札廟, 廟內有十字碑, 傳聞孔子書
　　十字為「嗚呼有吳延陵君子之墓」)　江瑜　申報周刊
　　2:12　256面　26年3月28日

石鼓文概述　任熹　考古社刊　5　77—114面　25年12月

姚大榮石鼓為元魏時物說駁議　楊專祺　考古社刊　5　115—
　　122面　25年12月

瑯邪臺秦碑考證　王幸甫　北平華北日報圖書周刊　46　24年
　　9月16日

元氏縣封龍山碑考釋輯略　河北月刊　3:2　1—4面　24年
　　2月

漢三公山神碑考略　陳鐵卿　河北月刊　3:5　1—5面　24

—— 100 ——

年5月

漢碑校讀（元氏漢碑五種）　何士驥　北平研究院院務彙報
　　6：6　43—62面　24年11月

讀漢碑校讀五種　寸鶴年　天津大公報圖書副刊　126　25年
　　4月16日

河北石徵考釋　河北月刊　3：6　1—18面　24年6月

元氏縣漢祀三公山碑考釋輯略　　河北月刊　3：3　1—2面
　　24年3月　3：4　1—3面　24年4月

玲瓏本漢西嶽華山廟碑考　李梣　考古社刊　4　62—76面
　　25年6月

啟毋石考　許同莘　河北博物院畫刊　115　1—2面　25年6
　　月25日　118　25年8月10日　120　3—4面　25年9
　　日10日　123　4面　25年10月25日

三老碑　素聲　北平晨報藝圃　26年3月29，31日

讀碑偶記　王少牧　中國美術會季刊　1：2　95—36面　25
　　年6月1日

陥廬漢碑跋三種　揚壽祺　考古社刊　4　77—84面　25年
　　6月　5　123—141面　25年12月

魯山縣新出二石記　許敬參　考古社刊　4　85—97面　25
　　年6月

漢琅邪相劉君神道石柱續考（敬朱希祖教授）　孫次舟　歷史
　　與考古　3　2—8面　26年4月　4　9—17面　26年6
　　月25日

東漢榖堰石方題字考證　許平石　河南博物館館刊　3　1—
　　3面　25年9月

南陽草店漢墓畫像集自序　孫文青　河南博物館館刊　5　6—
　　15面　25年12月

南陽漢畫像石刻之歷史的及風格的考察　滕固　張菊生先生七十生日紀念論文集　483—502面　26年1月

論南陽漢畫像中的樂舞（敬滕固先生）　孫次舟　歷史與考古　3　9—14面　26年4月

山東省立圖書館藏新出漢畫石刻考釋　董升　山東省立圖書館季刊　1：2　141—149面　25年12月13日

漢武氏祠畫像一二考釋　孫次舟　歷史與考古　3　14—17面　26年4月

漢武梁祠畫像錄附考釋（容庚著民國廿五年十月考古學社發行每部二冊實價八元）　鐵雲　天津大公報圖書副刊　163　25年12月31日　又圖書季刊　3：4　242——245面　25年12月

跋孫吳禪國山碑　楊壽祺　藝文雜誌　1：1　1—2面　25年4月1日

晋太學盛德隆熙頌碑跋　許平石　河南博物館館刊　4　1—8面　25年10月

晋辟雍碑跋　陳伯戢　制言半月刊　13　1—2面　25年3月16日

齊西門豹碑頌跋（碑在安陽古蹟保存所）　許平石　河南博物館館刊7—8　1—5面　26年4月

陳散騎侍郎劉猛進墓銘（光緒三十二年慕德里司屬潭村旁鄉人墾地得之）　南華月刊　1：1　1—6面　26年1月25日

記魏宮昌公暉福寺碑　李泂礎　考古社刊　4　98—99面　25年6月

禪門第一祖菩提達摩大師碑跋（碑在磁縣城外二祖塔下）　劉厚滋　史學集刊　1　135—137面　25年4月

魏脩太公呂望祠碑跋（石在河南汲縣碑陽文二十二行行四十二字字徑八九分正書碑陰五列均題名）　許平石　河南博物

147

館館刊 6 1—4面 26年2月

孝文弔比干墓碑跋 谷霽光 天津大公報圖書副刊 161 26年12月17日

跋魏故雍州刺史南平王元嵃墓誌（石出洛陽西邙山陽） 孫文青 河南博物館館刊 1 1—3面 25年7月1日

跋魏元顥魏鉛志（鉛版墓誌銘發現新鄉墜肆） 牛克卿 河南博物館館刊 2 1—2面 25年8月

跋魏元顥魏鉛志 許平石 河南博物館館刊 2 4面 25年8月

跋魏元顥魏鉛志 關伯益 河南博物館館刊 2 3面 25年8月

魏元悰墓志跋 孫文青 河南博物館館刊 9 1—2面 26年5月

河南博物館所藏特別石刻三種考 關百益 河南博物館館刊 4 1—7面 25年10月

都督郭海等造象年代考 慕婉 天津益世報史學 29 25年5月10日

魏劉根造像記跋 許平石 河南博物館館刊 9 1—2面 26年5月

隋龍藏寺碑 河北月刊 3：6 1—2面 24年6月

邘圍公房玄齡碑跋 武慕姚 進德月刊 2：6 94—95面 26年2月1日

瑪瑙碑跋 于省吾 考古社刊 5 58面 25年12月

庸八都壇神君實錄 陳鐵卿 河北月刊 3：7 1—3面 24年7月

蒙古之突厥碑文導言 VThomsen 著 韓儒林譯 禹貢半月刊 1—3 213—222面 26年4月1日

突厥文暾欲谷碑譯文　丹麥 V. Thomsen 譯　韓儒林重譯
　　禹貢半月刊　6：7　21—30面　25年12月1日

突厥文苾伽可汗碑譯釋　丹麥 V. Thomsen 譯　韓儒林重譯
　　禹貢半月刊　6：6　1—14面　25年11月16日

突厥文闕特勤碑譯註（國立北平研究院總辦事處出版課印有單
　　行本）　韓儒林　北平研究院院務彙報　6：6　13—
　　42面　24年11月

跋突厥文闕特勤碑　岑仲勉　輔仁學誌　6：1—2　249——
　　273面　26年6月

唐開業寺石佛堂碑　河北月刊　3：6　1—2面　24年6月

顏勤禮碑跋（癸亥九月）　周貞亮　北平私立木齋圖書館季刊
　　1　55—58面　26年2月1日

創建清真寺碑（原文載藝文雜誌第三年第七號）　桑原騭藏著
　　升潤孫譯　禹貢半月刊　5：11　49—55面　25年8
　　月1日

唐景教碑出土史略（明天啟五年長安掘地得碑）　徐宗澤　聖
　　教雜誌　25：6　322—333面　25年6月

唐屈突通墓誌跋　盧逮曾　中央日報文史副刊　29　26年6
　　月20日

唐故太原府參軍茴君墓志跋　許平石　河南博物館館刊　5
　　1—3面　25年12月

跋崔用恕墓誌　許同華　河南博物館館刊5　1面　25年12月

跋崔慎田墓誌　俞介禧　河南政治月刊　6：12　1面　25
　　年12月

跋崔報墓誌　俞介禧　河南政治月刊　6：12　1—2面　25年
　　12月

答李西屏書（關於黎公碑事）　章太炎遺著　制言半月刊　31

—— 104 ——
1—3面　25年12月16日

跋于斗亭碑　蕭仲祁　國光雜誌　17　62—64面　25年5月16日

劉鄩殘碑考證　丁稼民　北平華北日報圖書周刊　6　23年12月10日

後唐西方鄴墓誌跋　盧逮曾　天津益世報讀書週刊　52　25年6月11日

後周宋彥筠墓誌跋　盧逮曾　天津益世報讀書週刊　60　25年8月6日

後周趙鳳墓誌跋　盧逮曾　天津益世報讀書週刊　68　25年10月1日

宋溥二娘進石水覓記石刻　羅原覺　考古社刊　5　153—165面　25年12月

跋楚雄新出土南宋高公墓誌　張希魯　考古社刊　5　175—182面　25年6月

撫順遼石經幢考　畢任庸　人文月刊　7:3　1—3面　25年4月15日

遼韓瑜韓橁墓銘考證　畢任庸　人文月刊　7:3　1—12面　25年4月15日

女直字碑考　劉師陸　考古社刊　5　173—178面　25年12月

宴臺金源國書碑釋文　羅福成　考古社刊　5　179—208面　25年12月

校金完顏布尹神道碑書後　徐炳昶　史學集刊　1　3—18面　25年4月

元張弘範碑殘石　羅原覺　考古社刊　5　167—172面　25年12月

長樂縣鄭和天妃靈應碑亭記　柳詒徵　邊疆半月刊　1:3　37—

39面　25年12月25日

訪問長樂鄭和天妃靈應碑雜記　鄭鶴聲　天津大公報史地周刊
　　110　25年11月6日

古器物上的十二屬神像　劉銘恕　歷史與考古　3　18—19面
　　26年4月

從邗彌明圖像石所見的古代負劍術與原始運搬術　　劉銘恕
　　歷史與考古　3　19—22面　26年4月

關於樂浪彩篋圖象的通訊　吉川幸次郎　歷史與考古　2　26
　　—27面　26年3月

樂浪出土漢篋圖象續考　劉銘恕　歷史與考古　1　14—17面
　　26年2月

古玉概說（上海博物館叢書之一　中華書局出版　日本人濱田
　　耕作　胡肇椿譯）　李下　天津大公報圖書副刊　176
　　26年4月8日

古玉在中國美術之位置　陳大年　美術　5　27—28面　25年
　　6月

中國古代葬玉的研究　劉銘恕　歷史與考古　4　2—9面　26
　　年6月25日

玉　宋淑和　開明月報　1：5　1090—1091面　26年5月15日

人首蛇身圖　島田貞彥著　畢任庸譯　逸経半月刊　22　18—
　　20面　26年1月20日

（D）　磚瓦陶及古磁

燕下都「半規瓦當」上的獸形紋飾　滕固　金陵學報　6：2
　　119—134面　25年11月

讀漢吳晉宋齊梁隋唐宋塼拓記　韓愚　燕京大學圖書館報　87
　　2—6面　25年2月1日

151

唐長安城尚宮執考（廿五年三月五日西安城內掘出）　張鵬一
　　國風　8：12　30—31面　25年12月

匋雅（續）　江浦寂園叟　湖社月刊　98　13—16面　25年
　　1月1日　99　9—16面　25年2月1日　100　31—
　　36面　25年3月1日

河南石器時代之著色陶器（Painted Stone Age Pottery
　　from the Province of Honan. by F. J. Arne.
　　Palaeontolgia Sinica. Series D. Vol. 1 Fuse 2
　　1925）　瑞典阿爾納著　宗森琦譯　中國古生物誌丁
　　種第一號第一冊　1—27面　14年1月

小屯龍山與仰韶（安特生在小屯發現彩陶片；在山東龍山鎮城
　　子崖發現龍山黑陶文化遺址；在仰韶村發現陶片）
　　梁思永　蔡元培先生六十五歲論文集（下）　555—567面
　　24年1月

仰韶文化與小屯文化　任友仁　中學生雜誌　72　81—91面
　　26年2月

吳子陶罍跋（「陶罍」出土洛陽與傳世吉金罍形相似得名又以
　　器之肩部朱篆中有吳子二文故曰「吳子陶罍」）　孫文青
　　河南博物館館刊　2　1—8面　25年8月

陳常匋金考　庾蘭　國學季刊　5：1　79—81面　24年

古匋文舊錄自序　顧廷龍　燕京大學圖書館報　92　2—5面
　　25年6月15日

古匋文舊錄敘　聞宥　勵學　6　1—2面　25年7月15日

讀古匋文舊錄（顧廷龍編　民國二十五年六月國立北平研究院
　　出版　石印本一冊定價大洋二元四角）　張政烺　天津益
　　世報讀書週刊　90　26年3月11日　又新笛　10　11—
　　13面　25年10月16日

撫順高麗城址陶片考　畢任庸譯　人文月刊　7:4　1—3面
　　25年5月15日

古陶瓷述略　董昱　西湖博物館館刊　1　9—18面　22年6月

記大英博物院之中國陶瓷　傅振倫　河南博物館館刊　5　1—
　　5面　25年12月

寶應劉氏食舊德齋收藏宋瓷目　劉文興　考古社刊　5　325—
　　343面　25年12月

談瓷別錄　道在瓦齋　嶺南學報　5:1　1—22面　25年7月

宋修內司官窯青瓷盌出土記　綬白　西湖博物館館刊　1　97—
　　99面　22年6月

訪邛崍十方堂古窯記　楊枝高　華西學報　4　19—24面　25
　　年6月

高井臺子三種陶業概論　吳金鼎　中央研究院史語研究所專刊
　　之十三田野考古報告　1　201—211面　25年8月

（4）雜考

虹廬筆乘（續）黃賓虹　學術世界　1:7　56—60面　24年
　　12月　1:8　110—113面　25年1月　1:9　34—38面
　　25年3月　1:10　1—5面　25年4月　1:11　42—44面
　　25年5月　2:2　7—10面　25年11月　2:3　18—19
　　面　26年1月　2:4　30—33面　26年4月

古董錄（續）福山王漢章　河北博物院畫刊　106　1—2面
　　25年2月10日　108　1面　25年3月10日　109　2面
　　25年3月25日　111　1面　25年4月25日　113　1面
　　25年5月25日　115　4面　25年6月25日　117　2面
　　25年7月25日　120　2—3面　25年9月10日　123

—— 108 ——

2—3面 25年10月25日 125 4面 25年11月25日
127 4面 25年12月25日 129 4面 25年1月25日
131 1面 26年2月25日 133 2面 26年3月25日

懷鉛隨錄 唐蘭 考古社刊 5 143—158面 25年12月

古代狩獵圖象考 徐中舒 蔡元培先生六十五歲論文集（下）
569—617面 24年1月

賞印磊克遜（F. A. nixon）先生所藏青銅十字序 James M.
Menzies（明義士） 齊大季刊 3—5 1—3面 23年12
月

中國經邊出土之萬字十字架徽章（原文載寶雲第六冊）P. Y.
Saeki（佐伯好郎）著 胡立初譯 齊大季刊 3—5
187—194面 23年12月

輝居盧普倉（羅布淖爾漢簡考釋之一） 黃文弼 國學季刊
5:2 65—69面 25年5月

漢五銖磚硯紀 梁鴻志 青鶴雜誌 4:14 25年6月1日

「漢卦鐵」雜識（附影片 鐵十二枝刻干支五行 河南出土 疑
西漢時物） 位堂 北平晨報思辨 29 25年2月28日

慶忌塔蠡辯 陳志良 江蘇研究 3:5—6 1—3面 26年6
月30日

蒙古陵寢之神祕及成吉思汗之博克多（博克多即紀念品）
墾公 新蒙古 4:1 24—29面 24年7月15日

（五） 史　學

（1）　通　論

史學新論　呂振羽　北平晨報歷史周刊　1　25年10月3日

史名之商榷　王欽齋　進德月刊　2：3　8—9面　25年11月
1日

講國學宜先講史學　（中國史部的書分四大類：(1)個人歷史；
(2)家族歷史；(3)地方歷史；(4)國史）　柳詒徵　廣播週刊
25

讀史為公民之修養　朱傑勤　社會研究季刊　1：2

研究歷史之重要　韋糸　出版周刊　新145　5—6面　24年
9月7日

歷史之研究　育春　華年周刊　5：1　16—17面　25年正月
11日　5：2　34—36面　25年正月18日

歷史研究法概要　黃維榮　出版周刊　新145　1—4面24
年9月7日　新146　1—6　24年9月14日

編纂ㄴ中外名人軼事及史料搜集法」的商榷　薛澄清　天津大
公報史地周刊　127　26年3月12日

如何研究中國史　錢穆講　李方仁記　歷史教育　1　3—7面
26年2月1日

中國史學研究　朱傑勤　書林半月刊　1：2　16—17面　26
年3月25日　1：3　24—28面　26年4月10日　1：4
16—17面　26年4月25日　1：5　27—30面　26年5月10日

中國史的研究（讀呂振羽ㄴ史學新論」後的意見）　振興　北
平晨報歷史周刊　5　25年10月31日

國史與地方史　瞿兌之　禹貢半月刊　7：5　69—70面26年5月1日

156

民國以來史學年表　貝琪　考文學會雜報　下　1—16面　26
年5月1日

東晉劉宋蕭齊蕭梁及代魏甲子紀元對檢表　衛露華　登涉雜誌
2：2—3　1—6面　25年6月

通史新詮　金兆梓　新中華　4：19　1—8面　25年10月10日

本國史時期劃分的研究　孫正容　圖書展望　1：11　13—16面
25年8月31日

斷代問題與中國歷史的分期　雷海宗　社會科學　2：1　1—33面
25年10月　文化建設月刊　3：2　155—156面　25年11月10日

中國信史之蠡測　周蔭棠　遺族校刊　4：3　65—71面　26年
5月10日

關於中國古史問題及其研究法　李愻君　勵學　6　18—31面
25年7月15日

我國史前史的輪廓　何炳松　暨南學報　1：1　1—11面　25年
2月

史前學研究概述　岑家梧　廣州學報　1：1　1—10面　26年正月
1日

中國上古史史料之評論　陳泰祿　武大文哲季刊　6：1
1—48面　25年

中國古史的構成　周蔭棠　遺族校刊　3：2　100—117面
25年4月4日

唯物史觀者古史觀的批評　童巷章　北平晨報思辨　49　25年
8月21日

讖緯中的「皇」與「帝」　周予同　暨南學報　1：1　13—58面
25年2月

由陳侯囙資鐘銘黃帝論五帝　丁山　中央研究院史語研究所集
刊　3：4　517—536面　22年

夏史三論（目次：啟扣五觀與三康，羿的故事，少康中興辨，附殘賓四征。） 顧頡剛 童書業 史學年報 2:3 1— 12面 25年11月

中國偽史的檢舉 周蔭棠 遺族校刊 4:1 46—51面 25年10月8日

秦後歷史的性質（轉載中國研究半月刊第一卷第二期，二十六年三月二十日，上海中國研究新雜誌社出版） 尉青 文化建設月刊 3:7 139—140面 26年4月10日

秦漢時代在中國歷史上之地位（秦漢史序論） 鄭師許 學術世界 2:3 34—35面 26年正月

三國曹氏 張三 北平華北日報中國文化 70 25年正月5日 71 25年正月12日 72 25年正月19日

三國的混一 張蔭麟 天津益世報史學 45 26年正月12日 史地社會論文摘要月刊 3:5 11面 26年2月20日

三國鼎峙與南北朝分立 谷霽先 禹貢半月刊 5:2 5—21面 25年3月21日

北朝胡族統治下之北方文物 一凌 中法大學月刊 8:5 35—59面 25年3月1日 9:1 41—96面 25年4月1日

周世宗之統一中國 戴振輝 天津大公報史地周刊 90 25年6月19日

李自成叛亂史略 趙宗復 史學年報 2:4 127—157面 26年12月

明季滿洲蠶食蒙古方略紀要（轉載大公報史地周刊六十三期）楊賓 蒙藏旬刊 110 3—8面 25年正月1日

清開國前紀 吳宗慈 史學專刊 1:4 81—136面 25年12月10日

關于中國近世史 李季谷 逸經半月刊 5 42—43面 25年5月5日

中國近世史之地理的解釋　劉文翮　圖書展望　2：1　63——
　　69面　25年11月10日

中國新近代史緒論　錢鍾漢　光華大學半月刊　5：6　36——
　　45面　26年3月16日

同治的中興　汪伯岩　北平華北日報史學周刊　20　24年正月31日

內蒙古和清朝的歷史關係　矢野仁一著　洪炎秋譯　新蒙古
　　4：1　21——23面　24年7月15日

日人研究滿洲近世史之動向(原文載歷史研究第五卷第二號昭和十
　　年十二月刊行)　(所謂「滿洲近世」乃指清朝勃興時代而
　　言)　百瀬弘著　劉選民譯　禹貢半月刊　6：3——4
　　111——118面　25年10月16日

中國四十年革新之回顧　吳康　語言文學專刊　1：3——4
　　603——618面　26年6月

雲南杜文秀建國十八年之始末　何慧清　逸經半月刊　12
　　9——16面　25年8月20日　13　34——36面　25年9月5
　　日　14　36——39面　25年9月20日　15　32——38面
　　25年10月5日　16　29——33面　25年10月20日

護國之役雲南起義祕史　何慧青　逸經半月刊　21　36——42
　　面　26年1月5日

雲南起義祕史補注　何慧青　逸經半月刊　24　27——30
　　26年2月20日

蔡松坡入滇起義軼聞　慧青　中央日報中央公園副刊第三張
　　第四版　26年2月15,16,18,19,21,22,23,日

我國革命史上的血跡(辛亥運動前後)　張得善　新青海
　　3：12　7——14面　24年12月

革命逸史　馮自由　逸經半月刊　1　29——32面　25年3月5
　　日　2　25——28面　25年3月20日　3　37——40面　25年

4月5日　4　38—41面　25年4月20日　5　30—34面　25年5月5日　6　28—32面　25年5月20日　7　17—18面　25年6月5日　8　43—46面　25年6月20日　9　14—18面　25年7月5日　10　26—27面　25年7月20日　11　38—42面　25年8月5日　12　4—8面　25年8月20日　13　41—44面　25年9月5日　14　29—31面　25年9月20日　15　20—23面　25年10月5日　16　34—39面　25年10月20日　17　10—14面　25年11月5日　18　12—14面　25年11月20日　19　32—34面　25年12月5日　20　23—26面　25年12月20日　21　43—46面　26年1月5日　22　29—32面　26年1月20日　23　27—30面　26年2月5日　24　24—26面　26年2月20日　25　30—33　26年3月5日　26　10—11面　26年3月20日　27　15—17面　26年4月5日　28　23—27面　26年4月20日　29　64—66面　26年5月5日　30　29—31面　26年5月20日　31　29—31面　26年6月5日　32　32—33面　26年6月20日

後碎一役始末記　雁蕩　中央日報中央公園副刊　26年1月5、6日

中華民國開國前革命史序　章太炎遺著　制言半月刊　32　1—3面　26年1月1日

中華民國開國史　邵元冲　廣播週報　108　17—20面　25年10月17日　又康藏前鋒　4:1—2　30—37面　25年10月20日

六十年之回顧——丙子談往　徐一士　國聞週報　13:1　25年1月1日

六十年之回顧——丁丑談往　一士　國聞週報　14:1　26年1月1日

—— 115 ——

中國與新疆的歷史關係之考察　丁連白　蒙藏月報　6：6　1
　—8面　26年6月31日

一年來國內史學之回顧　李傑　圖書展望　1：4　43—46面
　25年1月15日

魏晉之史學　萬福曾　天津大公報史地周刊　115　25年12月11日

古文家韓愈之史學　侯仁之　天津大公報史地周刊　113　25
　年11月27日

劉章史學之異同　錢卓升　遺族校刊　4：1　52—57面　25年
　10月8

宋南渡後蜀中之史學　萬福曾　天津大公報史地周刊　115
　25年12月11日

再論晚明之反衛道史學 —— 評藏書世紀目錄　楊寬　天津大
　公報史地周刊　97　25年8月7日

章實齋先生與新史學　堅非　圖書展望　1：5　21—22面
　25年2月29日

錢竹汀先生之史學　史念海　北平研究院院務彙報　7：3
　17—38面　25年5月

許仰林先生與史籍考　趙孝孟　北平華北日報圖書週刊　1，
　23年11月5日　4　23年11月26日

章太炎先生之史學　貝琪　東方雜誌　33：16　85—89面
　25年8月16日

中國歷史上之建國精神（就人才綱紀方面闡述）　張其昀　史
　地雜誌　1：2　1—6面　26年7月

從歷史上研究中國的國難　蔣靜一　政治月刊　1：6　7—
　13面　23年9月15日

歷史上國難的教訓　吳其昌　中興週刊　119　5—11　24
　年11月23日

救亡圖存的史例　舒扣　中華月報　4：2　12—14面　25年
　　2月1日

德國佛郎克教授 Prof. Dr. Otto. Franke 對中國歷
　　史研究的貢獻　姚士鼇　新中華　4：1　97—106面
　　25年1月10日

（2）專著

（A）正史

十七史商榷辨喿序　孫鼎宜　國光雜誌　18　82—83面　25
　　年6月16日

二十四史校勘記序例（民國四年作於京師）　張森楷遺著　論
　　學　5　19—24面　26年5月1日

記影印揷潤始末（校印百衲本二十四史）　張元濟　藝文印刷
　　月刊　1：5　23—25面　26年6月1日

百衲本二十四史跋文　張元濟　青鶴雜誌　4：15　1—4面
　　25年6月16日　4：16　1—6面　25年7月1日　4：17
　　1—5面　25年7月16日　4：18　1—4面　25年8月1
　　日　4：19　1—3面　25年8月16日　4：20　1—3面
　　25年9月1日　4：21　1—3面　25年9月16日　4：22
　　1—2面　25年10月1日　4：23　1—4面　25年10月
　　16日　4：24　1—7面　25年11月1日　5：1　1—4面
　　25年11月16日　5：2　1—5面　25年12月1日　5：3
　　1—4面．25年12月16日　5：4　1—6　26年1月1日

二十五史篇目表　黃炎培　張菊生先生七十生日紀念論文集
　　523—524面　26年1月

二十五史補編序（凡例，總目）　顧頡剛　開明月報　1：3

2 — 7 面　26 年 3 月 15 日

二十五史補編提要選錄（續）　二十五史刊行會　禹貢半月刊
　　6：7　71 — 79 面　25 年 12 月 1 日

通史人表例言　張森楷遺著　論學　4　1 — 11 面　26 年 4 月 1 日

讀史札記（史記，漢書，）　王元崇　考文學會雜報　1　1 — 7
　　面　26 年 5 月 1 日

匈奴世系表（此表據史漢諸書而成）　李欣　天津益世報讀書
　　週刊　72　25 年 10 月 29 日

史漢西域記傳互勘（以史記大宛列傳為主與漢書西域傳張騫傳
　　對勘）　趙惠人　禹貢半月刊　5：8 — 9　115 — 144 面　25
　　年 7 月 1 日

史諱考異　張相　文瀾學報　2：1　1 — 52 面　25 年 3 月 31 日
　　2：2　25 年 6 月 30 日　3：1　1 — 46 面　26 年 3 月 31 日

太史公解　朱希祖　制言半月刊　15　1 — 11 面　25 年 4 月 16 日

讀太史公書　太炎遺著　制言半月刊　23　1 面　25 年 8 月 16 日

史記訂補二續（民國十三年著者刊行史記訂補八卷，十九年復
　　輯史記訂補餘義載於武漢大學文哲季刊）　李笠　語言文
　　學專刊　1：3 — 4　719 — 738 面　26 年 6 月

史記刊誤舉例　徐文珊　史學集刊　1　231 — 244 面　24 年 4 月

史記五帝本紀講記　陳柱　學術世界　1：9　122 — 125 面
　　25 年 3 月

臧琳五帝本紀書說正　姚豫太　制言半月刊　26　1 — 9 面
　　25 年 10 月 1 日

書史記禮書樂書書後（散原精舍文存之一）　陳三立　青鶴雜誌
　　4：4　1 — 4 面　24 年 12 月 16 日

史記曆書曆術甲子篇的讀法　子水　天津益世報讀書週刊　68
　　25 年 10 月 1 日

史記伯夷列傳講記　陳柱　學術世界　2：2　112－113面
25年11月

讀孟荀列傳後的諸疑及提要　國周　中法大學月刊　10：4
55－62面　26年2月1日

商君列傳講記　陳柱　學術世界　2：1　129－130面　25年10月

老莊申韓列傳講記　陳柱　學術世界　1：12　117－120面
25年7月

屈原賈生列傳講記　陳柱　學術世界　1：7　125－127面
24年12月

李斯列傳講記　陳柱　學術世界　1：10　151－153面　25年
4月

史記立儒林游俠貨殖三傳論　李漁　學術世界　1：12　97－
99面　25年7月

史記貨殖列傳論稿　穗積文雄著　高福佑譯　北平華北日報又
學周刊　121　26年正月21日　123　26年2月4日　124
26年2月18日　125　26年2月25日　133　26年4月22
日　文史地社會論文摘要月刊　3：8　18－19面　26年5
月20日

史記索隱引書考畧　程金造　國立北平圖書雜誌刊　10：1　81－
107面　25年2月　10：2　71－111面　25年4月　10：3
95－118面　25年6月

史記引尚書文考例　張鈞才　金陵學報　6：2　201－211面
25年11月

漢書窺管序（漢書窺管一書數十萬言長沙楊遇夫撰）　張爾田
學術世界　2：1　104－105面　25年10月

辨宋祁漢書校語（宋慶元本漢書有宋祁校語明監本引之寥寥清
殿本又據以補入實不學者所依託非出宋祁手）　黃噩眉

天津大公報圖書副刊　129　25年5月7日

德氏前漢書譯注訂正（Pank is History of the Former Han Dynasty : A Critical Translation with Annotations. By Homer H. Dubs Vol. I Baltimore, U.S.A. 1938.）王伊同　史學年報 2:5　475—519面　27年12月

漢書揆計舉隅　陳安仁　現代史學　3:2　1—6面　26年4月 5日　又中山大學文學院專刊　3　373—380面　25年 11月1日．

漢書藝文志問答序　曹克專　國專月刊　5:2　60面　26年3 月15日

漢書藝文志問答自序　葉長青　國專月刊　5:2　61面　26年 3月15日

漢書藝文志問答（附藝文志著錄各書作者姓名邑里時代存佚表） 葉長青　國學專刊　4:1　4—24面　25年9月15日　4:2 4—30面　25年10月15日　4:3　8—23面　25年11月25 日　4:4　16—31面　25年12月25日　4:5　47—68面 26年正月15日　5:1　15—45面　26年2月15日

漢書藝文志問答又補　葉長青　國專月刊　5:3　41—47面 26年4月15日

漢書藝文志四論　葉長青　學術世界　2:1　64—67面　25年 10月

漢書外戚傳論　夏敬觀　藝文雜誌　1:1　1—3面　25年4月1日

漢書西域傳校釋（漢書西域傳校釋之一節）　岑仲勉　輔仁學 誌　6:1—2　49—64面　26年6月

漢書古今人表通檢　孟森　北平研究院院務彙報　7:1　53 —83面　25年1月

—— 120 ——

續袁氏人表考校補　黃雲眉　金陵學報　6:2　231—242面
25年11月

後漢書疏記　戴蕃豫　史地半月刊　1:13—14　16—17面　26
年5月16日

補後漢書張仲景傳（名機南陽人舉孝廉官至長沙太守）　劉盼
遂　文學年報　2　23—24面　25年5月

三國志義例辨錄　陳登原　金陵學報　6:2　93—107面　25
年11月

三國志舊注之條例及今後治三國志之途徑（景印三國志注補序）
鄭天挺　天津益世報讀書週刊　65　25年9月10日

書鄭毅先生景印三國志注補序後　孟森　天津益世報讀書週刊
66　25年9月17日

杭世駿三國志補註與趙一清三國志註補（附鄭天挺景印三國志
注補序，孟森　鄭毅先生景印三國志注補序後）　鄭天挺
國學季刊　5:4　1—108面　25年9月

宋槧三國志著錄訂誤　王獻唐　山東省立圖書館季刊　1:2
95—108面　25年12月13日

讀晉鷗識　潘承弼　制言半月刊　27　1—3面　25年10月16日

唐會要史館編修前代史晉書箋　蔣禮鴻　中國文學會集刊　3
105—111面　25年8月

宋書考論序　孫鼎宣　圖光雜誌　16　61—62面　25年4月16日

宋書考論（續）　孫劷　國立北平圖書館館刊　9:4　21—80面
24年8月

沈約與宋書　柳定生　史地雜誌　1:2　53—60面　26年7月

百衲本宋書律志校勘記　錢寶琮　文瀾學報　2:1　25年3月
31日

宋書刑志補　丘漢平　法學雜誌　10:2　149—162面　26年6月

評魏楷英譯魏書釋老志（美國魏魯男氏（James R. Ware）以英文譯魏收魏書的釋老志，並加附註，但只發表了關於佛教的前半，所以改名 Wei Shou Buddhism，見通報第三十卷一百至一八一頁。譯文從原文「大人有作」起到「識者所以嘆逝也」止，佔釋老志四分之三。前面有魏氏小序，述魏收生平，還有附注的參考書目，末附引得）周一良　史學年報　2：4　183—190面　26年12月

隋書州郡牧守編年表　岑仲勉　史學專刊　1：3　1—22面　25年4月1日

隋書地理志汲郡河內風俗頌疑　魏青銍　禹貢半月刊　5：7　61—67面　25年6月1日

兩唐書玄宗元獻皇后楊氏傳考異兼論張燕公事蹟　俞大綱　中央研究院史語研究所集刊　6：1　93—101面　25年3月

新舊唐書宋之問傳考證　民族雜誌　4：5　835—842面　25年5月1日

新唐書劉晏傳箋註　陳嚞　史學年報　2：3　235—260面　25年11月

新唐書突厥傳擬注　岑仲勉　輔仁學誌　6：1—2　173—247面　26年6月

新舊五代史的比較　戴希震　天津益世報讀書週刊　46　25年4月30日　47　25年5月7日　48　25年5月14日

五代史略商例　陳慶年遺著　論學　6—7　19—28面　26年6月1日

宋史建隆四年乾德六年太平興國九年考　陳叔陶　史學集刊　1　71—86面　25年4月

與夏瞿禪論改修宋史諸家書　黃雲眉　文瀾學報　2：1　1—6面　25年3月31日

—— 322 ——

金史氏族表初稿　陳述　中央研究院史語研究所集刊　5:3
　　327—436面　24年12月　5:4　437—459面　24年12月

元史郝經傳高鳴傳張德輝傳正誤　陳叔陶　史地雜誌　1　31—
　　34面　26年5月1日

新元史本證　陳叔陶　中央研究院史語研究所集刊第七本第三
　　分　287—354面　26年11月

讀史餘論（目次：讀元史、讀清史、）　住家森　國專月刊
　　3:2　59—63面　25年3月15日

明史稿校錄　柳詒徵　江蘇省立國學圖書館第七年刊　1—59面
　　20年10月

萬季野與明史　張須　東方雜誌　33:14　83—90面　25年7
　　月16日

萬季野專志明史之由來　蕭遠健　天津大公報史地週刊　134
　　26年4月30日

萬季野先生明史稿辨誣（建文書法事）　史地雜誌　1:2　7—
　　9面　26年7月

明史卷一五六諸呂世系表　張鴻翔　輔仁學誌　5:1—2　1—
　　4面　25年12月

書明史方正學先生傳後　李洙　文瀾學報　3:1　1—2面　26
　　年3月31日

明史佛郎機、呂宋、和蘭、意大里亞四傳注釋自序　張維華
　　北平華北日報圖書副刊　43　24年8月26日

讀明史筆記（道志居筆記之一）　兌之　新民月刊　2:1　1—
　　38面　25年1月

清史稿與趙爾巽　徐一士　逸經半月刊　2　11—14面　25年
　　3月20日

關於清史稿　徐一士　逸經半月刊　6　10—12面　25年5月20日

關於清史稿補　徐一士　逸經半月刊　7　52面　25年6月5日

清史稿回憶錄　金梁　逸經半月刊　10　6—7面　25年7月20日

清史稿回憶補錄　金梁　逸經半月刊　10　7　25年7月20日

讀清史稿回憶補錄書後　哀靈　逸經半月刊　13　9—10面　25年9月5日

答哀靈君論清史稿　金梁　逸經半月刊　15　10面　25年10月5日

讀清史稿偶記（摘舉紕繆處）　陳啓原　國聞周報　14：16　43—48面　26年4月26日

清史稿中建州衛考辨　孟森　中央研究院史語研究所集刊　3：3　331—344面　21年10月

與鄧文如先生書（論清列朝后妃傳稿校記）　張爾田　史學年報　2：4　1—6面　26年12月

清史稿后妃傳訂補　方甦生　天津大公報圖書副刊　177　26年4月15日

（B）　雜　史

國語韋解補正　石光瑛　中山大學文學院專刊　2；3　365—372面　25年11月1日

戰國策校義序　孫鼎宜　國光雜誌　16　59—61面　25年4月16日

戰國策作者之討論　羅根澤　廈門圖書館聲　4：1—3　12—16面　25年12月

許錘鳳年國策勘研（燕京學報專號之十一二十五年二月哈佛燕京學社北平辦公處出版鉛字本一冊）　吳顧　天津大公報圖書副刊　141　25年7月30日　又圖書季刊　3：3　145—147面　25年9月

169

答吳摭兩君評國策勘研　錢鳳年　燕京學報　22　263-279
面　26年12月

逸周書鵠論　沈延國　考文學會雜錄　1　1-2面　.26年5月1日

校正汲冢周書劄記（同治四年劄記此鈔本現藏山東省立圖書館）
清馬東泉遺著　北平華北日報圖書週刊　30　24年5月27
日　32　24年6月10日　33　24年6月17日

逸周書篇目考　沈延國　楊寬　光華半月刊　4:6　58-63面
25年3月10日

逸周書世俘篇校正（述武王狩事）　章太炎遺著　制言半月刊
32　1-3面　26年正月1日

逸周書諡法解校箋　沈佳民　制言半月刊　15　1-16面　25年
4月16日

論別本竹書紀年　蒙文通　天津大公報圖書副刊　169　26年
2月18日

略記清代研究「竹書紀年」諸家　錢穆　天津益世報讀書週
刊　75　25年11月19日

談資治通鑑　汪　廣播週報　106　46-48面　25年10月
3日

通鑑歷代戰爭地理通論　張遬仙　國聞月刊　4:2　34-46
面　25年10月15日　4:3　24-36面　25年11月25日

通鑑民族思想蠡測　陳千鈞　學術世界　2:1　78-85面　25
年10月　2:2　29-39面　25年11月　2:3　61-68面
26年1月　2:4　53-60面　26年4月

北宋本資治通鑑跋　孫峻遺著　文瀾學報　2:2　23年6月30日

通鑑胡刻本考略　貝琪　考文學會雜報　1　1-面　26年5
月1日

關於續通鑑紀事本末奉答孟森先生　鄺火文　天津大公報圖

書副刊　162　25年12月24日

續通鑑紀事本末書後　孟森　天津大公報圖書副刊　160
25年12月10日　又圖書季刊　3:4　221—224面　25年
12月

宋刊大唐六典及通典（本文載支那學第七卷第二，三號）　玉
井是博著　藏雲譯　天津大公報圖書副刊　137　25年7
月2日　138　25年7月9日

郋園印本通鑑跋　邵次公　河南政治月刊　5:9　1—2面
24年9月

談文獻通考　沄　廣播週報　103　38—40面　25年9月12日

十六國疆史考　朱希祖　制言半月刊　13　1—19面　25年3
月16日

大唐創業起居注考證　羅香林　史學集刊　2　115—141面
25年10月

論「唐六詔令」　鞠清遠　天津益世報　讀書週刊　34　25年
2月6日　35　25年2月13日

唐會要節度使玫釋　頌次君　禹貢半月刊　5:7　11—30面
25年6月1日

渤海國志四種　副主　天津大公報圖書副刊　149　25年9
月24日　又圖書季刊　3:3　153—157面　25年9月

宋會要稿略說　瘥成　天津大公報圖書副刊　118　25年2
月20日　又圖書季刊　3:12面　21—27面　25年3月

「鷄肋編」的作者與其價值（宋清源莊李栩撰）　張公量　圖
聞週報　14:23　35—38面　26年6月14日

三朝北盟會編考　陳樂素　中央研究院史語研究所集刊　6:2
193—279面　25年7月　6:3　281—341面　25年7月

北使記作者之考證　禹貢半月刊　7:1-3　289—295面

171

—— 126 ——

26年4月1日

「北使記」讀後　李詠林　禹貢半月刊　1　61—64 面　25年
3月1日

越縵堂東都事略札記　許國霖輯　國立北平圖書館館刊　10:2
19—39面 且25年4月

「高宗六龍幸海記」考證（高宗六龍幸海記宋王廷彥撰）　朱
希祖　文瀾學報　2:2　26年6月30日

建康實錄校記　鄺承銓　江蘇省立國學圖書館第六年刊　1—52面
22年12月　第七年刊　1—67 面　23年11月

南宋諸史監本存佚考　趙萬里　蔡元培先生六十五歲論文集（上）
167—173 面　22年1月

彭祈知論與蒙古源流　陳寅恪　中央研究院史語研究所集刊
2:3　302—309 面　20年4月

蒙古源流作者世系考　陳寅恪　中央研究院史語研究所集刊
2:3　310—311 面　20年4月

蒙古史札記　岑仲勉　中央研究院史語研究所集刊　5:4
461—496 面　24年12月

元典章校補釋例　陳垣　蔡元培先生六十五歲論文集（上）
189—278 面　22年1月

西夏書書後　胡玉縉　燕京大學圖書館報　86　2面　25年1月1日

讀梁國東譯注「西遊史」札記　郭殿章　禹貢半月刊　5:12
59—63 面　25年8月16日

聖武親征錄對於是諱之刪削與修改　徐世勛　北平華北日報史
學周刊　88　25年6月4日　89　25年6月11日

紀明清宮史籤印事　劉厚滋　文獻論叢　故宮博物院十一週年
紀念刊　51—56 面　25年10月10日

乙亥叢編中的史料　李鼎芳　國聞週報　13:22　25年6月8日

172

論京都帝大重刊「四譯館則」（日本京都帝國大學部東洋史研究室刊行昭和三年出版上下二冊） 藏雲 圖書季刊 2:4 211—217面 24年12月

「板橋雜記」平話 逸經半月刊 29 9—14面 26年5月5日

神廟留中奏疏彙要序 鄧之誠 史學年報 2:4 13—15面 26年12月

神廟留中奏疏彙要跋 薛瀜伯 史學年報 2:4 17—18面 26年12月

梅花草堂筆談 知堂 天津益世報讀書週刊 46 25年4月30日

萬曆野獲編校補 王立中 文瀾學報 2:2 25年6月30日

傳鈔本黃景昉國史唯疑跋 心史 天津益世報讀書周刊 35 25年2月13日

跋東塘日劄 俞介禧 河南政治月刊 6:7 3—4面 25年7月

魯之春秋跋（魯之春秋二十四卷，海鹽李五峯撰。專記晚明諸臣事蹟。） 朱希祖 文瀾學報 3:1 3—5面 26年3月31日

酈亭書跋 朱希祖 書林半月刊 1:4 2—5面 26年4月25日 1:5 1—2面 26年5月10日

一部三百年前未刊的稿本（繼之述明劉錫玄守城要覽）羅爾綱 中央日報文史副刊 16 26年3月14日

南明野史跋 陳叔陶 出版周刊 新220 9—11面 26年2月13日

甲行日注 豈明 北平華北日報文藝周刊 6 23年5月7日

昌爲氏歷亂紀後 篠珊 燕京大學圖書館報 100 2面 26年正月

補鄡瑞明李遺聞 姚家積 史學年報 2:3 181—200面 25年11月

—128—

書明史鈔略　孟森　天津大公報圖書副刊　189　第十一版
　　26年7月8日

小腆紀傳書後　朱希祖　制言半月刊　31　1—3面　25年12月16日

皇明遺民傳序　孟森　天津益世報讀書周報　44　25年4月23日

影印皇明遺民傳跋　魏建功　天津益世報讀書周刊　44　23年
　　4月13日

書綏寇紀略後　陳叔陶　天津大公報圖書副刊　122　25年3
　　月19日

顧柔謙山居贅論拾零　夏定域　天津大公報圖書副刊　149
　　25年9月24日

撫毅疏草跋（附琅鳳翔列傳考証）　朱希祖　文獻論叢　故宮
　　博物院十一週年紀念刊　45—50　25年10月10日

礁卷文碣記濟寧遺事記合欽序　李鏡恒遺篇　北平華北日報圖
　　書週刊　16　24年2月18日

濟寧遺事記跋　李繼瑄　北平華北日報圖書週刊　16　24年2
　　月18日

叔及錄跋　朱希祖　中央研究院史語研究所集刊　2:4　402
　　—403面　21年

清安韻子「青社遺聞」提要　寄萍　北平華北日報圖書週刊
　　37　24年7月15日

洪承疇奏對筆記（續完）　編者　大遺半月刊　15　1—8面
　　23年7月16日

清國史館列傳稿編序　孟心史　天津益世報讀書週刊　95
　　26年4月22日

實錄考　趙士煒遺著　輔仁學誌　5:1—2　1—55面　25年12月

讀清實錄商榷　孟森　天津大公報圖書副刊　174　26年3
　　月25日

清世祖實錄初纂本跋　孟森　天津大公報圖書副刊　167　26
　　年1月28日

康熙重修太祖實錄跋　孟森　天津大公報圖書副刊　167　26
　　年1月28日

跋舊寫本東華錄十六卷（乾隆時傳鈔本，紅格，每半頁八行，
　　行二十字。）　王立中　天津大公報圖書副刊　188　26年
　　7月1日

「西征隨筆」中的清初史料　五知　逸經半月刊　21　8—11面
　　26年1月5日

讀多爾袞攝政日記　鷗　天津益世報說苑　26年2月3日　26
　　年2月4日

魏默深先生乾隆三定台灣記書後　蕭仲祁　國光雜誌　18　81—
　　82面　25年6月16日

袁氏紀聞跋　孟森　天津益世報讀書副刊　38　25年3月5日

「京口償城記」所記壬寅兵事　任俠　逸經半月刊　2　15—
　　17面　25年3月20日

鈔本「移情集」題記（中國近代史史料雜輯之一）　薛澄清
　　天津大公報史地週刊　85　25年5月15日

費氏彙編（鈔本）　五知　逸經半月刊　12　44面　25年8月
　　20日

墨餘錄　長明　北平華北日報每日文藝　290　24年9月25日
關於水窗春囈（附孜曾文正公羹李金暘事）　傅元珍　天津益
　　世報讀書週刊　104　26年6月17日

聯芳著隨軺日記　羅爾綱　中央日報文史副刊　27　26年6月6日
汪悔翁乙丙日記序（自咸豐癸丑甲寅乙卯迄于丙辰之事）　鄧
　　之誠　燕京大學圖書館報　88　2—4面　25年3月1日
汪悔翁乙丙日記（記洪楊及曾胡軍事甚詳）　謝興堯　天津大

公報圖書副刊　113　25年1月16日

汪悔翁乙丙日記評（明齋叢刻本）　張嘯田　學術世界　2:2
1-6面　25年11月　2:3　12-17面　26年1月　2:4
24-29面　26年4月

宣統政記校勘記　賓安　文瀾學報　2:1　25年3月31日

葉昌熾辛丑日記　李鼎芳　書人月刊　1:3　51-55面　26年3月

御香縹緲錄（英文版原名 Imperial incense（老佛爺時代的
西太后）在一九三三年出版於紐約 清德齡著　秦瘦鷗譯）
學風　6:6　25年9月15日　又北平華北日報咖啡座
837　25年12月26日

史通評（呂思勉著上海商務印書館發行定價三角）　孟又俊
國聞週報　13:8　37-38面　25年3月2日

續史通外篇（續）　宋慈抱　甌風雜誌　21-22　21-28面
24年10月20日　23-24　29-36面　24年12月20日

三皇考（燕京學報專號之八顧頡剛楊向奎合著民國二十五年
一月哈佛燕京學社北平辦公處出版鉛字本一冊定價四元）
孫子高　天津大公報圖書副刊　135　25年6月18日　又
圖書季刊　3:1-2　43-47面　25年3月

書三皇五帝考後　呂思勉　光華大學半月刊　5:9　22-23面
26年5月10日

張蔭麟中國史綱　湯朔華　書人月刊　1:1　52-56面　26年
1月

讚繆著中國通史綱要第一冊（繆鳳林編著南京鍾山書局印行每
冊實價一元二角）　童玉綬　天津大公報史地周刊　127
26年3月12日

評鄧之誠氏「中華二千年史」一二兩卷　陶元珍　天津益世報
讀書週刊　89　26年3月4日

評鄧之誠中華二千年史（中冊）（商務印書館大學叢書本二十
　　三年出版）　徐世勣　天津大公報圖書副刊　113　25年
　　1月16日　又圖書季刊　2：4　201—209面　24年12月

諾斯女士英文中國歷史 *The Four Hundred Million: A
Short History of the Chinese, By Mary A.
Nourse, Indianapolis and New York: The
Bobbs Merrill Company 1935. G $3.50*

　　郭斌佳　文哲季刊　5：2　459—468面　25年

讀春秋時代的爭霸史（春秋時代的爭霸史孫張蔭麟氏中國史綱
　中之第六章）　劉玉衡　天津大公報史地周刊　71　25年
　　2月7日

夏編中國古代史匈奴世系校誤　李欣　天津益世報讀書周刊
　　46　25年4月30日

許岡崎文夫著魏晉南北朝通史（日本昭和五年九月弘文堂出版
　　定價五元）　周一良　天津大公報圖書副刊　127　25年
　　4月23日

對蕭著清代通史中卷乚乾隆軍輔表﹁之商榷　許僑英　天津大
　　公報史地周刊　116　25年12月18日

陳著中國近代之內容及其閱讀方法　方源流　　出版週刊
　　新124　1—9面　24年4月13日　新125　1—8面　24年4
　　月20日

關於中國近代史　朱文長　天津大公報圖書副刊　131　25年
　　5月21日

陳氏近代史商榷　張延舉　天津大公報圖書副刊　136　25年
　　6月25日

乚中國近代史商榷﹁之商榷　陳恭祿　天津大公報圖書副刊
　　140　25年7月23日

陳恭祿著中國近代史糾謬　劉蕪仙　天津大公報圖書副刊　126
　　25年4月16日

為中國近代史答劉蕪仙君　陳恭祿　天津大公報圖書副刊　129
　　25年5月7日

讀陳恭祿著〔中國近代史〕　程維新　天津益世報讀書週刊
　　79　25年12月17日

東北史稿跋　謝國楨　禹貢半月刊　7：1-3　193-194面
　　26年4月1日

滿洲發達史（稻葉岩吉著，日本評論社印行，昭和十年出版，
　　584葉、挿圖二十六）　林同濟　政治經濟學報　4：3
　　659-664面　25年4月

評曹閣吾中國經營西域史（商務印書館星期標準書之一）　李
　　欣　天津益世報讀書週刊　78　25年12月10日

羽田亨著西域文明史概論（商務印書館出版定價五角）汪楊碕
鄭元芳譯
　　出版週刊　新170　15-16面　25年2月29日

（3）　歷　代　史　料

史與史料　孟森　文獻特刊　5-7面　24年10月10日
中國歷代史料之來源並擬現代可以收集之方法　孟森　文獻特
刊　29-34面　24年10月10日
論史料之種類　傅援琦　治史雜誌　1：1　43-49面　26年3月
唐會昌政教衝突史料　賈鍾堯　食貨半月刊　4：1　18-28面
　　25年6月1日

考證鄭和下西洋年歲之又一史料（長樂東山天地宮碑刻拓本）
　　薩士武　天津大公報史地周刊　80　25年4月10日
東林黨人榜考証　朱倓　燕京學報　19　157-171面　25年6月

舉白陽先生疏草導言　劉楷平　北平華北日報圖書週刊　15
24年2月11日

明本兵梁廷棟請斬袁崇煥原疏附跋　孟森　史學集刊　1
87—96面　25年4月

明桂王致吳三桂書　隱　天津益世報說苑　26年4月24—26日

南明永曆帝致吳三桂書跋　心史　天津益世報讀書週刊　57
25年7月16日

記南明翼王朱議汸被獲事（跋順治六年山東巡撫呂逢春題本）
王崇武　天津大公報圖書副刊　188　第十三版　26年7月1日

滿文老檔之文字及史料　李德啟　文獻論叢　11—26　25年10
月10日

老滿文上諭　李德啟　文獻叢編二十六年第二輯　1—6面　26
年2月

太祖聖訓　方甦生　文獻叢編二十六年第一輯　1—4面　26年1月

清順治元年侍郎王鼇永啟報收撫山東地方啟本跋（內閣大庫舊
藏今歸北京大學文科研究所）　陶九珍　天津益世報讀書
週刊　72　25年10月29日

關於傅青主下獄事之新史料　陶元珍　天津益世報讀書週刊
47　25年5月7日

清世祖（順治）學習漢文漢語的史料　盧退菴　天津益世報讀
書週刊　56　25年7月9日

清宮闕名（原冊不著名稱，為內閣大庫舊藏，所記多順治朝更
易宮殿扁額事）文獻叢編二十六年第一輯　1—6面　26年
1日

吏部處分過之滿洲官員事件文冊　文獻叢編二十六年第二輯
1—9面　26年2月

國史所無之吳三桂叛時漢蒙文勅諭跋　孟森　天津益世報讀書

週刊 62 25年8月27日 又禹貢半月刊 6:12 69—73面 26年2月16日 又史地社會論文摘要月刊 3:7 8面 26年4月20日

撫遠大將軍奏議跋 吳王年 禹貢半月刊 6:12 73—74面 26年2月16日 又史地社會論文摘要月刊 3:7 8面 26年4月20日

清代西北屯墾史料（原奏擋藏北京大學明清史料研究室） 車克 西北論衡 4:6 52—53面 25年9月15日

跋朱朗錄上攝政王多爾袞請用明代衣冠啟 王崇武 中央日報文史副刊 28 26年6月13日

清代兩浙科第表 章乃羹 文瀾學報 3:1 1—19面 26年3月31日

杭世駿屬鶚博學鴻詞科試忿跋 劉文興 文獻論叢 61—69面 25年10月10日

工程史料 文獻論叢 29 1—7面 24年8月 30 1—6面 24年9月 31 1—7面 24年10月 32 1—8面 24年11月 33 1—7面 25年2月 34 1—8面 25年10月 35 1—6面 25年11月 36 1—8面 25年12月

鴉片戰爭粵東義民抗英史料叙錄 羅香林 中央大學社會科學叢刊 2:2 145—164面 25年1月

補充ㄥ林文忠公年譜ㄒ的兩種史料（夷氛聞紀，林文忠真跡家書） 薩士武 天津大公報史地周刊 127 26年3月12日

清咸豐十年洋兵入京之日記一篇 孟森 史學集刊 2 179—193面 25年10月

關於戊戌政變之新史料 素癡 天津大公報史地週刊 95 25年7月24日

譚復生唐佛塵遺稿 譚嗣同 唐才常 青鶴雜誌 5:1 1—5面

25年11月16日 5:3 1—4面 25年12月16日

庚辛史料 許同莘輯 河北月刊 3:1 1—4面 24年1月
3:2 1—6面 24年2月 3:3 1—4面 24年3月 3:4
1—6面 24年4月 3:5 1—4面 24年5月 3:6 1—
6面 24年6月 3:7 1—4面 24年7月 3:8 1—4面
24年8月 3:10 1—6 24年10月 3:11 1—8面 24年
11月 3:12 1—4面 24年12月 4:2 1—4面 25年2
月 4:4 1—6面 25年4月5日 4:6 1—4面 25年
6月15日 4:11 1—4面 25年11月15日

庚子清帝避難略記 清王文韶遺著 北平世界日報明珠 24年
12月24日

辛丑回鑾紀事 河南政治月刊 6:2 1—10面 25年2月

清之壇廟祭祀日期（光緒戊申年各壇廟祭祀日期） 朝英 北
平世界日報明珠 25年10月10日 25年10月12日

教案史料 文獻叢編 29 1—14面 24年8月 30 1—11面
24年9月 31 1—8面 24年10月 32 1—10面 24年11
月 33 45—54面 25年2月 34 55—63面 25年
10月 35 64—74面 25年11月 36 75—83面 25
年12月 二十六年第一輯 84—93面 26年1月 二十
六年第二輯 94—97面 26年2月 二十六年第三輯
98—104面 26年3月 二十六年第四輯 107—117面
26年4月

徐錫麟案（端方密電檔） 文獻叢編 30 1—12面 24年9
月 31 1—7面 24年10月 32 1—7面 24年11月 33
1—9面 25年2月 34 1—11面 25年10月 35
1—7面 25年11月

清光緒宣統兩朝邊疆之外交史料（摘錄王亮編之清季外交年鑑）

胡明春選輯　邊疆半月刊　2:1　63-67面　26年1月15
日　2:2　42-49面　26年1月31日　2:3-4　73-76
面　26年2月28日

舊疆史料　陳守謙　河北月刊　4:5　1-2面　25年5月15日
4:6　1-2面　25年6月15日　4:7　1-2面　25年7月
15日　4:8　1-2面　25年8月15日

清光緒丁未政潮之重要史料（袁世凱致端方之親筆秘扎）　徐
一士　國聞週報　14:5　26年1月25日　14:6　26年2月1日

廣西通省洋務總局造報光緒叁拾壹年冬李分各府廳州縣屬內設
立教堂處所及教士姓名表冊　文獻叢編　29　1-9面　24
年8月

L俄領事新疆商務報告'之發現　趙泉澄　禹貢半月刊　6:7
31-35面　25年12月1日

天地會文件　羅漢校錄　廣州學報　1:1　1-16面　26年1月1日

爇庱封贈經費　素聲　北平晨報婆圃　26年4月9日

清末督撫佚聞（附一覽表）（以清宣統三年遜國時為限）　樂
觀道人　青鶴雜誌　4:1　1-5面　24年11月16日

清宮雜記　燕市聞人　北平華北日報副葉　21年12月8,11,13,
17,19,21,23,23,27,30日22年1月1,8-11,13,15,18,
20,22,24,26,28,31日2月2,4,6,8,10,12,14,
16,18-21,23,25,27日3月1,3,5,7,9,11,13,
15,17,19,21,23,25,27,29,31日4月2,4,
6,8,10,12,14,16,18,20,22,24,26,28,
30日,5月2,4,7,9,11,13,15,17,19,21,
23,25,27,29,31日,6月2,6,8,10,12,14,
16,18,20,22,24,26,28,30日,7月2,4,6,
8,10,12,14,16,18,20,22,24,26,28,30日,8月

1、3、5、7、9、12、14、16、18、20、22、24、26、28、30日，9月1、3、5、7、9、11、13、15、17、19、21、23、25、26日。

凌霄一士隨筆（續）　徐一士　國聞週報　13：2　25年1月6日　13：3　25年1月13日　13：4　25年1月20日　13：5　25年2月10日　13：6　25年2月17日　13：7　25年2月24日　13：8　25年3月2日　13：9　25年3月9日　13：10　25年3月16日　13：11　25年3月23日　13：12　25年3月30日　13：13　25年4月6日　13：14　25年4月13日　13：15　25年4月20日　13：16　25年4月27日　13：17　25年5月4日　13：18　25年5月11日　13：19　25年5月18日　13：20　25年5月25日　13：21　25年6月1日　13：22　25年6月8日　13：23　25年6月15日　13：24　25年6月22日　13：26　1—4面　25年7月6日　13：27　1—4面　25年7月13日　13：28　1—4面　25年7月20日　13：29　1—4面　25年7月27日　13：30　1—4面　25年8月3日　13：31　1—3面　25年8月10日　13：33　1—4面　25年8月24日　13：34　1—4面　25年8月31日　13：35　1—4面　25年9月7日　13：37　1—4面　25年9月21日　13：38　1—4面　25年9月28日　13：39　1—4面　25年10月5日　13：40　1—4面　25年10月12日　13：41　1—4面　25年10月19日　13：42　1—4面　25年10月26日　13：43　1—4面　25年11月2日　13：44　1—3面　25年11月9日　13：45　1—4面　25年11月16日　13：46　1—4面　25年11月23日　13：49　1—3面　25年11月30日　13：49　1—4面　25年12月14日　13：50　1—4面　25年12月21日　14：2　26年1月4日　14：3　26年1月11日　14：4　26年1月18日　14：7　71面

26年2月 14:8 77—79面 26年3月1日 14:9 77—79面 26年3月8日 14:10 75—77面 26年3月15日 14:11 69—72面 26年3月22日 14:12 67—69面 26年3月29日 14:13 63—66面 26年4月5日 14:14 69—72面 26年4月12日 14:15 69—72面 26年4月19日 14:16 69—72面 26年4月26日 14:17 61—64面 26年5月3日 14:19 61—63面 26年5月17日 14:21 61—63面 26年5月31日 14:22 61—63面 26年6月7日 14:23 61—64面 26年6月14日 14:24 59—61面 26年6月21日 14:25 61—64面 26年6月28日 14:26 61—63面 26年7月5日 14:27 61—63面 26年7月12日 14:28 63—65面 26年7月19日

花隨人聖盦摭憶（續） 黃秋岳 中央時事周報 5:1 40—53面 25年1月18日 5:2 40—47面 25年1月25日 5:3 46—52面 25年2月1日 5:4 46—52面 25年2月8日 5:5 45—53面 25年2月15日 5:6 45—53面 25年2月22日 5:7 49—60面 25年2月29日 5:8 42—48面 25年3月7日 5:9 47—54面 25年3月14日 5:10 43—50面 25年3月21日 5:11 45—50面 25年3月28日 5:12 39—47面 25年4月4日 5:13 46—53面 25年4月1日 5:14 51—58面 25年4月18日 5:15 45—53面 25年4月25日 5:16 40—47面 25年5月2日 5:17 56—59面 25年5月9日 5:18 53:59面 25年5月16日 5:19 48—55面 25年5月23日 5:20 52—57面 25年5月30日 5:21 50—57面 25年6月6日 5:22 49—55面 25年6月13日 5:23

52—59面　25年6月20日　5:24　50—59面　25年6月27日　5:25　56—61面　25年7月7日　5:27　55—60面　25年7月18日　5:28　46—51面　25年7月25日　5:29　50—55面　25年8月1日　5:30　48—55面　25年8月8日　5:31　47—53面　25年8月15日　5:32　50—55面　25年8月22日　5:33　51—55面　25年8月29日　5:34　44—52面　25年9月5日　5:35　51—56面　25年9月12日　5:36　45—52面　25年9月19日　5:37　49—58面　25年9月26日　5:38　51—58面　25年10月3日　5:39　51—55面　25年10月10日　5:41　50—56面　25年10月24日　5:42　53—59面　25年10月31日　5:43　53—39面　25年11月7日　5:44　50—58面　25年11月14日　5:45　51—57面　25年11月21日　5:46　169—177面　25年11月28日　5:47　48—56面　25年12月5日　5:48　50—55面　25年12月12日　5:49　58—65面　25年12月19日　5:50　45—50面　25年12月26日　6:1　65—73面　26年1月16日　6:3　55—60面　26年1月30日　6:4　52—59面　26年2月6日　6:5　52—59面　26年2月13日　6:6　51—36面　26年2月20日　6:7　54—60面　26年2月27日　6:8　44—50面　26年3月6日　6:9　55—60面　26年3月13日　6:10　50—60面　26年3月20日　6:11　36—60面　26年3月27日　6:12　47—52面　26年4月3日　6:13　47—50面　26年4月10日

團初部督伏開（附一覽表）（以民國九年為限）　樂觀道人
　青鶴雜誌　4:2　1—5面　24年12月1日．

復園筆記（革命史料）　病佛　北平華北日報副葉　31　21年8月12日　35　21年8月16日

戰士范鴻仙烈士遺札　吳性元　學風　6:1　23年2月1日

與吳性元論辛亥革命之失　范鴻仙　學風　6:1　25年2月1日

援國史料（蔡松坡致劉曉嵐論兵事手札二通）．孫念希　河北
　　半月刊　4:3　1—4面　25年3月

鄉邦文獻資料內容舉要（轉載浙江圖書館輔導組第三十號參考
　　資料）中國出版月刊　5:3—4　25—26面　24年10月5日

（4）中外關係（關於傳教通使等事商
務貿易問題入經濟學）

希臘與西域及張騫之通使　吳祥麟　新苗　8　1—8面　25年9月
　16日

中國海通前對外關係之特質及其教訓　趙澍　民族雜誌　5:1
　167—176面　26年1月1日　又史地社會論文摘要月刊
　3:5　24面　26年2月20日

元時到中國來的兩個歐洲使臣——喀品呢與盧布當克　百讓
　北平華北日報史學周刊　104　25年9月24日

明代葡人入居濠鏡澳考略（明史之濠鏡澳，今摘澳門，西人稱
　　馬交 Macao）陳祖源　歷史學報　1　1—18面　25年10月

重論「鄭和下西洋」事件之貿易性質（代吳春唅先生答許道鄰
　　李晉華二先生）童書業　禹貢半月刊　7:1—3　239—246
　面　26年4月1日

為瀛涯勝覽校注答伯希和教授　馮承鈞　天津大公報圖書副刊
　151　25年10月8日

永樂二十二年鄭和受命未行考　管勁丞　天津大公報史地周刊
　94　25年7月17日

中外關係（1514—1834）（中西之初期關係通商問題，傳教問
　　題,司法問題,通使問題,道光朝之中西關係,結論,附參考書目錄）

莊泰　之江學報　5　25年9月

十六世紀前之中國與南洋（南洋之開拓）　吳晗　清華學報
　11：1　137—186面　25年1月

馬來亞與中國歷代關係　廖綱魯　國聞週報　13：5　19—26面
　25年4月20日

明季西班牙在呂宋與中國之關係　張維華　禹貢半月刊　6：8-9
　71—86面　26年1月1日

秦漢時代之中日關係　俞百巖　天津大公報史地週刊　78　25
年3月27日

明代與日本足利幕府關係之研究　吳光培　東方雜誌　34：14
　53—67面　26年7月16日

馬尾江觀戰記　義國羅螢記　李青崖改譯　逸經半月刊　16
　8—11面　25年10月20日

甲午戰前之中日外交政策概說　王信忠　社會科學　2：1　149
　—202面　25年10月　又史地社會論文摘要半月刊　3：5
　22—23面　26年2月20日　又文化建設月刊　5：2　157
　—158面　25年11月10日

朝鮮問題與甲午之役（甲午戰爭史稿第三章）　魏建猷　國專
　月刊　5：4　42—51面　26年5月15日

中日黃海海戰紀略　歸與　海事月刊　8：5　49—64面　23年
11月1日

中日海戰史料　歸與　海事月刊　9：6　47—56面　24年12月
　1日　9：7　55—62面　25年1月1日　9：10　31—60面
　25年4月1日

中日海戰評論提要　歸與　海事月刊　9：12　67—74面　25年
　6月1日　10：1　37—44面　25年7月1日　10：2　29—36
　面　25年8月1日　10：3　37—44面　25年9月1日

晨園漫錄（甲午戰役雜聞）　晨園　海事月刊　5:7　55－58
　　面　21年1月　5:8　69－72面　21年2月

酴風雜綴（王伯恭紀甲午戰爭）　黃秋岳　中華月報　3:5
　　7－9面　24年5月1日

甲午之戰時遼居憶錄（本文譯自 Dugald Christie 的瀋陽
　　三十年記）（Thirty years in Moukden，1833－
　　1913．London 1914）　陳穗震譯　天津大公報史地
　　周刊　140　26年6月11日

甲申事變始末　王信忠　清華學報　12:1　113－150面　26年
　　1月1日　又史地社會論文摘要月刊　3:7　10面　26年
　　4月20日　文化建設月刊　3:6　143－144面　26年3月
　　10日

江蘇省禦倭史略　易君左　天風第一集　175－195面　26年
　　6月1日

上海的倭寇　徐蔚南　逸經半月刊　8　3－10面　25年6月
　　20日　9　26－31面　25年7月5日

英國第一次使臣來華記　朱傑勤　現代史學　3:1　1－47面
　　25年5月25日

鴉片戰爭前之中英外交（由乾隆朝至道光中葉）　謝興堯　逸
　　經半月刊　15　4－10面　25年10月5日

鴉片戰爭史中的二個小問題　薛澄清　天津大公報史地周刊
　　102　25年9月11日

江寧條約後北京條約前中國的對外態度與言論　陸欽墀　天津
　　大公報史地周刊　81　25年4月17日

英法聯軍之役天津市民的自治與外交　于鵬年　河北月刊　1:3
　　1－17面　22年3月1日

英國侵略西藏史（Francis Younghusband 著　孫熙初

188

譯民國二十三年十二月出版商務印書館發行三六三頁定價
一元二角） 熹亭 西北論衡 4:2 27－30面 25年2
月13日

張誠與尼布楚條約（原文滿蒙雜誌第十六年一二月號） 日人
柿治介著 劉玉衡譯 圖聞週報 13:11 13－20面 25
年3月23日

曾紀澤與中俄伊犁交涉 許韻英 天津大公報史地週刊 129
26年3月26日

中俄東北西北沿邊國境研究史料（東北方面對俄締約定界之始
末及其懸案） 何希宋 新青海 3:3 7－12面 24年
3月15日

匈奴與匈牙利 何震亞 中外文化月刊 1 39－48面 26年
2月1日

第一艘法船來華記（康熙年間第一艘法船安緋得里底（l'Am-
phitrite）來華.） 張天護 天津大公報史地週刊 100
25年8月28日

援越抗法光榮史 何慧青 逸經半月刊 31 11－17面 26年
6月5日 32 38－44面 26年6月20日

中法越南專約述要 僑務委員會 廣播週報 50 35－37面
24年8月31日

張鳳楨. 1898 年以後之中德外交史（The Diplomatic
Relations Between China and Germany
Since 1898 By Feng Djen Djan, Ph. D.
Shanghai : The Commercial Press. 1936.
$3.00） 郭斌佳 出版週刊 新212 11－12面 25年
12月19日 又國立武漢大學社會科學季刊 7:1 208－
212面 25年10月

—— 144 ——

「望廈條約」和「黃浦條約」在外交史上的地位（外交史專題研究之一）　葉東曼　政治學報　6　25年6月

滿清遜國與列強（The Manchu Abdication and the Powers. 1908-1912 [An Episode in Pre-war Diplomacy. A Study of the Rôle of foreign Diplomacy During the Reign of Hsiian Tung]）By John Gilbert Reid, University of California Press, Berkeley, California, 1935. PP. 497）沈鑑　天津大公報圖書副刊　168　26年2月4日

我國派使設領之沿革　邱祖銘　民族雜誌　4:8　1261-1274面　25年8月1日

民元以前中國對外關係鳥瞰　張忠紱　天津益世報國際周刊　2　25年5月26日

中國過去外交的檢討及今後應循的途徑　吳西屏　北平世界日報社會科學　30　26年5月11日

讀中華民國外交史（張忠紱著北京大學出版定價三元本書範圍起於民元迄於民十一分九章闡述）滿舒　天津益世報讀書週刊　105　26年6月24日　又國立武漢大學社會科學季刊　7:1　231-233面　25年10月

（五）　近代檔案

論「檔案」　曹宗儒　天津大公報圖書副刊　181　26年5月13日

檔案處理中之重要問題　毛坤　圖書館學季刊　10:3　33-370面　25年9月

檔案館與現代歷史學的關係　姚從吾　文獻特刊　24年10月10日

檔案整理方法　吳鴻志　圖書館學季刊　9:2　169-177面　24年6月

檔案整理法述要　程長源　文華圖書館學專科學校季刊　8:2
　　261－264 面　25年

整理檔案方法的初步研究　方甦生　北平故宮博物院年刊　75
　　－112 面　25年7月

故宮博物院文獻館整理檔案之經過　沈兼士　中國博物館協會
　　會報　1:1　9－13 面　24年9月　又文獻特刊　1－7面
　　24年10月10日

禹貢學會最近得到之清季檔案　趙泉澄　禹貢半月刊　6:2
　　65－69 面　25年9月16日

禹貢學會的清季檔案　顧頡剛　文獻論叢　71－79面　25年10
　　月10日

清代檔案釋名發凡　單士元　文獻論叢　147－154 面　25年
　　10月10日

清代檔案分類問題　方甦生　文獻論叢　27－48面　25年10月10日

整理軍機處檔案之經過　文獻特刊　17－21 面　24年10月10日

軍機處及其檔案　張德澤　文獻論叢　57－84面　25年10月10日

滿文木牌及老滿文檔　曹宗儒　天津大公報圖書副刊　188
　　26年7月1日

述滿文老檔　張玉全　文獻論叢　207－213面　25年10月10日

再述內閣大庫檔案之由來及其整理　徐中舒　中央研究院史語
　　研究所集刊　3:4　537－576面　22年

整理內閣大庫雜亂檔案記　王海莊　文獻論叢　197－205面
　　25年10月10日

整理內閣大庫滿文老檔之緣起與計劃　文獻特刊　29－34面
　　24年10月10日

整理內閣大庫滿文黃冊之經過　文獻特刊　35－36面　24年10
　　月10日

———146———

整理內閣大庫清代漢文檔冊之經過　文獻特刊　9—15 面　24年10月10日

內閣大庫雜檔中之明代武職選簿（明代各衛所武職選簿凡九千九冊）　單士魁　文獻論叢　191—195 面　25年10月10日

內閣大庫殘賸檔案內洪承疇報銷冊序　李光濤　中央研究院史語研究所集刊　6：1　121—132 面　25年3月

內閣庫藏俄羅斯檔（譯稿三件）　文獻論叢　33　1—16 面　25年2月

律呂正義後編卷首檔　文獻論叢二十六年第一輯　1—6 面　26年1月

吏部進呈奏章文冊（康熙朝李宗禮等奏章全文）　文獻叢編二十六年第四輯　1—6 面　26年4月

蘇州織造李煦奏摺　文獻叢編　29　1—8 面　24年8月　30　1—8 面　24年9月　31　1—4 面　24年10月　32　1—6 面　24年11月　33　26—33 面　25年2月　34　34—41 面　25年10月　35　42—50 面　25年11月　36　51—59 面　25年12月　二十六年第一輯　1　60—67 面　26年1月　二十六年第二輯　68—78 面　26年2月　二十六年第三輯　79—85 面　26年3月　二十六年第四輯　86—91 面　26年4月

康熙四十六年十月起居注稿本殘卷（內閣大庫檔）　文獻叢編　二十六年第四輯　1—10 面　26年4月

清三朝國史館題稿檔　文獻叢編　二十六年第二輯　1—8 面　26年2月

禮部為欽送名募太監則例覆內務府咨（附召募太監則例粘單，乾隆四十一年十二月二十一日內務府檔）　文獻叢編二十六年第三輯　1—4 面　26年3月

192

俄羅斯檔（續）（軍機處檔咸豐朝的檔案）　文獻叢編　31
　　1—5面　24年10月　32　1—8面　24年11月

嘉慶和珅檔案（續）　錢鱸杏手鈔本　白崔補輯　人文月刊
　　7：1　41—46面　25年2月15日　7：2　47—56面　25年
　　3月15日　7：3　57—67面　25年4月13日　7：4　69—
　　73面　25年5月15日　7：5　73—87面　25年6月15日

清仁宗實錄館奏摺檔　文獻叢編　36　1—17面　25年12月

道光二十一年黃河圍城檔案　張中孚　郭豫才　河南博物館館
　　刊　3　15—25面　25年9月

河防檔案　河南博物館館刊　4　1—15面　25年10月

吳淞砲臺檔案　莊嚴　江蘇省立國學圖書館第五年刊　1—72面
　　21年12月

內務府廢銷檔選錄（內務府檔）　文獻叢編　二十六年第一輯
　　26年1月

和碩恭親王奕訢等奏籌辦光緒大婚典禮摺（附康熙四年大婚典
　　礼成案）　文獻叢編　二十六年第二輯　1—5面　26年3月

清西陵殘檔（咸豐年謁陵奉安神牌諸事殘檔）　袁聲　北平晨
　　報藝圃　25年2月29日　25年3月2日　25年3月6日
　　25年3月7日

滿本堂事宜冊（光緒朝內閣大庫檔）　文獻叢編　二十六年第
　　三輯　1—5面　26年3月

光緒庚子辛丑電報　文獻叢編　34　1—11面　25年10月　35
　　1—10面　25年11月　36　1—10面　25年12月　二十六年第
　　一輯　1—11面　26年1月　二十六年第二輯　1—5面　26
　　年2月　二十六年第三輯　1—6面　26年3月　二十六年
　　第四輯　1—9面　26年4月

陶風樓藏清李江寧局署檔案目　陳兆鼎　江蘇省立國學圖書館

第八年刊卷一內政　1—131面　卷二軍事　1—195面　24年10月　九年刊卷三軍事　1—66面　卷四軍事　1—141面　25年10月

(6)　太　平　天　國

紅巾興讀實磜　隱　北平晨報娑圖　25年11月9,10,11,25日

洪楊建國雜記　謝興堯　北平華北日報副葉　98　21年10月18日　99　21年10月19日　102　21年10月22日　103　21年10月23日　104　21年10月24日　106　21年10月26日　107　21年10月27日　108　21年10月28日　109　21年10月29日　110　21年10月30日　111　21年10月31日　112　21年11月1日　114　21年11月3日　116　21年11月5日　117　21年11月6日　120　21年11月9日　122　21年11月11日　123　21年11月12日　124　21年11月13日　126　21年11月15日　128　21年11月17日　130　21年11月19日　132　21年11月21日　139　21年11月28日　140　21年11月29日　142　21年12月1日　143　21年12月2日　144　21年12月3日　148　21年12月7日　150　21年12月9日　156　21年12月15日　157　21年12月16日　159　21年12月18日　161　21年12月20日　163　21年12月22日　165　21年12月24日　167　21年12月26日　169　21年12月28日　172　21年12月31日

洪楊建國續談　興堯　北平華北日報副葉　181　21年1月12日　183　22年1月14日　185　22年1月16日　188　22年1月19日　190　22年1月21日　192　22年1月23日　194　22年1月25日　196　22年1月27日　199　22年1月30日　201　22年2月1日　203　22年2月3日

205　22年2月5日　207　22年2月7日　209　22年

2月9日　211　22年2月11日　213　22年2月13日

215　22年2月15日　222　22年2月22日　224　22年2

月24日　226　22年2月26日　228　22年2月28日

230　22年3月2日　232　22年3月4日　234　22年

3月6日　236　22年3月8日　238　22年3月10日

240　22年3月12日　242　22年3月14日　244　22年

3月16日　246　22年3月18日　248　22年3月20日

250　22年3月22日　252　22年3月24日

謝興堯氏太平天國史事論叢（史地小叢書，商務印書館發行民

　　國二十四年十一月初版全書二五九頁每冊定價四角五分）

　　郭斌佳　武大文哲季刊　5：4　943—957面　25年

太平天國史事雜錄　老長毛　國聞週報　14：3　26年1月11日

14：6　26年2月1日　14：9　41—44面　26年3月8日

14：11　39—42面　26年3月22日　14：13　37—40面

26年4月5日　14：15　39—42面　26年4月19日　14：18

29—34面　26年5月10　14：23　17—20面　26年6月14日　14：25

33—34面　26年6月28日　14：27　37—38面　26年7月12日　14：29　33—36面　26

年7月26日

太平話（記述太平天國之史實與掌故）　五知　逸經半月刊

　　1　33—34面　25年3月5日　3　23—26面　25年4月

　　5日

太平天國遺聞　劍白　北平世界日報明珠　24年7月16,17,18日

雜談太平天國文學　羅邕　天風　1　169—173面　26年6月

　　1日

太平天國的對外政策　毛以亨　時事月報　14：2　160—169面

　　25年2月1日

太平天國與西洋之關係　陳大經　磐石雜誌　4：1　53—54面

—— 150 ——

25年1月1日

太平天國文物制度（據福建協和大學文藝五期摘錄）　黄良瑜

　　史地社會論文摘要月刊　3:8　17—18面　26年5月20日

太平天國的聖庫制度及諸匠營與官典制度　羅爾綱　天津益世

　　報史學　23　25年3月3日

再論太平天國革命前夕的土地集中問題（兼答沈鍊之先生）

　　北平華北日報史學周刊　135，26年5月6日　136　26

　　年5月13日　137　26年5月27日

太平天國天朝田畝制度實施問題（太平天國未實行均田制度）

　　羅爾綱　天津益世報史學　19　25年1月7日

太平天國紀元年號之述疑（天德、嗣統、二年號與洪秀全太平

　　天國之建元無關）　吳宗慈　現代史學　3:2　1—4面

　　26年4月5日

評「太平天國歷法」（歷法與西歷為近，然絕不承用西歷）

　　孟森　天津益世報讀書周刊　59　25年7月30日

太平天國史料（燕大歷史學會講稿）　蕭一山講　陸欽墀　王

　　煜文合記　史學消息　1:7　2—5面　26年6月1日

遊洪秀全故鄉所得到的太平天國新史料　簡又文　逸經半月刊

　　2　3—10面　25年3月20日

浙江文獻展覽會中之太平天國之文獻　簡又文　逸經半月刊

　　20　3—6面　25年12月20日　24　9—11面　26年2月

　　20日

吳中文獻展覽會中之太平天國文物　簡又文　逸經半月刊　29

　　15—22面　26年5月5日

嘉興訪碑記（太平天國遺碑兩種：永安砲台碑、長樂砲台碑）

　　簡又文　逸經半月刊　14　3—7面　25年9月20日

嘉興訪碑記補錄　簡又文　逸經半月刊　15　11—12面　25年

10月5日

常熟訪碑記（太平天國忠王碑石有關的遺蹟和史實敘述詳細）

　　簡又文　逸經半月刊　32　12—16面　26年6月20日

國內研究太平天國歷史之已有成績　薛澄清　天津大公報史地

　　周刊　137　26年5月21日

關於太平天國史料史籍集目　鄧衍林　圖書館學季刊　9：1

　　109面　24年3月

關於太平天國之幾種書籍（據徐家匯藏書樓庋藏者記述）　澤

　　聖教雜誌　25：7　399—401面　25年7月

太平天國史（吳繩海著上海中華書局發行定價大角）　羅爾綱

　　中國社會經濟史集刊（原名中國近代社會經濟史研究集刊）

　　5：1　128—130面　26年3月

太平天國史綱（羅爾綱著商務印書館發行定價大角民國二十大

　　年一月初版）　谷霽光　政治經濟學報　5：3　699—704

　　面　26年4月

讀「太平天國叢書第一集」書後（蕭一山編輯國立編譯館出版

　　商務印書館印行）　謝興堯　國聞週報　13：34　25—30

　　面　25年8月31日　又羅爾綱　中國社會經濟史集刊（原

　　名中國近代經濟研究集刊）5：1　125—127面　26年3月

太平天國史料偶記（續）　姚茨康　光華大學半月刊　4：10

　　62—68面　25年6月3日　5：3-4　116—122面　25年

　　12月28日　5：7　34—57面　26年3月30日　5：9　47—

　　52面　26年5月10日

皖樵紀實　羅爾綱　天津益世報讀書週刊　89　26年3月4日

賊情彙纂校勘記　羅爾綱　中央日報文史副刊　18　26年4月4日

跋「髮逆初記」　五知　逸經半月刊　17　26—30面　25年11

　　月5日

——152——

太平天國官書新編叙錄　王重民　逸經半月刊　27　27—29面
　26年4月5日

太平天國官書補編叙錄　王重民　國立北平圖書館刊 10：6
　25—29面　25年12月

故宮太平天國文書原摺及上諭考　羅爾綱　天津益世報史學
　22　25年2月18日

劍橋太平文獻新錄　王重民　國聞週報　13：12　27—33面　25
　年3月30日

劍橋大學所藏之太平天國文件（洪天王詔書一，普天無熙會一）
　　王重民錄並跋　逸經半月刊　23　8—12面　26年2月5日

英國政府藍皮書中之太平天國史料（Papers respecting
　　the Chinese Civil War 一八五三年版本　曹聖居迻
　　譯　簡又文校定）　逸經半月刊　4　8—12面　25年4
　月20日 5　20—23面 25年5月5日　7　20—24面　25年6
　月5日 10 28—32面 25年7月20日 11 9—13面 25年8月5日

讀太平天國詔諭　羅爾綱　天津大公報圖書副刊　112　25年
　　1月9日　又圖書季刊　2：4　221—226面　24年12月

資政新篇（英國劍橋大學圖書館藏本）洪仁玕遺著　王重民校
　　錄　逸經半月刊　17　17—22面　25年11月5日　18　7
　　—11面　25年11月20日　19　7—11面　25年12月5日

太平天國典冊卷一　非宇錄　經世半月刊　1：11　65—68面
　26年6月15日

洪仁玕遺著簡又文序言欽定軍政實錄（劍橋大學圖書館藏本）
　　逸經半月刊　27　29—32面　26年4月5日　28　27—33
　　面　26年4月20日　30　31—35面　26年5月20日　31
　　31—37面　26年6月5日

太平軍軍器刻辭隨記　羅邕　逸經半月刊　19　5面　25年12月5日

198

庚申常州城守日記（記太平天國常州庚申守城瑣事） 吳曼公
　　逸經半月刊　21　28—29面　26年1月5日

盾鼻隨聞錄　謝興堯　逸經半月刊　2　45—46　25年3月20日

北園自序跋（內記太平軍陷安福事甚詳）　羅爾綱　天津益世
　　報史學　43　26年1月12日

太平軍戰役死亡的鳥瞰　羅爾綱　天津益世報史學　29　25年
　　5月10日

蕭盛遠著「粵匪紀略」之發現　羅爾綱　天津益世報史學　33
　　25年7月19日

何桂、怡良、吉爾杭阿．會奏克復上海縣城摺（忠武公會辦髮
　　逆奏疏鈔本第八卷中）　幼梧　天津益世報史學　35　25
　　年8月16日

老萬山與朱九濤（太平天國前紀之二）　謝興堯　國聞週報．
　　13:17　27—30面　25年5月4日

烏蘭泰與洪楊（太平天國前紀之三）　謝興堯　國聞週報　13:
　　19　21—25面　25年5月18日

關於「上海在太平天國時代」的史料　謝興堯　國聞週報　13:
　　23　22—23面　25年6月15日　13:25　25—30面　25年6
　　月29日

上海小刀會亂事的始末　徐蔚南　逸經半月刊　26　28—31面
　　26年3月20日

小刀會佔據上海目擊記（譯自 North China Herald,
　　Sept. 10, 1853）　晏瑪太作　簡又文譯　逸經半月
　　刊　26　32—33面　26年3月20日

小刀會首領劉麗川訪問記　羅孝全牧師作　簡又文譯　逸經半
　　月刊　26　34面　26年3月20日

太平天國東北兩王內訌紀實（譯自華北先驅週報布列治門氏通

—— 154 ——

訊 Bridgmans, Correspondence, North China Herald, Jan, 3. 1857) 簡又文譯 逸經半月刊 17 23—25面 25年11月5日

太平天國洪天王家世攷 羅香林 廣州學報 1：2 1—19面 26年4月1日

洪秀全采題 非宇 經世半月刊 1 71—72面 26年1月15日

洪秀全革命之真相（有跋此篇係天王洪秀全在未起義前從而學道之教師羅孝全牧師 Rev. J. Roberts 于起義之第三年致英國人之公函刊於 The Chinese and General Missionary Gleaner London. Oct. 1852.） 羅孝全牧師原著 簡又文譯 逸經半月刊 25 39—44面 26年3月5日

太平天日（英國劍橋大學圖書館藏本） 王重民校錄 逸經半月刊 13 3—8面 25年9月25日 14 23—26面 25年9月20日 16 17—21面 25年10月20日

洪秀全被捕繫獄傳說考謬 幼樵 天津益世報史學 31 25年6月21日

洪秀全的卒日 羅慕婉 天津益世報史學 39 25年10月12日

洪楊軼事（目次，石達開，李秀成，） 馯梅 正風雜誌 3：5 525—526面 25年10月16日 3：6 736—737面 25年11月1日

石達開論 方永靖 遺族校刊 3：3 100—103面 25年7月10日

石達開軼事 履萱 北平世界日報明珠 24年6月29日

太平天國忠王李秀成供詞并跋（此供有秀成手書偽王眞王兩條） 李國璟 學風 7：5 1—4面 26年6月20日

影印曾文正批記李秀成供序 孟森 天津益世報讀書週刊 53

25年6月17日

洪大泉考　羅爾綱　社會科學　1：3　679—724面　25年4月

天德皇帝洪大全歌　溫丹銘　逸經半月刊　28　34面　26年4月20日

干王洪仁玕親筆供辭　胡友棠錄　逸經半月刊　20　7—11面　25年12月20日

太平天國干王洪仁玕供辭之回譯（原供辭載 1865 年英文華北先驅周刊 North China Herald　七月八月數期）　簡又文　逸經半月刊　9　4—10面　25年7月5日

幼天王恤王昭王原供　胡友棠錄　逸經半月刊　22　8—9面　26年1月20日

太平天國新史料　非宇　經世半月刊　1：4　64—65　26年3月1日　1：5　63—64面　26年3月15日　1：6　59—61面　26年4月1日　1：7　63—65面　26年4月15日　1：8　63—66面　26年5月1日　1：9　57—60面　26年5月15日

太平天國詩文鈔（羅邕、沈祖基輯，上海商務印書館出版，定價一元四角）　丁諤　出版週刊　新191　13面　25年7月25日

李秀成蕭子姪書跋　羅爾綱　天津益世報史學　27　25年4月28日

李秀成致其子侄諭并跋　蕭一山　國聞週報　13：50　29—32面　25年12月21日

李秀成致顧文光諭并跋　蕭一山　逸經半月刊　21　24—27面　26年1月5日

李秀成覆英國教士艾約瑟楊篤信書并跋　蕭一山　國聞週報　13：41　19—22面　25年10月19日

李秀成覆紹光覆大英會帶常勝軍戈登書并跋　蕭一山　經世半

月刊　2　63—68面　26年2月1日

太平天國翼王譯絕光復戈登書攷釋　蕭一山　中華月報　1:3
59—62面　26年2月15日

戈登文書　蕭一山　國聞周報　14:17　31—34面　26年5月
3日　14:19.　33—36面　26年5月17日　14:22　33—34面
26年6月7日　14:24　33—34面　26年6月21日　14:26
37—38面　26年7月5日　14:28　31—32面　26年7月
19日

王韜手鈔謝介鶴「金陵癸甲紀事略」之發現　羅爾綱　天津大
公報圖書副刊　178　26年4月22日

太平天國干王題壁大字之新發現　張祝齡　逸經半月刊　8
16—17面　25年6月20日

(7)　職　官

論科舉制度與銓政　藩山　河北月刊　5:4　1—4面　26年4
月15日

中國古代爵制考　曹謇　北平華北日報史學周刊　85　25年5
月14日　86　25年5月21日

五等爵在殷商　董作賓　中央研究院史語研究所集刊　6:3
413—430面　25年7月

古執政長官考　謝之勃　國專月刊　2:5　25—32面　25年1
月15日

三公制度新論　謝之勃　國專月刊　3:4　21—28面　25年5
月15日

秦漢的郎官制度　曹謇　北平華北日報史學周刊　94　25年7
月16日

西漢臺諫制度　楊宗遹　新民月刊　2:2　89—129面　25年

　　4月　2:3　137—155面　25年5月

西漢周官師說考　劉申叔遺著　制言半月刊　23　1—43面　25年8月16日

魏中書制度　閻孝吉　新民月刊　1:6　37—40面　24年10月

論魏晉九品用人之制　許同莘　河南政治月刊　6:10　1—8面 25年10月

中正九品考　谷霽光　天津益世報史學　25　25年3月31日

魏咸熙中闓建五等考　陶元珍　禹貢半月刊　6:1　23—26面 25年9月1日

北魏地方制度　谷霽光　天津益世報史學　30　25年6月7日

南北朝邑役考　武仙卿　食貨半月刊　5:8　357—363面 26年4月16日　5:10　431—444面　26年5月16日　又 天津益世報食貨　14　26年3月9日　15　26年3月16日 16　26年3月23日　又史地社會論文摘要月刊　3:8　10 面　26年5月20日

隋唐之選舉　曹了若　現代史學　3:1　1—42面　25年5月25日

明代之土司制度　佘貽澤　禹貢半月刊　11　1—9面　25年2 月1日

明代監察制度概述　于登　金陵學報　6:2　213—229面 25年11月

清朝地方官制之略述　郭世隆　社會科學論叢　3:11—12 129—166面　20年12月1日

清代之土司制度　佘貽澤　禹貢半月刊　5:5　1—28面　25 年5月1日

雲南土司考畧　童振藻　新亞細亞月刊　11:6　29—54面 25年6月1日

清代科道之職掌　湯吉禾　東方雜誌　33:1　343—351面

25年1月1日

內閣故事　兌之　北平晨報藝圃　26年2月9日

清代內官與內務府衙門之分析　曹靜華　天津益世報史學　54
　26年5月30日

說軍機處　鄧文如講　王鍾翰記　史學年報　2:4　193——
　198面　26年12月

昇平署之沿革　吳志勤　文獻論叢　故宮博物院十一週年紀念
　刊　155——176面　25年10月10日

僧官（嘉慶初年一大案）　兌之　北平晨報藝圃　26年2月2日

道光朝捐監之統計　湯象龍　社會科學雜誌　2:4　432——
　444面　20年12月

紅名（京吏之得充經承者名曰紅名）　素聲　北平晨報藝圃
　23年2月19日

(8) 兵制兵器與軍餉

弭兵古義　王式通遺著　青鶴雜誌　5:2　1——7面　25年12月
　1日　5:4　1——7面　26年1月1日

屢經軍事學　陸修祐　國專月刊　5:5　54——57面　26年6月13日

孫吳兵法概論（附孫子十家注考略）　陸修祐　國專月刊　4:2
　31——33面　25年10月15日

從「其軍三單」說到古代兵農之分　黎昔非　天津益世報史學
　46　26年1月24日　又史地社會論文摘要月刊　3:5　5
　——6面　26年2月20日

漢代兵制考署　谷霽光　天津益世報史學　39　25年10月12日

漢初之南北軍　賀昌群　中國社會經濟史集刊（原名中國近代
　經濟史研究集刊）　5:1　75——84面　26年3月

西漢兵制考　武宗煇　國專月刊　3:3　12——19　25年4月15日

西漢的兵制　孫毓棠　中國社會經濟史集刊（原名中國近代經
　　濟史研究集刊）5：1　1—74面　26年3月

高郵王氏所傳八陣圖跋　劉厚滋　逸經半月刊　6　16—18面
　　25年5月20日

三國時代政府的兵（讀三國志劄記）　傅安華　北平華北日報
　　史學周刊　82　25年4月23日　83　25年4月30日

北朝兵制研究　傅安華　治史雜誌　1：1　96—110面　26年3月

西魏北周和隋唐間的府兵　谷霽光　中國社會經濟史集刊（原
　　名中國近代經濟史研究集刊）5：1　85—120面　26年3月

唐代府兵宜仿行於今日　聞暢　安雅月刊　1：12　1—9面　25
　　年5月1日

府兵制前期史料試釋　陳寅恪　中央研究院史語研究所集刊第
　　七本第三分　275—286面　26年11月

跋羅香林先生「唐嶺南道兵府軍鎮考」　賀次君　廣州學報
　　1：2　1—3面　26年4月1日

五季兵禍輯錄　王伊同　史學年報　2：3　201—234面　25年
　　11月

錢唐江潮的故事（南宋水軍演習情形）　舒予　孟旦　1：4
　　164—166面　25年1月15日

宋元民兵述略　咸中　天津益世報史學　53　26年5月2日

元末革命的平民兵　王崇武　天津大公報史地週刊　89　25年
　　6月12日

明初軍屯之擴展及其組織（原文載於日本昭和八年2月出版之
　　史學雜誌第四十四編第五，六，號。）清水泰次著　王崇武
　　譯　西北論衡　4：6　16—51面　25年9月15日

明代軍屯之崩潰　清水泰次著　方紀生譯　食貨半月刊　4：10
　　433—447面　25年10月16日　經理月刊　2：5　59—76面

25年 5 月 30 日

明之工兵制　姜開泰　經理月刊　2:1　107——110 面　25年
　　1 月 30 日

明代鹽軍與灶勇　何維凝　天津益世報史學　50　26年3月21
　日　又史地社會論文摘要月刊　38　14——15面　26年5月
　20日

狼兵狼田考　羅香林　廣州學報　1:2　1——8面　26年4月1日

八旗制度考實　孟森　中央研究院史語研究所集刊　63　343
　——412面　25年7月

羅壯勇公年譜所記的綠營史料　羅爾綱　天津益世報讀書週刊
　　71　25年10月22日

湘淮與諸長遞演之軍關系統觀　正風　4:3　219——223面　26
　　年 3 月16日　又史地社會論文摘要月刊　3:7　9 面　26
　　年 4 月20日

湘武述聞初編自序　王禮培　船山學報　8　3——8　24年6月

清末五十年中海軍建設之概況　王達鼎　天津大公報史地周刊
　　101　25年 9 月 4 日

中國古代車戰考略　顧頡剛　楊何奎　東方雜誌　34:1　39
　　——54面　26年1月1日　又史地社會論文摘要月刊　3:5
　　3——4 面　26年2月20日

金文名象疏證（續）　吳其昌　武大文哲季刊　5:3　469——
　　564 面　25年　6:1　193——262面　25年

殷虛銅器五種及其相關之問題　李濟　蔡元培先生　六十五歲
　　論文集(上)　73——104面　22年1月

說兵器（輝縣發掘報告之一）　郭寶鈞　河南博物館館刊　7
　　——8　1——9面　26年4月

說削（輝縣發掘報告之一）·許敬參　河南博物館館刊　7——8

　　1 — 4 面　26 年 4 月

火戰餘論（火戰形制）　郭寶鈞　中央研究院史語研究所集刊
　　5：3　313 — 326 面　24 年 12 月

弓箭源流考及其近代之功用　莊者　科學的中國　8：5　168
　　— 172 面　25 年 9 月 11 日　8：6　199 — 203 面　25 年 9
　　月 1 日

讀史零拾（雍正訪求毒藥）　兌之　北平晨報藝圃　26 年 1 月 12 日
清代毒軍器　劉振卿　北平晨報藝圃　26 年 1 月 19 日
再談清代毒軍器　劉振卿　北平晨報藝圃　26 年 2 月 16 日
火十年來中國兵器之製造　張焯熙　東方雜誌　33：2　21 —
　　30 面　25 年 1 月 16 日　又天津益世報防衛知識　26　26 年
　　6 月 27 日

L 餉糧 ┐ 名詞之由來　劉振卿　北平晨報藝圃　26 年 3 月 14 日
明之軍餉　姜闓泰　經理月刊　2：5　77 — 80 面　25 年 5 月 30 日
就 L 白陽疏草 ┐ 論晚明軍費　劉偕平　經理月刊　2：1　97 —
　　105 面　25 年 1 月 30 日

晚明軍費與單白陽傳疏　劉偕平　北平華北日報圖書週刊　48
　　24 年 9 月 30 日

明末之軍餉　清水泰次著　方紀生譯　正風雜誌　3：12　1391
　　— 1399 面　26 年 2 月 1 日

辛亥革命前夕我國之陸軍及其軍費　沈鑑　社會科學　2：2　343
　　— 408 面　26 年 1 月

（9）　民　　族

民族學與史學（此文係楊氏民族學大綱一書第一編緒論內一章）
　　楊堃　中法大學月刊　9：4　1 — 26 面　25 年 9 月 1 日

民族學與中國民族研究　黃文山　民族學研究集刊　1　1 — 26
　　面　25 年 3 月

民族發展與民族文化之形成　晶庵　文化與教育旬刊　96

刊　11:6　1—18面　25年6月1日

從歷史上觀看西北民族　姚薇湘　長城季刊　2:1　17—25面　25年7月1日

東北原始民族和中國本部民族在人種上的關係　李長垣　新亞細亞月刊　11:4　31—36面　25年4月1日

夏民族起於東方考　楊向奎　禹貢半月刊　7:6—7　61—79面　26年6月1日

隹夷考（商代地理小記之一）　陳夢家　禹貢半月刊　5:10　13—18面　25年7月16日

商代地理小記（考證商代各種夷族的分布）　陳夢家　禹貢半月刊　7:6—7　101—108面　26年6月1日

殷商民族復國運動的失敗及其思想家　劉樊　歷史學報　1　1—17面　25年10月　又史地社會論文摘要月刊　3:7　3—4面　24年4月20日

殷人自江浙遷徙於河南　衛聚賢　江蘇研究　3:5—6　1—5面　26年6月30日

殷周民族與井水文化　郭豫才　河南博物館館刊　9　1—5面　26年5月

貉　林占螯　禹貢半月刊　7:5　7—10面　26年5月1日

厥夷考　中央研究院史語研究所集刊　2:4　419—422面　21年

夷夏東西說（此文係作者「民族與古代中國史」一書中的第三章）　傅斯年　蔡元培先生六十五歲論文集（下）　1093—1134面　24年1月

赤狄白狄東侵考　蒙文通　禹貢半月刊　7:1—3　67—88面　26年4月1日

犬戎東侵考　蒙文通　禹貢半月刊　6:7　1—16面　25年12月1日

釋狄　孫次舟　歷史與考古　4　17—23面　26年6月25日

—— 164 ——

九州之戎與戎禹　顧頡剛　禹貢半月刊　7:6-7　81—95面
　　26年6月1日

申氏族之遷徙　劉德岑　禹貢半月刊　6:1　31—33面　25年
　　9月1日

洛後的宋族　王明　食貨半月刊　5:2　91—96面　26年1月
　　16日

秦為戎族考　蒙文通　禹貢半月刊　6:7　17—20面　25年12
　　月1日

漢代中國民族之南遷　梁園東　大夏年刊　13—20面　22年6
　　月1日

兩漢之際北部漢族南遷考　陶元珍　禹貢半月刊　4:11　25—
　　29面　25年2月1日

漢代西南夷裔叢考　潘薛　史學專刊　1:3　221—254面　25
　　年4月1日　又史地社會論文摘要月刊　3:5　10—11面
　　26年2月20日

匈奴民族及其文化　馮家昇　禹貢半月刊　7:5　21—34面
　　26年5月1日

丁零民族史（目次：世系，種族，活動疆域，經濟文化、）
　　王月蔚　史學集刊　2　83—114面　25年10月

大月氏民族及其研究之結論　馮家昇　禹貢半月刊　5:8-9
　　1—18面　25年7月1日

大月氏民族最近之研究（見 Stenkouow. Corpus
　　inscriptionum indicarum. vol. 11, Part 1.
　　PP XIVii—XXIX）　那威國斯敦柯諾甫著　張星烺
　　迂意東評　禹貢半月刊　5:8-9　19—27面　25年7月1日

月氏西遷考（原文載昭和八年史學雜誌第四十三編第五號）
　　安馬彌郎著　王崇武譯　禹貢半月刊　5:8-9　29—36面

25年7月1日

漢末至南北朝南方蠻夷的遷徙　全實祥　禹貢半月刊　5:12
　17—20面　23年8月16日

五胡亂華前胡族的內徙　楊運生　天津大公報史地週刊　111
　25年11月13日

魏晉南北朝間蠻族之北徙　丹秋　北平華北日報史學週刊　65
　24年12月12日　66　24年12月19日

東胡氏姓研究　谷霽光　政治經濟學報　5:2　357—378面
　26年1月

李唐氏族之推測　陳寅恪　中央研究院史語研究所集刊　3:1
　39—48面　20年8月

李唐氏族之推測後記　陳寅恪　中央研究院史語研究所集刊
　3:4　511—516面　22年

三論李唐氏族問題　陳寅恪　中央研究院史語研究所集刊 5:2
　175—178　24年12月

駁李唐為胡雜說　朱希祖　東方雜誌　33:15　67—80面　25
　年8月1日

唐代的蜑蠻　何格恩　嶺南學報　5:2　134—137面　25年8月

環居渤海灣之古代民族（原文戰滿蒙第九年第六號及第七號）
　八木獎三郎著　張傳瑞譯　禹貢半月刊　4:12　25—44面
　25年2月16日

元代中華民族海外發展考　陳竺同　暨南學報　2:1　123—
　149面　25年12月　2:2　123—148面　26年6月

論阻卜與韃靼（「阻卜」非「韃靼」倒置誤字）　王靜如　中
　央研究院史語研究所集刊　2:3　296—307面　20年4月

再談欽察　岑仲勉　輔仁學誌　5:1—2　1—34面　25年12月

明初建州女真居地遷徙考　徐中舒　中央研究院史語研究所集

刊 6:2 163—192 面 25年7月

清代的苗民問題 余貽澤 新亞細亞月刊 12:2 9—22面 25年8月1日

西北土族史（節錄陳萬言西北種族史） 陳萬言遺著 邊疆半月刊 1:2 44—48面 25年9月10日 1:3 41—46面 25年9月25日 1:4 51—56面 25年10月10日 1:5 53—62面 25年10月25日

偉大的蒙古民族之今昔觀 江鐸 蒙藏月報 5:1 21—32面 25年4月30日

蒙古民族之史的回溯 韓載華 邊疆半月刊 1 14—23面 25年8月25日

蒙古民族勃興的背景 空僧 北平華北日報史學周刊 89 25年6月11日

蒙古民族發展概況 丁達白 蒙藏月報 5:5 1—6面 25年8月31日

我國蒙古民族之起源及其分布狀況 莧軒 蒙藏月報 4:5 3—11面 25年2月29日 4:6 53—57面 25年3月31日 5:1 49—51面 25年4月30日 5:2-3 25—28面 25年6月30日 5:4 30—32面 25年7月31日 5:5 1—2面 25年8月31日 5:6 1—2面 25年9月30日 6:1 1—3面 25年10月31日 6:2 1—2面 25年11月30日 6:3 1—2面 25年12月31日 6:4 1—4面 26年1月31日 6:5 1—2面 26年2月28日 又史地社會論文摘要月刊 3:7 15—16面 26年4月20日

蒙古民族文化之特質 吳勁園 西北論衡 5:4 2.—27面 26年4月15日 又史地社會論文摘要月刊 3:8 36—37面 26年5月20日

與陳援庵先生論回紇回回等名稱 王日蔚 禹貢半月刊 4:10 15—25面 25年1月16日

維吾爾（纏回）民族名稱演變考 王日蔚 禹貢半月刊 7:4

27—45面 26年4月16日

新疆省的民族問題 譚吉華 蒙藏月報 6:2 25年11月30日
又史地社會論文摘要月刊 3:5 31—32面 26年2月20日

新疆之哈薩克民族 袁復禮 禹貢半月刊 7 1—3面 35—
44面 26年4月1日

漢藏一元論 冷亮 中央月報第一張第四版 26年4月29日
26年5月3.6.8日 又蒙藏旬刊 133 12—16面 26年
6月25日

西藏民族之研究 李旭華 河北博物院畫刊 114 1—2 25年
6月10日 115 2—3面 25年6月25日 117 3面
25年7月25日 119 2—3面 25年8月25日 124 4
面 25年11月10日 126 4面 25年12月10日 127
2—3面 25年12月25日 129 2—3面 26年1月25日
131 2—3面 26年2月25日 133 3面 26年3月25
日 135 3面 26年4月25日 137 2面 26年5月
25日 140 2—3面 26年7月10日

西藏民族由來致 冷亮 蒙藏月報 6:3 1—10面 25年12月
31日

西藏名稱之沿革及其人種之來源考 德潛 新亞細亞月刊 12:
1 19—26面 25年7月1日

西藏民族是黃帝子孫之後裔說 黃福青 人文月刊 8:2 1—
8面 26年3月15日 又史地社會論文摘要月刊 3:7
14面 26年4月20日

蒙藏民族是否炎黃子孫? 胡石青講 吳信昭記 經世半月刊
1:8 5—8面 26年5月1日

福建民族起源神話 柳貽 中央日報民風副刊 37 26年6月
17日

—— 168 ——

中國西部原始部落誌　康宗淵　學術彙刊　1　27—50面　26年7月1日

中國西南民族分類　馬長壽　民族學研究集刊　1　177—196面　25年5月

廣東民族源流考　李希三　粵風月刊　3:1—2　4—9面　25年7月15日

廣東猺人之史的考察　江應樑　新亞細亞月刊　12:6　27面　25年12月1日　又文化建設月刊　3:6　144面　26年3月10日

粵東初民考　禹貢半月刊　7:1—3　45—47面　26年4月1日

雲南民族之研究　王潔卿　中山文化教育館季刊　3:4　1195—1223面　25年10月　又史地社會論文摘要月刊　3:5　31面　26年2月20日

雲南歷代民族移殖政策之變遷　王潔卿　新亞細亞月刊　12:5　47面　25年11月1日　又史地社會論文摘要月刊　3:5　26面　26年2月20日

雲南民族的地理分佈　凌純聲　地理學報　3:3　533—548面　25年9月

雲南藏獞兩族之分佈及其風化　王潔卿　文化建設　3:9　103—115面　26年6月10日

雲南邊區的兩種苗族擺惠與野人　李燦　文化建設月刊　3:7　105—112面　26年4月10日

西南民族中苗猺考略　釗熙　蒙藏月報　6:6　1—8面　26年3月31日　又史地社會論文摘要月刊　3:8　35面　26年5月20日

評烏居龍藏之苗族調查報告　江應樑　現代史學　3:2　1—9面　26年4月5日

說苗　許同莘　河南博物館館刊　9　1—9面　26年5月

關於畬民　柳雲　逸經半月刊　19　35—37面　25年12月5日

客族，獚獞，及閩南民族　憶廬　逸經半月刊　25　84—86面　26年3月5日

福建雲霄之獚獞　王介俊　逸經半月刊　13　13面　25年9月5日

關於「雲霄廳志」　簡又文　逸經半月刊　22　34—35面　26年1月20日

關於福建雲霄之獚獞　歐陽飛雲　逸經半月刊　24　36面　26年2月20日

「獚獞即今之客族」說駁議　陳隆吉　逸經半月刊　24　34—35面　26年2月20日

關於獚獞與客族問題之討論（不哇泗水讀者，梅縣黎公韙君來面）　逸經半月刊　19　37—38面　25年12月5日

覆星洲客屬總會函　簡又文　逸經半月刊　19　29面　25年12月5日

關於客族問題之討論　逸經半月刊　23　34—37面　26年2月5日

客族源流考　沈寒流　逸經半月刊　21　70—71面　26年1月5日

談客家說　陳培琳　逸經半月刊　21　72面　26年1月5日

「客家研究導論」讀後　梁振東　書林半月刊　1:1　22—29面　26年3月10日

蜑族的來源質疑　何格恩　嶺南學報　5:1　23—36面　25年7月

蜑民與政府　陳序經　政治經濟　4:4　801—820面　25年7月20日

大涼山之猓玀民族　李旭華譯述　河南博物院畫刊　103　2面　24年12月25日　106　2—3面　25年1月25日　107　2—3面

215

25年2月25日

(10) 傳　記 (文學家評傳入文學)

(A) 年　譜

孔子年譜　石榮暲　道德半月刊　3:4　24—28面　25年2月28日　3:5　25—28面　25年3月15日

跋張鵬一君太史公年譜　朱希祖　制言半月刊　20　1—2面　25年7月1日

跋張鵬一君改訂本太史公年譜　朱希祖　制言半月刊　20　1—6面　25年7月1日

桑弘羊年譜　靜好書室主　河南政治月刊　4:2　1—26面　23年2月　4:3　1—30面　23年3月　4:4　1—21面　23年4月

評桑弘羊年譜　蕭家群　河南政治月刊　5:2　1—6面　24年12月

慧遠大師年譜　陳說遺稿　文學年報　2:3　3—17面　25年11月

跋洪去蕪本朱子年譜　容肇祖　燕京學報　20　195—223面　25年12月

跋洪去蕪本朱子年譜補記　容肇祖　燕京學報　20　587—588面　25年12月

陳亮年譜斟繆 (童振福著中國史學叢書之一，商務印書館發行)　匡明　天津益世報讀書週刊　76　25年11月26日

讀楊鵬楊希閔所編薛文清公年譜　薛瀜伯　燕京大學圖書館報　99　2面　25年12月1日

南屏道人年譜 (續)　高誰　歐風雜誌　21—22　14—20面　24年10月20日

明河工學者潘季馴學說概略 (附潘氏年譜)　沈怡　同濟大學

十周年紀念冊 95—100 面 17年4月

王雅宜年譜（附手蹟跋） 清翁方綱手稿 藝文雜誌 1：1
1—6 面 25年4月1日

顧亭林先生年譜序 葉煥彬遺著 制言半月刊 30 1—2 面
25年12月1日

顧亭林年譜校錄 清王菜友遺著 北平華北日報圖書週刊 67
25年2月10日 68 25年2月17

船山先生年譜（續） 王之春輯 船山學報 10 1—13 面
24年12月 11 1—10 面 25年4月1日 12 1—12 面 25
年10月30日 13 1—8 面 26年3月立夏日

明遺民萬履安先生年譜 王煥鑣 江蘇省立國學圖書館第五年
刊 1—61面 21年12月

劉繼莊年譜初稿賀疑 巨來 天津大公報圖書副刊 131 25年
5月21日

吳漁山先生年譜 陳垣 輔仁學誌 6：1—2 1—34 面 26年6月

石濤年譜稿 傅抱石 文藝月刊 9：1 154—166面 25年7月1日

讀顏習齋先生年譜與習齋記餘璅記 趙衛邦 天津大公報圖書
副刊 190 26年7月15日

恕谷年譜中斷人學之檢討 念希 河北月刊 4：6 1—8面 25
年6月15日

孫敬軒先生年譜（續） 孫延釗 歐風雜誌 23—24 28—34
面 24年12月20日

德清胡朏明先生年譜 夏定域 文瀾學報 2：1 1—39面 25
年3月31日

墨井道人年譜 方豪 新北辰 2：12 1253—1258 面 25年
12月15日

吳榮光自訂年譜（南海吳氏家刻本） 南華月刊 1：1 1—10面

26年1月25日

韓理堂先生年譜　丁稼民　北平華北日報圖書週刊　47　24年9月23日

偵胡適著章實齋年譜　內藤虎次郎著　馮導源譯　中興月刊　2:5　37—43面　26年5月1日

蔣劍人先生年譜　滕固　圖書館學季刊　9:2　189—216面　24年6月

林文忠公年譜（魏應麒著民國二十四年三月商務印書館出版定價七角）　薩士武　出版週刊　新127　8面　24年5月4日　又天津大公報史地週刊　109　25年10月30日　又同行月刊　11　22—26面　25年11月25日

駱文忠公自訂年譜所記撫湘時事　魯天　天津益世報史學　43　25年12月6日

讀「吳愙齋先生年譜」小記（燕京學報專號之十，顧廷龍著，民國二十四年三月哈佛燕京學社出版鉛字本定價六元）　羅爾綱　天津益世報讀書週刊　74　25年11月12日

許文肅公年譜序　唐文治　國專月刊　4:4　72—73面　25年12月25日

許文肅公年譜　高樹　國專月刊　4:3　41—57面　25年11月25日　4:4　46—55面　25年12月25日

梁文忠公年譜　一髮　北平私立木齋圖書館季刊　2　71—81面　26年5月1日

重印張石洲先生年譜序　鄭天挺　中央日報文史副刊　27　26年6月6日

張文襄公年譜初稿　許同莘　河北月刊　1:3　1—12面　22年3月1日

陳介石先生年譜（續）　陳謐　甌風雜誌　21—22　61—68面

24年10月20日　23—24　69—76面　24年12月20日

馬相伯先生九十八歲年譜　錢智修　中央日報馬相伯先生九十

　晉八大壽特刊　26年5月16日

（B）分　傳

桀是古代發明家（發明瓦屋）　元胎　天津大公報史地周刊

　84　25年5月8日

周武王年齡考　管道中　光華大學半月刊　4：7　65—67面

　25年3月10日

孔子　張蔭麟　大眾知識　1：8　22—26面　26年2月5日

　1：9　26—29面　26年2月20日

孔子一生大事摘要　記者　大道半月刊　18　41—47面　23年

　9月1日

孔子生日考　王闓運遺稿　船山學報　3　1—3面　26年3月

　立夏日

孔子生日考　邵瑞彭　進德月刊　2：1　30—34面　25年9月

　1日　論學　3　24—29面　26年3月1日

孔子見南子與其人格　叔先　北平華北日報中國文化　30　24

　年3月31日

孔子治學的精神　李長河　遺族校刊　4：1　58—62面　25年

　10月8日

魏晉南北朝時人所講的孔子　吳惠人　文哲月刊　1：7　50—

　67面　25年8月10日

談談子貢　德浴　論語半月刊　113　808—811面　26年6月1日

孟子事跡考　李竹薰　民鐘季刊　2：1　170—177面　25年4月

墨子　鄭佩嬿　大眾知識　1：5　24—31面　25年12月20日

子產治鄭（轉錄天津大公報）　鄭佩嬿　廣播週報　137

60—63面　26年5月15日　138　52—56面　26年5月22日

民族政治家鄭子産之內政外交　新玖　北平華北日報中國文化
15　23年12月16日

民族政治家管夷吾相齊刱霸　戈瑋　北平華北日報中國文化
59　24年10月20日　60　24年10月27日

先秦法治家申不害術强韓國　宗穀　北平華北日報中國文化
19　24年1月13日

民族政治家公孫鞅以身殉法　新玖　北平華北日報中國文化
23　24年2月10日

句踐報吳（辯錄天津大公報）　鄭侃媞　廣播週刊　142　61
—63面　26年6月19日　143　57—59面　26年6月26日

紀念考古家袁瀾　衛聚賢　江蘇研究　3:5—6　1—6面　26年
6月30日

秦始皇帝　張蔭麟　天津大公報史地週刊　87　25年5月29日

秦始皇帝傳（中國民族英雄傳記之一）　馬元材　河南政治月
刊　5:10　1—6面　24年10月　5:11　1—22面　24年11月
5:12　1—31面　24年12月　6:2　1—18面　25年2月　6:3
1—18面　25年3月　6:4　1—9面　25年4月　6:5　1—7
面　25年5月　6:6　1—9面　25年6月　6:7　1—11面
25年7月　6:8　1—6面　25年8月

秦代經濟制度之革命（秦始皇帝傳補記）　馬元材　河南政治
月刊　6:12　1—24面　25年12月

漢南閣祭酒許慎祠墓宜復奉祀生議（墓在郾城縣）　許同莘
河南政治月刊　6:11　1—10面　25年11月

司馬相如之化裝表演　洪爲法　青年界　10:4　33—35面
25年11月

河間獻王生卒年代考及其與中國文化之關係　鄧嗣禹　新民

月刊　2：2　55—87面　25年4月

李廣　剛子　大眾知識　1：7　31—37面　26年1月20日

昭君事略　墨農　北平晨報藝圃　25年7月11.13.14.日

漢宮秋　芬陀利　天津益世報說苑　26年3月17—22日

中國女大使漢馮嫽事略　張曹誌　北平晨報婦女青年　204 25
　年7月18日

中國第一個探險家——張騫　黃植誠　遺族校刊　2：4—5
　97—104面　24年6月8日

班超之精神生活　錢基傳　光華大學半月刊　5：1　58—59面
　25年10月17日

班超絕域之奇功　崇勳　北平華北日報中國文化　55　24年9
　月22日　56　24年9月29日

諸葛亮　鄭佩遜　大眾知識　1：7　26—34面　26年1月20日

張仲景邵望生卒的推測　漢賈之　中西醫藥　1：3　252—
　255面　24年11月1日

陶侃德　鄧哲　江西省立圖書館館刊　1　26—30面　23年11月

冷酷的名士（論嵇康之為人及向秀遙吊嵇康之感舊賦等事）
　董郁青　天津益世報說苑　26年1月12日

南嶽大師立誓願文跋　陳寅恪　中央研究院史語研究所集刊
　3：3　304—312面　21年10月

梁武帝　陳說明　天津大公報史地周刊　144　26年7月9日

補南平王曠傳　孫文青　河南博物館館刊　1　3—5面　25年
　7月1日

考證法顯傳（足立喜文著一九三六年一月十五日東京三省堂刊
　行）　達多　天津大公報圖書副刊　122　25年3月19日

玄奘法師　楊遵生　大眾知識　116　20—26面　26年1月5日

雜說有關楊貴妃的詩，由和糴史　長明　北平華北日報每日文

藝　149　24年5月1日

武漢大學新校宜擇地特建唐文選樓崇記李善以表政蹟而彰選學

議（周子幹先生遺稿之一）　周貞亮　北平私立木齋圖書

館季刊　2　51—58面　26年5月1日

唐嶺南行軍總管陳元光彥　羅香林　廣州學報　1:1　1—8面

26年1月1日

郭子儀（697—781）　鄭侃墟　大眾知識　1:9　30—37面

26年3月5日

唐代大政治家陸敬輿　桐　北平晨報現代政治　10　26年3

月9日　11　26年3月16日

陸宣公　黙俠　北平華北日報中國文化　94　25年7月5日

95　25年7月12日

李德裕　新九　北平華北日報中國文化　84　25年4月19日

85　25年4月26日　又道德半月刊　3:9　26—32面　25

年5月15日

李德裕貶死年月及歸葬傳說考辨　陳寅恪　中央研究院史語研

究所集刊　5:2　149—174面　24至12

與吳雨生論陳君寅恪李德裕歸葬辨證書　張蔭田　北平晨報藝

圃　25年2月3日　又語言文學專刊　1:1　269—271

匡　25年3月　學術世界　1:10　119—120面　25年4月

求明延壽的宗風與其細行　忽滑谷快天著　李平民譯　微妙聲

月刊　1:5　33—42面　26年3月15日

楊令公歷史考　俞勛　戲劇旬刊　35　7—8面　26年1月20日

寇準（961—1023）　鄭侃墟　大眾知識　1　40—47面　25

年10月20日

四庫提要上數學九章，撰人秦九韶補考　心史　天津益世報讀

書週刊　79　25年12月17日

范仲淹（989—1052）　鄭佩娥　大眾知識　1：2　33—40面
　　25年11月5日

王安石（1019—1086）　鄭佩娥　大眾知識　1：3　20—26面
　　25年11月20日

王安石之研究　詹壽山　河南政治月刊　5：8　1—20面　24年
　　8月

王安石之略傳及其變法的中心目標——圖強禦侮　飛白　河南
　　政治月刊　5：11　1—6面　24年11月

詩中所見的王安石　正文　天地人月刊　1：12　499—500面
　　25年11月15日

論關於荊公傳說之聞鵑群姦兩案　末學齋主　天津益世報讀書
　　週刊　73　25年11月5日

沈括編年事輯　張蔭麟　清華學報　11：2　323—358面　25
　　年4月．

靖康時死守太原的王稟　李旭　史地半月刊　1：4　61—62面
　　25年12月16日　1：5　78—79面　26年1月1日　又史地
　　社會論文摘要月刊　3：5　17面　26年2月20日

石門慧洪禪師（譯自忽滑骨快天之禪學思想史下卷）　忽滑骨
　　快天著　近仁譯　微妙聲月刊　1：6　40—46面　26年
　　4月15日

宋禮部尚書寧鄉張開國男易祓傳（字彥章，一作彥祥）　劉宗
　　向　貢獻　1：2　1—9面　26年1月1日

南宋第一流外交家魏杞　黃華　國聞週報　13　43　37—42面
　　25年11月2日

陳亮獄事考　鄧廣銘　天津益世報讀書週刊　39　25年3月12日

陳龍川斬馬盜馬故事攷辨　恭三　天津益世報讀書週刊　70
　　25年10月15日

25年 11月 20日

畫家倪雲林的故事　倪貽德　青年界　10:4　47—54面　25年
　11月

明太祖評傳　游特夫　遺族校刊　2:4—5　155—157面　24年
　6月8日.

找劉伯溫　菁元　北平晨報塗圃　26年5月26日　26年5月28日

東方的航海家——鄭和　韓定圃　遺族校刊　2:4—5　159—
　166面　24年6月8日

生性狷潔之明薛敬軒先生　新玫　北平華北日報中國文化　10
　23年11年11日

于謙　西湖博物館館刊　3—4　110—118面　24年6月

于謙　袁震　天津益世報史學　46　26年1月24日　又史地
　社會論文摘要月刊　3:5　21　26年2月20月

十六世紀東方的哲學軍事大家王陽明先生　王金振　北平華北
　日報中國文化　75　25年2月9日　道德半月刊　3:4
　16—24面　25年2月28日

何心隱及其足跡　容肇祖　輔仁學誌　6:1—2　129—172面
　26年6月

何心隱寃死事考　容肇祖　天津大公報史地週刊　99　25年8
　月21日

明代大政治家張居正　俞振基　政治學報　7　34—42面　26
　年3月

中國大大政治家之一的張居正（1525—1528）　梅雲　北平
　晨報現代政治　5　26年2月2日

張居正述評　永兒　政治月刊　3:3　121—126面　24年7月
　1日　3:4　123—126面　24年8月1日

張江陵之相業　新九　北平華北日報中國文化　37　24年5月

19日　38　24年3月26日　39　24年6月2日

張居正奏疏繫年　陶元珍　歷史學報　1　1—22面　25年10月

張江陵同考會試之年代　陶元珍　中央日報文史副刊　25　26年5月23日

張江陵畏禍年代考　陶元珍　中央日報文史副刊　23　26年5月9日

記考證學的先鋒陳第　容肇祖　天津大公報史地周刊　84　25年5月8日

十二等律的發明者朱載堉　劉復　蔡元培先生六十五歲論文集(上)　279—310面　22年1月

楊椒山　崇勳　北平華北日報中國文化　69　24年12月29日

鄭師山先生(宣城消寒雜記之一)　鄭浩然　學風　6:3　25年5月1日

禦倭名將俞大猷(民族英雄傳記)　吳忠亞　寧興週刊　111　11—14面　24年9月28日　112　10—14面　24年10月5日

戚繼光　袁震　天津益世報史學　54　26年5月30日

補瑞安舊誌吳鎮傳　宋慈抱　甌風雜誌　21—22　5—6面　24年10月20日

黃廙傳(廣東新通志列傳之一)　溫丹銘　語言文學專刊　1:1　273—276面　25年3月

戲劇人名考(南天門之曹正邦)　葉慕秋　十日戲劇　1:9　7面　26年5月11日

都任傳(開封縣志稿)　許鈞　河南博物館館刊　7—8　1—2面　26年4月

明烈皇第五子悼靈王事攷(悼靈王慈煥莊烈帝第五子)　陶元珍　中央日報文史副刊　20　26年4月18日

後明韓王　孟心史　治史雜誌　1:1　1—12面　26年3月

曹學佺生卒年歲攷正　謹士武　天津大公報史地周刊　137
26年5月21日

一個民族英雄之先師——左光斗　汪乃秋　遺族校刊　2：4—5
235—236面　24年6月8日

閱於王謔菴　知堂　天津益世報讀書周刊　37　25年2月27日

東西洋考之作者張燮　容肇祖　天津大公報史地周刊　143
26年7月2日

徐光啟　陸徵祥　新北辰　1：2　137—150面　24年2月15日

明末維新運動中之徐光啟　陳受頤講　北平華北日報　23年1
月6日　23年1月7日

明懿安后正傳　王逸樵　北平晨報藝圃　25年3月3日　25年
3月4日

聖后殉貞紀略　丑傑　北平晨報藝圃　25年12月14日

明薊遼督師袁崇煥遺聞錄（續）　羅桑彭錯　正風雜誌　2：3
158—161面　25年3月16日　2：4　256—259面　25年4月
1日　3：5　518—520面　25年10月16日　3：6　730—
733面　25年11月1日

明江都袁繼咸傳　黃寶實　中興週刊　102　15—20面　24年
7月27日

史可法生日考　朱文長　國聞週報　13：20　33—36面　25年5
月25日

喬良王遺事　南海居士　正風雜誌　2：11　1100—1104面　25年
7月16日

高陽孫文正公行邊之勤勞及其偉略　颺盧　天津益世報說苑
26年4月6日——18日

河北偉人孫承宗功績之回顧　孫松齡　河北月刊　4：5　1—5
面　25年5月15日

五姊妹墓記　陳沅　廣州學報　1：2　1—21面　26年4月1日

明遺民張穆之先生事蹟及遺稿　張江裁　北平研究院院務彙報　7：6　69—95面　25年11月

民族學者錢田間小傳（名澄之，字飲光，晚結廬田間，因以為號）　何曉顏　學風　7：1　1—3面　26年1月20日

之節凜然陳臥子殞身殉國　新玖　北平華北日報寧國文化　11　23年11月18日

明末民族英雄張煌言　馮勵青　中央時事周報　6：12　53—60面　26年4月3日　6：13　51—58面　26年4月10日

明志士朱舜水　郭廁　史地半月刊　1：11—12面　22—23面　26年4月16日

瞿式耜（1590—1650）　張全恭　天津大公報史地周刊　76　25年3月13日　又民族雜誌　5：7　1265—1286面　26年7月1日

記魏耕（原名璧，字楚白，號白衣，浙江慈谿人，）　昌廣生　勤勤大學季刊　1：2　143—148面　25年1月

左懋第（民族英雄傳記）　谷實　中興週刊　107　10—14面　25年8月31日

嶺海表忠記（張文烈公家玉傳）（家玉字玄子粵之東莞人）　張伯楨　正風雜誌　3：7　835—837面　25年11月16日　3：8　959—962面　25年12月1日　3：9　1079—1081面　25年12月16日　3：10　1204—1206面　26年1月1日　3：11　1321—1323面　26年1月16日　3：12　1428—1432面　26年2月1日

南田戰事　苦竹　北平晨報藝圃　25年7月29日　25年7月31日　25年8月1日

劉淑（明末起義兵抵抗清軍的一位孀婦安福道南鄉三舍村人）

王泗原　國聞周報　13:34　31—40面　25年8月31日

書許元博死節事　王崇武　天津大公報史地周刊　136　26年
　5月14日

朱三太子案秘錄（朱三太子即明定王生於崇禎五年作者據顧
　植君所藏蓬萊公李遠氏秘著之張先生傳等材料撰述）　詹
　鶢鶢　天津益世報說苑　26年3月13—16日

清太祖遺聞　嘯盦　北平華北日報副葉　80　21年9月30日
　81　21年10月1日　83　21年10月3日　84　21年10月4
　日　85　21年10月5日　86　21年10月6日　87　21年10
　月7日　88　21年10月8日

清太祖起兵為父祖復讐事詳考　孟森　北平故宮博物院年刊
　55—74面　25年7月

墨勒根王（清初多爾袞稱號之一）　天挺　天津益世報讀書週
　刊　71　25年10月22日

多爾袞與ㄴ九王爺「（清初俗呼多爾袞為九王爺）　天挺　天
　津益世報讀書週刊　76　25年11月26日

清始祖布庫里雍順之考訂　孟森　中央研究院史語研究所集刊
　3:3　345—352面　21年10月

書清世祖賜建言詞臣牛黃丸令引疾事　孟森　國學季刊　5:4
　155—163面　25年9月

董小宛考　分陀利　天津益世報說苑　26年1月18日—2月27日

從董鄂妃誤到張宸　朱子　逸經半月刊　18　3—7面　25年11
　月20日　19　12—16面　25年12月5日　20　12—16面
　25年12月20日　21　12—14面　26年1月5日

奴俗與真率（關於傅青主）　知堂　宇宙風　7　316—318面
　24年12月16日

黃宗羲　顧頡剛　中學生雜誌　63　59—70面　25年3月1日

記黃黎洲（清初人物之一）　李凌霄　江漢思潮月刊　5：3
　　59—61面　25年12月15日

黃梨洲先生傳（1610—1695）　趙九成　北平華北日報中國文
　　化　65　24年12月1日　66　24年12月8日　67　24年12
　　月15日

顧炎武　顧頡剛　中學生雜誌　64　101—110面　25年4月1日

王夫之　顧頡剛　中學生雜誌　65　91—99面　25年5月1日

王而農先生事略附兄介之子敔　清李元度遺稿　船山學報　13
　　1—5面　26年三月立夏日

王船山先生學案　清唐鑑遺著　船山學報　11　1—6面　25年
　　4月1日

船山師友記（續）　羅正鈞遺稿　船山學報　10　1—10面　24
　　年12月　11　1—15面　25年4月1日　12　1—9面　25年
　　10月30日　13　1—12面　26年3日立夏日

抵抗滿清營關臺灣的民族英雄鄭成功（1624—1662）　海雲
　　北平晨報現代政治　6　26年2月9日

顧祖禹之故鄉　王維屏　方志　9：2　119—126面　25年4月

李顒（近代思想家傳略之四）　顧頡剛　中學生雜誌　66
　　201—211面　25年6月

關中大儒李二曲傳略　李伯濂　北平華北日報中國文化　4？
　　24年6月9日

石濤叢考　傅抱石　文藝月刊　9：5　28—40面　25年11月1日

清代學者象傳之吳漁山　陳垣　天津大公報圖書副刊　180
　　26年5月6日

吳漁山入京之酬酢　陳垣　天津益世報人文周刊　13　26年4
　　月2日

吳漁山晉鐸二百五十年紀念　陳垣　輔仁學誌　5：1—2　1—23

230

面　25年12月

墨井道人傳校釋（墨井道人傳舊爲嘉定張雲章）　陳垣　東方
　雜誌　34：1　33—35面　26年1月1日

顏元（近代文思想家傳略之五）　顧頡剛　中學生雜誌　67
　121—129面　25年9月

顏元（傳記試作之一）　商鴻逵　中法大學月刊　9：5　1—36
　面　25年10月1日

文教首家顏習齋　高帝裘　北平晨報生活與教育　4　25年11
　月26日

湯默齋先生　王煥鑣　國風　8：8　362—370面　25年8月

王鰲永被殺的詳情（清初民族運動史料之一）　盧達曹　天津
　益世報讀書周刊　72　25年10月29日

康熙文帝與路易十四（續）（原文載日本史學雜誌四十二編第
　三號昭和六年三月出版浙江對西教之迎害與天主教之公許．
　結論）　後籐末雄著　周景濂譯　人文月刊　7：6　9—
　19面　25年8月15日

孔有德死事異說　旗　北平晨報藝圃　25年2月24—25日

陳圓圓事輯　芬佗利　天津益世報說苑　26年5月1—16日
　18—19日

陳圓圓軼錄　詹鷗隱　北平晨藝圃　25年6月8—9日

萬季野先生修墓建祠落成題壁　陳訓慈　史地雜誌　1：2　102
　—106　26年7月

萬季野先生繫年要錄　王煥鑣　史地雜誌　1：2　11—22面　26
　年7月

鄉賢澌賀人先生　熊魁北　江西省立圖書館館刊　2　99—102面
　24年7月

何義門先生事略一得　王曾魯　江蘇研究　2：7—8　1—4面

25年8月31日

孫蘇山先生評傳　鄧進華　中央軍校圖書館月報　15　240—243面　23年12月1日

陳麗京事略　賣父　北平晨報蓺圃　26年3月22日

麋蕪紀聞（輯孫卿如是事蹟精瞻精審）　萬昌圖　藝文雜誌　1:1　1—18面　25年4月1日　1:2　1—2面　25年5月1日

雍正叢譚　兌之　北平晨報蓺圃　26年4月18,19,21,23,25,26,28,30日　5月2—3,5,7,8,10,12,14,16日

雍正死事疑案　鷗　北平晨報蓺圃　25年9月18,19日

清高宗内禪事證聞　孟森　歷史學報　1　1—10面　25年10月

「清高宗内禪事證聞」之補正　許霽英　天津益世報史地周刊　137　26年5月21日

清高宗寵任福康安秘紀　西陵　北平晨報蓺圃　25年8月14日

汪輝祖的生平及其對於吏治的見解　希澂　天津益世報讀書週刊　55　25年7月2日

崔東壁（1740—1816）　吳晗　大眾知識　1:7　24—30面　26年1月20日

完白山人之生平　羅盦　内外雜誌　3　15—18面　25年9月5日

七十一傳　王重民　天津大公報圖書副刊　185　26年6月10日

跋七十一傳　萬斯年　天津大公報圖書副刊　185　26年6月10日

陳顧和傳　王伊同　天津大公報史地周刊　108　25年10月23日

上海藏書家李絇嘉傳　胡懷琛　學術世界　2:1　58—63面　25年10月

戴敦元逸事　兌之　北平晨報蓺圃　26年1月26日

記徐松遣戍事　陳垣　國學季刊　5:3　141—150面　25年7月

龔定盦研究　朱傑勤　廣州學報　1:1　1—30面　26年1月1日
　　1:2　1—32面　26年4月1日

何紹基遺事　兌之　北平晨報藝圃　26年3月5日

張士保先生評傳　丁錫綸　北平華北日報圖書週刊　23　24年
　　4月8日

鮑子年先生傳　楊愷齡　古泉學　1　15—16面　25年6月1日

沈竹初先生傳　制言半月刊　12　1—4面　25年3月1日

葉來傳　（廣東惠州歸善沙坑鄉人馬來半島吉隆坡開闢者）
　　羅香林　中國新論　2:3　116—121面　25年3月1日

曾國藩之研究　葉新明　政治月刊　3:3　41—70面　24年7
　　月1日

新著曾國藩評傳有敘　何昭焜　文化與教育旬刊　104　19—
　　22面　25年10月10日

曾國藩之生平及事業　（蔣星德著上海商務印書館印行民國二
　　十四年十月初版）　一風　文化與教育旬刊　100　26—
　　32面　25年8月30日

記左文襄被獎變訐控事　孟心史　天津益世報讀書周刊　54
　　25年6月23日

左宗棠入閣記（軍事記劃）　單化普　北平晨報藝圃　25年6
　　月13、15、16、19、22、26日

左宗棠與外債　湯象龍　天津益世報史學　24　25年3月17日

彭剛直公軼事　逖庵　天津益世報說苑　26年4月16—19日

郭嵩燾傳　柳定生　史地雜誌　1　35—41面　26年5月1日

郭嵩燾與中國外交　余長河　逸經半月刊　31　21—24面　26
　　年6月5日

評李鴻章　劉廣愿　政治月刊　3:3　71—89面　24年7月1日

李鴻章與輪船招商局　陳篤如　天津益世報史學　23　25年3月3日

從叔蒲淵先生墓誌銘　陳鍾琪　文瀾學報　2：2　25年6月30日

紀羣士戊殉難事（庚子役殉難）　楊柳　北平晨報藝圃　26年
　　4月18日

李問漁司鐸逝世二十五週年紀念　徐宗澤　聖教雜誌　25：12
　　722—729面　25年12月

黎培敬與貴州　曹經沅　國聞週報　4：9　45—51面　26年
　　3月8日

袁忠節公事蹟　人文月刊　7：9　1—2面　25年11月15日

黃公度——戊戌維新運動的領袖　正光　逸經半月刊　10　16
　　—21面　25年7月20日

清授光祿大夫協辦大學士外務部尚書軍機大臣善化瞿文慎公墓
　　誌銘（散原精舍文存之一）　陳三立　青鶴雜誌　4：19
　　1—4面　25年8月16日

記陶心彭　黃華　國聞週報　13：26　23—28面　25年7月6日
　　13：27　25—32面　25年7月13日

皮鹿門先生傳略　皮名舉　國學季刊　5：2　197—203面
　　25年5月

文懿先生趙公傳　鄧孝光　制言半月刊　14　1—5面　25年4
　　月1日

記陸榮廷　篠園　國聞週報　13：12　35—36面　25年3月30日
　　13：14　27—28面　25年4月13日　13：16　29—30面
　　25年4月27日　13：18　29—30面　25年5月11日　13：20
　　31—32面　25年5月25日

‘記陸榮廷’的商榷　于往　國聞週報　13：23　10面　25年
　　6月15日

關於徐錫麟烈士　李季谷　逸經半月刊　21　30—32面　25年
　　1月5日

—— 190 ——

秋瑾女士傳　李李谷　中國新論　2:2　113—115面　25年
　　2月1日

六月六日與李鍾嶽（詳述當時山陰縣令李公辦理秋瑾案曲折）
　　秋宗章　國聞周報　14:22　29—32面　26年6月7日

吳昌碩先生續事叢錄　王个簃　逸經半月刊　4　27—28面
　　29年9月20日

一代藝師吳昌碩　陸丹林　逸經半月刊　15　28—31面　25
　　年10月5日

紀念杭州耆舊孫康侯先生　張蓉　圖書展望　1:5　14—16
　　面　25年2月29日

三文貞先生學案　唐文治　國專月刊　3:3　1—4面　25年
　　4月15日

記陳炳焜　國聞周報　13:22　35—36面　25年6月8日
　　13:24　41—42面　25年6月22日

軍需界清末名人——陳黌舉　何一雁　經理月刊　1:2　121
　　—124面　24年8月30日

關於陳夔龍　徐一士　逸經半月刊　32　20—25面　26年6
　　月20日

張謇（1853—1926）　大眾知識　1:4　32—37面　25年
　　12月5日

我父張謇公考中狀元的經過　張孝若　內外雜誌　創刊號
　　17—18面　25年8月5日

與王璈仲先生論嚴幾道書　周麟瑞　國專月刊　3:5　23，
　　28面　25年6月15日

嚴幾道　郭斌龢　國風　8:6　213—228面　25年6月

盧戇章傳略　黎錦熙　北平世界日報國語周刊　277　26年
　　1月30日

236

記江春霖　黄華　國聞周報　13：35　37—43面　25年9月7日

宜都楊先生墓誌銘　（散原精舍文存之一）　陳三立　青鶴雜誌　4：21　1—3面　25年9月16日

王同春生平事蹟訪問記　張維華　禹貢半月刊　6：5　119—137面　25年11月1日

張森楷傳　劉樂　天津大公報史地周刊　97　25年8月7日

關於柯劬忞　徐一士　逸經半月刊　25　66—69面　26年3月5日

再述柯劬忞軼事　徐一士　逸經半月刊　28　17—19面　26年4月20日

南海康先生學案（清儒學案卷之一）　張伯楨　正風雜誌　2：2　50—54面　25年3月1日　2：3　153—157面　25年3月16日　2：5　369—373面　25年4月16日　2：6　481—484面　25年5月1日　2：7　599—604面　25年5月16日　2：8　712—716面　25年6月1日

條康南海與沈子培書　趙豐田　天津大公報史地周刊　104　25年9月25日

乙未孫中山先生首義之戰聞　篠園　國聞周報　13：38　39—40面　25年9月28日

梁任公先生的生平與其精神　力行　圖書展望　2：5　17—23面　26年3月10日　史地社會論文摘要月刊　3：7　11—12面　26年4月20日

維新人物——梁啟超　趙豐田　天津大公報史地周刊　108　25年10月23日

餘杭章先生事略　李稹　華西學報　4　15—21面　25年6月

章太炎先生訪問記　鄺鼎煌　國風　8：4　131—133面　25年4月

—— 192 ——

關於章太炎（轉錄二三事雜誌）　魯迅遺箸　開明月報　1：4　901—905面　26年4月15日

劉漢雉吉扎記　佢稚之　制言半月刊　25　1—38面　25年9月16日

悼章太炎先生（附太炎先生逝世後關於太炎先生之文字輯目）　章進中　文瀾學報　2：2　25年6月30日

章太炎　宋雲彬　中學生雜誌　67　69—84面　25年4月

談章太炎（錄述章氏言行）　徐一士　國聞週報　13：25　25年6月29日

章炳麟被羈北京戰事雜記　徐一士　逸經半月刊　11　5—8面　25年8月5日

再記章炳麟羈留北京時戰事　徐一士　逸經半月刊　12　26—28面　25年8月20日

記太炎先生學筆文事（轉載越風）　作人　開明月報　1：4　904—907面　26年4月15日

紀念先師章太炎先生　許壽裳　新苗　8　9—15面　25年9月16日

記桐城吳芝瑛女士　黃華　國聞週報　14：11　33—37面　26年3月22日

和陳蘀祿先生商榷「袁世凱關虩四籍」事　俞振基　天津大公報史地周刊　104　25年9月25日

蔡鍔雲南起義之推動者　篠園　國聞週報　13：10　45—46面　25年3月16日

張伯愉先生傳　金天翮　江蘇省立國學圖書館第七年刊　1—2面　23年11月

宋育仁先生事略　呂洪年　論學　4　92—96面　26年4月1日

省元法師傳　蔣維喬　光華大學半月刊　5：3—4　136—137面

25年12月8日

書家王魯生先生傳　龍鐵崖　中國美術會季刊　1:1　23—28面　25年1月1日

獨鶴李先生傳　王保誌　國專月刊　2:5　62—63面　25年1月15日

元和孫先生行狀　王遽常　學術世界　1:8　116—119面　25年1月

高公夢旦傳　蔣維喬　出版周刊　新199　13—16面　25年9月19日

鄞縣志館書馬廉列傳稿　繆荃功　中央日報文史副刊　17　26年3月21日

（C）合　傳

人名衍例　吳之英　學藝雜誌　15:9　961—972面　25年11月15日

歷代名人生卒年表補　陶容　于士雄　江蘇省立國學圖書館第九年刊　1—186面　25年10月

關於疑年錄的一點意見　聶崇岐　天津大公報史地周刊　78　25年3月27日

唐疑年錄徵　（疑年一辭，見春秋左氏傳記絳縣老人事）　戴蕃豫　史地半月刊　1:11-12　13面　26年4月16日

Makers of Cathay, By C. Wilfrid Allan, (Shanghai Kelly and Walsh, Ltd, PP. VIII and 363. 1936)　鄭試佳　歷史學報　1　1—2面　25年10月

中國知識分子歷史的評價　馬來風　北平晨報歷史周刊　2　25年10月10日

我國歷代名人志願的分析　鄭鶴聲　廣播週報　142　22—26面

240

510 面　24年3月　5:4　633—682面　24年6月

金石著述名家考略叙　王獻唐　北平華北日報圖書週刊　17
　　24年2月25日

近世紀世界畫家生卒考　黃鬻寺　藝浪　2:1　1—6面　23年
　　6月

中行說，和職欲谷　李次　天津益世報讀書週刊　104　26年
　　6月17日

班氏一家　鍾椎田　遺族校刊　2:4—5　105—116面　24年
　　6月8日

用時代的眼光來觀察漢朝幾位立功異域的英雄（衛青，霍去病，
　　張騫，傅介子，陳湯，班超，）秦竹平　遺族校刊　2:4—
　　5　81—96面　24年6月8日

唐太宗與明成祖　文志傑　遺族校刊　2:4—5　117—133面
　　24年6月8日

石敬瑭和趙德鈞（五代時兩個漢奸）　顧頡剛　大眾知識　1:5
　　55—59面　25年12月20日

趙延壽和杜重威（五代時兩個漢奸）　顧頡剛　大眾知識　1:6
　　50—54面　26年1月5日

宗澤與孟珙　袁震　天津益世報史學　50　26年3月21日　又
　　見地社會論文摘要月刊　3:8　12面　26年5月20日

宋明學生運動兩大領袖——陳東與張溥　吳景賢　學風　6:7—
　　8　25年11月1日

成吉思汗與扎木合　林占纓　西北論衡　4:8　40—44面
　　25年11月15日

六如居士與秋香（秋香成化間南京舊院妓）　北平晨報藝圃
　　25年9月8，9日

袁督師後裔考序　心史　中央日報文史副刊　30　26年6月27日

241

—— 196 ——

燕京開教略畫象　陳垣　天津益世報人文周刊　24　26年6月18日

裴斯德神父（Pfister Louis S. J.）中國老耶蘇會傳教士小傳及書目（Notices biographiques et biblio — graphiques sur Les Jesuites de L'ancienne mission de Chine 1552—1773 上海徐家滙土山灣出版）　袁承斌　新北辰　2:2　193—194面　25年2月15日

金正希與江天一　陳友琴　青年界　11:1　149—154面　26年1月

張滄海先生所撰東莞三忠傳序　孟蓀　天津益世報讀書週刊　61　25年8月13日

記明末東渡流亡之志士（獨立和尚，俗姓戴，原名觀胤，字子晉，明亡後改名笠，字曼公，及遁跡空門，遂復改名性易，字獨立杭州人張斐字非文初名宗丼號客星山人浙江餘姚人）　魏宗漢　論學　4　70—75面　26年4月1日

鄭成功父子　鄭侃俶　天津大公報史地周刊　93　25年7月10日

冒襄氏與董小宛　林顨文　北平晨報藝圃　25年12月25日

冒襄民與陳圓圓　瓊父　北平晨報藝圃　25年3月29,31日,4月1日

清代金石學家列傳稿序　許敬參　河南博物館館刊　7—8　15面　26年4月

記呂晚村子孫　陳垣　文獻特刊　1—4面　24年10月10日

王時敏與王鑑臺　倪貽德　青年界　10:5　51—57面　25年12月

校刻徐琦善功罪　兌之　北平晨報藝圃　26年1月22日

王闓運與肅順　徐一士　逸經半月刊　13　37—40面　25年4月5日

英文林則徐採用西洋海防武器論，曾國藩造汽船論　蔣廷黻評　社會科學　1:2　555—558面　25年1月

張之洞與彭玉麟　徐一士　逸經半月刊　30　11—16面

26年5月20日

岑春煊與袁世凱　篠園　國聞周報　13:4　37—38面　25年
　1月20日　13:6　27—28面　25年2月17日　13:8　33
　—35面　25年3月2日

榮祿與袁世凱　徐一士　逸經半月刊　22　25—28面　26年1
　月20日

袁世凱與林長民　沈恩孚　人文月刊　8:1　1—2面　26年2
　月15日

章太炎與張之洞　陸丹林　逸經半月刊　17　63面　25年11
　月5日

清末兩位社會學的先鋒——嚴幾道與章炳麟　黃家達　社會研
　究季刊　1:3　1—8面　26年1月

丁未黃岡舉義諸先烈事略（目次：許雪秋，陳芸生，謝逸橋，
　謝良牧，蕭竹漪，方次石，余既成，余通黃乃裳，陳湧波）
　蕭公望　中央日報中央公園副刊　26年5月9.10.11.13.
　14.16.20.21.31.日6月1日

近代書家親炙記　胡儀曾　逸經半月刊　2　31—34面　25年
　3月20日　4　30—32面　25年4月20日　11　35—37面
　25年8月5日

河北省歷代鄉賢事略　河北月刊　2:11　1—14面　23年11月1日

吳農絮語（目次：施稼桐（名啟宇），嶺南畫家高奇峰，衡陽陳
　晼盦，瀏陽譚壯飛（名嗣同），閩候詩家陳石遺，君遂（
　名保初），白汝子（名坤），吳汝堯，林職谷，（名旭），富順，
　劉光第，安吉吳倉碩，楊守敬，章炳麟，范當世，楊雪玖
　女士，徐志摩，邇迎緩女士，南通張季直，袁寒雲，（名
　克文），桐城吳芝瑛女士，王湘綺，林屋山人（姓吳氏石翔
　蔡），江南煙雨客　江蘇研究　3:2—3　1—9面　26年3月31日

湖北省鄉賢擬選　彭浩民　中興週刊　96　2—11面　24年5月
　　25日

三十年前之廣東名優　慰叟　粵風月刊　3:3—4　14—19面
　　25年11月1日

南洋華僑人物十志　郭見聞　新民月刊　1:7—8　25—48面
　　24年12月

(丁)　　氏　族　譜

族譜研究舉例　柳詒徵　江蘇省立國學圖書館第四年刊　1—43
　　面　20年10月

元和姓纂十卷（注史齋讀書記之一）　牟潤孫　天津大公報
　　圖書副刊　135　25年6月18日

元和姓纂校補　溫廷敬　廣州學報　1:2　1—35面　26年4
　　月1日

姓氏餘論　李源澄　制言半月刊　12　1—2面　25年3月1日

文安王氏宗譜序例　王祖彝　北平世界日報圖書雙周刊　88
　　25年11月11日

中州民族譜署初編稿　許同莘　河南政治月刊　6:6　1—8面
　　25年6月　6:7　1—10面　25年7月　6:8　1—8面　25
　　年8月　6:9　1—6面　25年7月

河朔氏族譜略初編稿　許同莘　河北月刊　2:2　1—4面　23
　　年2月1日　2:3　1—2面　23年3月1日　2:4　1—4
　　面　23年4月1日　2:5　1—4面　23年5月1日　2:6
　　1—4面　23年6月1日　2:7　1—4面　23年7月1日
　　2:8　1—4面　23年8月1日　2:9　1—4面　23年9月
　　1日　2:10　1—4面　23年10月1日　2:11　1—4面　23
　　年11月1日　2:12　1—3面　23年12月1日　3:1　1—
　　4面　24年1月　3:2　1—4面　24年2月　3:3　1—4面

24年3月 3:4 24年4月 3:5 1—3面 24年5月
3:6 1—4面 24年6月 3:7 1—4面 24年7月

越之姓 呂思勉 江蘇研究 3:5—6 1面 26年6月30日

浙江勇姓的來歷 俞友清 逸經半月刊 22 33面 26年1月
20日

湘潭泉沖王氏譜例并序 王遺純 船山學報 10 1—13面 24
年12月

景泉蕭氏族譜序 王閻運 國光雜誌 18 75—96面 25年
6月16日

嶺鏡平隆都大巷陳氏族譜寄岑仲勉先生 羅香林 書林半月刊
1:4 15—16面 26年4月25日

陳元光之上世源流問題寄姚寶猷先生 岑仲勉 書林半月刊
1:3 23面 26年4月10日

(II) 雜 考

古籍中矛盾記載略論 黃珮 新苗 2 20—24面 25年5月
16日

讀史淺言 錢鍾漢 光華大學半月刊 4:7 59—62面 25年
3月 5:1 71—74面 25年10月17日

菊齋讀史雜記 菊生 西北論衡 5:4 79—84面 26年4月15
日 5:5 74—79面 26年5月15日

讀史雜記 素癡 天津大公報圖書副刊 79 25年4月3日

晚明史話 謝剛主 逸經半月刊 1 38—40面 26年3月5日

相老人九十八年聞見口授錄 馬相伯口授 劉成禺嚴記 逸經
半月刊 31 18—20面 26年6月5日 32 36—37面
26年6月20日 又中央日報馬相伯老先生九十晉九大壽特刊
第四張第一版 26年5月16日

———200———

讀史零拾（目次：滿洲楊橅笑梅，寗國府世僕，姚啟聖諳撒滿兵，手書奏摺，滿洲董姓案，大行題御物，沈近思曾為傭，四庫全書之草率，靖安，建築款式之變遷，左宗棠之家產）羅爾之　逸經半月刊　2　22—24面　25年3月20日　11　30面　25年8月5日　12　38面　25年8月20日　14　12面　25年9月20日　15　15面　25年10月5日

唐虞讓國之社會學的解釋　孫正容　圖書展望　1：4　31—35面　25年1月15日

禪讓傳說起於墨家考　顧頡剛　史學集刊　1　163—230面　25年4月　又史地社會論文摘要月刊　3：4　2—4面　26年5月20日

L堯舜禹禪讓┘說與L三皇五帝┘世系新考　吳澤　文化批判　3：3　58—67面　25年6月15日

堯舜禪讓┘說起源的另一推測（戰國時田氏代齊說祖篡位而造說）　童書業　文瀾學報　3：1　1—10面　26年3月31日

說虞　楊寬　禹貢半月刊　7：6—7　39—49面　26年6月1日

說夏　楊寬　禹貢半月刊　7：6—7　51—59面　26年6月1日

禹帝繫新解　王宜昌　北平華北日報史學周刊　140　26年6月17日

答陳斠玄論文王受命書　陳衍　學術世界　1：7　89面　24年12月

彭祖傳說之譌變（古事傳說考之三）　譚戒甫　天津大公報史地周刊　145　26年7月16日

古那國考　劉節　禹貢半月刊　4：9　1—4面　25年1月1日

周人開國考　孫次舟　歷史與考古　2　2—14面　26年3月

周代王朝政事與宗廟的關係　曾謇　北平華北日報史學周刊　67　24年12月26日　68　25年1月9日

周東封與殷遺民（此作者「古代中國民族」一書中之一章）
　　傅斯年　中央研究院史語研究所集刊　4：3　285—290面
　　23年

疑年拾遺（周武王九十三而終，春秋衛頼拒父諸事辨證）　太
　　炎　制言半月刊　19　1—13面　25年7月1日

中國古代國家之一研究　王宜昌　北平華北日報史學周刊　122
　　26年1月28日

仲雍之國（釋吳）　何天行　江蘇研究　3：5—6　1—4面
　　26年6月30日

說攻吳與禹邗　劉節　禹貢半月刊　7：1—3　119—120面　26
　　年4月1日

有仍國考　顧頡剛　禹貢半月刊　5：10　19—22面　25年7月
　　16日

譚「鄩」　董作賓　中央研究院史語研究所集刊　4：2　159—
　　172面　22年

魯仲連義不帝秦　蘇子註　天津大公報史地周刊　67　25年1
　　月3日

大夏考　柳詒徵　邊疆半月刊　3　35—36面　25年9月25日

先秦降國儀注考　宛人　宇宙風　10　490—492面　25年2月
　　1日　11　531—533面　25年2月16日　12　578—580
　　面　25年3月1日

先秦外交史綱　吳景文　復旦學報　5　42—65面　26年6月
　　30日

秦辨　袁樣鎔　國專月刊　3：3　54—60面　25年4月5日

徐福入海求仙攷　王輯五　禹貢半月刊　5：6　19—28面　25
　　年5月16日

再論徐福（由文獻上考察徐福入海求仙事）　王輯五　師大月刊

26 260—268面 25年4月30日

焚書坑儒動機之探索 楊汝泉 國聞週報 13:36 25—30面
25年9月14日

漢武帝建年號始於何年? 雷海宗 清華學報 11:3 843
—849面 25年7月

漢武帝始建年號時期之我見 楊聯陞 清華學報 12:1 253
—256面 26年1月

西漢侯國考（續） 史念海 禹貢半月刊 4:9 9—17面
25年1月1日

大漢帝國的發展（此為作者國史新編即中國史綱一書中之一章）
張蔭麟 天津大公報史地周刊 112 25年11月20日

兩漢外患史的發展 李子 中山文化教育館季刊 3:4 1181
—1194面 25年10月 又史地社會論文摘要月刊 3:5
10面 26年2月20日

兩漢對外之發展及其教訓 李博羲 新亞細亞月刊 12:2 33
—41面 25年8月5日

兩漢征伐匈奴之影響 高珥 禹貢半月刊 7:8—9 69—76
面 26年7月1日

漢匈關係史初稿 王德昭 治史雜誌 1:1 58—73面 26年
3月

漢匈關係史 李放 治史雜誌 1:1 74—95面 26年3月

匈奴名號考畧 鄭瑞仁 勤勤大學師範學院月刊 17 9-15面
24年4月25日

可汗可敦名號考（譯自東洋學報第十一卷第三號頁三〇八至三
五四） 白鳥庫吉著 劉選民譯 史學消息 1:8 3-23
面 26年7月1日

蠕蠕國號考 馮家昇 禹貢半月刊 7:8-9 77-80面 26年7月1日

晉代東夷諸國考　盛襄子　新亞細亞月刊　12：4　39—48面
25年10月1日　又史地社會論文摘要月刊　3：5　12面
26年2月20日

慕容氏與高句驪　金毓黻　禹貢半月刊　7：1—3　183—192
面　26年4月1日

西魏賜姓源流考　朱希祖　張菊生先生七十生日紀念論文集
525—585面　26年1月

豆莫婁國考　馮家昇　禹貢半月刊　7：1—3　195—200面
26年4月1日　又史地社會論文摘要月刊　3：8　26面　26
年5月20日

李唐武周先世事蹟雜考　陳寅恪　中央研究院史語研究所集刊
6：4　553—550面　25年12月1日

再駁李唐氏族出於李初古拔及趙郡說　朱希祖　東方雜誌
34：9　4—12面　26年5月1日

唐代「皇帝天可汗」溯源　谷霽光　天津益世報史學　22　25
年2月18日

唐代「皇帝天可汗」溯源後記　谷霽光　天津益世報史學　27　25
年4月28日

武曌毋䁂攷　俞大綱　史地雜誌　1　27—30面　26年5月1日

安史亂前之河北道　谷霽光　燕京學報　19　198—209面
26年6月

神藝瑣錄（鄭虔悅辦蟣銘事）　蔣吟秋　藝浪雜誌　7　13—
14面　21年1月

唐後回鶻考　王日蔚　史學集刊　1　19—69面　25年4月

金山國墜事零拾　王重民　國立北平圖書館館刊　9：6　5—
32面　24年11，12月

說阿保機時代的漢城　姚從吾　國學季刊　5：1　53—78面　24年

西遼建國始末及其紀年（原文載於大正五年二月史林第一卷第二號內）　羽田亨著　馮家昇譯　禹貢半月刊　5：7　47—60面　25年6月1日

契丹先世的神話及其發生之時代　徐世勤　北平華北日報史學周刊　46　24年8月1日

契丹漢化玫略　尹克明　禹貢半月刊　6：3—4　47—60面　25年10月16日

金人反遼之背景與動機　毛汶　學風　6：9—10　25年12月15日

趙匡胤之詐移周作　暉如　天津益世報說苑　26年6月8—22日

北宋對外失敗的原因　傅若焕　時代青年　1：6　15—23面　25年10月30日

論北宋積弱之由來　周蔭棠　遺族校刊　1：1　29—37面　21年11月18日

北宋的用將　羅煌　天津益世報讀書週刊　90　26年3月11日

論北宋變法與南宋和戰　蒙文通　論學　5　45—48面　26年5月1日

關於宋遼高梁河之戰　羅煌　天津益世報讀書周刊　42　25年4月2日

宋金議和之新分析　朱偰　東方雜誌　33：10　65—74面　25年5月16日

宋高宗與女真議和論　繆鳳林　國風　8：2　39—44面　25年2月

兩宋和戰論　沈忱農　青年月刊　3：1　29—32面　25年10月15日

南宋初年的軍人與和戰　中一　北平華北日報史學周刊　41　24年6月27日

兩宋與高麗之關係　張家駒　民族雜誌　4：6　1001—1021面

25年6月1日

岳飛秦檜舊案　梁園東　人文月刊　8：5　1—4面　26年6月
15日

宋姬（宋徽宗政和三年改公主號為帝姬）　孟心史　中央日報
文史副刊　27　26年6月6日

宋代偽組織之始末（張邦昌治國事）　沈忱農　東方雜誌
33：7　213—218面　25年4月1日

虞允文與采石之戰　李碧雲　遺族校刊　2：4—5　145—153面
24年6月8日

端平入洛敗盟辨　素癡　天津大公報史地周刊　112　25年11
月20日

南宋亡國史補（目次：宋季之軍備，宋季之民生與國計）　張
蔭麟　燕京學報　20　159—175面　25年12月

元之尤世考　吳勒周　新亞細亞月刊　12：4　7面　25年10
月1日

蒙古開國傳說（一為狼鹿配偶說，一為阿闌豁阿無夫生子說）
内藤虎次郎作　侯儒鐸　北平研究院院務彙報　7：4　73
—83面　25年7月

元帝國之崩潰與明之建國　吳晗　清華學報　11：2　359—423
面　25年4月

元史拉施特集史蒙古帝室世系所記世祖后妃考　邵循正　清華
學報　11：4　969—975面　25年10月　又史地社會論文
摘要月刊　3：5　18面　26年2月20日

鎮海與回鶻田姓商人之關係　蒙思明　天津大公報史地周刊
135　26年5月7日

十三世紀前期的蒙鮮關係　李詠林　禹貢半月刊　7：5　51—
57面　26年5月1日

—— 206 ——

有明初葉與帖木兒帝國之關係　邵循正　社會科學　2:1　135
—148 面　25年10月

明成祖生母記證　傅斯年　中央研究院史語研究所集刊　2:4
406—414面　21年

明成祖生母問題彙證　李晉華　中央研究院史語研究所集刊
6:1　55—77 面　25年3月

跋「明成祖生母問題彙證」並答朱希祖先生　傅斯年　中央研
究院史語研究所集刊　6:1　79—86面　25年3月

再駁明成祖生母為碩妃說（答吳傅李三君）　朱希祖　東方雜
誌　33:12　5—19 面　25年6月16日

明懿文太子生母考（成祖生於碩妃，養於高后。）　李晉華　中
央研究院史語研究所集刊　6:1　45—53面　25年3月

譯注明成祖遣使召宗喀巴紀事，及宗喀巴覆成祖書　于道泉
蔡元培先生六十五歲論文集下　939—966　24年正月

讀姚大榮馬閣老洗寃錄駁議　容肇祖　中央研究院史語研究所
集刊　5:1　131—136面　24年10月

明憲宗賜朱永鐵券考　劉官鶚　史學年報　2:4　121—126面
26年12月

明武宗三幸宣府大同記　江左文　吳貢半月刊　5:6　29—41
25年5月16日

崇禎殉國之前後　虞君　北平晨報藝圃　25年1月17, 18, 21日

崇禎帝后之葬　焦木　北平晨報藝圃　25年6月26日

明皇室死亡記　寵之　北平晨報藝圃　25年11月11, 13, 日

明忠臣殉難記　寵之　北平晨報藝圃　25年11月16. 17, 21, 23,
25, 27, 30　12月1, 2, 日

明末漢奸問題研究　李季　文化建設月刊　3:7　140面　26年
4月10日

252

孔四貞之品級（定南王女，冊封和碩格格） 劉振鄉 北平晨
　報藝圃 25年1月10，11，13，日

定南王遺孀 劉振鄉 北平晨報藝圃 25年正月7，8日

吳三桂周王紀元釋疑 朱希祖 中央研究院史語研究所集刊
　2：4 393—401面 21年

後金國汗姓氏考 朱希祖 蔡元培先生六十五歲論文集（上）
　19—63面 22年1月

朱蒙傳說及老獺稚傳說 （朱蒙傳為扶余開國始祖，老獺稚傳
　為滿清始祖） 今西龍著 侯庸譯 北平研究院院務彙報
　7：4 51—72面 25年7月

清史國語解 趙振紀 學藝雜誌 15：4 371—381面，25年
　5月15日

清史雜錄 許霽英 人文月刊 7：10 1—3面 25年12月15日
　8：2 1—4面 26年3月15日 8：3 1—2面 26年4月
　15日 8：5 1—2面 26年6月15日

清代文字獄考略 賈逸君 中法大學月刊 10：5 65—94面
　26年3月1日

清乾隆朝文字獄簡表 許霽英 人文月刊 8：4 1—13面 26
　年5月15日

東臺徐述夔一柱樓詩獄考（字廣稚，康熙四十二年生，著有「
　一柱樓詩等） 釋靈石 江蘇研究 3：1 1—3面 26年1
　月31日

戴名世南山集之獄 許霽英 人文月刊 7：3 1—7面 25年
　4月15日

清代戶部三庫始末（銀庫，緞庫，顏料庫） 趙泉澄 天津益
　世報史學 53 26年5月2日

幼俸封贈（清代封贈帝乳毌即為俗呼官奶媽子） 劉振鄉

北平晨報藝圃　26年4月11日

遇喜宮份及誕祥恩賜　劉振卿　北平晨報藝圃　26年4月26日

頒賞進奉銀兩　劉振卿　北平晨報藝圃　26年5月28日

呈遞如意（清代禮中最隆重最吉祥者）　劉振卿　北平晨報藝
圃　26年5月19日

遇喜處（清宮中有二處爲閹於妃嬪分娩事者一曰㤗祥所一曰遇
喜處）劉振卿　北平晨報藝圃　26年4月23日

重劃冊寶　劉振卿　北平晨報藝圃　26年4月2日

乾隆遞妃嬪　劉振卿　北平晨報藝圃　26年1月26日

清初莊氏史案餘聞　詹鷗隱　北平晨報藝圃　25年8月5,7日

金川妖姬志　詹鷗隱　北平晨報藝圃　25年10月23,24,26,27
日

金川妖姬補疑　苑朝生　北平晨報藝圃　25年12月9,11日

東三省京旗屯墾始末　劉選民　禹貢半月刊　6：3—4　81—
91面　25年10月10日

羅芳伯所建婆羅洲·坤甸蘭芳大總制考　羅香林　禹貢半月刊
6：8—9　19—43面　26年1月1日　又史地社會論文摘
要月刊　3：5　25面　26年2月20日　又廣州學報　1：1
1—38面　26年1月1日

張偉投書案　興于　天津益世報沉冤　26年3月1—19日

王樹勳案　心史　中央日報文史副刊　9　26年1月10日　10
26年1月17日

朝鮮金秋史入燕與翁阮兩經師（目次：清朝文化東漸之庀面觀.
金秋史之家系與其少年時代．金秋史入燕與曹玉水；金秋
史與翁覃溪．金秋史與阮芸臺·金秋史與北京名流文讌及
其離别．歸東後之金秋史與其日本文化觀：結論）藤塚
鄰著　㧾廥譯　新民月刊　2：2　131—178面　25年4月

鴉片戰役廈門禦敵雜考　薩士武　天津大公報史地周刊　122
　　26年1月29日　又史地社會論文摘要月刊　3：5　21—22
　　面　26年2月20日

鴉片戰爭中鹽商之活動　何維凝　天津益世報史學　24　25年
　　3月12日

道咸時代北方的黃崖教　謝興堯　逸經半月刊　3　6—10面
　　25年4月5日

焚桃源考湖　黃魯珍　逸經半月刊　21　47—48面　26年1
　　月5日

同治二年黃崖教匪案質疑　劉厚滋　史學集刊　2　195—207
　　面　25年10月

高延祜首請垂簾事考　孟森　天津益世報讀書周刊　78　25年
　　12月10日

光宣餘載　魏元曠遺著　青鶴雜誌　5：2　1—5面　25年12
　　月1日　5：4　1—4面　26年1月1日

王闓運與湘軍志　徐一士　逸經半月刊　14　8—12面　25年
　　9月20日　15　13—14面　25年10月5日　16　24—27面
　　25年10月20日

讀王湘綺錄祺祥故事後記　吳相湘　中央日報文史副刊　24
　　26年5月16日　25　26年5月23日

清咸同間購輪還輪事件始末記（1861—1863）（中國海軍史
　　資料之一）　孫正容　文瀾學報　2：2　25年6月30日
　　又文化建設月刊　3：4　148—149面　25年6月30日

筭客談咸豐八年國恥　篠圃　國聞週報　14：24　35—36面
　　26年6月21日　14：26　39—40面　26年7月5日

戊戌政變珍聞　梅影　人文月刊　7：10　1—2面　25年12月15日

辨正袁克文所著「戊戌定變記」（附袁克文「戊戌定變記」原

255

　　　5：11　　91—94面　　25年8月1日

陝甘叔黎錄　單化普　禹貢半月刊　5：11　95—102面　25年
　　8月1日

辛亥陝西革命見聞記　E．F．Borst—Smith　撰　沈盤譯
　　天津大公報史地周刊　120　26年1月15日　又史地社會
　　論文摘要月刊　3：5　23面　26年2月20日

壬子新疆革命見聞錄　馬卡脫尼夫人（Mrs．Macartney）
　　撰　沈盤譯　天津大公報史地周刊　111　25年11月13日

同盟會時代上海革命黨人的活動　蔣慎吾　逸經半月刊　26
　　3—9面　26年3月20日

武昌起義雜憶　朱春駒　逸經半月刊　15　24—27面　25年10
　　月5日

辛亥廣州起義別記　胡國楪　建國月刊　14：1　1—9面25年
　　1月

黃花岡之側面談　篠園　國聞週報　13：32　43—44面　25
　　年8月17日　13：34　41—42面　25年8月31日　13：36
　　35—36面　25年9月14日

稱名與避諱　智堂　北平世界日報明珠　32　25年11月1日

關於避諱　徐中玉　逸經半月刊　9　54—58面　25年7月5日

戰國後中國內戰的統計和治亂的週期　李四光　蔡元培先生六
　　十五歲論文集上　157—166面　22年1月

（六）地　學

（1）通　論

南人與北人　吳楷軒　禹貢半月刊　5:1　17—20面　25年3月1日

南疆篇　馬思勉　江蘇研究　3:5—6　1—2面　26年6月30日

中國政治文化中心地之遷移（禹貢拓荒月刊　3:1　74—84面　24年1月）　薛南譯　史地社會論文摘要月刊　1:5　8面　24年2月20日

我國歷代疆域和政治區劃的變遷（續完）　丁紹桓　地學專刊　2:2　58—70面　24年9月1日

漢代以前中國人的世界觀念與域外交通的故事　顧頡剛　童書業　禹貢半月刊　5:3—4　97—120面　25年4月11日

漢以後中國人對於世界地理知識之演進　賀昌群　禹貢半月刊　5:3—4　121—136面　25年4月11日

中國歷史上之國防區域　張其昀　史地雜誌　1　1—17面　26年5月1日　又達疆半月刊　2:8　5—21面　26年4月30日

中國歷代之邊防　華企雲　經理月刊　2:1　87—95面　25年1月30日

東漢時關於邊事的輿論　容肇祖　天津大公報史地周刊　84　25年5月8日

近百年中國邊事史（續）　周鯤昌　邊事研究　3:2　63—75面　25年1月15日

中國近代邊疆外侮史略　李筱方　學術專刊　1　20—30面　26年7月1日

國恥地理之一班　黃光熹　國專月刊　4:1　33—38面　25年9月15日

從張之洞說到前清政府的邊疆對象　胡一聲　蒙藏月報 6：5　1—4面　26年2月28日

中國歷史地理研究的變遷　青山定男著　魏建猷譯　禹貢半月刊　5：10　49—56面　25年7月16日

對於日本青山定男「中國歷史地理研究的變遷」之辨正　張宏叔　禹貢半月刊　5：10　57—64面　25年7月16日

通鑑歷代戰爭地理通論　張逸仙　國專月刊　4：2　34—46面　25年10月15日　4：3　24—36面　25年11月25日

疆域瑣談（舊抄本藏於江蘇省立國學圖書館）尼瑪查七十一橋園氏著　南昌清洪綿熊李堯參訂　邊疆半月刊 1：5　49—52面　25年10月25日　1：6　59—62面　25年11月10日　1：7-8　57—64面　25年12月10日　1：9　40—45面　25年12月25日　2：1　68—74面　26年1月15日　2：2　30—56面　26年1月31日　2：3—4　77—82面　26年2月28日　2：5　33—39面　26年3月15日　2：6　55—61面　26年3月31日　2：7　27—32面　26年4月15日　2：8　50—54面　26年4月30日

緊綏之歷史地理概觀　陳增敏　禹貢半月刊　7：8—9　1—16面　26年7月1日

中國歷史地理學發凡　楚圖　地學季刊　2：3　53—59面　24年12月1日

吾國地理部類之沿革　傅振倫　禹貢半月刊　7：1—3　341—344面　26年4月1日

漢隋間之地理總志　以中　國聞週報　14：28　35—41面　26年7月19日

漢唐間之異物志　王庸　史地雜誌　1：2　47—51　26年7月

利瑪竇對中國地理學之貢獻及其影響　陳觀勝　禹貢半月刊

———214———

5：3—4　51—72面　25年4月11日

近二十年來中國地理學之進步　張其昀　科學雜誌　19：10
1608—1614面　24年10月　19：11　1717—1741面　24年
11月　19：12　1827—1844面　24年12月　20：11　2
—25面　25年1月　20：2　87—107面　25年2月　20：
3　170—191面　25年3月　20：4　267—294面　25
年4月　20：5　342—364面　25年5月　20：6　450
—470面　25年6月　20：7　552—563面　25年7月
20：8　643—654　25年8月　20：9　722—736面　25年
9月　又地理學報　3：1　119—202面　25年3月　3：2
367—466面　25年6月

一年來國內地理學之回顧　排子　圖書展望　1：4　47—48面
25年1月15日

（2）　專　著

略論山海經與穆天子傳　張公量　北平華北日報史學周刊　11
23年11月22日

穆天子傳地名攷　日本小川琢治著　劉厚滋譯　禹貢半月刊
7：6—7　125—139面　26年6月1日

讀山海經偶記　呂思勉　光華大學半月刊　5：9　18—21面
26年5月10日

海外四經海內四經與大荒四經海內經之比較　侯仁之　禹貢
半月刊　7：6—7　？—326面　26年6月1日

山海經圖與外國圖　王以中　史地雜誌　1　23—26面　26
年5月1日

漢志礦地疏證　王研農　安雅月刊　1：12　23—30面　25
年5月1日

校補三國疆域志（金兆豐撰二十五年十月商務印書館出版）
　　陶元珍　天津大公報圖書副刊　162　25年12月24日　圖
　　書季刊　3：4　193—242面　25年12月

酈學考敍目　丁山　中央研究院史語研究所集刊　3：3　353
　　—374面　21年10月

官本水經注北記序　孫鼎宜　國光雜誌　17　64—?面　25年
　　5月16日

「水經注析疑」引言　鍾鳳年　禹貢半月刊　7：6—7　333—
　　352面　26年6月1日

水經注疏證　沈欽韓遺著　藝文雜誌　1：2　1—13面　25年
　　5月10日

水經注趙戴公案之判決　鄭德坤　燕京學報　19　1—38面
　　25年6月

擬梁曜北答段懋堂論戴趙二家水經注書（有序）　孟森　文獻
　　論叢　13—29面　25年10月10日

楊守敬所舉趙氏水經注釋轉襲戴氏嫌疑辯　孟森　國立北平圖
　　書館館刊　10：5　1—7面　25年9.10日

戴東原所謂歸有光本水經注　孟森　天津益世報讀書週刊　74
　　25年11月12日

聞於戴震的水經注校定（原文見東方學報第三冊）　森鹿三著
　　鄭德坤譯　地學雜誌　177　47—58面　25年　178
　　47—54面　25年　179　63—75面　25年

董方立之懷疑戴氏水經注校本　孟森　天津益世報讀書週刊
　　68　25年10月1日

商務影印永樂大典水經已經戴東原刮補塗改斁端隱沒不存記
　　孟森　天津益世報讀書週刊　74　25年11月12日

幾輔安瀾志與趙戴兩書公案　孟森　圖書季刊　3：4　199—

206面　25年12月　又天津大公報圖書副刊　164　26年
　　1月7日

戴東原孔語選錄乙編之一（為竊書案答辯）　裘斆　天津大公
　　報圖書副刊　169　26年2月18日

水經注原公水篇諸家之訂正　孟森　禹貢半月刊　7:1—3
　　285—287面　26年4月1日

ㄴ宋州郡志校勘記ㄱ校補　楊守敬校補　譚其驤覆校　禹貢
　　半月刊　6:7　37—40面　25年12月1日

評桑原隲藏著楊鍊譯張鶱西征攷（轉錄華年週刊四卷一期商務
　　印書館出版）　克正　出版週刊　新113　24年1月26日

補陳疆域志校稿　譚其驤　禹貢半月刊　5:6　7—18面　25
　　年5月16日　5:10　23—31面　25年7月16日

關於ㄴ大唐西域記ㄱ　鄭振鐸　國立暨南大學圖書館館報
　　2　1—2面　26年5月24日

大唐西域記之譯與撰　賀昌群　天津大公報圖書副刊　154
　　25年10月29日　又海潮音月刊　17:12　14—20面　25
　　年12月15日　又圖書季刊　3:3　89—96面　25年9月
　　又人海燈月刊　4:1　27—32面　26年1月1日

唐光啟元年寫本沙州伊州地志殘卷（原文見小川博士還曆紀念
　　史學地理學論叢昭和五年十月京都弘文堂出版）　羽田亨
　　著　張其昀譯　方志　9:2　127—138面　25年4月

討論方輿紀要正札六通　葉景葵　顧廷龍　禹貢半月刊　4:9
　　43—46面　25年1月1日

讀錢賓四先生ㄴ康熙丙午本方輿紀要ㄱ跋（附錢穆跋）　夏定
　　域　禹貢半月刊　4:9　39—41面　25年1月1日

耶律楚材西遊錄攷釋（Bretschneider 所據西遊錄為知
　　不足齋叢書中廣學齋叢錄中節錄之本此書另有羅振玉印行

之全本）　俄國 E. Bretschneider 著　白壽彝譯　禹
　　貢半月刊　1—3　223—230面　26年4月1日

方輿勝覽提要　禹貢半月刊　5：3—4　159—164面　25年
　　4月11日

方輿勝覽中各國度分表之校訂　陳觀勝　禹貢半月刊　5：3—4
　　165—203面　25年4月11日

黃黎洲的地學著述　趙九成　禹貢半月刊　5：12　25—33面
　　25年8月16日

重印朝鮮世宗實錄地理志序　孟森　中央研究院史語研究所集
　　刊　3：4．509—510面　22年

讀「黑龍江外記」隨筆　侯仁之　禹貢半月刊　6：3—4　167—
　　182面　25年10月16日

廬倫方輿紀要序　吳廷燮　文獻論叢　57—59面　25年10
　　月10日

衛藏通志著者考（刊入漸西村舍叢書中，松筠撰）　吳豐培
　　史學集刊　1　123—125面　25年4月

漸西村舍叢書本衛藏通志跋尾　吳其昌　歷史學報　1　1—4
　　面　25年10月

海錄筆受者究屬何人　馮承鈞　禹貢半月刊　6：8—9　115—
　　124面　26年1月1日

歷史地理論文索引　北平圖書館輿圖部　禹貢半月刊　5：6
　　51—60面　25年5月16日

清代文史筆記子目地理類索引稿（續）　北平圖書館索引組
　　禹貢半月刊　5：12　65—72面　25年8月16日　6：1
　　67—76面　25年9月1日　6：2　79—88面　25年
　　9月16日

（三） 地 理 沿 革

禹貢地理沿革考略（荊揚二州） 楊大鈞 安大季刊 1：2
　　113—143頁 25年4月1日 1：3 197—220面 25年
　　7月1日

「戰國疆域變遷考」序例 鐘鳳年 禹貢半月刊 6：10 27—
　　45頁 26年1月16日 7：6—7 199—222面 26年6月1日

西漢燕代二圖考（思桐室西漢地理札記之二） 史念海 禹貢
　　半月刊 7：8—9 62—68面 26年7月1日

漢魏晉北朝東北諸郡沿革表 余遜 中央研究院史語研究所集
　　刊 6：4 453—485面 25年12月

宋代以前中國輿圖沿革略 王庸 天津大公報圖書副刊 180
　　26年5月6日 181 26年5月13日

略論成吉思汗時代之所謂漢官的行省 青山公亮作 方紀生譯
　　北平晨報歷史週刊 5 25年10月11日

省的意義和沿革 屠孖 清華週刊 45：4 21—24面 25年
　　11月22日 45：5 23—28面 25年11月29日

縮省運動之回顧與展望（國立清華大學地方政府研究班研究報
　　告） 張秋素 民族雜誌 5：1 109—165面 26年1月1日

綏遠地理沿革 吳儆 西北論衡 5：1 48—54面 26年1
　　月15日 5：2 37—43面 26年2月15日

綏遠沿革 郭象伋 中央日報 第二張第二版 26年1月6,7日

明代以前經營綏遠沿革 郭儀伋 北平晨報 25年1月27日

清代地理沿革表（續） 趙泉澄 禹貢半月刊 4：9 35—37
　　面 25年1月1日 4：11 31—32面 25年2月1日
　　5：8—9 145—151面 25年7月1日 5：10 33—36面
　　25年7月16日 6：3—4 99—109面 25年10月16日

6:7 41—43面 25年12月1日 6:11 33—35面 26年
2月1日 7:1—3 251—264面 26年4月1日

北京外城叔莲级罢補遺 非簪 北平晨報藝圊 25年2月1日

河北省行政區劃沿革新攷 陳鐵卿 河北月刊 2:1 1—20面
23年1月1日 2:2 1—12面 23年2月1日 2:3 1—
3面 23年3月1日 2:4 1—8面 23年4月1日
2:5 1—6面 23年5月1日 2:6 1—8面 23年6月
1日 2:7 1—6面 23年7月1日 2:8 1—6面 23
年8月1日 2:9 1—6面 23年9月1日 2:10 1—4
面 23年10月1日 2:11 1—4面 23年11月1日 2:12
1—4面 23年12月1日 3:1—12 1—4面 24年1月—12月

河北省春秋戰國時代疆域攷 張承謨 河北月刊 1:6 1—20
面 22年6月1日

河北省縣名次序之衍成 陳鐵卿 河北月刊 3:8 1—5面
24年8月

唐河小志（在北京天津間） 張璿 禹貢半月刊 5:2 69—
73面 25年3月21日

灅縣疆域沿革（桐清季張路灃灅縣沿革表之缺） 丁緗民 禹
貢半月刊 5:1 45—60面 25年2月1日

邋菑說 河南博物館館刊 5 1—6面 25年12月

河南省民權縣設治始末 劉德岑 禹貢半月刊 4:10 39—44
面 25年1月16日

上海沿革考略 楊哲明 復旦學報 1 224—246面 24年
6月30日

徐家滙的發展 胡道靜 聖教雜誌 25:7 421—423面
25年7月

蒙古之今昔 寫居龍臟著 劉亦蕱譯 邊疆半月刊 2 29—34面

—— 220 ——

25年9月25日

内蒙古的今昔　錢震　中外月刊　1：8　29—38面　25年7月1日

越南今昔觀　黄逸祿　新亞細亞月刊　13：1　87面　26年1月1日

(4) 古 地 理 考 證

廣辟耕地葬地的探討　孔君詒　江蘇研究　3：5—6　1—7面
26年6月30日

禹生石紐考　陳志良　禹貢半月刊　6：6　39—48面　25年
11月16日

禹陵　董開章　水利月刊　6：4　230—233面　23年4月

周金地名小記　孫海波　禹貢半月刊　7：6—7　109—124面
26年6月1日

太伯之封在西吳　衛聚賢　江蘇研究　3：5—6　1—10面　26
年6月30日

殷人之分布及其徑路　小川琢治著　汪馥泉譯　中國社會
2：4　52—64面　25年4月15日

武王伐紂行程考　于省吾　禹貢半月刊　7：1—3　61—65面
26年4月1日　文史地社會論文摘要月刊　3：8　5—6面
26年5月10日

盟津　王樹民　禹貢半月刊　4：10　27—28面　25年1月16日

「盟津」補證　童書業　禹貢半月刊　5：2　22面　25年3月
21日

散氏盤石銘文地理攷證　陳子怡　禹貢半月刊　7：6—7
141—151面　26年6月1日

春秋王都雜疑　童書業　禹貢半月刊　7：6—7　153—168
面　26年6月1日

268

唐代都護府之役置及其變遷　廊平樟　禹貢半月刊　5:10　1—11面　25年7月16日

唐代安東都護府攷略　王懷中　禹貢半月刊　6:3—4　29—38面　25年10月16日

越南唐代古城考　童振藻　禹貢半月刊　6:11　11—15面　26年2月1日

前蜀疆域考　王伊同　史學年報　2:4　97—120面　26年12月

宋人使遼語錄行程攷　傅樂煥　國學季刊　5:4　165—193面　25年9月

樂圃遺址攷（與吳縣修志局吳主任書）　黃頌堯　婺浪　9—10　1—2面　22年12月1日

燕雲十六州考　侯仁之　禹貢半月刊　6:3—4　39—45面　25年10月16日

契丹可敦城攷（原載滿鮮地理歷史研究報告第一册）　松井著　馮家昇譯　禹貢半月刊　6:11　51—64面　26年2月1日

明初曲先，何端，安定，罕東，四衞攷　岑仲勉　金陵學報　6:2　151—172面　25年11月

明成祖北征紀行二篇（續完）　李素英　禹貢半月刊　4:10　29—38面　25年1月16日

明代邊牆沿革考略　李澈芳　禹貢半月刊　5:1　1—15面　25年3月1日

明代薊昌邊牆之建置　楊淑英　天津大公報史地周刊　96　25年7月31日

明代之遼東邊牆　潘承彬　禹貢半月刊　6:3—4　61—80面　25年10月16日

明遼東邊牆與清之柳條邊　劉選民　天津大公報史地周刊　109　25年10月30日

長城與邊牆　孟世傑　新苗　3　1—5面　25年6月1日

薩哈連非黑龍江考　孟森　天津益世報讀書週刊　94　26年4月8日

河北地名說　吳廷燮　河北月刊　5:1　1—2面　26年1月15日

河北省縣名考原　陳鐵卿　河北月刊　1:1　1—12面　22年1月1日　1:2　1—14面　22年2月1日

冀察問題從古說起　悬子　中學生　66　53—67面　25年6月

齊女墳和巫咸墓的考證　俞友清　逸經半月刊　17　36—40面　25年11月5日

南海古地名集釋　蘇乾英　暨南學報　1:2　115—139面　25年6月

（5） 方志與輿圖

方志學發微（續）　王藹心　安雅月刊　1:12　11—16面　25年5月1日

關於方志之我見　張師惠　河北月刊　4:6　1—6面　25年6月15日

怎樣編纂新式的縣志　朱士嘉　禹貢半月刊　7:1—3　345—352面　26年4月1日

復溫丹銘總纂論修志書　冼玉清　學術世界　1:9　86—87面　25年3月

論方志的編輯　胡行之　文化建設　2:12　75—79面　25年9月10日

方志體例偶識　萬國鼎　金陵學報　5:2　363—369面　24年11月

清代方志學撰著派與纂輯派爭持論評　青坨山人　北平世界日報圖書館週刊　56　25年3月25日　58　25年4月8日

60　25年4月22日　　61　25年4月29日

最近三年來之方志學界　張鑒　圖書展望 1：4　37—42面
　　25年1月15日

方志研究芻議（附泉州志綜）　莊為璣　廈門大學學報　六本
　　1—20面　25年2月

李泰棻方志學（商務印書館出版　三一九頁　定價壹元伍角）
　　高邁　出版周刊　新128　12—13面　24年5月11日

中國地方志考（續）　張國淦　禹貢半月刊　4：9　19—33面
　　25年1月1日　5：1　23—43面　23年3月1日

中國地方志綜錄（朱士嘉撰民國二十四年五月上海商務印書館
　　印行定價大洋二元八角）　潘光旦　清華學報　11：1
　　258—261面　25年1月

中國地方志綜錄校勘記　朱士嘉　禹貢半月刊　5：12　73—78
　　面　25年8月16日

補朱氏中國地方志綜錄（浙江之部）　許振東　天津大公報圖
　　書副刊　174　26年3月25日

朱士嘉「中國地方志綜錄」正誤　沈鍊之　禹貢半月刊　5：1
　　65—69面　25年3月1日

沈鍊之「中國地方志綜錄正誤」之正誤　朱士嘉　禹貢半月刊
　　5：2　75—78面　25年3月21日

德文譯本阿剌愛丁伯爾之中國志（Khitayname）之介紹
　　張星烺　地學雜誌　178　91—101面　25年

翻刻孤本方志芻議　朱士嘉　天津大公報史地周刊　81　25年
　　4月17日

方志珍本所見錄（嚴州府志二十二卷、襄陽府志二十卷、博平
　　縣志八卷、恩縣志九卷、肇慶府志二十二卷、鳳陽新書八
　　卷）　潘承弼　考文學會雜報　1　1—5面　26年5月1日

宋元方志考　朱士嘉　地學雜誌　177　1—12面　25年　178　1—17面　25年

天一閣方志目跋（附天一閣方志目）　朱士嘉　燕京大學圖書館報　103　2—3面　26年4月1日　又禹貢半月刊　7:1—3　353—364面　26年4月1日

題舊藏明昌黎縣志後（兩冊原刊本明萬曆四十六年知縣楊于陞編定，凡八卷序文目錄另為一卷）　高子珍　天津大公報史地周刊　117　25年12月25日

天啟永平縣志跋　朱士嘉　燕京大學圖書館報　90　2面　25年5月1日

朱彝尊輯瑞邑乘志餘手葉跋　劉文興　禹貢半月刊　6:11　37—38面　26年2月1日

臺灣通志稿本瑣記　薩士武　天津大公報史地周刊　134　26年4月30日

清代西域藩屬志　孫翰文　西北論衡　4:8　26—39面　25年11月15日

民國一統志宜着手編纂　童振藻　天津大公報史地周刊　80　25年4月10日

北平天橋志　張江裁　北平研究院院務彙報　7:2　65—72面　25年3月

'河北鄉談'啟例　萬福曾　禹貢半月刊　6:10　113—115面　26年1月16日

河北省通志館近況記（附傅振倫孫楷第王重民往復商榷函）　河北月刊　1:4　1—15面　22年4月1日

河北省通志館近況續紀　河北月刊　1:12　1—12面　22年12月1日

河北省志料財政編目錄草案　齊之融　河北月刊　1:7　1—11面　22年7月1日

纂修「河北通志」聞見錄　于鵬年　禹貢半月刊　4:10　45—
　　48面　25年1月16日　5:10　37—48面　25年7月16日
　　7:5　71—75面　26年5月1日

河北省縣志調查　鄧漢材　河北月刊　4:8　1—6面　25年8
　　月15日

一個小型方志（北平宛平縣屬「齊家司」的地方志）　徐一士
　　逸經半月刊　4　17—20面　25年4月20日

清苑縣東高家莊志　楊仲衡　河北月刊　4:5　1—6面　25年
　　5月15日

波縣新志序　劉昐遂　國立北平圖書館館刊10:4　1—2面　25
　　年7,8月

復孫麟閣龐友夹商雄嵩縣續志稿函　王幼僑　河南博物館館刊
　　7—8　2—3面　26年4月

太倉志稿序　唐文治　學術世界　1:12　96—97面　25年7月

川沙縣志導言　黄炎培　人文月刊　7:1　1—5面　25年2月15日

續修鹽城縣志敘　陳鐘凡　學術世界　1:10　130—131面
　　25年4月

為安徽通志稿藝文考覆王叔平先生書（王叔平撰安徽通志稿藝
　　文考質疑一文刊學風五卷八期）　學風　6:1　25年2月1日

績谿縣志文獻志序例稿　王集成　文瀾學報　2:2　25年6月
　　30日

浙江省地志統計　周行保　西湖博物館館刊　2　59—100面
　　23年6月　3—4　58—97面　24年6月

記武林坊巷志稿（武林坊巷志原名杭州坊巷志亦作杭城坊巷志
　　清丁丙原編孫峻補輯）　張澃　史地雜誌　1　64—69面
　　26年5月1日

鄞縣通志序　柳詒徵　沈恊民　制言半月刊　18　1—4面

25年6月1日

鄞志人物類表諸序目釋錄 陳訓正 文瀾學報 2:1 25年3月31日

餘姚志略 毛健猷 禹貢半月刊 6:1 35—42面 25年9月1日

臨安三志攷 朱士嘉 燕京學報 20 421—454面 25年12月

泉州方志攷 莊為璣 廈門大學學報 尤本 1—70面 25年7月

廣東方志要錄 瞿兌之 新民月刊 2:3 85—135面 25年5月

番禺縣古壩鄉志 韓鐸 南草月刊 1:1 1—5面 26年1月23日

廣西縣志調查表 玫 北平世界日報圖書館周刊 19 24年7月10日

李泰棻之「陽原縣志」評述（線裝四冊二百五十葉民二十四年五月出版） 劉象亭 西北論衡 4:8 45—62面 25年11月15日

歸綏縣志略評（鄭裕孚纂 線裝三冊 二十四年出版） 劉象亭 西北論衡 5:2 53—56面 26年2月15日

地圖閒話 以中 天津大公報圖書副刊 121 25年3月12日

中國輿圖製繪史年表之檢討 趙鋒 文化建設 2:12 80—88面 25年9月10日

關於繪製中國歷史地圖之我見 劉縱一 禹貢半月刊 1—3 365—368面 26年4月1日

明代輿圖彙考（總圖之部） 王庸 天津大公報圖書副刊 125 25年4月9日 又圖書季刊 3:1—2 7—18面 25年3月

繪製清代歷史地圖報告 蔡方輿 禹貢半月刊 6:7 45—48面 25年12月1日

整理輿圖之經過 劉官鍔 文獻特刊 23—27面 24年10月10日

内务府舆图房藏图纪要　刘宦锷　文献论丛　135—140面
　25年10月10日

苗图考略　刘咸　方志　9:1　7—15回　25年1月1日

罗图荟萃跋　文献丛编　二十六年第二辑　1面　26年2月

罗图荟萃续编跋　文献丛编二十六年第二辑　1—2面　26年2月

清内府藏京城全图年代考　文献特刊　37—38面　24年10月10日

清皇城宫殿衙署图年代考　刘敦桢　中国营造学社汇刊　6:2
　106—113回　24年12月

盛京事蹟图　刘宦锷　文献丛编　二十六年第三辑　1—2面
　26年3月

宣统三年调查之俄蒙界线图旁证　孟森　天津大公报图书副刊
　144　25年8月20日　又图书季刊　3:3　117—128回
　25年九月

跋广西中越全界图　许道龄　禹贡半月刊　6:6　53—55面
　25年11月16日

西北图籍——新疆（目次：中文之部，西文之部）　朱士嘉
　陈鸿舜　禹贡半月刊　5:8—9　153—160面　25年7月1日

西藏图籍录拾遗　吴玉年　禹贡半月刊　6:12　107—111面
　26年2月16日

西藏图籍录再补　郑元明　禹贡半月刊　6:12　95—105面
　26年2月16日

(6) 山 脉 河 流　水利附

中国名山汇攷　周逸　船山学报　11　1—20　25年4月1日
12　21—30回　25年10月30日　13　1—8回　26年3月立夏
日

山東山脈考弁言　李雲林　北平華北日報圖書副刊　67　25年2月10日

禹貢山水澤地所在篇中之熊耳山問題　孟森　禹貢半月刊　7：6-7　353-356面　26年6月1日

釋陰山　李秀潔　禹貢半月刊　7：8-9　35-40面　26年7月1日

冶父山志序　陳詩　青鶴雜誌　4：22　1-6面　25年10月1日

評廬江冶父山新志（冶父山新志六卷　民國二十五年冬刊行　陳詩重編　章人鏡參訂）　黃白衡　學風　7：3　17-21面　26年3月20日

南田山志序　劉紹寬　甌風雜誌　21-22　1-2面　24年10月20日

嶽麓志形勝篇（嶽麓志稿之一）　劉宗向　員輻　1：1　1-28面　25年7月1日

韓山名稱辨異　饒宗頤　禹貢半月刊　6：11　39-42面　26年2月1日

海陽山辨　饒宗頤　禹貢半月刊　6：11　27-32面　26年2月1日

野人山考　童振藻　禹貢半月刊　6：2　1-30面　25年9月16日

鈔本屋山志跋（五卷明黃洋撰）　朱倓　書林半月刊　1：1　26面　26年3月10日

夏禹治水致　秦白谷　青年月刊　2：6　55-58面　25年9月15日

後漢王景理水之探討（陝西水利月刊三卷三期黃河水利月刊十二卷三期均載此文）　李儀祉　水利月刊　9：2　91-95面　24年8月

黃河釋名　張含英　禹貢半月刊　6：11　17-20面　26年2月1日

黃河釋名補　鄭鶴聲　禹貢半月刊　7：1-3　277-279面

26年4月1日　又史地社會論文摘要月刊　3：8　28面
26年5月20日

黃河舊賬的翻檢　君華　清華月刊　1：1　55—61面　26年5月

治理黃河之歷史觀　朱延平　水利月刊　1：6　473—482面
20年12月

黃河治導略史　沈寶璋　水利月刊　1：3　171—181面　20年
9月

黃河之迷信　張含英　水利月刊　4：1—2　21—28面　22年3月

中國河工理論概述（防治黃河史的理論）　朱皆平　交大唐院
季刊　3：2　29—51面　23年6月

黃河南親王史略　段妏滋　方志　9：3—4　228—231面
25年7月

宋元明代之黃河　武同舉　水利月刊　9：6　430—440面
24年12月

潘季馴治黃主張之分析與討論　張廣仁　清華週刊　45：3
50—53面　25年11月15日

明清兩代河防考略　尹尚卿　史學集刊　1　97—122面　25
年4月

新輯治河始末　侯仁之　史學年報　2：3　43—88面　25年11月

陳潢治河　侯仁之　天津大公報史地周刊　126　26年3月9日

清康熙之治水　張家駒　民族雜誌　4：2　293—309面　25
年2月1日

清順康雍三朝河決考　栗宗嵩　水利　10：5　335—347面
25年5月

清乾隆黃河決口考　薛履坦　水利　10：5　348—377面　25
年5月

雎工始末記　戴祁　水利　10：5　393—401面　25年5月

清嘉道兩朝河決考　駱騰　水利　10：5　378—392面　25年
　　5月

黃河祥符大工始末記　戴祁　水利　10：2　153—167面　25
　　年2月

黃河中牟大工始末記　張烱　水利　10：2　111—152面　25
　　年2月

咸豐五年至清末黃河決口考　水利　10：2　168—184面　25
　　年2月

禹貢三江考　楊敬旹　史地雜誌　1　18—22面　26年5月1日

揚子江考　制言半月刊　16　1—2面　25年5月1日

修運河議　張崑河　禹貢半月刊　7：1—3　207—211面　26
　　年4月1日　又史地社會論文摘要月刊　3：8　27—28面
　　26年5月20日

運河之沿革　汪胡楨　水利月刊　9：2　120—129面　24年8月

南運歷代沿革攷　陳嵒如　禹貢半月刊　6：1　27—30面　25
　　年9月1日

淮系年表全編提要（武同舉編）　賀次君　北平華北日報地學
　　周刊　6　25年5月11日　7　25年5月18日

淮史述要　武同舉　江蘇研究　2：7—8　1—26面　25年8月31
　　日　又江蘇建設月刊　3：1　25年10月1日

熊烺下河議說集要跋　顧廷龍　燕京大學圖書館報　104　2—
　　3面　26年5月1日

滹沱河略言　董天翬　河北月刊　3：1　1—3面　24年1月　又
　　華北水利月刊　8：1—2

滹沱河（河北通志水道篇之一）　王樹柟　河北月刊　3：3
　　1—6面　24年3月　3：4　1—6面　24年4月　3：5　1—10面
　　24年5月

永定河（河北通志水道篇之一）　王樹枏遺箸　河北月刊　4:4
　　1—4面　25年4月5日　4:11　1—4面　25年11月15日

大清河（河北通志水道篇之一）　王樹枏　河北月刊　3:6
　　1—3面　24年6月　3:7　1—6面　24年7月　3:8　1—
　　8面　24年8月　3:10　1—16面　24年10月

灤河（河北通志水道篇之一）　王樹枏　河北月刊　4:1　1—
　　9面　25年1月　4:2　1—6面　25年2月　4:3　1—6面
　　25年3月

濟水考證　汪明楨　水利月刊　6:4　225—229面　23年4月

東臺興灘　董作賓　禹貢半月刊　6:2　37—39面　25年9月16日

中國水道殊異之三——河南省之南汝水及洪河　李國耀　地學
　　雜誌　179　51—62面　25年

唐宋汴河考　青山定男　張其春譯　水利月刊　7:4　23年10月
　　又方志月刊　7:10

覃懷考　張中孚　河南博物館館刊　2　1—2面　25年8月

江蘇通志水工志稿　武同擧　江蘇研究　2:6　1—11面　25年
　　6月31日　2:7—8　1—8面　25年8月31日　2:9—10
　　1—7面　25年10月31日　2:11　1—10面　25年11月31日
　　2:12　1—10面　25年12月31日　3:1　1—7面　26年1
　　月31日　3:2—3　1—14面　26年3月31日　3:4　1—5
　　面　26年4月31日

說「廣陵之曲江」　傅斯年　中央研究院史語研究所集刊
　　6:1　87—91面　25年3月

惡溪發　饒宗頤　禹貢半月刊　6:11　21—26面　26年2月1日

羅布淖爾水道之變遷　黃文弼　禹貢半月刊　5:2　1—4面
　　25年3月21日

中國港灣小史（原文初載於東洋史講座第七,八,十五,號繼載於

東西交涉史之研究南海篇） 藤田豐八郎著 王桐齡譯
師大月刊 23 176—186 面 24年12月30日

空想的水利學 以中 天津大公報圖書副刊 152 25年10月
15日

徐光啟氏水利學說在西北墾荒之效用 丟媒如 新北辰 1:12
1213—1220 面 24年2月15日

河北水利史概要 石玉璞 林榮 河北月刊 1:3 1—16面
22年3月1日 1:4 1—7面 22年4月1日 1:5 1—9面
22年5月1日 1:6 1—11面 22年6月1日 1:7 1—5面
22年7月1日 1:8 1—4面 22年8月1日 1:10 1—10面
22年10月1日 1:11 1—8面 22年11月1日 1:12 1—17面
22年12月1日 2:4 1—9面 23年4月1日 2:5 1—10面
23年5月1日 2:6 1—10面 23年6月1日 2:8 1—6面
23年8月1日 2:9 1—8面 23年9月1日 2:10 1—7面
23年10月1日 2:12 1—9面 23年12月1日 3:1 1—8面
24年1月 3:2 1—8面 24年2月

寧夏河渠農利沿革概況 趙福彝 文化建設月刊 3:6 61—
71面 26年3月10日

河套農墾水利開發的沿革 蒙思明 禹貢半月刊 6:5 33—
49面 25年11月1日

後套渠道之開濬沿革 王誥 禹貢半月刊 7:8—9 123—151
面 26年7月1日

中國水利掌故與書籍 慶廷 交大季刊 2 131—132 面
19年5月

中國水利書籍提要拾零〔河議本末一卷（清嘉慶十三年刊本趙
洵撰）河防摘要一卷（清陳潢撰治河方略本附見原書卷十）
治河管見不分卷（清董詢琦撰存素堂藏清光緒刻本）〕

文靜　北平世界日報圖書館週刊　94　25年12月23日

重印河防一覽跋（河防一覽十四卷明潘季馴撰）　茅乃文　北

　　平世界日報圖書館週刊　66　25年6月3日

中國河渠圖書目錄自序　茅乃文　北平世界日報圖書館週刊

　　9　24年5月1日

中國河渠書提要　茅乃文　水利月刊　11：1　52—62面　25

　　年7月　11：2　108—119面　25年8月　11：3　172——

　　183面　25年9月　11：4　218—225面　25年10月

　　11：5　292—299面　25年11月　12：1　79—91面　26

　　年1月　12：2　139—168面　26年2月　12：3　226—

　　233面　26年3月

（7）　交　通　郵驛附

交通史序　關賡麟　交通雜誌　1：9　155—162面　22年7月

交通史電政編敘略　關賡麟　交通雜誌　1：11　139—144面

　　22年9月

交通史航政編敘略　關賡麟　交通雜誌　2：8　140—146面

　　23年6月

中外交通史之簡述　老堅信　政治學報　7　93—95面　26年

　　3月

中世紀東西亞海道上的航船　江應樑　新亞細亞月刊　12：1

　　11—18面　25年7月1日

中日古代交通（作者日本史講義初稿第五章）　許與凱　文化

　　與教育旬刊　87　18—30面　25年4月20日

鴉片戰爭前的中西交通　當士兒言著　丁則良譯　清華月刊

　　1：1　17—23面　26年5月

中國南洋交通史序　馮承鈞　出版週刊　新224　9—10面

——236——

26年3月13日

中國南洋之交通　馮承鈞　東方雜誌　34：7　135面　26年
4月1日　又史地社會論文摘要月刊　3：8　41面　26年
5月20日

前漢時代陸路交通攷　鄭師許　交大季刊　15　29—37面　23
年12月　16　1—20面　24年6月　17　1—26面　24年9
月　18　1—11面　24年12月　19　6—25面　25年3月
20　10—29面　25年6月　21　1—7面　25年9月　23
1—17面　26年3月

兩宋時代之交通事業　蔣重慶　正風雜誌　2：11　1043—1050
面　25年7月16日

宋代交通制度考略（續）　王鑑瑤　安雅月刊　1：12　33—
38面　25年5月1日

明代之漕運（原文載日本昭和三年三月出版之史學雜誌第三十
九編第三號）清水泰次著　王崇武譯　禹貢半月刊　5：5
35—50面　25年5月1日

清代以前的漕運慨況　吳士顏　天津益世報食貨　24　26年5
月18日

清季漕聲與海運　傑　北平晨報藝圃　26年4月28日

輪船招商局與漕運的關係　吳鐸　天津益世報史學　36　25年
8月30日

我國航權喪失之前因後果　章勃　交通雜誌　1：12　67—80
面　22年10月

中國鐵路發展之回顧與展望　徽　清華週刊　44：6　48—
56面　25年5月20日

清季鐵路外交之失敗　陳暉　天津益世報史學　21　25年2月
4日

282

清末商辦鐵路的興衰及其原因的分析　吳鐸　天津益世報史學
　　51　26年4月4日　52　26年4月26日　又史地社會論
　　文摘要月刊　3:8　16—17面　26年5月20日

津通鐵路的爭議　吳鐸　中國近代經濟史研究集刊　4:1　67
　　—132面　25年5月

由京至雲南水陸路程清單　闕名　禹貢半月刊　5:12　51—58
　　面　25年8月16日

中國郵驛發達史緒言　樓祖詒　交通雜誌　3:11　115—121
　　面　24年4月

整理郵驛史料之商榷　樓祖詒　交通雜誌　4:4　31—38面
　　25年4月

先秦郵驛交通史略　樓祖詒　交通雜誌　5:1　53—62面
　　26年1月

漢代郵驛交通史略　樓祖詒　交通雜誌　4:8　63—73面
　　25年8月

唐代驛名拾遺　姚家積　禹貢半月刊　5:2　23—32面　25年
　　3月21日

元朝驛傳雜攷　羽田享著　馮鑑文譯　師大月刊　30　2.90—
　　316面　25年10月30日

察綏郵驛志略（內有古代郵驛一節）　樓祖詒　禹貢半月刊
　　7:8—9　153—165面　26年7月1日

「站」與「站赤」　李夢璜　禹貢半月刊　6:6　35—37面
　　25年11月16日

（8）　古　蹟　古　物　遺址附

中國古代都市建築工程的鳥瞰　楊哲明　中國建築　1:1　23
　　—28面　22年7月

———238———

中國塔之建築　黃祖淼　中國建設　9：5　79—85頁　23年5月

歷代興築長城之始末　李有力　長城專刊　2：2　47—51頁　25年10月1日

中國長城考略　張偉賢　女師學院季刊　3：1—2　156—159頁　24年1月10日

趙長城玫（附李秀潔跋）　張維華　禹貢半月刊　7：8—9　41—60頁　26年7月1日

魏長城玫　張維華　禹貢半月刊　7：6—7　223—254頁　26年6月1日

齊長城起原玫（訂補作者齊長城玫一文刊天津大公報史地周刊四十九期）　張維華　時代青年　1：2　12—14頁　25年6月25日　又禹貢半月刊　7：1—3　121—148頁　26年4月1日　又史地社會論文摘要月刊　3：8　26—27頁　26年5月20日

秦始皇與長城　疑　北平晨報婆圖　25年11月2—4，10日

閒話長城　耐山　天津益世報說苑　26年3月23—4月1日

長城關堡礫　張鴻翔　地學雜誌　177　17—32頁　25年　178　19—36頁　25年　179　11—38頁　25年

嘉峪關調查記　馬鶴邦　蒙藏月報　5：1　53—58頁　25年4月30日

金陵大朝陵墓巡視記　羅香林　廣州學報　1：2　1—17頁　26年4月1日

宋永思陵平面及石藏子之初步研究　陳仲篪　中國營造學社彙刊　6：3　121—147頁　25年9月

遼金燕京城郭宮苑圖考　朱偰　武大文哲季刊　6：1　49—81頁　25年

遼金燕京城郭宮苑圖考（朱偰著　國立武漢大學出版部發行）

　　　劉敦楨　中國營造學社彙刊．6：4　165—168面　26年6月

元大都城坊考　王璧文　中國營造學社彙刊　6：3　69—120
　　面　25年9月

元大都宮殿圖考（朱偰為　上海商務印書館發行）　璧文　中
　　國營造學社彙刊　6：4　168—177面　26年6月

元大都寺觀廟宇建置沿革表　王璧文　中國營造學社彙刊　6：
　　4　130—161面　26年6月

清故宮文淵閣實測圖說　劉敦楨　梁思成　中國營造學社彙刊
　　6：2　32—48面　24年12月

清宮式石閘及石涵洞做法　王璧文　中國營造學社彙刊　6：2
　　49—73面　24年12月

北平護國寺殘蹟　劉敦楨　中國營造學社彙刊　6：2　3—31
　　面　24年12月

記護國寺舍利塔中之藏塔　姚彤章　北平研究院院務彙報
　　4：3　1—2面　22年5月

北平永安寺記　妙舟　微妙聲月刊　1：3　41—46面　26年
　　1月15日

北平妙應寺記　妙舟　微妙聲月刊　1：4　45—47面　26年
　　2月15日

北平弘仁寺記　妙舟　微妙聲月刊　1：5　46—48面　26年
　　3月15日

北平萬善殿記　妙舟　微妙聲月刊　1：6　47—50面　26年
　　4月15日

北平雍和宮記　妙舟　微妙聲月刊　1：1　53—60面　25年
　　11月15日　1：2　41—46面　25年12月15日

閒話中華門　陶在東　宇宙風　21　479—480面　25年7月
　　16日

望國沿革攷　張次溪　正風雜誌　2:7　604—606面　25年
　5月16日

北平傳說（目次：白塔寺白塔，鐵佛寺古井，御河橋前石獅，
　西安門上飛箭，頤和園虎城，双塔寺双塔、鐘樓銅鐘，潭
　柘寺帝王樹金甲土地廟土地，白雲觀石候，東嶽廟銅騾）
　馴羊　宇宙風　21　481—483面　25年7月16日

天津恩源莊攷　于鶴年　河北月刊　2:7　1—5面　23年7月
　1日

天津天后宮攷　于鶴年　河北月刊　3:6　1—4面　24年6月
　2:7　1—8面　24年7月

河北十四縣古蹟古物調查紀錄（續）　嚴智怡　河北博物院畫
　刊　105　4面　25年1月25日　108　3面　25年3月
　10日　110　4面　25年4月10日

河南省北部古建築調查記　劉敦楨　中國營造學社彙刊　6:4
　30—129面　26年6月

修葺十二連橋記　林薇　河北月刊　3:3　1—5面　24年3月
　3:4　1—10面　24年4月

汴鄭古建築遊覽紀錄　楊廷寶　中國營造學社彙刊　6:3
　1—16面　25年9月

開封繁台之沿革及其建置　趙玉芳　河南政治月刊　4:9　1—
　6面　23年9月

洛陽都市建築之沿革　楊哲明　中國建築　2:11—12　42—45
　面　23年11月

記洛陽白馬寺　滕固　方志　9:1　16—19面　25年1月1日

洛陽白馬寺紀略　戴志昂　中國建築　1:5　35—37面　22年
　11月

河南葉縣之長泪堤溯古蹟辨（附顧頡剛跋）　趙貞信　禹貢半

月刊 5:7 31—42面 25年6月1日

長安都市之建築工程 楊哲明 中國建築 3:2 61—63面

長安都市建築工程之研究 陳仲篪 中國建築 3:3 46—47
面 24年8月

評楊鍊譯長安史蹟考（長安史蹟之研究日本足立喜大撰楊氏譯
為中文易名長安史蹟考商務印書館出版售洋二元四角）
周一良 天津大公報圖書副刊 114 25年1月23日

長安史蹟考 金陵古蹟圖考 金陵古蹟名勝影集（長安史蹟考，
日本足立喜六著楊鍊譯商務發行。後二種朱偰編均商務發
行） 湯朝華 書／月刊 1:9 35—41面 26年3月 又
天津益世報人文週刊 19 26年5月14日

敦煌石窟考 蕙農 北平晨報藝圃 26年2月26日

磧砂延聖院小志 葉恭綽 考古社刊 4 119—173面 25
年6月

蘇州古建築調查記 劉敦楨 中國營造學社彙刊 6:3 17—
68面 25年9月

姑蘇台 衛聚賢 江蘇研究 2:7—8 1—4面 25年8月31日

金陵明故宮孜 風子 北平晨報藝圃 25年10月6,7,9,12日

寶山古城考查記 陳志良 江蘇研究 2:11 1—3面 25年11
月31日

雙林寺考古志 朱中翰 文瀾學報 3:1 1—16面 26年3月
31日

保叔塔叢話 管震民 西湖博物館館刊 1 29—32面 22年
6月

文瀾閣的今昔 周行保 西湖博物館館刊 3—4 48—50面
24年6月

龍虎山上清宮考 楊大膺 光華大學半月刊 5:3—4 126—128面

25年12月8日　5:5　78—80面　26年1月9日　5:6
69—72面　26年3月16日

成都城池沿革（作為成都古蹟考之第一章）蒙思明　禹貢半月
刊　5:12　35—40　25年8月16日

漳州史蹟　翁國樑　福建文化　3:20　1—124面　24年12月

泉州双塔　石建「亭塔」之結構研究第一章泉州双塔（前者艾
克戴密微合著，哈佛大學出版社出版，後者艾克著輔大華
裔學誌第一卷第二期）　思成　中國營造學社彙刊　6:3
183—186面　25年9月　又天津大公報圖書副刊　150
25年10月1日

南華史蹟記　南華月刊　1:1　3面　26年1月25日

潮州府韓文公祠沿革　饒宗頤　禹貢半月刊　6:11　43—50
面　26年2月1日

曹溪訪古記　羅香林　東方雜誌　33:17　203—209面　25
年9月1日

廣濟橋考　饒宗頤　史學專刊　1:4　285—303面　25年12
月10日

青塚　壹公　新蒙古　4:2—3　44—51面　24年9月15日

評李季譯馬可波羅遊記（上海亞東圖書館印行民國二十五年四
月出版定價一元二角）　孟樹　天津益世報讀書週刊　75
25年11月19日

中國古代旅行之研究（江紹原著二十四年七月商務初版定價一
元二角）　吳世昌　史學集刊　2　225—230面　25年10月

中國古代旅行之研究（江紹原著二十四年七月商務初版定價一
元二角）　王以中　天津大公報圖書副刊　134　25年6
月11日　又圖書副刊　3:1—2　39—43　25年3月

中國古代旅行之研究（江紹原著二十四年七月商務初版定價一

元二角）浦江清　清華學報　11：2　567—571面　25年
4月

中國古代旅行之研究（江紹原著二十四年七月商務初版定價一
元二角）樊縝　北平華北日報中國古占卜術研究　19　25
年12月20日

（9）　雜　考

中國古代都市的研究　那波利貞作　何健民譯　時事類編
　　5：9　26年5月1日　又文化建設月刊　3：8　135面
　　26年5月10日

護德瓶群簡端跋　沈曾植遺著　青鶴雜誌　4：2　1—5面　24年
　　12月1日　4：12　1—2面　25年5月1日

三國時孫吳的開發江南　李子信　食貨半月刊　5：4　170—
　　184面　26年2月16日　又史地社會論文摘要月刊　3：8
　　8面　26年5月20日

隋唐時代西域歸化人考（續）　桑原騭藏著　王桐齡譯　師大
　　月刊　26　316—340面　25年4月30日　29　138—169
　　面　25年6月30日

隋唐時代西域歸化人考（續）　桑原騭藏著　何健民譯　武大
　　文哲季刊　5：2　423—458面　5：3　679—694面
　　5：4　877—941面　25年

隋唐時代揚州的輪廓　武仙卿　食貨半月刊　5：1　7—25面
　　26年1月1日

唐代的汴州　武仙卿　天津益世報食貨　25　26年5月25日

水滸傳中所描寫的東京汴渠考證　謝興堯　逸經半月刊　5
　　3—9面　25年5月5日

耶律希亮神道碑之地理人事　岑仲勉　史學專刊　1：4　卜44面

25年12月10日

清青海㘭羅卜藏丹津戰地考　楊敏曾　地學雜誌　1：2　37—38面　26年7月

劉銘傳之經營台灣　周蔭棠　遺族校刊　2：4—5　177—182面　24年6月8日

一頁光榮的台灣史　陶基烈　遺族校刊　2：4—5　167—175面　24年6月8日

從歷史地理觀察西安　方秋葦　前途雜誌　5：5　37—43面　26年5月16日

原始時代之東北　馮家昇　禹貢半月刊　6：3—4　11—27面　25年10月16日

原始時代東北居民與中國之關係略識　田鳳章　禹貢半月刊　7：5　1—6面　26年5月1日

東北在周代以前已隸中國之史地證　沈恩孚　人文月刊　7：8　1—3面　25年10月15日

中國歷史上的東北四省　臻郊　中學生雜誌　66　29—51面　25年6月

中原民族之開發東北　衛聚賢　江蘇研究　3：5—6　1—7面　26年6月30日

燕秦西漢與東北　王伊同　禹貢半月刊　7：5　35—49面　26年5月1日

明初之經營東北（駁日人矢野仁一博士謂明東北疆域限於邊牆說）　劉選民　天津大公報史地周刊　117　25年12月25日　又史地社會論文摘要月刊　3：5　19面　26年2月20日

清代漢人拓殖東北述略　樊維航　禹貢半月刊　6：3，4　105—110面　25年10月16日

東北諸名稱之傳入歐州及其與中國領土之關係　劉選民　天津

　　　大公報史地周刊　141　26年6月18日

法人對於東北的研究（原文載滿蒙第十四卷第十、十一號）
　　　日本田口稔著　劉選民譯　禹貢半月刊　6：7　49—61面
　　25年12月1日

日人對於我東北的研究近狀　馮家昇　禹貢半月刊　5：6　1—
　　6面　25年5月16日

三百年來之滿州研究（原文登載外交時報第六百九十二號及六
　　百九十三號）　中山久四郎著　劉選民譯　禹貢半月刊
　　6：10　69—78面　26年1月16日

瀋陽史蹟　王華隆　禹貢半月刊　6：3—4　159—166面　25
　　年10月16日

古代河套與中國之關係　張維華　禹貢半月刊　6：5　9—24面
　　　25年11月1日　又文化建設月刊　3：3　157面　25年12月10日

詩人跟中之馬邑坡　蟄公　新蒙古　3：6　75—78回　24年
　　6月15日

天津衞考初稿　于鶴年　河北月刊　2：3　1—12面　23年3
　　月1日　2：4　1—8面　23年4月1日

宣化殘文獻述略　紀國宣　禹貢半月刊　7：8—9　105—122
　　面　26年7月1日

西湖史話　周行係　西湖博物館館刊　3—4　98—101回　24
　　年6月

春臺隨筆（嘉慶間寓居江西袁州所作多考證袁州掌故為地志補
　　助尤紀載未刊稿）　清黃世發遺著　蟄文雜誌　1：1　1—
　　10面　25年4月1日　1：3　1—6面　25年6月15日

中國學術史上廣東的地位　羅香林　書林半月刊　1：3　2—8
　　面　26年4月10日

瓊崖之歷史　陳獻榮　新亞細亞月刊　11：5　67—72　25年5月1日

—— 246 ——

粵東掇珠戲　謝富禮　書林半月刊　1:1　15—26面　26年3月10日

玄武雜綴（故宮北門曰神武明為玄武清康熙間避諱改今名此編瑣述宮庭見聞）　玄武舊客　北平世界日報明珠副刊　24年6月17—30日，7月1—10 12,14,16—31日　8月1—30日　9月1,6日

北平話舊　八六老翁口述　李鈺筆記　宇宙風　21　475——478面　25年7月16日

（七） 諸 子 學

（1） 通 論

東方哲學略談　蔣維喬　中國學生　2：1—4　24—26面　25
　　年1月1日

讀李石岑人生哲學劄記　抉炎　國光雜誌　14　76—82面　25
　　年2月16日

中國古代"天"的觀念之發展　陳高傭　暨南學報　2：1　83—
　　122面　25年12月　又文化建設月刊　3：6　141—142
　　面　26年3月10日

中國哲學中命的問題（中國哲學會第二屆年會論文之一）
　　馬叙倫　哲學評論　7：2　147面　25年12月

中國哲學中之活的與死的　張季同　世界動態　1：1　68—73
　　面　25年11月1日

中國哲學思想上的時空觀念　吳念中　東方雜誌　33：7　101
　　—113面　25年4月1日

智識與道德（中國哲學會第二屆年會論文之一）　林志鈞　哲
　　學評論　7：2　155—159面　25年12月

論中西哲學中本體觀念之一種變遷　唐君毅　文哲月刊　1：8
　　13—38面　25年9月20日

中國民族的思想——中庸（中國哲學會第一屆年會論文之一）
　　林宰平　哲學評論　7：1　125面　25年9月

刑重與中庸（闡述中庸即刑中所蛻化之理）　丁山　蔡元培先
　　生六十五歲論文集（下）　619—625面　24年1月

中國心理與比較心理學（萬蘭言 M. Granet 的中國思想
　　La Pensée Chinoise 序）Henri Berr 著　覺之譯

中法大學月刊　8：5　61—75面　25年3月1日

生活理想之四原則　張李同　文哲月刊　1：7　39—49面
　　25年8月10日

用佛法来解答三個哲學問題（我，宇宙，知識）王小徐
　　海潮音月刊　17：11　27—35面　25年11月15日

心靈學類證（續）椶禪　安雅月刊　1：12　65—68面
　　25年5月1日

關於文化與哲學（關於文化問題四駁葉青氏關於現在中國所
　　需要的哲學答柳湜氏）張李同　北平晨報思辨　55
　　25年10月2日

明德（續）（讀論．孟．老．莊）繆篆　新民月刊　1：6
　　43—78面　24年10月　2：1　51—115面　25年1月

人論（續）姜忠奎　新民月刊　1：6　1—28面　24年10月

儒釋合參　淨名　北平晨報藝圃　26年5月2日

從中國言語構造上看中國哲學　張東蓀　東方雜誌　33：7
　　89—99面　25年4月1日

中國上古哲學鳥瞰　孫道昇　文哲月刊　1：8　94—103面
　　25年9月20日　又北平晨報學園　927　25年4月6日
　　928　25年4月7日

從王安石變法說到中國歷史上的無為思想　嵇文甫　河南政
　　治月刊　5：11　1—6面　24年11月　又北平晨報歷史周
　　刊　12　25年12月16日

孔子以前的道德思想之基本概念　孫道昇　人生評論　1　1
　　—8面　25年10月10日

怎樣研究中國哲學史　馮友蘭　孫道昇　出版周刊　新233
　　1—7面　26年5月15日

馮著「中國哲學史」的内容和讀法　張李同　出版周刊　新

126 1—6面 24年4月27日 新127 1—6面 24年5月4日

先秦諸子之起源 馮友蘭講演 陸繼蕙宗靖亞筆記 女師學院期刊 4:1—2 15—18面 25年6月20日

諸子原易論 丁易芬 國聞週報 14:16 35—39面 26年4月26日

關於考據諸子的態度(古史辨第六冊序) 張西堂 天津益世報人文周刊 23 26年6月11日

與陳柱尊教授論諸子書 李源澄 學術世界 1:8 9—93面 25年1月

羅庶丹諸子學述叙 李肖聃 員幅 1:1 1—2面 25年7月1日

評錢穆著先秦諸子繫年(二十四年十二月商務出版定價四元五角) 鄧恭三 國聞週報 13:13 37—42面 25年4月6日

先秦諸子戰爭之理論 郭登峰 民族雜誌 4:7 1175—1197面 25年7月1日 4:8 1341—1367面 25年8月1日 4:9 1571—1610面 25年9月1日

論諸子 夢華 北平晨報學園 942 25年5月4日 943 25年5月5日

原名法陰陽道德 馮友蘭 清華學報 11:2 279—292面 25年4月

周秦諸子禮法兩大思想概論 劉承漢 法學季刊 4:8 768—825面 20年4月

春秋戰國哲學思想的流派 譚玉模 北平晨報思辨 64 25年12月4日

春秋戰國之私家講學考 宋恩培 國專月刊 3:3 29—42面

——250——

　　25年4月15日

論中古哲學　章太炎遺著　制言半月刊　30　1—3　25年12月
　　1日

秦漢歷史哲學　馮友蘭　哲學評論　6:2—3　1—8面　24年
　　9月

序姚薇秦漢哲學史　張東蓀　北平晨報思辨　42　25年7月3日

秦漢哲學史（姚舜欽著商務出版定價一元五角）　孫子昌　天
　　津大公報圖書副刊　136　26年6月17日

漢初的學術與政治（此為作者中國史綱中「儒學的正統化」一
　　章的大部分）張蔭麟　天津大公報史地周刊　107　25年
　　10月16日

兩漢的哲學思想　范壽康　東方雜誌　33:1　311—323面
　　25年1月

漢代學術史略（顧頡剛著　廿四年八月上海亞細亞書局出版五
　　冊七角）　雷海宗　清華學報　11:2　564—566面
　　25年4月

中國學術史上漢宋兩派之長短得失　張君勱　張菊生先生七十
　　生日紀念論文集　1—24　25年1月

漢代的儒家　陳呂培　仁愛月刊　1:10—11　49—63面　25
　　年3月

兩漢之五行與天人感應說　陳位莊　新民月刊　1:7—8　5—
　　23面　24年12月

漢魏佛學的兩大系統（中國哲學會第一屆年會論文之一）
　　湯用彤　哲學評論　7:1　126面　25年9月

魏晉老學論　蕭吳梵　中心評論　12　23—24面　25年5月
　　11日

魏晉的清談（清談者談論玄道剖析妙理之謂）　范壽康　武大

文哲季刊 5:2 237—288面 25年

清談源流考 市村瓚次郎著 胡厚宣譯 北平華北日報史學周刊 1—9 23年9月6日至11月8日

宋代理學概學 林穎新 仁愛月刊 1:9 17—23面 25年1月

新儒學派發微 李源澄 論學 1 35—49面 26年1月

宋儒性理學 朱貿璋 道德半月刊 3:5 12—13面 25年3月15日 3:6 14—20面 25年3月30日 3:7 19—26面 25年4月15日 3:9 18—22面 25年5月15日

理學略論 李源澄 國風 8:12 7—13面 25年12月

中國理學史（賈豐臻著廿五年商務出版定價一元五角） 劉仲博 天津大公報圖書副刊 176 26年4月8日

中國理學史（賈豐臻著廿五年商務出版定價壹元伍角） 潘菽 中央日報圖書評論週刊 4 26年6月10日

論兩宋學術精神（中國近三百年學術史引論之一） 錢穆 文學年報 2 15—18面 25年5月

宋之學術及政治與文學之影響 羅智強 民鐘季刊 2:1 178—181面 25年4月

宋代學者思想的嬗變趨勢及其象徵 蔡銘沅 約翰聲 47 1—9面 25年6月1日

宋儒理學對於歐洲文化之影響 朱謙之講 蔣玉麟記 現代史學 3:2 1—11面 26年4月5日

答黃季剛書（宋元明學案及論語疑義） 章炳麟 青鶴雜誌 4:17 1—2面 25年7月16日

宋元學案補遺序錄 張壽鏞 光華大學半月刊 5:6 1—3面 26年3月16日 5:7 1—3面 26年3月30日 5:8 1—2面 26年4月20日 5:3 1—8面 26年5月10日

宋儒修為方法論　道中　東方雜誌　33：12　73—80面　25
　　年6月16日

陳蘭甫讀書遺稿（關於「宋」者）　楊壽昌　嶺南學報　5：3—
　　4　1—27面　25年12月

宋儒理學的根本觀念　吳念中　文化建設月刊　3：1　91—101
　　面　25年10月10日

宋儒的知行學說　夏君虞　經世　1：8　27—33面　26年5
　　月1日　1：10　26—35面　26年6月1日

宋代知行學說之探討　闡秋水　正風雜誌　3：6　581—
　　582面　25年11月1日

宋儒的思想方法（中國哲學會第一屆年會論文之一）　賀麟
　　哲學評論　7：1　126—127面　25年9月　又東方
　　雜誌　33：2　43—58面　25年1月16日

宋儒主靜主敬論　黃恭　仁愛月刊　1：10—11　77—83
　　面　25年3月

論新儒家的理和欲　車銘深　東方雜誌　34：1　283
　　——291面　26年1月1日

讀書札記（目次：理學家之居敬；理學家之窮理）　徐德修
　　仁愛月刊　1：10—11　15—111面　25年3月

何謂格物　胡子靖　國光雜誌　16　83—85面　25年
　　4月16日

宋元明時代思潮的進展　譚丕模　文化論衡　1　1—6面
　　25年9月1日

宋元明思想史綱序　李達　北平晨報學園　1013，25年9月
　　16日

譚丕模宋元明思想史綱　劉北斗　北平晨報歷史周刊　6
　　25年11月7日

與張東蓀論學書（宋明儒學取佛家修養方法問題） 熊十力
　　中心評論 9 14—16面 25年4月11日

關於宋明理學之性質 張東蓀 熊十力 文哲月刊 1：6 1—
　　7面 25年3月20日

公安三袁與左派王學 嵇文甫 文哲月刊 1：7 68—73面
　　25年8月10日

清代思想引論 張西堂 北平晨報學園 1043 25年11月16
　　日 1044 25年11月17日 1045 25年11月19日

清代思想史綱序 顧頡剛 北平晨報歷史周刊 7 25年11月
　　11日

讀「清代思想史綱序」以後 班馬蕭 北平晨報歷史周刊 11 25
　　年12月9日

清代思想的一個特徵 張西堂 文哲月刊 1：6 63—82面
　　25年3月20日

清代學術之盛衰及其變遷述略 江 國光雜誌 1 57—60
　　面 25年5月16日

清代漢學概略 邢立言 北平晨報藝圃 25年11月28日

清代漢學家治學精神與方法 顧頡剛 廣播周刊 106 22—
　　25面 25年10月3日 又北平晨報25年10月1—5日
　　又播音教育月刊 1 25年11月

清代學者之妒爭 兄之 北平晨報藝圃 26年2月5日

吳學鈎微 貝琪 學術世界 1：9 126面 25年3月 1：10
　　93—95面 25年4月 1：12 87—88面 25年7月
　　2：3 44—45面 26年1月

兩浙學術考 張壽鏞 光華大學半月刊 5：2 1—2面 25年
　　11月7日 5：3—4 1—3面 25年12月8日 5：5
　　1—5面 26年1月9日 又國風 8：9—10 2—7面 25

（2）　周秦諸子

（A）　儒家

說儒　胡適　中央研究院史語研究所集刊　4：3　233—284面　23年

讀說儒　楊向奎　天津益世報讀書週刊　43　25年4月9日

周秦儒學史論　李源澄　論學　1　26—34面　26年1月1日

儒墨之異同　胡有猷　江漢思潮月刊　4：5—6　55—56面　25年6月30日

孔墨學術講習會宣言　伍非百　論學　1　49—54面　26年1月1日

殷商民族所巴望的「真龍天子」　江紹原　北平華北日報　23年12月16日

古宋君臣們的民族復興運動（駁胡適之說儒中宋襄公復興殷商野心說）　江紹原　北平華北日報　23年12月21日

力勸宋襄公復興殷民族者誰耶？　江紹原　北平華北日報　23年12月22—24日

「天之棄商久矣……」是誰說的？　江紹原　北平華北日報　23年12月25日

談儒家　知堂　北平世界日報明珠　65　25年12月4日

論經史儒之分合　章太炎講　王謇筆記　國風　8：5　187—193面　25年5月

儒家的起源　劉興唐　人生評論　2　1—28面　25年11月10日

儒家之起源　錢穆　北平華北日報史學周刊　113　25年11月26日

儒家的倫理觀念　牛磊若　進德月刊　2：5　23—38面　26年1月1日

禮樂一元論（儒家禮樂說正論之一）　李濤　清華學報　11：1　221—237面　25年1月

儒家之禮的理論　嚴耕望　學風　7：1　1—10面　26年1月

302

孔子哲學的總綱　沙月坡　孔子哲學　1　35—38面　26年1月20日

孔子之哲學思想概論　若冊　大道半月刊　18　17—24面　23年9月1日

孔子和他的學說　姜亮夫　青年界　9:2　30—36面　25年2月

孔子學說派別論　主甫　大道半月刊　18　11—16面　23年3月1日

孔道十四論　侯人松　國光雜誌　17　52—56面　25年5月16日　18　61—63面　25年6月16日

孔子學說申義之一（民可使由之不可使知之）　許同莘　河北月刊　3:10　1—2　24年10月

禮運與孔子學說的分析　張學明　河北月刊　4:6　1—6面　25年6月15日

從論語中探討孔學的根本觀念　梁景昌　勷勤大學師範學院月刊　19　8—11面　24年6月25日

讀范壽康「孔子思想的分析與批評」（范氏此文載武大文哲季刊四卷第三期）　牛磊若　進德月刊　2:9　37—49面　26年5月1日

孔子的正名主義　楊樸菴　哲學與教育　4:2　1—8面　25年6月1日

論孔子的正名主義　秀瓊　仁愛月刊　1:10—11　65—75面　25年3月

為「認孔子為復古主義者」進一解　馮馳　北平華北日報中國文化　9　23年11月4日

讀史顧思錄　蔣鼎甫　船山學報　10　1—10面　24年12月

子路使門人為臣曾子易簀為聖賢禮以舉導義以立見解　黃筆

—— 258 ——

船山學報　9　1—3面　24年9月

曾子序（葉長青輯註）　劉通　國專月刊　5：5　78—79面
　　26年6月15日

曾子輯佚　太倉唐先生原輯　閩侯葉長青補輯並注　國專月刊
　　5：2　22—31面　26年3月15日　5：3　31—38
　　面　26年4月15日　5：4　21—27面　26年5月15日
　　5：5　43—53面　26年6月15日

閱詁曾參　趙蔭棠　北平晨報學圃　1064　25年12月22日

告子性論之新闡釋　李次萬　勷勤大學季刊　1：2　157——
　　179面　25年1月

孟荀學說論略　包槐森　國專月刊　3：4　30—33面　25年
　　5月15日

孟子荀子學術異同　劉懷儒　中國文學會集刊　2　1—43面
　　25年

孟子法先王荀子法後王之探討　徐文波　進德月刊　2：10　73
　　—79面　26年6月1日

性善性惡說　一知半解生　正風雜誌　2：11　1031—1032面
　　25年7月16日

孟子學說對於吾國民族思想上的影響　鍾魯齋　民族雜誌　4：
　　1　69—92面　25年1月1日

孟子的人生哲學　甘子恒　盤石雜誌　4：7　461—465面
　　25年7月1日

孟子雜識　三愛　天地人月刊　1：1　39—40面　24年12月
　　15日

孟子七篇源流及其注釋　胡毓寰　學術世界　1：12　58—61
　　面　25年7月

讀孟子札記　徐德修　仁愛月刊　1：12　95—101面　25年4月

漢儒之學源於孟子考　蒙文通　論學　3　14—24面　26年3月1日

荀子的根本思想　仲發　文化與教育旬刊　77　27—30面　25年1月10日

荀子的哲學　高名凱　人生評論　1　1—38面　25年10月10日

荀子哲學思想大要　李麥麥　文化建設月刊　3:5　93—99面　26年2月10日

荀子哲學及其方法論　陳召培　仁愛月刊　1:6　1—8面　24年10月　1:7—8　1—15面　24年12月

荀子心理學說研究　王禁曾　學術世界　1:8　5—12面　25年1月

荀子之論理學　習道宗　國專月刊　4:4　65—69面　25年12月25日

荀子名學試輯　梁德興　清華月刊　1:1　27—33面　26年5月

荀子禮樂論發微　周策縱　學術世界　2:3　69—74面　26年1月　2:4　61—66面　26年4月

荀子管窺（續）　王文蔚　國專月刊　5:5　70—74面　26年6月15日

荀子議兵篇書後　王煒宸　國學　1:2　24面　26年5月1日

荀子餘義　蔣禮鴻　中國文學會集刊　3　61—88面　25年8月

荀子勸學篇寃詞　張西堂　北平晨報思辨　40　25年6月16日　41　25年6月29日

荀子札記　章書簡　學風　7:2　1—8面　26年2月20日

荀子札記（續）　鄧憂鳴　國專月刊　2:5　49—52面　25年

———260———

1月15日

讀王先謙荀子集解札記　潘重規　制言半月刊　12　1—26面
25年3月1日

荀注訂補序　鍾泰　中國文學會集刊　3　59—61面　25年
8月

荀注訂補（國學小叢書之一種鍾泰著二十五年八月商務出版定
價三角伍分）　楊樹達　清華學報　12：1　219—239面
26年1月

新序校釋　石光暎　語言文學專刊　1：3—4　739—829面
26年6月

鹽鐵論校記　勞榦　中央研究院史語研究所集刊　5：1　13—
51面　24年10月

（B）　道家

道家出於儒家顏回說平議　丕烜　北平晨報學園　1006
25年9月2日

道家的非戰論　侯曙蒼　丁丑雜誌　1　1—9面　26年4月30
日

老莊思想底東漸及其影響（中日文化交通史論之一）　張大北
東方雜誌　34：3　57—70面　26年2月1日

莊子事蹟考　王文奇　河南政治月刊　5：4　1—13面　24年
4月

老子考略　陳獨秀　東方雜誌　34：11　7—15面　26年6月
1日

歷代學者考訂老子的總成績　羅根澤　天津益世報讀書週刊
87　26年2月18日　88　26年2月25日　89　26年
3月4日

306

—81面　26年1月

老子古微（續）　繆篆　制言半月刊　13　1—9面　25年3月16日　14　1—11面　25年4月1日　17　1—8面　25年5月16日　26　1—11面　25年10月1日　27　1—8面　25年10月16日　28　1—12面　25年11月1日　30　1—13面　25年12月1日　31　1—8面　25年12月16日　32　1—8面　26年1月1日

老子發微（續）　陳蕆宸遺著　甌風雜誌　21—22　17—24面　24年10月20日　23—24　25—32面　24年12月20日

老子新考（司馬遷所見書考之一）　金德建　文瀾學報　2:1　1—10面　25年3月31日

老子新證　于省吾　燕京學報　20　245—261面　25年12月

老子新編　李拔　勤勤大學季刊　1:2　345—360面　25年1月

老子通證（馮振著馮氏主張以老子本書證老子）　馮友蘭　清華學報　11:1　252—255面　25年1月

老子校語　丁居成　學術世界　1:8　51—52面　25年1月

老子補箋　張季同　哲學評論　7:2　129—140面　25年12月

老子餘義　李源澄　國專月刊　5:3　39—41面　26年4月15日

讀老雜記　徐行　學術世界　1:3　48—50面　25年1月

老子古注目叙　李翹　文瀾學報　2:2　25年6月30日

道德指歸輯本序（附辨道德指歸論（通行本）非偽書，老子指歸漢徵士嚴遵撰）　李翹　文瀾學報　3:1　5—7面　26

年3月31日

尹索即尹喜（西元前五世紀希臘有人名 Aesop 著有寓言.名 Aesop language，但 Aesop 非希臘人，是希臘在小亞細亞得擄的外國人 Aesop 即中國在西元前五世紀時一哲學家老子的學生、尹喜"）　衛聚賢　中外文化月刊　1　72—74面　26年2月1日

楊子哲學　胡有猷　江漢思潮月刊　4：4　25—27面　25年4月15日

孫著先秦楊朱學派評議　童卷章　北平晨報思辨　55　25年10月2日

黑格且的變化形而上學與莊子的變化形而上學之比較　唐君毅　中山文化教育館季刊　3：4　1301—1315面　25年10月

莊子概論　周逸　船山學報　13　5—11面　26年3月立夏日

莊子之大同思想　林尹　北平晨報思辨　51　25年9月4日

莊子研究　門啟明　哲學評論　6：2—3　90—111面　24年9月

莊子校證（參校眾本異同為之疏證）　楊明照　燕京學報　21　119—144面　26年6月

評馬叙倫氏莊子義證　吳英華　工商學誌　8：2　77—80面　25年12月25日

莊子釋誌　吳英華　工商學誌　7：2　159—172面　24年12月25日　又國學　1：1　17—20面　26年4月1日　1：3　23—25面　26年6月1日

莊子考證　胡兰薪　文學年報　3　129—150面　26年5月

讀莊隨筆　章紹烈　學風　7：5　1—11面　26年6月30日

莊子內外篇分別之標準　馮友蘭　燕京學報　20　155—158面
　　25年12月

莊子內篇劄記　姚寶賢　學術世界　1：8　53—62面　25年
　　1月

誰是「齊物論」之作者（據天下篇齊物論作者為慎到）
　　傅斯年　中央研究院史語研究所集刊　6：4　557—567
　　面　25年12月

齊物論淺釋　陳君哲　新苗　6　7—18面　25年8月16日

譚戒甫著莊子天下篇校釋　楊樹達　清華學報　11：1　255—
　　258面　25年1月

逍遙遊向郭義及支遁義探源　陳寅恪　清華學報　12：2　309
　　—314面　26年4月

莊子外雜篇探源　羅根澤　燕京學報　19　39—70面　25年
　　6月

（C）　墨家

二十年來之墨學　欒調甫　北平華北日報圖書周刊　25　24年
　　4月22日　26　24年4月29日

輝墨　道生　天津益世報人文週刊　9　26年3月5日

墨家之起源　馮友蘭講　淦靖南記　北平華北日報　24年5月
　　12—15日

墨子教義與中華民族復興之前途　熊世琳　河南政治月刊　5：7
　　1—8面　24年7月

墨子姓氏辨（附錢賓四來函並答函及吳世昌書後）　顧頡剛
　　童書業　史學集刊　2　151—193面　25年10月

墨翟為印度人說正謬後案　童書業　文瀾學報　2：1　1—15
　　面　25年3月31日

310

墨子哲學　周金　益旦　1:5　239—247面　25年2月15日

墨子論「利」　曙蒼　北平華北日報中國文化　98　25 8月2日

墨子的交利主義　羅根澤　人生評論　1　1—8面　25年10月10日

論墨家之非攻主義　侯曙蒼　北平華北日報中國文化　57　24年10月6日　58　24年10月13日

墨家的倫理學　王明　天津益世報史學　30　25年6月7日

論墨子三表法　黃福　仁愛月刊　1:10　41—47面　25年3月

墨子論知識　侯曙蒼　北平華北日報中國文化　81　25年3月29日　82　25年4月5日　83　25年4月12日　87　25年5月10日　88　25年5月17日

墨子政制考　趙俊　河南政治月刊　6:2　1—13面　25年2月

讀墨要指　李大防　安大季刊　1:2　159—168面　25年4月1日

讀墨臆說　明遠　孔子哲學　1　28—34面　26年1月20日

讀墨子感言　張壽鏞　光華大學半月刊　5:1　1—2面　25年10月17日

墨子間詁補正叙　蔣庭曜　安大季刊　17　152—153面　24年9月

墨子間詁補正跋　蔣庭曜　學術世界　1:7　106—108面　24年12月

論晚近諸家治墨經之謬　楊寬　制言半月刊　29　1—10　25年11月16日

墨辯疏證通論　范耕研　江蘇省立國學圖書館第七年刊　1—14面　23年11月

墨辯疏證（沈有鼎著 國學小叢書本 商務出版 定價三角） 楊寬
　　天津大公報圖書副刊　121　25年3月12日

許墨辨新注（魯大東著 上海中華書局出版 定價八角） 楊寬
　　天津大公報圖書副刊　153　25年10月22日

譚戒甫墨經易解（武漢大學叢書之一 商務印書館出版 西冊 定價
　　壹九捌角） 與志　圖書季刊　2：4　226——229面　24
　　年12月

類物明例（作者墨辯發微中之一篇） 譚戒甫　武大文哲季刊
　　5：4　819——827面　25年

大小取章句（大取言兼愛之義 以墨家之辯術證成墨家之教義所
　　重在道其所取者大故曰大取。小取明辯說之術 以辯經之要
　　旨組成說辯之論文所重在術其所取者小故曰小取。附李源
　　澄書後） 伍非百　論學　1　5——17面　26年1月1日
　　2　12——27面　26年2月1日　3　1——14面　26年3月
　　1日　4　12——25面　26年4月1日

墨子大取篇校釋　譚戒甫　武大文哲季刊　5：4　761——803
　　面　25年

說'伴'　子高　北平晨報思辨　50　25年8月28日

許行為墨子再傳弟子說質疑　童書葉　北平晨報思辨　46　25
　　年7月31日

（D）　名　法　家

名學導言　虞愚　民族雜誌　4：4　607——613面　25年4
　　月1日

王愷鑾尹文子校正（二十四年十二月商務印書館出版 定價壹角
　　伍分） 西堂　天津大公報圖書副刊　159　25年12月3
　　日　又圖書季刊　3：4　245——248面　25年12月

尹文子探源　羅根澤　文哲月刊　1：8　39—51面　25年9
　　月20日

莊子天下篇所述惠施學說十事解　尤敦誼　國風　8：12　19—
　　24面　25年12月

莊子天下篇的辯者學說　羅根澤　北平晨報思辨　41　25年6
　　月29日

公孫龍子勘誤　伍非百　學術世界　1：10　34—35面　25
　　年4月

幾種重要的法學思想　翁文灝　光華大學半月刊　4：10　2—
　　3面　25年6月3日

法家與中國學術　陳啟天　國論月刊　1：7　1—24面　25年
　　1月20日

中國法家的法治效用論　宗韶　北平華北日報中國文化　14
　　23年12月9日

法家眼中德治主義的批評　宗韶　北平華北日報中國文化　28
　　24年3月17日

中國法家的進化說　宗韶　北平華北日報中國文化　36　24年
　　5月12日

先秦法家農戰思想的研究　宗韶　北平華北日報中國文化　45
　　24年7月14日　47　24年7月28日

法治主義與刑賞　宗韶　北平華北日報中國文化　53　24年9
　　月8日　54　24年9月15日

先秦法家的重刑論　宗韶　北平華北日報中國文化　63　24年
　　11月17日　64　24年11月24日

先秦法家的道德觀　宗韶　北平華北日報中國文化　67　24年
　　12月15日　68　24年12月22日

先秦法家的人治論　宗韶　北平華北日報中國文化　69　25年

3月8日　又道德半月刊　3：5　18—24面　25年3月15日

先秦法家的勢治論　宗韶　北平華北日報中國文化　86　25
年5月3日

法家的政府論　陳啟天　國論月刊　1：10　7—33面　25年
4月20日

中國法家概論叙目　陳啟天　國論月刊　1：12　1—4面　25
年6月20日

管子明法解採用韓非之説　容肇祖　天津大公報史地周刊
129　26年3月26日

管子八觀平議　王廷鈞　國學　1：3　14面　26年6月1日

慎子底法律思想　丘漢平　法學季刊　3：3　124—141面
15年11月

慎子校正（上海商務印書館曾據繆鈔影印本行世二十四年十一
月又出版王斯睿所作慎子校正仍據慎氏偽本）　讀慎齋
天津大公報圖書副刊　130　25年5月14日

慎子評考　蔡汝堃　北平晨報思辨　60　25年11月6日　61
25年11月13日

商君底法治主義論　丘漢平　法學季刊　2：7　329—371
面　14年11月

商鞅的農戰政策之研究　汪民楨　國聞週報　14：20　15—22
面　26年5月24日

讀商君書札記　陶小石遺著　制言半月刊　26　1—20面　25
年10月1日

商君書考證　容肇祖　燕京學報　21　61—118面　26年6月

商君書異同考　樵　天津益世報説苑　26年4月12，13日

歷代韓學述評（韓非之學集法家之大成）　陳千鈞　學術世界

314

1:11　76—86面　25年5月

韓非子學說探源　嚴薇　河南政治月刊　5:7　1—11面　24年
　　7月

韓非的思想　范壽康　哲學與教育　4:2　1—8面　25年6月
　　1日

韓非底法治思想　傅文楷　法學季刊　3:4　176—199面

讀韓非子　陳柱　學術世界　1:7　102—104面　24年12月

韓非子　梁園東　人文月刊　8:3　1—6面　26年4月15日

韓非子考證序（容肇祖撰國立中央研究院歷史語言研究所單刊
　　乙種之三上海商務印書館出版鉛字本一冊定價五角）

　　容肇祖　出版周刊　新197　7—9面　25年9月5日

韓非子疑義考　吳闓生　國立北平圖書館館刊　11:1　27—
　　30面　26年2月　又正風雜誌　3:9　1082—1083
　　面　25年12月16日

讀韓非子札記　陶小石遺著　制言半月刊　31　1—30面　25
　　年12月16日　32　1—26面　26年1月1日

韓非子各篇提要　馮振　國專月刊　2:5　5—12面　25年1
　　月15日

（E）　雜家與陰陽家

申呂　李源澄　論學　4　96—105面　26年4月1日

呂氏春秋補注（附柳詒徵與范君書）　范耕研　江蘇省立國學
　　圖書館第六平刊　1—150面　22年12月

呂氏春秋高注訂補（據浙江書局所刊鎮洋畢氏校本）　馮振
　　學術世界　1:7　19—31面　24年12月　1:8　32—
　　39面　25年1月　1:9　10—20面　25年3月　1:10
　　83—92面　25年4月　1:11　53—58面　25年5月

1:12　26—28面　25年7月

呂氏春秋序意篇集解　沈延國　論學　4　60—70面　26年4
月1日

呂氏春秋拾遺（共百七十餘則）　楊樹達　清華學報　11:2
293—321面　25年4月

讖緯起源及其學說之興替　鄭學韜　國專月刊　4:5　37—
46面　26年1月15日

三統說的演變　顧頡剛　文瀾學報　2:1　1—9面　25年3
月31日　又文化建設月刊　3:4　147面　26年1月10日

陽燧取火與方諸取水　唐擘黃　中央研究院史語研究所集刊
5:2　271—277面　24年12月

（F）　其　他

孫子兵法與現代戰爭　徐慶譽　國聞週報　13:47　25—
36面　25年11月30日

孫子兵法今釋　邱祖銘　民族雜誌　4:10　1749—1753面
25年10月1日

孫子兵法要義　滄雲　廣播週報　129　26年4月20日　140
50—52面　26年6月5日　141　54—55面　26年6
月12日

於陵子學說一斑（姓陳名仲子春秋齊國人）　學風　6:7—
8　25年11月1日

（3）　漢魏和漢魏以後諸子

述陸賈的思想　胡適　張菊生先生七十生日紀念論文集　83
—94面　26年1月

讀陸賈新語　張傑一　光華大學半月刊　5:2　51—54面　25

年11月7日

董仲舒思想中的墨教成分　顧頡剛　文瀾學報　3:1　1—7面
　　26年3月31日

讀董子春秋繁露札記　陶小石遺著　制言半月刊　28　1—24
　　面　25年11月1日

淮南書中修養之要旨（淮南修養之目的，在於得道；得道之人
　　即是「真人」「至人」「聖人」）管道中　光華大學半月刊　4:
　　10　96—101面　25年6月3日

讀淮南子札記　陶小石遺著　制言半月刊　27　1—47面　25
　　年10月16日

淮南子天文訓札記二則　金德建　廈門圖書館聲　3:7—9
　　8—10面　25年3月

漢朝的一位批評家——王充　醉癡　西北論衡　4:4　31——
　　34面　25年4月15日

王充的思想　李子信　北平華北日報史學周刊　36　24年5月
　　23日

論王充的思想和方法　瞿永坤　青年界　9:3　31—34面　25
　　年3月

論衡在思想史上的價值（王充論衡三十卷章衣萍標點本民國廿
　　一年上海大東書局印行）　王崇武　西北論衡　4:5　32
　　—38面　25年5月15日

論衡中無僞篇考　容肇祖　天津大公報史地周刊　91　25年6
　　月26日

書潛夫論本訓篇後　李謝　學術世界　1:11　111—112面
　　25年5月

牟子理惑論檢討　余嘉錫　燕京學報　20　1—23面　25年12
　　月

—— 272 ——

支愍度學說考 陳寅恪 蔡元培先生六十五歲論文集（上） 1—18面 22年1月

裴頠崇有論義本儒家考 但值之 制言半月刊 20 1—2面 25年7月1日

晉紀瞻顧榮論易太極為周敦頤太極圖說所本考 但值之 制言半月刊 20 1—3面 25年7月1日

晉李充元學減出於名家考 但值之 制言半月刊 21 1—4面 25年7月16日

劉子理惑 楊明照 文學年報 3 113—116面 26年5月

韓愈的思想之評價 郭立誠 北平晨報思辨 50 25年8月28日

宗密的哲學 孫道昇 文哲月刊 1:7 74—82面 25年8月10日

王安石論性 郭垣 北平晨報思辨 66 25年12月18日

廬陵學案別錄（宋元學案別錄之一） 錢穆 文學年報 3 13—20面 26年5月

周敦頤遺書多采晉人說考 但值之 制言半月刊 21 1—7面 25年7月16日

程朱陸王之治學方法 馬子實 進德月刊 2:3 23—25面 26年4月1日

程朱學派之知行學說 何楷恩 民族雜誌 4:1 197—216面 25年1月1日

定川言行彙考（續） 張壽鏞 光華大學半月刊 4:6 17—22面 25年3月10日

龍川學說 澄 廣播週報 114 41—42面 25年11月28日 115 41—43面 25年12月5日 116 42—43面 25年12月12日

318

朱子概要叙言　朱質璋　道德半月刊　3:4　9—13面　25年
　　2月28日

朱熹底師承　白壽彝　文哲月刊　1:9　75—102面　25年11
　　月20日

朱子所說理與事物之關係　馮友蘭　哲學評論　7:2　160—
　　162面　25年12月　又天津大公報　25年4月5—9日

朱子論理氣太極　嚴群　新民月刊　1:6　1—36面　24年
　　10月

朱子語錄諸家彙輯　白壽彝　北平研究院院務彙報　6:4　25
　　—46面　24年7月

由陽明學說談到中國民族的精神教育　陳世英　遺族校刊　2:
　　4—5　59—63面　24年6月8日

答友人論王學書　李其荃　丁巳雜誌　1:1　1—3面　6年2
　　月20日

陽明之教凡五變說　汪震　北平晨報思辨　56　25年10月9
　　日　57　25年10月16日

王陽明之事功及其學說　馮俠夫　仁愛月刊　1:9　25—58
　　面　25年1月

王陽明的倫理哲學（La philosophie morale de Wang - yang -
　　ming（王昌祉司譯 Librairie orientaliste P. Geuthner
　　. 12. Rue varin . Paris. Variétés sinologiques
　　no. 63）工商學誌　9:1　101—107面　26年5月31日

陽明學說之疑難（研讀理學隨筆之一）　陳恩成　書林半月刊
　　1:2　7—8面　26年3月25日　1:3　17—19面　26年
　　4月10日　1:4　12—14面　26年4月25日

張居正的學術　林文甫　經世　1:5　50—55面　26年3月15
　　日

記胡直的學說　容肇祖　天津大公報史地周刊　91　25年6月
　　26日

補明儒東莞學案（林光與陳建）　容肇祖　國學季刊　5：3
　　173—197面　25年7月

朱舜水思想概述　魏守謨　論學　2　37—51面　26年2月1日

黃黎洲的哲學思想　張西堂　文哲月刊　1：9　53—74面　25
　　年11月20日

船山思想一臠　袁掠鎔　國專月刊　4：2　47—56面　25年
　　10月15日

船山學譜（王永祥著民國二十四年出版北平來薰閣代售）　堂
　　天津大公報圖書副刊　114　25年1月23日

船山黃書原極篇演義　黃翬　船山學報　8　1—6面　24年6
　　月

船山黃書古儀事制演義　黃翬　船山學報　8　7—9面　24
　　年6月

黃書大正篇演義　黃翬　船山學報　8　9—12面　24年
　　6月

思問錄內篇　王夫之撰　周逸箋　船山學報　11　1—16面
　　25年4月1日　12　17—22面　25年10月30日　13　1
　　—4面　25年3月立夏日

亭林學術論　李源澄　論學　5　5—19面　26年5月1日

顧亭林之學術思想　陳召培　仁愛月刊　1：12　1—22面
　　25年4月

顧亭林的心理建設　邊肇震　中國建設　13：6　65—76
　　面　25年6月

黃汝成與日知錄集釋　勝固　天津益世報讀書周刊　59　25
　　年7月30日

跋黄汝成日知錄集釋　錢穆　天津益世報讀書周刊　56　25年
　　7月9日

顏李學派　澐　廣播週報　108　41—42面　25年10月17
　　日　109　46—47面　25年10月24日　110　37—
　　39面　25年10月31日　111　45—47面　25年11月
　　7日

顏李學派的讀書觀　布兀　北平華北日報中國文化　32　24年
　　4月14日　34　24年4月28日

顏李學派治學精神的鳥瞰　伯昭　北平華北日報中國文化　73
　　25年1月26日　74　25年2月2日

顏李學派之實行的精神　張西堂　経世　1:7　36—41面
　　26年4月15日

顏習齋學説述評　梁景昌　民鐘季刊　2:1　160—169面
　　25年4月

清初實行派的哲學——顏習齋　范壽康　哲學與教育　5:1
　　1—4面　25年12月1日

呂留良及其思想（字莊生，號晚村，浙江崇德縣人明遺民）
　　　　容肇祖　輔仁學誌　5:1-2　1—85面　25年12月

潘平格的思想　容肇祖　燕京學報　19　71—90面　25年
　　6月

潘用微之思想　張西堂　北平晨報思辨　65　25年12月
　　11.18日

夏峯習庵兩先生學派論　唐文治　學術世界　1:7　3—4面
　　24年12月

陸桴亭陳確庵江藥園盛寒溪先生學派論　唐文治　國專月刊
　　3:1　1—6面　25年2月15日

朱止泉王白田先生學派論　唐文治　國專月刊　2:5　1—4面

25年1月15日

唐甄的思想　高啟傑　師大月刊　26　31—45面　25年4月30日

顏李學派的程廷祚（中國哲學會第二屆年會論文之一）
　　胡適　哲學評論　7：2　155面　25年12月　又國學季刊　5：3　1—43面　25年7月

戴東原的哲學思想　思明　中國文化建設協會山西分會月刊
　　2：3　19—28面　25年3月16日

戴震之溫情主義的出發點　譚丕模　北平晨報學園　1016
　　25年9月23日

洪北江思想一斑　白隱文　江蘇研究　2：12　1—3面　25年12月31日

龔定菴思想之分析　錢穆　國學季刊　5：3　151—172面
　　25年7月

章學誠學案　陶存閬遺著　國專月刊　5：2　32—39面　26年3月15日

章學誠之道學及史學（章學誠學案之一）　陶存閬遺著　國專月刊　4：5　20—36面　26年1月15日　5：5　58—65面　26年6月15日

跋汪容甫述學　錢穆　天津益世報讀書週刊　47　25年5月7日

康有為學術評　錢穆　清華學報　11：3　383—656面　25年7月

讀錢著康有為學術評　趙豐田　天津大公報史地周刊　122　26年1月29日

大同書（康有為著中華書局出版）　丁緒　天津大公報圖書副刊　117　25年2月13日

322

自述學術次第　章太炎遺著　制言半月刊　25　1—18面　25
　　年3月16日

章太炎先生學術述略　龐俊　華西學報　4　1—7面　25年6
　　月

章太炎先生學術述要　李源澄　　中心評論　17　20—23面
　　25年7月1日

餘杭章氏學別記　錢穆　天津大公報圖書副刊　185　26年6
　　月10日

對於章太炎學術的一個看法　錢穆　史學消息　1:3　2—7面
　　25年12月25日

章太炎弟子論述師說　徐一士　國聞週報　13:36　1—8面
　　25年9月14日　13:48　1—3面　25年12月7日　14:
　　18　63—64面　26年5月10日

章太炎辨性篇贅言　卞敬業　國專月刊　4:2　61—65面
　　25年10月15日

（4）　　雜著 依著者署名筆畫簡繁為序

慮齋讀書記　丁穎民　北平華北日報圖書周刊　66　25年2月
　　3日

知過軒隨筆　清文廷式遺著　青鶴雜誌　4:1　1—5面　24年
　　11月16日　4:2　1—4面　24年12月16日　4:12
　　1—3面　25年5月1日　4:20　1—3面　25年3月1
　　日

越縵堂日記批註　清文廷式遺著　青鶴雜誌　4:2　1—5面
　　24年12月1日　4:4　1—5面　25年1月1日　4:8
　　1—5面　25年3月1日

咏絮軒隨筆　王光黻　國專月刊　2：5　63面　25年1月15日　3：2　38.58面　25年3月15日　3：3　28.74面　25年4月15日

題許萬齋答問三卷　王闓運遺稿　船山學報　12　1—3面　25年10月10日

湘綺樓日記精華錄　王壬秋著　玄歸摘錄　海事月刊　6：1　24面　21年7月　6：2　8面　21年8月　6：3　90面　21年9月　6：4　24面　21年10月　6：5　16面　21年11月　6：6　22面　21年12月　6：8　56面　22年2月　6：9　42面　22年3月　6：10　16面　22年4月　6：11　94面　22年5月　6：12　32面　22年6月　7：1　20面　22年7月　7：3　52面　22年9月　7：5　17面　22年11月　7：7　15面　23年1月

說薈　玄歸　海事月刊　6：6　77—78面　21年12月　6：8　86面　22年2月　6：12　96—97面　22年6月　7：1　93—94面　22年7月　7：2　89面　22年8月　7：3　73—75面　22年9月　7：4　37—88面　22年10月　7：5　99—100面　22年11月　7：7　89—90面　23年1月　7：9　83—84面　23年3月　7：10　89—94面　23年4月　7：11　77—80面　23年5月　8：1　84—85面　23年7月1日　8：3　86—87面　23年9月1日　8：4　86—87面　23年10月1日　8：6　92—93面　23年12月1日　8：9　85—86面　24年3月1日　8：11　91—92面　24年5月1日　8：12　93—96面　24年6月1日　9：2　79—80面　24年8月1日　9：3　91—93面　24年9月1日　9：5　79—80面

24年11月1日 9:6 86—87面 24年12月1日 9:7
91面 25年1月1日 9:8 89面 25年2月1日 9:9
85—88面 25年3月1日 9:10 89—92面 25年4月
1日 9:11 97—98面 25年5月1日 9:12 100—
101面 25年6月1日 10:1 90—92面 25年7月1日
10:2 73—78面 25年8月1日 10:3 79面 25年9
月1日 10:4 83—84面 25年10月1日 10:5 85—86
面 25年11月1日 10:6 77—78面 25年12月1日

讀書雜記 左舜生 國論月刊 1:5 1—8面 24年11月20日
1:6 1—11面 24年12月20日

六觀隨筆 田一貫 學術世界 1:7 122—124面 24年12
月

趨庭隨筆 江庸 法律評論 13:3 39—42面 24年11月
17日

左右橫豎旁跱旁蠢問兩方相外加普羅以及六博 江紹原 北平
晨報學園 895 25年1月14日

曼珠室隨筆（續） 仲策 北平晨報藝園 25年2月15,18,
28日 3月13日

竹坨道古錄 清朱彝尊遺著 藝文雜誌 1:2 1—6面 25年
5月10日 1:3 7—12面 25年6月15日

海日樓筆記（續） 沈曾植遺著 青鶴雜誌 4:5 1—4面
25年1月16日

讀書雜錄 沈延國 制言半月刊 8 20,28面 25年1月1
日 11 20面 25年2月16日 13 10,4面 25年3
月16日 15 2面 25年4月16日 16 14,18面 25年
5月1日 17 12,6面 25年5月16日 21 8面 25
年7月16日

便佳移雜鈔（續）沈宗畤遺著　青鶴雜誌　3：24　1—5面
24年11月1日　4：5　1—5面　25年1月16日　4：6
25年2月1日　4：13　1—5面　25年5月16日　4：15
1—4面　25年6月16日　4：17　1—6面　25年7月
16日　4：19　1—5面　25年8月16日　4：21　1—4
面　25年9月16日　5：3　1—7面　25年12月16日

借巢筆記　沈守之遺著　人文月刊　7：3　1—6面　25年4月
15日　7：4　7—12面　25年5月15日　7：5　13—17
面　25年6月15日　7：6　21—24面　25年8月15日
7：8　25—29面　25年10月15日　7：9　31—35面
25年11月15日　7：10　35—38面　25年12月15日

無塊吾齋隨筆　辛盫　中央週刊　105　17—18面　24年8
月17日　107　15—17面　24年8月31日　108　12
—13面　24年9月7日　115　13—17面　24年10月
26日　117　18—19面　24年11月9日

娵生新錄　李審言遺著　制言半月刊　30　1—13面　25
年12月1日

靜觀廬隨筆（續）李裕增　河北博物院畫刊　114　3面　25
年6月10日　116　2面　25年7月10日　117　4面
25年7月25日　119　4面　25年8月25日　123　1面
25年10月25日　126　4面　25年12月10日　128　2面
26年1月10日　130　2面　26年2月10日　132　2面
26年3月10日　134　136　4面　26年5月10日　138
2—3面　26年6月10日

曰梅村隨筆　李醉芳　國專月刊　3：5　25年6月15日　5：5
42.53面　26年6月15日

練愚札記　吳方圻　國專月刊　5：1　75　82面　26年2

月25日　5：2　7．21．67面　26年3月15日

恬廬叢話　吳英華　國學　1：1　35—36面　26年4月1日
　　1：2　39—40面　26年5月1日

梧軒雜記十則　吳晗　清華週刊　45：12　30—32面
　　26年1月25日

東樓瑣錄四則　吳秋暉遺著　北平華北日報圖書週刊　72　25
　　年3月16日

觀物化齋閒話　但值之　制言半月刊　17　1—11面　25年5
　　月16日　19　1—12面　25年6月16日　22　1—12面
　　25年8月1日　23　1—12面　25年8月16日　29　1—
　　10面　25年11月16日　30　1—12面　25年12月1日

課餘隨筆　宗威　員輯　1：1　1—9面　25年7月1日

冷齋隨筆　林振鏞　時事月報　14：3　33—34面　25年3
　　月1日　14：4　44—46面　25年4月1日　14：5
　　57—58面　25年5月1日　14：6　68—71面　25
　　年6月1日　15：1　7—10面　25年7月1日

凌霄閣讀書瑣譚　奇華　細流　5—6　37—40面　24年6
　　月15日

恒心堂讀書答問（續）　周逖　船山學報　8　1—6面　24年
　　6月　9　1—6面　24年9月　10　1—10面　24年12
　　月　11　1—10面　25年4月1日　12　1—5面　25年10
　　月30日　13　1—4面　26年3月立夏日

風雨談　知堂　守宙風　8　357—359面　25年1月1日
　　9　434—436面　25年1月16日　10　473—474
　　面　25年2月1日　11　527—528　25年2月16日
　　12　572—573面　25年3月1日　14　81—84面

25年4月1日 15 129—131面 25年4月16日 16 178—
179面 25年5月1日 17 228—230面 25年5月16日

岛南随笔 屈翼鹏 北平华北日报咖啡座副刊 26年5月6.7.
10.12.15.18.22.25.28日 6月1.5.9.11.17.21.
23日

纸园笔记（续） 易本娘 安雅月刊 1:12 43—44面 25年
5月1日

风雨后谈 知堂 宇宙风 18 275—278面 25年6月1日
20 403—406面 25年7月1日 21 452—454面
25年7月16日 23 544—546面 25年8月16日 24
590—592面 25年9月1日

谈笔记 知堂 文学杂志 1:1 131—187面 26年5月1
日

晦堂随笔（续） 青蛇 正中月刊 3:1 1—2面 25年1月
20日 3:2 1—2面 25年2月20日 3:3 1—2面 25
年3月20日 3:4 1—2面 25年4月20日

曝简余谈（一册笔记抄本凡二卷题恒山属邑天墉生者，卷首有
归愚斋主人鲍化鹏序後有束垣王荣武跋） 知堂 中央日
报文史副刊 17 26年3月21日

榷子随笔 周开庆 中心评论 13:34面 25年5月21日
15 34面 25年6月11日 17 35—36面 25年7月
1日 18 31—32面 25年7月11日 20 33—34面
25年8月1日 21 35—36面 25年8月11日 23 29
—30面 25年9月1日

藕香影胜语 金涛 中国出版月刊 5:1—2 27—28面 24
年8月25日 5:3—4 28面 24年10月5日 5:5—6
24—25面 24年11月15日 6:1 1—2面 25年1月1日

6:2 1—2面 25年2月10日 6:3 18—19面 25

年3月10日 6:4 23—24面 25年4月10日 6:5

—6 2—3面 25年9月10日

里乘 柳詒徵 江蘇省立國學圖書館年刊 7 1—88 23年

11月 8 1—103面 24年10月 9 1—129面 25年

10月

苦齋雜談 苦蒂 北平世界日報明珠 25年9月14.30日

讀俞曲園茶香室叢鈔札記（續） 胡懷琛 學術世界 1:9

70—74面 25年3月

儀品室野乘 胡㮣 中華月報 3:2 C1—C.5面 24年2

月1日

紅蕉移主隨筆 紅蕉移主 北平晨報藝圃 25年4月21日

5月4.5.18日 7月22日 9月4日 10月16日 11

月24.25.27.28日

秋荔亭隨筆 俞平伯 北平世界日報明珠副刊 25年10月1—

3.6—7.13.20日 11月9日 12月22日

蠟根隨筆 高樹 國專月刊 3:4 73面 25年5月15日

楮蔭齋隨筆 高玉雙 北平華北日報副葉 440 22年9月

29日 441 22年9月30日 462 22年10月22日

463 22年10月23日 467 22年10月27日 468

22年10月28日 473 22年11月2日 474. 22年11

月3日 475 22年11月4日 486 22年11月15日

487 22年11月16日 492 22年11月21日 493

22年11月22日 506 22年12月5日 509 22年

12月8日 510 22年12月9日 515 22年12月14日

517 22年12月16日 518 22年12月17日

嚴修等批校容齋隨筆 柳詒徵 江蘇省立國學圖書館第八年刊

1—36面　24年10月

煙艇筆談（歷史故事）　海客　中興週刊　77　11—13面　24年1月12日　78　15—18面　24年1月19日　79　14—16面　24年1月26日　80—81　31—34面　24年2月9日　82—83　29—33面　24年2月23日　84　15—18面　24年3月2日　85　15—18面　24年3月9日　86　14—19面　24年3月16日　87　15—20面　24年3月23日　88　14—16面　24年3月30日　89　14—18面　24年4月6日　90　14—19面　24年4月13日　91　15—19面　24年4月20日　92　13—19面　24年4月27日　93　13—23面　24年5月4日　94　16—19面　24年5月11日　95　14—19面　24年5月18日　96　20—22面　24年5月25日　97　15—18面　24年6月1日　98　16—19面　24年6月8日　99　15—18面　24年6月15日　100　16—19面　24年6月22日　104　17—19面　24年8月9日　106　12—13面　24年8月24日　108　15—17面　24年9月7日　110　16—17面　24年9月21日　111　16—18面　24年9月28日　113　15—16面　24年10月12日　118　15—16面　24年11月16日

愛居閣賸談（續）　梁鴻志　青鶴雜誌　4:1　1—5面　24年11月16日　4:3　1—3面　24年12月16日

戀園筆記　馬浚元　國專月刊　2:5　4.36面　25年1月15日

三五廬散錄　悶梅　北平世界日報明珠　24年6月5,8,14日

雜綴　徐一士　逸經半月刊　21　56—58面　26年1月5日

330

白醉揀話（續）　徐沅　青鶴雜誌　4：4　1—4面　25年1月
　　1日

寗逵術隨筆　徐緗瑞　國專月刊　5：3　3面　26年4月15日
　　5：5　67．69面　26年6月15日

霜紅樓談屑　徐熙孫　北平晨報藝圃　25年4月，7．18．20．
　　21．27．28日　5月1．2．4—6．8．9．11—13．15．16．
　　18—20．22．23．25—27．29．30日　6月1—3．5．6．
　　8—10．12．13．15—17．19．20．22—24．26．27．29
　　30日　7月1．3．4．6—8．10．11．13—15．17—19．21．
　　22．24．25．27—29．31日　8月1．3—5．7．8．10．11．
　　12．14．15．17—19．21．22．24—26．28．29．31日　9
　　月1．2．4．5．7—9．11．12．14—16．18．19．21—23．
　　25．26．28—30日　10月2．3．5．6．7．9．10．12—14．16
　　17．19—21．23．24．26．27．28．30．31日　11月2
　　—5．7．9—11．13．14．16—18．20．21．23—25．27．28
　　30日　12月1．2．4．5．7—9．11．12．14—16．18．20—23
　　25．26．28日

寒碧簃璅談（續）　郭則澐　青鶴雜誌　3：24　1—5面　24
　　年11月1日　4：1　1—5面　24年11月16日　4：3　1—
　　4面　24年12月16日　4：8　1—5面　25年3月1日　4：
　　10　1—5面　25年4月1日　4：12　1—4面　25年5月1日
　　4：14　1—4面　25年6月1日　4：16　1—4面　25年7月
　　1日　4：18　1—4面　25年8月1日　4：20　1—4面
　　25年9月1日　4：22　1—4　25年10月1日　4：24　1
　　—4面　25年11月1日　5：3　1—3　25年12月16日

孤桐雜記（續）　章士釗　青鶴雜誌　4：2　1—6面　24年
　　12月1日　4：4　25年1月1日　4：6　25年2月1日

4:8　1——5面　25年3月1日　4:10　25

年4月1日　4:12　25年5月1日　4:14　1—5面

25年6月1日　4:16　25年7月1日　4:18　25年8月

1日　4:20　25年9月1日　4:22　1—5面　25年10月

1日　4:24　1—7面　25年11月1日

菿漢閒話　太炎　制言半月刊　13　1—8面　25年3月16日

14　1—7面　25年4月1日

光熹賸錄　黃光熹　國專月刊　3:1　25年2月15日　3:2

33.44.49面　25年3月15日　3:3　13.53.67面

25年4月15日　3:4　58面　25年5月15日　3:5　7.14

19 36.51.74面　25年6月15日　4:1　61.71.76面

25年9月15日　4:2　3.56面　25年10月15日　4:3

7面　25年11月25日　4:5　36面　26年1月15日　5:

1　4.14.73面　26年2月25日　5:2　39面　26年3

月15日　5:3　41.60.62.69面　26年4月15日　5:5

74面　26年6月15日

放樂齋談苑（續）（全書計分六卷前四卷為論學之言，後二卷

則記述掌故）　陳學蒸　安雅月刊　1:12　45—48面

25年5月1日

潄藝室筆記　陳光漢　國專月刊　3:3　60面　25年4月15

日　3:4　16.20.38面　25年5月15日　4:4　45.

63面　25年12月25日

湘綺樓丙子日記鈔　王壬秋撰　陳瀨一抄　青鶴雜誌　4:7

1—7面　25年2月16日　4:8　1—6面　25年3月1日

4:9　1—5面　25年3月16日　4:10　1—6面　25年4

月1日　4:11　1—6面　25年4月16日　4:12　1—3面

25年5月1日　4:13　1—2面　25年5月16日

讀湘綺樓日記（續）（王壬秋先生甲寅歲項城招入京使為國史
館長排日紀事頗有可資談噱者） 陳灨一 青鶴雜誌
4：2 1－8面 24年12月1日 4：3 1－6面 24年12月
16日 4：4 1－6面 25年1月1日 4：5 1－6面 25
年1月16日 4：14 1－5面 25年6月1日 4：15 1－
3面 25年6月16日 4：17 1－4面 25年7月16日
4：8 1－4面 25年8月1日 4：19 1－4面 25年8月
16日 4：20 1－4面 25年9月1日 4：21 1－4面
25年9月16日 4：22 1－5面 25年10月1日 4：23
1－5面 25年10月16日 4：24 1－4面 25年11月1
日

棋隱廬隨筆（續） 張仲麥 工風雜誌 2：4 260－263
面 25年4月1日 2：5 376－378面 25年4月16日
2：6 485－488面 25年5月1日 2：9 840－844
面 25年6月15日 2：10 983面 25年7月1日 2：11
1113－1114面 25年7月16日 2：12 1253－1255
面 25年8月1日

寓園雜錄 張其淦 學術世界 1：7 77－81面 24年12月
1：12 49－54面 25年7月

讀書散記 國新 北平華北日報每日談座 158 23年9月17
日 167 23年9月26日 168 23年9月27日 169
23年9月28日 171 23年9月30日 172－134 23
年10月1－3日 179－181 23年10月8－10日 184
－186 23年10月14－16日

讀書學圃廬摭談 新圃 申報周刊 1：1 21面 25年1月1日
1：8 191面 25年3月1日 1：9 217面 25年3月8日
1：20 476面 25年5月24日

慎言盦主隨筆　慎言盦主　北平晨報藝圃　25年4月15.17.18
　27日　5月13.20.29日

葉舟筆記八則　葉為銘　西湖博物館館刊　1　19—29面　22年
　6月

杶廬筆談　銖庵　申報周刊　2:5　98.100面　26年1月31日
　2:8　165面　26年2月28日　2:9　182面　26年3月
　7日　2:10　211面　26年3月14日　2:13　283面　26
　年4月5日　2:14　307面　26年4月11日　2:15　329
　面　26年4月18日　2:21　474面　26年5月30日

杶廬所聞錄　銖庵　申報週刊　1:1　24—25面　25年1月
　1日　1:12　288面　25年3月29日　1:13　312面
　25年4月5日　1:14　337面　25年4月12日　1:17
　409面　25年5月3日　1:18　435面　25年5月10日
　1:22　529面　25年6月7日　1:25　603面　25年6
　月28日　2:4　84面　26年1月24日　2:12　257面
　26年3月28日　2:19　426面　26年5月16日　2:24
　536—537面　26年6月20日　2:25　562面　26年
　6月27日　2:26　588.594面　26年7月4日　2:28
　626面　26年7月18日

鶴翁異撰　鄭文焯遺著　青鶴雜誌　4:2　1—5面　24年12
　月1日　5:1　1—5面　25年11月16日　5:3　1—5面
　25年12月16日

雙鐵堪雜記　鄭文焯遺著　青鶴雜誌　4:11　1—5面　25年4
　月16日　4:13　1—7面　25年5月16日　4:15　1—6面
　25年6月16日　4:17　1—5面　25年7月16日　4:18
　1—5面　25年8月1日　4:19　1—5面　25年8月16日
　4:21　1—6面　25年9月16日　4:23　1—6面　25年10

月16日

石芝西堪札記（記時事：有采自當時報章的言者）　鄭文焯遺
　　著　青鶴雜誌　4:1　1—5面　24年11月16日　4:2　1—
　　6面　24年12月16日　4:5　1—6面　25年1月16日
　　4:7　1—4面　25年2月16日　4:9　1—9面　25年3月
　　16日

半雨樓雜鈔（續）（未刊稿，或紀時事，或談考據，或論碑帖
　　或述品物）　鄭文焯遺著　青鶴雜誌　3:24　1—4面
　　24年11月1日

蓮廬璅記　慕寒　北平華北日報圖書週刊　43　24年8月26日
　　44　24年9月2日　51　24年10月21日　52　24年10月28日

廁談（古人廁中故事）　慕南　論語半月刊　108　575—579
　　面　26年3月16日

蟲學辭話（續）　慕南　論語半月刊　107　530—533面
　　26年3月1日　110　653—656面　26年4月16日
　　113　788—791面　26年6月1日

「茶香室叢鈔」掇補　颿廬　天津益世報讀書周刊　67　25年
　　9月24日

忍飢樓談屑　樂觀道人　青鶴雜誌　3:24　1—7面　24年11月
　　1日　4:16　1—6面　25年7月1日　4:18　1—5面
　　25年8月1日

遽盦筆記　劉遽盦遺著　青鶴雜誌　5:2　1—5面　25年12月
　　1日

備餘璅記　蒠農　天津益世報說苑　26年3月10.12.18日

考事物的源流　賾書　北平晨報藝圃　26年5月3.5日

小掌故　靜華　北平世界日報明珠副刊　24年11月13—22.
　　24—30日　12月1.2.5.6.8.9.10.12.14.16—21.23.

25—31日　25年1月1.3—6.8.10—13.16.18—
22.29.30日　2月1.3—5.8—10.12.13.15.
20.21.26日　3月1—5.7.15.17.18.28.31日　4
月1.5—7.10.12.14.26日　5月2.8.12.14.15日
6月8.11.13.15.18.21.29.30日　7月3.5.13.14.
23.24.27日　8月3.5.9.11.18.19.26.31日　9
月3.4.8.11.13.16.17—19.26.29日　10月12日　11
月6.9日

蔓鳴隨筆　鄧蔓鳴　國專月刊　3:1　55面　25年2月15日　3:
3　70面　25年4月15日

瑶府漫筆　謝五知　逸經半月刊　27　33—34面　26年4月
5日　28　38—41面　26年4月20日

讀書札記　謝冠生　中國學生　2:1—4　41面　25年1月1日

觀我生室筆叢　瞿兌之　新民月刊　2:3　191—202面　25
年5月

琴畫室小記（續）　儲皖峯　細流　5—6　30—33面　24年
6月15日　7　15—16面　25年6月20日

筆記文評雜録（青箱雜記十卷吳處厚字伯固撰邵武人仁宗皇祐
五年進士捫蝨新話陳善字子兼撰）　羅根澤　北平晨報學
園　927　25年4月6日　940　25年4月30日

萬盒隨筆　魏元曠遺著　青鶴雜誌　5:1　1—6面　25年11
月16日

抱一齋雜綴　嘯虹　天津益世報說部　25年4月1—10.12
—31日　5月1—31日　6月1—18.20—30日　7月1—
31日　8月1—8.10—20.22—31日　9月1—30日
10月2—9.12—14.16—31日　11月2—26.28
—30日　12月3—14.16—31日　26年1月1.5—

12. 14—31日 2月1—10. 14—28日 3月1—10. 12
—26. 28—31日 4月1—19. 21—23. 25—30日
5月1—16. 18—31日 6月1—5. 7—11. 13—15.
17—25. 27—30日

何蝯叟日記(續) 清何紹基遺著 譚澤闓摘抄 青鶴雜誌
3:24 1—5面 24年11月1日 4:18 1—4面 25
年8月1日 4:20 1—2面 25年9月1日

止庵筆語 清南海譚宗浚叔裕遺著 北平晨報藝圃 26年5
月17. 19. 21. 23. 24. 26. 28. 30. 31日 6月24.
7. 9. 11. 14. 16. 18. 21. 23. 25. 28. 30日

葡萄考(葡萄輸入我國等瑣事) 譚少惠 遺族校刊 4:2
99—108面 26年1月10日

苾芻瑣記 辨香室鈔 世界日報明珠副刊 24年5月28日
6月11. 12. 15日

國學論文索引五編

（下　冊）

北京圖書館參攷研究組印

一九五五·一·

國學論文索引五編

（下　冊）

内部參攷

北京圖書館參攷研究組印

一九五五·一

（八）　文　學

（1）　通　論

文學論　陳柱　學術世界　2:3　4—11面　26年1月

說文學（陶榭說叢之一）　謝宗陶　河北月刊　5:1　1—14
面　26年1月15日

文學與文藝　彭子蘊　藝風　4:4　31—35面　25年4月1
日

民族文學與民族讀物　邵元冲　建國月刊　14:1　1—5面　25
年1月20日

中國民族文藝史觀　孫俍工　前進雜誌　5:6　45—52面
26年6月16日　5:7　61—66面　26年7月16日

中國之文藝復興與民族復興　王祺　中國美術會季刊　1:2
39—43面　25年6月1日

中國文藝論裏的主動主靜說　靜山　新苗　7　3—10面　25
年9月1日

中德文學研究指瑕（陳銓著商務印書館發行二十五年四月初版
定價七角）　屬嘯桐　武大文哲季刊　6:1.　263—265
面　25年

再論中印｢傳說文學｣之關涉　劉銘恕　歷史與考古　1　7—
14面　26年2月

佛教文學的輪廓（內有中國佛教文學概觀一節）　通一　人海
燈月刊　4:1　19—23面　26年1月1日

中國文學起源諸說（此作者中國文學批評講稿之一章）
陳子展　逸經半月刊　16　3—7面　25年10月20日

古代的祝詞巫歌與文學的關係　鳴鳴　北平華北日報每日

文藝　191　24年6月16日

中國文學之胚胎期　日人長瀬誠作　艸片譯　北平晨報學園　1066　25年12月26日　1067　25年12月28日

中國文學探源　楊子固　江漢思潮月刊　4：1　67—73面　25年1月15日

中國文學發凡（日本青木正兒著郭虛中譯商務印書館出版定價三角五分）　張澤甫　華年　6：12　233—239面　26年4月5日

文學雜話　劉肇章　北平華北日報中國文化　18　24年1月6日　19　24年1月13日

詩歌的誕生及其壽命　胡懷琛　中國學生　2：-4　31—37面　25年1月1日

粉筆屑—在語文圖書室（小說詩歌，戲曲，散文等）　曹聚仁　中學生雜誌　62　155—168面　25年2月1日　63　133—149面　25年3月1日

中國文學上的女性描寫　黃嘉德　約翰聲　46　24—30面　24年12月31日

紅豆與文學的關係　俞友清　逸經半月刊　5　12—15面　25年5月5日

什麼叫作右文（從文武讀到右文之毒）　余維烔　文化與教育旬刊　97　27—32面　25年7月30日

中文與西文　潘敬　交大平院季刊　1　1—2面　24年6月20日

答陳柱尊教授論文書　葉長青　國專月刊　5：4　67—68面　26年5月15日

凌霄漢閣談文　徐彬彬　廣播週報　112　21—23面　25年11月14日

344

樗廬文談　衛仲璠　學風　7：3　1—6面　26年3月20日

文以載「道」辨　沈心蕪　文學年報　2　43—53面　25年
　　5月

格律論（并序）　董璠　文學年報　2　25—36面　25年5
　　月

古文解　沈心蕪　文學年報　3　45—62面　26年5月

文筆再辨　郭紹虞　文學年報　3　31—43面　26年5月

論八股文　胡傳楷　學風　7：5　1—3面　26年6月20日

文章原始（續）　徐英　安雅月刊　1：12　39—42面　25
　　年5月1日

躬歷文推（解剖文體俾學者以尋源溯流）　黃孝紓　藝文雜誌
　　1　1—10面　25年4月1日

文體流變表說　徐英　安大季刊　1：2　169—174面　25年
　　4月1日

論式（國故論衡疏證中之五）　龐俊　華西學報　4　1—22面
　　25年6月

文風四格觀（醇、壯、婉、逸）　味無　北平晨報思辨　53
　　25年3月18日

文章的靜境　夏丏尊　中學生雜誌　72　47—54面　26年
　　2月

對於曾文正公文字禁約一點意見　張氏言　女師學院季刊　1：
　　1—2　1—4面　21年12月25日

論讀文法　唐文治　國專月刊　5：5　75—77面　26年6
　　月15日

文病偶述　徐一士　逸經半月刊　18　21—24面　25年11
　　月20日

蒐集文章志材料方法（自秦漢迄隋）　劉師培遺著　學術世界

—— 295 ——

2:3 36—37面 26年1月

清末的翻譯論爭 劉大杰 北平華北日報每日文藝 690 25年11月10日

中國文學史上幾個根本問題的商討 何爵三 勵勤大學季刊 1:2 111—142面 25年1月

研究中國文學史的三個階段 鄭同礽 學風 7:2 1—8面 26年2月20日

今日研究中國學藝史之旨趣 楊啟高 河南政治月刊 2:6 1—10面 21年6月

中國文學歷代變遷之我觀 連三 新青海 2:6 65—67面 23年6月

中國文學史導論 靈芬 新北辰 2:7 703—711面 25年7月15日

概說中國文學之流變 羅志強 民鐘季刊 2:3 158—172面 25年10月

中國文學史大綱（容肇祖著二十四年九月樸社出版實價一元） 君練 天津大公報圖書副刊 161 25年12月17日

評中國文學史新編（趙景深北新書局出版定價一元二角）何鵬 學風 7:2 10—12面 26年2月20日

評胡行之中國文學史講話 李嘉言 文哲月刊 1:5 97—104面 25年2月15日

評羅根澤中國文學批評史（人文書店出版定價一元一角） 李嘉言 文哲月刊 1:7 124—129面 25年8月10日

卜辭時代的文學和卜辭文學 唐蘭 清華學報 11:3 657—702面 25年7月

南北音在中國文學史上之地位 孫子高 文哲月刊 1:9 124—133面 25年11月20日 北平晨報學園 1019 25

年9月29日

八代文論史　段凌辰　進德月刊　2:1　38—48面　25年9
　　月1日　2:2　46—63面　25年10月1日　2:3　43
　　—76面　25年11月1日　2:4　75—93面　25年
　　12月1日

唐代以前的散文（中國詩文體式的演變之一）　姜亮夫　青年
　　界　10:1　143—150面　25年8月

唐宋以後的散文（中國詩文體式的演變之二）　阿英　青
　　年界　10:2　29—33面　25年9月

唐代文學一瞥　張秀亞　女師學院季刊　3:1-2　65—73面
　　24年1月1日

宋代文學一瞥　張秀亞　女師學院季刊　3:3—4　51—60
　　面　24年6月15日

明代江浙文學論　陸樹枬　江蘇研究　2:9—10　1—4面
　　25年10月31日

孔子的文學思想及其影響　陳佳年　正風雜誌　2:12　1181
　　—1184面　25年8月1日

孔門之文　廢名　北平世界日報明珠　40　25年11月9日

韓非子之文學　陳千鈞　學術世界　1:9　55—65面　25年
　　3月　1:10　39—50面　25年4月

屈原文學之研究　陳有文　民鐘季刊　2:1　182—191面
　　25年4月

略述司馬相如與司馬遷之文學　羅智強　民鐘季刊　1:4　168
　　—172面　24年12月

曹家文學　李家瑞　天津益世報讀書週刊　90　26年3月11日

文心雕龍中之文學觀　吳益漚　進德月刊　2:9　2—17面
　　26年5月1日

三年兩年（六朝文） 廢名 北平世界日報明珠 25年10月
　　5日

談古文（六朝文） 啟先 北平世界日報明珠 25年10月9
　　日

六朝文學上的聲律論 韓庭棕 西北論衡 5：2 57—69
　　面 26年2月15日

六朝文學對於李杜詩的影響 豐田穩著 姜時彥譯 天地人
　　月刊 1：10 408—412面 25年9月15日

李白對於文學的概念 董維蕃 細流 5—6 6—12面
　　24年6月15日

白蒼山之文學 張明仁 學術世界 2：2 45—52面 25年
　　11月

與陳柱尊教授論韓文書 李澍 學術世界 1：11 102—103
　　面 25年5月

談古文（韓愈文） 啟先 北平世界日報明珠 25年10月9
　　日 開明月報 1：1 229—230面 26年1月15日

我也談談韓愈 平伯 北平世界日報明珠 24 25年10月
　　24日

打死老虎（韓愈文） 趙虛吾 北平世界日報明珠 88 25
　　年12月27日

證韓篇（闡述韓文起八代之衰諸問題） 陳柱 學術世界
　　1：7 82—88面 24年12月

札韓篇（關於韓昌黎文迻錄） 陳柱 學術世界 1：8 70—
　　74面 25年1月 1：9 21—29面 25年3月 1：10
　　23—28面 25年4月 1：11 59—64面 25年5月
　　1：12 37—44面 25年7月

佛骨與肉（對韓愈諫佛骨表同情） 智堂 北平世界日報明珠

　　11　25年10月11日

韓愈及其門弟子文學論　　羅根澤　文藝月刊　9：4　1—12
　　面　25年10月1日

讀柳文隨筆　董郁青　天津益世報說苑　26年1月1，5—11
　　14—16，18，19，21，23，24，29，31日　2月2日　3
　　月11，12，15—21，24—31日　4月4—8，10—13，
　　15—19，22—29日　5月1—4，6—9，11，13，15，16，
　　19—23日

讀柳文　周薀棠　遼族校刊　2：6　99—102面　24年9月1
　　日

讀柳子厚山水諸記　周澂　光華大學半月刊　4：9　65—70面
　　25年5月10日

唐宋八大家文考論　張傑　光華大學半月刊　5：3—4　132
　　—133面　25年12月8日

歐陽修文淵源考　愈振楣　國專月刊　4：4　32—42面　25
　　年12月25日

日新室隨筆（東坡文章）　張薀耀　國專月刊　5：3　15面
　　26年4月15日

水西文話（評陸游文）　颺廬　天津益世報說苑　26年1月1
　　日

李卓吾與新文學　朱維之　福建文化　3：18　7—24面　24
　　年4月

公安竟陵派之文學　府丙麟　約翰聲　46　31—40面　24年
　　12月31日

袁中郎之文韓及文學批評　吳奔星　師大月刊　30　227——
　　242面　25年10月30日

金聖嘆底幾個主要的文藝觀　韓庭棕　西北論衡　5：1，111

—— 299 ——

——116面　26年1月15日

金聖嘆底文藝創作論　韓庭棕　西北論衡　5:2　74—84
面　26年2月15日　5:3　74—84面　26年3月15日
5:4　68—78面　26年4月15日　5:5　80—88面
26年5月15日

顧炎武論文　蓬閣　時代青年　1:3—4　22—28面　25年
8月25日

桐城古文宗派論　羅傑　船山學報　8　8—10面　24年6月

桐城三君子文考論（方望溪劉海峯姚姬傳）　張傑　光華大學
半月刊　5:5　81—84面　26年1月9日

談方姚文　知堂　開明月報　1:1　231—232面　26年1月
15日　北平世界日報明珠　73　25年12月13日

談桐城派與隨園（評蔣子瀟游藝錄內論近人古文及袁詩）
知堂　宇宙風　6　271—274面　24年12月1日

袁子才的文學觀　方珍　復旦學報　3　1—8面　25年4月1日

袁隨園與清代婦女詩壇　王延杰　正中月刊　3:4　1—5面
25年4月20日

雜談太平天國文學　羅邕　天風第一集　169—173面　26年
6月1日

王國維之文學批評　何鵬　學風　6:9—10　25年12月15日

石遺室論文（上古之周秦）　陳衍　國專月刊　3:4　53——
面

中國韻文概說　孫俍工　國衡半月刊　1:9　71—78面　24
年9月10日　1:10　92—95面　24年9月25日　1:11
90—95面　24年10月10日

中國歷代韻文的流變　張民言　女師學院季刊　1:3—4
1—22面　22年7月4日

中國文藝批評理論　錢鍾漢　光華大學半月刊　4：8　66——
　　69面　25年4月15日　4：9　71—72面　25年5月10
　　日　4：10　104—106面　25年6月3日

論近人文病書　張蔭熙　學術世界　1：11　6—7面　25年5
　　月

答汪旭初論碑文書　章太炎遺著　制言半月刊　29：1　25年
　　11月16日

清世祖入關前章奏程式（臣工言事均稱「啟」）　天挺　天津
　　益世報讀書周刊　41　25年3月26日

清代詔諭「冠首」之程式　劉振卿　北平晨報藝圃　26年1
　　月29日

四十年來公文程式之變革　鄭師許　女大月刊　22　1—11面
　　25年12月

公牘詮義　許同莘　河北月刊　1：1　1—10面　22年1月1日
　　1：2　1—14面　22年2月1日　1：3　1—10面　22年
　　3月1日　1：4　1—8面　22年4月1日　1：5　1—8面
　　22年5月1日　1：6　1—6面　22年6月1日　1：7　1—
　　6面　22年7月1日　1：8　1—4面　22年8月1日
　　1：9　1—4面　22年9月1日　1：10　1—4面　22年10
　　月1日　1：11　1—4面　22年11月1日　1：12　1—10面
　　22年12月1日　2：1　1—2面　23年1月1日　2：2　1—4
　　面　23年2月1日　2：3　1—4面　23年3月1日　2：4
　　1—4面　23年4月1日　2：5　1—4面　23年5月1日
　　2：6　1—4面　23年6月1日　2：7　1—4面　23年7
　　月1日　2：8　1—4面　23年8月1日　2：9　1—4面
　　23年9月1日　2：10　1—4面　23年10月1日　2：11
　　1—4面　23年11月1日　2：12　1—10面　23年12月1日

——— 301 ·

公牘詮義補　許同莘　河北月刊　3:8　1—4面　24年8月
　　3:9　1—4面　24年9月　3:10　1—4面　24年10月
汪龍莊先生致湯文端七札之記錄與說明（此文附有原函第三札
　　之影印蔡氏於各函皆有考證）　蔡元培　張菊生先生七十
　　生日紀念論文集　503—522面　26年1月
王湘客書牘（尺牘殘本，只有四十六葉）　知堂　天津益世報
　　讀書週刊　41　25年3月26日
城南草堂題跋（李氏藏尺牘事）　王立中　學風　6:5　25
　　年8月1日
談隨園尺牘　黎庵　宇宙風　23　560—563面　25年8月16
　　日
再談尺牘（清越人所著尺牘）　知堂　天津益世報讀書週刊
　　94　26年4月8日
譚南社（南社發起人陳巢南，高天梅，柳亞子等人一九〇九年
　　冬成立蘇州虎邱）　徐蔚南　北平世界日報明珠　25年
　　2月27—29日
南園墨痕（南園故址在廣州文德路舊為廣雅書局，今易名圖書
　　館明初孫蕡黃哲趙德李介輩結詩社於此）　秋遂　逸經半
　　月刊　21　15—18面　26年1月5日
談答考（典故源尾）　知堂　北平世界日報明珠　56　25年
　　11月25日
稿費考略　黃魯珍　國聞週報　13:8　25年3月2日
對對子　平伯　北平世界日報明珠　47　25年11月16日

（2）　文學家評傳

（A）　年　譜

楊子雲年譜　湯炳正　論學　4　76—91面　26年4月1日　5　25—44面　26年5月1日　6—7　59—83面　26年6月1日

陳子昂年譜　羅庸　國學季刊　5:2　85—117面　25年5月

張九齡年譜補正（何氏張九齡年譜文載嶺南學報四卷一期）　何格恩　嶺南學報　6:1　133—134面　26年3月

「李賀年譜」補記　朱自清　清華學報　11:1　278面　25年1月

南唐二主年譜（續）（中主李璟字伯玉．後主煜字重光）　夏承燾　詞學季刊　3:1　11—40面　25年3月31日　3:2　15—39面　25年6月30日　3:3　27—52面　25年9月30日

與夏瞿禪論白石清真年譜　陳恩　詞學季刊　3:2　170—172面　25年6月30日

「辛稼軒年譜」及「稼軒詞疏證」總辨正　鄧恭三　國聞週報　14:7　37—面　26年2月

唐荊川先生年譜序　鍾泰　文瀾學報　2:1　25年3月31日

唐荊川先生年譜序　唐文治　錢振鍠　學術世界　1:9　89—91面　25年3月

李卓吾年譜　鈴木虎雄　朱維之譯　福建文化　3:18　47—143面　24年4月

西遊記作者吳承恩年譜　趙景深　中國學生　2:1—4　75—79面　25年1月1日

小說家夏二銘年譜（名敬渠字懋修，二銘其號，江蘇江陰人．康熙四十四年（1705）生乾隆五十二年（1787）卒）　趙景深　東方雜誌　34:13　255—262面　26年7月1日

353

梅郎中年譜（曾亮字伯言 江蘇江寧人） 吳常燾 國專月刊
　　4：1　27—面　25年9月15日
汪梅村先生年譜稿（初名鼇號梅翁以好吳梅村詩故稱梅村，嘉
　　慶以年生於江寧光緒十五年卒） 趙宗復 史學年報 2：3
　　155—180面 25年11月

（B）　分　傳

中國第一個民族文學家——屈原 吳辰庚 遺族校刊　2：4—
　　5　65—80面　24年6月8日
屈原 劉趙章 北平華北日報中國文化　61　24年11月3日
　　62　24年11月10日　63　24年12月17日
屈原的思想 杜復和 廈大週刊　15：19　5—9面　25年3
　　月23日
屈原的悲哀和南公的謙慨 天疚 中國新論 2：7　90—95
　　面　25年8月1日
洞庭仍在江南，屈原非死江北辨　　　方授楚 禹貢半月刊
　　7：1—3面　143—156面　26年4月1日
劉子政生卒年月及其著述考辨 周景 文學年報 2.73—96
　　面　25年5月
王羲之評傳（附蘭亭新考，六朝書家評述二篇） 朱保勤 史
　　學專刊　1：4　137—209面　25年12月10日
阮籍研究 何蟠飛 文學年報 3　177—200面　26年5月
陶淵明生平事蹟及其歲數新考 賴義輝 嶺南學報　6：1
　　81—119面　26年3月
酈道元之生卒年考 趙貞信 禹貢半月刊　7：1—3　281—
　　284面　26年4月1日 天津大公報史地週刊　133　26
　　年4月23日

李華生卒考　黃天朋　中央日報文史副刊　28　26年6月13日
29　26年6月20日

李太白導論　李長之　北平晨報文藝　21　26年5月31日　22
26年6月7日

李太白——唐朝大政治家　幽谷　逸經半月刊　32　3—11面
26年6月20日

李太白的國籍問題（突厥化的中國人）　胡懷琛　逸經半月刊
1　10—15面　25年3月5日

李太白通突厥文及其他　胡懷琛　逸經半月刊　11　3—4面
25年8月5日

「李太白國籍問題」之商榷　王立中　學風　6:7—8　25年
11月1日

李太白——中國人乎？突厥人乎？　幽谷　逸經半月刊　17
31—35面　25年11月5日

李太白與宗教　幽谷　逸經半月刊　7:3—9　25年6月5
日

杜甫論　吳經熊　中山文化教育館季刊　3:3　1061—1064
面　25年7月

杜甫生平及其詩歌的時代劃分　毓靈　西北論衡　4:9　47—
61面　25年12月15日

杜甫及其詩研究　白毓嶽　文學年報　3　151—161面　26年
5月

高達夫生年考　董懋　細流　5—6　51—53面　24年6月
15日

白居易之研究　陳國雄　民鐘季刊　2:2　133—153面　25
年6月

詩人白居易析論　陶愚川　大夏年刊　137—212面　22年6月1日

韓愈評傳　王鍚昌　時代青年　1：2　27—35面　25年6月
　　25日

農民詩人于濆　融穀　北平華北日報每日文藝　453　25年3
　　月10日　454　25年3月11日

亡國詞人李後主論　葉德榮　廈大周刊　15：12—13　15—19
　　面　24年12月16日

柳三變事蹟考略　潘承弼　史學集刊　2　209—217面　25
　　年10月

方岳與秋崖詞（安徽兩宋詞人小識之一）（方岳字巨山號秋
　　崖祁門人）　宛敏灝　學風　6：2　25年3月15日

楊萬里的生卒年月　儲皖峰　國學季刊　5：3　199—202面
　　25年7月

蘇東坡的藝術生活　繆宏　藝浪雜誌　2：2—3　1—4面
　　25年6月

東坡文學　張尊五　國專月刊　5：4　57—65面　26年5月
　　15日

東坡行實錄　張尊五　國專月刊　5：3　48—60面　26年4
　　月15日　5：4　52—56面　26年5月15日

東坡先生在杭事迹（二十六年三月十四日在杭市作者協會演講
　　稿轉載浙江大學月刊）　張其昀　史地雜誌　1　81—
　　86面　26年5月1日

蘇東坡的錯誤和取巧　王振宇　逸經半月刊　26　12—15面
　　26年3月20日

女詞人李清照　趙景深　復旦學報　1　321—333面　24年6
　　月30日

曾鞏的生平及其文學　熊翹北　江西圖書館館刊　1　31—34
　　面　23年11月

朱淑真的戀愛事蹟及其詩詞　聖旦　文藝月刊　8：3　118—
　　126面　25年3月1日

周邦彥及其詞　吳鶴琴　復旦學報　3　1—9面　25年4月
　　1日

陸游評傳　祁述祖　天風第一集　141—154面　26年6月
　　1日

民族詩人陸放翁　徐北辰　逸經半月刊　31　3—6面　26年6
　　月5日

愛國詩人陸游　幽崗　北平華北日報中國文化　89　25年5
　　月24日

愛國詩人陸放翁　望座　天津益世報說苑　26年5月13.14日

愛國詩人陸放翁　陳松英　學術世界　1：10　101—103面
　　25年4月

于湖先生張孝祥（安徽兩宋詞人小識之六）（字安國學者稱
　　為于湖先生）　宛敏灝　學風　7：2　1—5面　26年
　　2月20日

相山居士王之道（安徽兩宋詞人小識之七）（字彥猷自號相山
　　居士無為人宋哲宗元祐八年癸酉生孝宗乾道五年己丑卒年
　　七十七）　宛敏灝　學風　7：3　1—3面　26年3月20日

蕭散詩人馬致遠　任維焜　師大月刊　30　66—77面　25年
　　10月30日

十四世紀中國寫實派的戲曲家關漢卿　任維焜　師大月刊　26
　　153—164面　25年4月30日

關漢卿不是金遺民　苦水　天津益世報讀書週刊　75　25年11
　　月19日

再談關漢卿的年代（附馮沅君跋）　胡適之　文學年報　3　1—
　　5面　26年5月

讀曲小記（劉致字時中石州守鄉人死於杭州葬於德清）　適之　天津益世報讀書週刊　94　26年4月8日

李卓吾底性格　朱維之　福建文化　3:18　1—6面　24年4月

李卓吾底思想　朱維之　福建文化　3:18　25—46面　24年4月

鄉賢湯顯祖先生傳評　張再蘇　江西圖書館館刊　2　53—58面　24年7月

復社名流吳次尾　吳景賢　學風　6:3　25年5月1日

關於侯朝宗　劉昌仁　江漢思潮月刊　5:3　62—67面　25年12月15日

詩人吳梅村事略　樵　北平晨報藝圃　25年4月28.29.日　5月2日

介紹女詩豪薄少君（明末沈君烈妻，蘇州人）　胡懷琛　逸經　29　4—8面　26年5月5日

民族詩人夏存古　侯庭暫　文化與教育旬刊　92　26—27面　25年6月10日

金聖嘆生年考　榮調甫　北平華北日報圖書周刊　64　25年1月20日

金聖嘆在中國文學批評史上的地位　韓庭棕　西北論衡　4:9　40—46面　25年12月15日

民族詩人倪瑞璿女士評傳　萬白驊　天風第一集　162—168面　26年6月1日

嶺南詩人睡廬考　羅香林　廣州學報　1:2　1—10面　26年4月1日

「對蒲松齡死年辨之論戰」的荒唐考證結語　劉階平　北平華北日報圖書週刊　44　24年9月2日

蒲留仙故里謁墓瞻像記　丁偉千　北平華北日報圖書週刊　7
　　23年12月17日

李海初及其詩（字仲衡號振鈞一號守石道者太湖人生於乾隆五
　　十八年）　何鵬　學風　6：4　25年6月15日

板橋思想與其詩歌　金臺　北平晨報學園　1008　25年9月8
　　日　1009　25年9月9日

裝飾家李笠翁　雷圭元　亞波羅　15　78—88面　25年正月
　　1日

性靈詞人龔自珍　方子川　復旦學報　3　1—9面　25年4月
　　1日

記天寥上人（釋名空明俗姓吳名鶡字獨遊）　袁昌　文藝
　　月刊　9：5　1—10面　25年11月1日

嘉應詩人宋芷灣（名湘字煥襄，芷灣其號，廣東嘉應（梅縣）
　　人）　陳柱　逸經半月刊　10　22—25面　25年7月
　　20日

倪迂存及其著作　何鵬　學風　7：2　1—3面　26年2月20
　　日

袁硯亭太史及其詩（名履方字介箴乾隆四十二年生於安徽虹縣
　　咸豐四年辛）　章嘉笙　學風　7：5　1—4面　26年6月
　　30日

花月痕的作者魏秀仁傳　容肇祖　中央研究院史語研究所集刊
　　4：2　199—208面　22年

石天外及其著作（石龐字天外一字晦村太湖人）　何鵬　學風
　　6：6　1—3面　25年11月1日

介紹一位我國前一世紀底大眾戲劇作家兼實踐者——余治
　　張鳴琦　北平晨報劇刊　330　26年5月29日

同光詩人李芋仙　任罷　逸經半月刊　8　26—31面　25年

半塘老人傳（王鵬運字幼遐自號半塘老人） 況周頤遺稿 詞
　　學季刊 3:3 165—167面 25年9月30日

關於李審言 陸樹枏 江蘇研究 2:9—10 1—2面 25年10
　　月31日

林晉霞先生傳（名頤山世居慈谿卒於光緒丁未年）（附陳漢章
　　鳴陰樓文存叙） 楊敏曾 文瀾學報 2:2 25年6月
　　30日

劉鐵雲軼事 劉大杰 宇宙風 11 537—538面 25年
　　2月16日

陳寶琛傳 陳拄 學術世界 1:12 92—95面 25年7
　　月

王國維 何鵬 逸經半月刊 31 43—44面 26年6月5
　　日

談散原老人 徐一士 逸經半月刊 8 18—20面 25年6
　　月20日

王晉卿先生傳略 蕭菊昌 河北月刊 4:4 1—2面 25年
　　4月5日

從蒹葭樓詩蠡測黃晦聞先生之人格思想文學及其生平 袁洪銘
　　粵風月刊 2:5 7—11面 25年5月1日

蘄春黃君墓表（黃侃字季剛湖北人） 汪東 制言半月刊
　　11 1—2面 25年2月16日 又青鶴雜誌 4:11 7—
　　8面 25年4月16日

（乙）　　合　　傳

陶淵明與渥茲渥斯 宋毅眞 北平晨報思辨 67 25年12月
　　25日

陶淵明與謝康樂 子貞 北平華北日報中國文化 12 23年11

月25日

辛稼軒與陶淵明　周幼農　文藝月刊　9:5　64—72面
　　25年11月1日

詩人皇帝蕭梁父子　梅　北平華北日報中國文化　100　25年8
　　月16日

李白的文藝造詣與謝朓　李長之　北平晨報文藝　16　26年
　　4月26日

李杜卒於水食辨　盧振華　師大月刊　30　328—341面
　　25年10月30日

韓愈與大顛　董璠　文學年報　3　79—87面　26年5月

五代福建詩人評傳　鄭益士　福建文化　3:19　40—51面
　　24年5月

兩宋詞人小傳　顧培慈　學術世界　1:7　116—121面　24
　　年12月　1:8　77—81面　25年1月　1:10　29—33面
　　25年4月　1:11　70—75面　25年5月　1:12　25年
　　7月

胡舜陟父子及汪晫祖孫（安徽兩宋詞人小識之二）（胡舜陟．
　　胡仔．汪晫．汪夢斗．績溪人）　宛敏灝　學風　6:3
　　25年5月1日

休歙十詞人（安徽兩宋詞人小識之三）（程大昌．吳儆．程珌．
　　汪莘．朱晞顏．孫吳會．晶冠卿．羅願．方有開）
　　宛敏灝　學風　6:4　25年6月15日

二汪二朱及王炎（安徽兩宋詞人小識之四）（二汪，指汪存．
　　汪藻，二朱指朱熹及其父松，安徽發源人）　宛敏灝
　　學風　6:7—8　25年11月1日

詞人周紫芝暨吳潛兄弟（安徽兩宋詞人小識之五）　宛敏灝
　　學風　7:1　1—8面　26年1月20日

文選解題及其讀法　李慶富　學風　7:4　1—11面　26年5月
　　20日

與黃軒祖論文選分類書　汪辟疆　制言半月刊　18　1—3面
　　25年6月1日

讀選導言（附選學書目）　駱鴻凱　學術世界　1:7　32—50
　　面　24年12月

文選賸餘　葉慶工　學風　6:5　25年8月1日

文選指瑕（自翰林以下羨逮史通，凡指斥及於選文者悉錄焉）
　　駱鴻凱　制言半月刊　11　1—17面　25年2月16日

廣選（編次體例，準的昭明，清世得三書：曰張惠言七十家賦
　　鈔，李北洛駢體文鈔，王闓運八代詩選，揭其大旨，爰著
　　于篇）　駱鴻凱　制言半月刊　20　1—13面　25年7
　　月1日　貢輯　1:1　1—11面　25年7月1日

選學源流（起自唐初訖於近代）　駱鴻凱　制言半月刊　8　1—
　　27面　25年1月1日　9　1—16面　25年1月16日　10
　　1—43面　25年2月1日

全唐詩所收杜牧許渾二家雷同詩睹錄　翼鵬　北平華北日報圖
　　書週刊　11　24年1月14日

黃晚聞漢魏樂府風箋　厲嘯桐　武大文哲月刊　5:3
　　695—701面　25年

樂府詩集古辭校正（「古辭」指郭書所傳古曲中較古之作品言）
　　彭麗天　清華學報　12:1　151—165面　26年1月

全唐詩的編輯者及其前後　胡懷琛　逸經半月刊　17　50—
　　52面　25年11月5日

全唐詩校讀法舉例　聞一多　文哲月刊　1:5　16—24面　25
　　年2月15日

蜀刻湘綺唐詩選序　林思進　華西學報　4　1—2面　25年6月

—— 313 ——

紀唐音統籤　俞大綱　中央研究院史語研究所集刊第七本第三
　　分　355—384面　26年11月

從全唐詩說到天一閣秘籍　陳鸞士　逸經半月刊　30　3—10
　　面　26年5月20日

馮簡緣評才調集　馮武　學術世界　2:2　57—66面　25年
　　11月

校補宋詩鈔記　李宣龔　青鶴雜誌　3:24　1—4面　24年11
　　月1日

西崑酬唱集校釋序例　鄭時　北平華北日報圖書週刊　72　25
　　年3月16日　73　25年3月23日

明崇禎刊本王申戲社文選跋　　沐佚　書林半月刊　1:2　10—
　　11面　26年3月25日

關於「明人尺牘」（四卷清王元勳程化鳳等合輯　雲樓原刊本）
　　匡人　北平華北日報每日文藝　420　25年2月6日

讀「晚明小品選注」　知堂　天津益世報讀書週刊　98　26
　　年5月6日

民族正氣文鈔序　邵元冲　廣播週報　81　44—45面　25年
　　4月11日

讀「民族正氣文鈔」後　蔣振　建國月刊　14:6　1—4面
　　25年6月20日

讀書識小錄（王礽生年譜會箋，劉坦齋文集，二陸詞，耳新十
　　卷，澹書堂藏書約，皇清書人別號錄，有德堂外制殘本，
　　重編紅雨樓題跋，宋本楚辭辨証，漢南春柳詞，東海魚歌
　　柯家山館詞，樺幬集（宋趙萬年撰）救劉光復疏，橫雲山
　　人明史稿，活字本北堂書鈔，曾慥團詞，詞調名，曝書亭
　　集外詞，莊中白詞。）　東君　人文月刊　7:6　1—5面
　　25年8月15日　7:8　7—11面　25年10月15日　7:9

1，7—22面　25年11月15日

過秦論考異　衛仲璠　學風　6：6　1—6面　25年11月1日

後出師表真偽考　孫次舟　北平華北日報圖書週刊　22　24年
　　4月1日

嵇康集校記　葉渭清　國立北平圖書館館刊　9：6　72—110
　　面　24年12月

與稽茂齋書"的作者（書翰載文選和晉書疑呂安作，附荔生谷
　　腿廬郁青二氏函兩通）　天津益世報人文周刊　2　26年
　　1月8日　4　26年1月22日

世傳陶集卷第略考（陶集宋齊之間已盛行，惟卷第無攷，故今
　　為考，斷自梁代）　古直　語言文學專刊　1：2　315—
　　342面　25年6月

陶集考辨　郭紹虞　燕京學報　20　26—84面　25年12月

古直箋陶靖節詩箋定本　朱自清評　清華學報　11：2　574—
　　582面　25年4月

法譯陶潛詩選序　梵樂希作　王瀛生譯　天津大公報文藝
　　109　25年3月13日

英譯「李白詩集」（東方版日本小畑薰良譯 The Hokuseido
　　Press，東京 1935　二圓伍拾錢）　劉榮恩　天津大公
　　報文藝　149　25年5月22日

白香山詩集叙　陳登原　人文月刊　7：2　1—3面　25年3月
　　15日

俞大猷戚繼光詩文鈔序　邵元冲　建國月刊　15：2　1—2面
　　25年8月20日

翰海（十二卷沈錫侯輯，其師陳眉公鑒定，收自秦迄明尺牘千
　　餘通，明牘佔五之四，明刊本）　匡人　北平華北日報每
　　日文藝　377　24年12月22日

桃花源記旁證　陳寅恪　清華學報　11:1　73—88面
　　25年1月

敦煌本東皋子集殘卷跋　王重民　金陵學報　5:2　359——
　　362面　24年11月

重刻梨嶽集序（唐李頻字德新，壽昌人撰一卷）　葉啟勳　北
　　平世界日報圖書週刊　49　25年2月5日

山谷詩任注補初稿序　沈訒　國專月刊　4:2　72面　25年
　　10月15日

山谷詩士注補初稿　錢萼孫　國專月刊　4:4　73面　25年
　　12月25日

山谷詩任注補初稿　陳光漢　國專月刊　4:1　39—61面
　　25年9月15日

校石林居士建康集跋　繆調甫　北平華北日報圖書週刊　10
　　24年1月7日

書絳雲樓藏本伐檀集後（宋黃庶伐檀集上下卷二冊，作者已己
　　冬以重值得諸大梁估客者）　蔣叔吾　河南博物館館刊
　　3　3—4面　25年9月

梅宛陵集校注　夏敬觀　藝文雜誌　1:1　1—16面　25年
　　4月1日　1:2　1—4面　25年5月10日　1:3　21—
　　28面　26年6月15日

關於辛稼軒的美芹十論　鄧廣銘　天津益世報讀書週刊　69
　　25年10月8日

汪水雲集跋　顧煬生　學術世界　1:7　97—99面　24年
　　12月

道燦和尚的無文印　胡懷琛　逸經半月刊　21　49—54面
　　26年1月5日

馮編文天祥詩文選序　曾擴情　中心評論　1　1—2面　25年

366

25年1月21日

跋鮑校傳鈔淵本霧山集後　張揚　圖書館學季刊　10：2
30g——310面　25年6月

顧影集殘本跋　饒宗頤　語言文學專刊　1：2　587面
25年6月

戒庵文集跋　柳詒徵　江蘇省立國學圖書館第九年刊　3
面　25年10月

重刻陳白沙集序　張君勱　新民月刊　1：6　4—6面　24年
10月

跋明顏繼祖雙魚集尺牘（鈔本五十二通）　黃仲琴　天津大
公報史地周刊　99　25年8月21日

凉雪堂與練要堂集（陳秋濤、鄺湛若抵禦清兵，於南海石門
中學建堂紀念，取兩公堂署之名顏曰：凉雪堂，練要堂、
集內賦一篇，詩百餘首，陳氏遺著均未經刊刻者。）　陸丹林
逸經半月刊　27　3—5面　26年4月5日

六錯和尚集拾遺　柳詒徵　江蘇省立國學圖書館第八年刊
1—42面　24年10月

讀萬石園先生詩文集　史地雜誌　1：2　109——110面　26年
7月

跋練音集補　俞介禧　河南政治月刊　6：7　4—5面　25年
7月

史可法家書之年代　朱文長　中央日報文史副刊　27　26年6
月6日　28　26年6月13日

史忠正公集補遺（附史可法遺像三張并跋）　鮑汁（
舊名奉寬）　北平研究院院務彙報　2：3　1—8面　20
年5月

讀史閣部致多爾袞書　鷗　天津益世報說苑　26年1月27，

28日

史可法答多爾袞書之撰人及書者 觚廬 天津益世報人文週刊 4 26年1月22日

王磑集 張玄 北平華北日報中國文化 83 25年4月12日

跋鈔本王定柱詩稿三種 夢坡 中央日報文史副刊 26 26年5月30日

讀清人集別錄 錢基博 光華大學半月刊 4:6 1—16面 25年3月10日 4:7 2—10面 25年3月25日 4:8 5—14面 25年4月15日 4:9 10—20面 25年5月10日 4:10 4—14面 25年6月3日 5:1 3—8面 25年10月17日 5:5 6—14面 26年1月9日 5:6 7—16面 26年3月16日 5:7 9—22面 26年3月30日 5:8 3—8面 26年4月20日 5:9 9—17面 26年5月10日 又學術世界 1:11 22—36面 25年5月 1:12 17—25面 25年7月 2:1 36—46面 25年10月

蒲柳泉詩集跋 宋晉之遺著 北平華北日報圖書週刊 26 24年4月29日

南唐詩鈔的禁詩 周作人 逸經半月刊 30 7—8面 26年5月20日

不昰集跋 薛瀛伯 燕京大學圖書館報 95—96 2—3面 25年9月1日

王菉友先生文集序（附文集目錄） 鄭時 北平華北日報圖書周刊 68 25年2月17日

結埼亭集為杭堇浦所扼公案 孟森 天津大公報圖書周刊 179 26年4月29日

結埼亭集及其作者 新魯 中央日報中央公園副刊 26年1月

18—20日

新印程建祚青谿全集序　胡適　天津益世報讀書周刊　51　25年6月4日

桐陰詩集序　鄒魯　書林半月刊　1：4　5面　26年4月25日

讀溫四農叟一瓢集　錢穆　天津益世報讀書週刊　71　25年10月22日

文史通義注後序　沈訒　學術世界　2：2　89—92面　25年11月

答世界書局的「關於龔定盦全集」　張公量　天津益世報讀書周刊　31　25年1月9日

跋包安吳說儲上篇　柳詒徵　學風　7：3　1—2面　26年3月20日

商山詩集序　冒廣生　語言文學專刊　1：3—4　925—926面　26年6月

商山詩集跋　饒聘伊　語言文學專刊　1：3—4　927面　26年6月

張穆寫瓣集稿本　鄭天挺　天津益世報讀書周刊　33　25年1月30日

人境廬詩草箋注補遺　錢萼孫　學術世界　2：4　44—45面　26年4月　國專月刊　5：1　46—79面　26年2月25日　5：4　28—41面　26年5月15日

蘇次河先生榕樹廬詩集序　陳柱　交大季刊　16　149—150面　24年6月

竹林草堂詩鈔序（鄧王仙南行草及平時所作，其弟龔仙輯之為竹林草堂詩鈔）　溫丹銘　書林半月刊　1：1　12面　26年3月10日

扢璞軒詩存序　顧實光　文瀾學報　2：1　25年3月31日

陳師曾遺詩序　葉恭綽　青鶴雜誌　4：24　1—2面　25年11月1日

陳師曾遺詩跋　吳庠　青鶴雜誌　4：24　2—3面　25年11月1日

潛山草堂詩序　羅廦丹遺著　員輻　1：2　1—3面　26年1月1日

三部鄉土詩（娛園詩存四卷，秦樹銛撰光緒丙戌刊本；鞍村雜詠一卷，沈宸桂撰，道光丁酉刊本；堀中廿八圖詠一卷，影鈔本）　知堂　天津大公報文藝　70　25年正月1日

讀左文襄集筆記（道志居筆記之一）　瞿兌之　新民月刊　2：2　229—238面　25年4月

跋郭筠仙先生玉池老人自叙未刊葉（附錄曾文正公日記八則）　俞大綱　史地雜誌　1：2　75—78面　26年7月

毛俟臣先生居子館詩文集序　顧爕光　文瀾學報　2：2　25年6月30日

人境廬詩草箋注序　陳柱　國專月刊　3：1　70面　25年2月25日

人境廬詩草箋注序　馮振　王蘧常　3：2　67—68面　25年3月15日

人境廬詩草（考訂各家刻本得失精詳）　周作人　逸經半月刊　25　7—13面　26年3月5日

讀湘綺樓全書　李肖聃　船山學報　12　17—20面　25年10月30日

讀張季子九錄　閒漁　人文月刊　7：4　1—24面　25年5月15日　7：5　25—61面　25年6月15日

讀鄭獻甫補學軒散文集　錢穆　天津益世報讀書周刊　53　25年6月17日

緞學堂叢稿初集叙　樊家楨　文瀾學報　2：2　25年6月30日

怎樣閱讀偉大的文心雕龍　葉霧霓　西北論衡　5：2
　　83—88面　26年2月15日

文心雕龍時序篇述義　劉永濟　武大文哲季刊　5：4
　　805—813面　25年6月

文心雕龍論說篇述義　劉永濟　武大文哲季刊　6：1　113
　　——134面　25年

范文瀾文心雕龍注舉正　楊明照　文學年報　3　117—127
　　面　26年5月

馮氏瀛奎律髓詩評　金鶴翀　學術世界　1：10　51—65
　面　25年4月　1：11　8—15面　25年5月　1：12　80
　—86面　25年7月　2：1　24—31面　25年10月
　2：2　67—73面　25年11月　2：3　38—43面　26年
　1月

（4）　　辭　　賦

（A）　　楚　　辭

楚辭研究　　謝遠民　國專月刊　5：2　50—54面　26年
　3月15日

楚辭與五七言詩的興起　劉信秋　中國新論　2：2　109—112
　面　25年2月1日

楚辭義類疏證　駱鴻凱　制言半月刊　19　1—12面　25年6月
　16日　員輯　1：1　1—14面　25年7月1日

楚辭舊注考　駱鴻凱　員輯　1：2　1—2面　26年1月1日

楚辭文句集解　駱鴻凱　員輯　1：2　1—34面　26年1月11
　日

楚辭著述考　和臨軒　進德月刊　2:4　69—75面　25年12
　　月1日　2:5　82—98面　26年1月1日　2:6　82—
　　86面　26年2月1日　2:8　54—71面　26年4月1日

楚辭著述考補　和臨軒　進德月刊　2:9　84—93面　26年
　　5月1日

敦煌舊鈔楚辭音殘卷跋（附校勘記）　聞一多　天津大公報
　　圖書副刊　124　25年4月2日　圖書季刊　3:1—2　1
　　—6面　26年3月

再論楚辭地名答方君　錢穆　禹貢半月刊　7:1—3　157—
　　164面　26年4月1日

讀離騷　王俊瑜　天津益世報讀書周刊　58　25年7月23日

騷旨詩詮　余重耀　中國文學會集刊　2　1—11面　25年

離騷訂解　裴學海　國學　1:2　25—37面　26年5月
　　1日

離騷解詁　聞一多　清華學報　11:1　187—204面　25年
　　1月

離騷資莖茀以盈室判獨離而不服釋　徐復　制言半月刊　23
　　1—4面　25年8月16日

楚辭九歌之舞曲的結構（原文載支那學七卷一號）（胡浩川
　　亦釋此文載青年界四卷四期）　青木正兒著　孫作雲譯
　　國聞週報　13:30　21—28面　25年8月3日

楚辭補說（目次：「招魂」補說「天問」補說「越人歌」補說
　　）　陸侃如　文學年報　3　71—74面　26年5月

楚辭九歌今譯　湯際亨　中法大學月刊　11:1　113—130面
　　26年4月1日

楚辭九歌選譯并序　何有　北平華北日報每日談座　210　23
　　年11月9日　211　23年11月10日

談九歌的今譯　姚雪痕　北平華北日報每日談座　217　23年
　　11月16日

關於九歌的今譯問題（答姚雪痕君）　何有　北平華北日報每
　　日談座　226　23年11月25日

九歌山鬼考　孫作雲　清華學報　11:4　977—1005面
　　25年10月　又史地社會論文摘要月刊　3:5　4面 26
　　年2月20日

九歌司命神考　孫作雲　清華月刊　1:1　24—26面 26年
　　5月

說楚辭九歌中的玉　余文豪　治史雜誌　1:1　50—57面
　　26年3月

論九歌山川之神　游國恩　國聞週報　13:16　19—28面
　　25年4月27日

九歌與文章考　朱星元　工商學誌　7:2　173—179面
　　24年12月25日

大招「曰上」說　天津益世報讀書周刊　43　25年4月16日

天問「阻窮西征」新解（附童書業答書）　唐蘭　禹貢半月刊
　　7:1—3　55—60面　26年4月1日

天問「阻窮西征」解　童疑　禹貢半月刊　5:5　51—55面
　　25年5月1日

楚辭天問管見　文瀾學報　2:1　25年3月31日

「高唐神女傳說之分析」補記　聞一多　清華學報　11:1
　　275—277面　25年1月

（B）　賦

讀荀卿賦　學藝雜誌　14:10　1081—1086面　24年12
　　月15日

讀漢賦　嘯成　學藝雜誌　15：2　127—134面　25年
　　3月15日

燉煌本韓朋賦考　容肇祖　蔡元培先生六十五歲論文集下
　　627—649面　24年1月

嵇中散之琴賦序　董郁青　天津益世報說苑　26年1月14、
　　15日

文賦論文　朱紹安　勵學　5　53—59面　25年1月30日

哀江南賦箋（續）　高步瀛　師大月刊　26　63—82
　　面　25年4月30日

（5）　詩

（A）　通　論

讀詩偶話　无隱　天津益世報語林　1237　25年3月25日

秋水軒隨筆（詩題）　李淼　國專月刊　5：4　20面　26
　　年5月15日

詩是什麼？　黃其旋　華年周刊　5：9　164—166面
　　25年3月7日　5：10　184—186面　25年3月14
　　日

詩的起源　朱光潛　東方雜誌　33：7　129—137面　25
　　年4月1日

新詩和舊詩　吳世昌　天津大公報文藝　8　25年2月23日

佛學與詩漫論　竹摩　人海燈月刊　4：2　43—56面　26
　　年2月1日

詩與詞　廢名　北平世界日報明珠　88　25年12月27日

詩與諧隱　朱光潛　天津大公報文藝　106　25年3月8日
　　128　25年4月15日

詩歌與純粹的文字游戲　朱光潛　天地人半月刊　8　1—2面
25年6月16日

從研究歌謠後我對於詩的形式問題意見的變遷　朱光潛　歌謠
2：2　1—3面　25年4月11日

論中國詩的頓　（轉錄新詩）　朱光潛　開明月報　1：1　229
—231面　26年1月15日

神韻與格調　郭紹虞　燕京學報　22　53—117面　26年
12月

詩之語言的研究　孔一塵　學術世界　2：3　51—60面
26年1月

中國詩何以走上律的路　朱光潛　國學季刊　5：4　127—
154面　25年9月

中國律詩何以趨重排偶　光潛　北平華北日報文藝周刊　2　23
年4月9日

答陳光漢詩學關疑七則　陳石遺　國專月刊　5：3　61—62
面　26年4月15日

心理上個別的差異與詩的欣賞　朱光潛　天津大公報文藝
241　25年11月1日

中國詩人心目中的過去將來與現在　朱星元　工商學誌　8：2
81—85面　25年12月25日

神仙故事（中國詩裡用神仙故事）　廢名　北平世界日報明珠
49　25年11月18日　60　25年11月29日

答汪旭初論詩書　章太炎遺著　制言半月刊　29　1—2面
25年11月16日

與桂林石砥中論詩書　呂集義　學術世界　2：2　104—106
面　25年11月

論詩學與陳光漢書　夏承燾　國專月刊　5：5　73面　26年6月15日

再與黃乎美論學詩書　陳柱　學術世界　1:9　85—86面
　　25年3月

詩法總論　安瀾　正風雜誌　3:5　524—525面　25年10
　　月16日　3:6　737—738面　25年11月1日　3:7
　　840—841面　25年11月16日　3:8　965—966
　　面　25年12月1日　3:9　1086—　25年12月
　　16日　3:10　1209—1210面　26年1月1日　3:11
　　1326—1327面　26年1月16日　3:12　1431—
　　1435面　26年2月1日

學詩之法　陳延傑講　尤敦誼記　國風　8:5　194—195
　　面　25年5月

詩境淺說　龍禪居士　北平世界日報明珠　25年10月5.
　　7.8.11.16—19.22.26.28日　11月3—6.9.10
　　13.14.17.18.23日　12月1.3—7.12—14.22
　　23.27.28.30.31日

欣慨室讀詩札記　朱光潛　新笛　3　5—6面　25年6
　　月1日

中國詩對於西洋詩之貢獻　周其勛　廣播週報　102　18—
　　19面　25年9月5日

歷代詩論述要　于樂瀾　進德月刊　2:4　35—50面
　　25年12月1日

談中國的抒情詩（原文載英文大陸週報）　張敦海夫人
　　講　景澄譯　國聞週報　13:43　33—36面　25
　　年11月2日

舊體閨情詩的研究　徐中玉　文藝月刊　9:4　38—53面
　　25年10月1日

中國敘事詩通論　谷鳳田　進德月刊　2:7　19—40面　26

年3月1日

中國歷代叙事詩概觀　阮善芳　交大平院季刊　1　1—12面　24年6月20日

古代儷歌考略　殷藹德　學風　6：9—10　25年12月15日

先秦樂詩論　張玄　北平華北日報中國文化　49　24年8月11日

漢詩辨證序　段凌辰　進德月刊　2：7　84—88面　26年3月1日

立雪齋叢錄（五言詩起源）　楊向時　國專月刊　5：3　6面　26年4月15日

從永明體到律體　郭紹虞　天津大公報文藝　161　25年6月12日　169　25年6月26日

歌詩時代的詩（中國詩文體式的演變之二）　姜亮夫　青年界　10：3　39—42面　25年10月

歌誦分立時代的詩（中國詩之體式的演變之三）　姜亮夫　青年界　10：4　40—43面　25年11月

誦詩的沿襲與歌詩的新生（中國詩文體式的演變之四）

　　　姜亮夫　青年界　10：5　45—48面　25年12月

唐以前之詩　南溪　北平晨報藝圃　25年3月20、21日

宋詩風趣　棠公　北平晨報藝圃　25年4月20、22日

西崑體之盛衰　王延杰　師大月刊　26　100—109面　25年4月30日

西崑體及其反動　李巡　江漢思潮月刊　5：2　69—71面　25年11月15日

論金元兩代詩派　王禮培　船山學報　10　14—20面　24年12月

遼詩紀事叙　陳衍　藝文雜誌　1:2　1面　25年5月10日

金詩紀事叙　陳衍　藝文雜誌　1:3　1面　25年6月15日

論明代詩派　王禮培　船山學報　10　21—22面　24年12月

明代之閩派詩　彭天龍　國專月刊　3:5　29—31面　25年6月15日

甲申詩史（胡次珊明末秘記 凡六十則 無刻本 皆系以詩）
　　瓊　北平晨報藝圃　25年12月4.5.7日

論清代詩派　王禮培　船山學報　11　12—20面　25年4月1日

清代詩史續論　錢大成　陳光漢　國專月刊　3:1　50—57面　25年2月15日　3:2　30—33面　25年3月15日　3:4　34—38面　25年5月15日

鴉片戰爭粵人説部與詩史　羅香林　書林半月刊　1:2　15面　26年3月25日

十五年來之詩學　錢萼孫　學術世界　2:3　27—33面　26年1月

成都存古書局聲調譜彙刻跋尾　羅根澤　天津益世報人文週刊　21　26年5月28日

靜照軒筆記（續）（此記多論詩）　陳詩　青鶴雜誌　4:2　1—3面　24年12月1日　4:8　1—4面　25年3月1日　4:12　1—3面　25年5月1日

花外無春盦漫筆　陳夔士　學術世界　2:3　94—95面　26年1月

雲樓散筆　徐楚　江蘇研究　3:1　1—3面　26年1月31日

竹林隨筆　廣念祖　國專月刊　5:2　56—68面　26年3月15日

378

　　　　　（B）　　專　　論

陳含光論詩絕句商榷　吳庠　青鶴雜誌　5：3　1—16面　25
　　年12月16日

唐代七藏的體裁及其分類　錢畊莘　藝風月刊　3：10　58——
　　62面　24年10月1日

宋人絕句淺輝　陳友琴　青年界　9：2　37—41面　25年2
　　月　9：5　42—45面　25年5月

再讀試帖　知堂　天津益世報讀書週刊　88　26年2月25
　　日

詩鐘小識　宗子威　員輻　1：2　1—10面　26年1月1日

尊王攘夷之詩史　祁述祖　天風第一集　155—161面　26年
　　6月1日

孔子詩歌（在各書選集出來並加考證）　石榮暲輯　孔子哲學
　　月刊　1　23—27面　26年1月20日

易水歌兩句　林庚　新苗　5：18　25年7月16日

一句一章之東漢七言歌謠說　王利器　制言半月刊　29　1—4
　　面　25年11月16日

古詩十九首之研究　盧重華　交大平院季刊　1　1—9面　24年
　　6月20日　民鍾季刊　2：2　153—175面　25年6月

古詩十九首論證　潘聖子　進德月刊　2：5　48—61面　26
　　年1月1日　2：6　41—57面　26年2月1日

古詩「明月皎夜光」辨　俞平伯　清華學報　11：3　703——
　　782面　25年7月

讀古詩「明月皎夜光」　唐蘭　天津益世報讀書週刊　64　25
　　年9月3日

漢鐃歌十八曲集注　胡芝薪　文學年報　2　205—230面
　　25年5月

杜甫詩中之宗教　志喻　逸經半月刊　28　9—11面　26年4月20日

杜甫詩裏關於飲食的描寫　張帆　進德月刊　2:6　35—40面　26年2月1日

杜陵詩史之批評　趙宗湘　國專月刊　3:2　39—44面　25年3月15日

杜園說杜　梁運昌遺著　藝文雜誌　1:2　7—11面　25年5月10日　1:3　1—10面　25年6月15日

少陵詩論　羅庸　新苗　2　4—11面　25年5月18日

林譯英文石壕吏　張友梅　圖書展望　1:7　52—54面　25年4月30日

碧梧棲老鳳凰枝（杜甫秋興八首詩句）　林庚　天津大公報文藝　207　25年8月31日

孟郊詩論略　錢大成　國專月刊　2:5　37—42面　25年1月15日

孟東野詩雜說　陳柱　學術世界　1:9　30—33面　25年3月

論鄭嵎津陽門詩　儲皖峯　文哲月刊　1:4　81—86面　25年1月15日

書李文饒到惡溪夜泊蘆島詩後　宗頤　語言文學專刊　1:2　588—590面　25年6月

杜牧清明詩的演變　士林　天津益世報語林　1248　25年4月5日

王黏生詩管窺　沈茇彰　中國文學會集刊　3　100—105面　25年8月

李義山錦瑟詩定詁　劉盼遂　文學年報　3　75—78面　26年5月

—— 331 ——

李義山萬里風波詩辨　溫廷敬　語言文學專刊　1：2　343——351面　25年6月

與李滄萍及門書（論李義山萬里風波詩）　張爾田　史學年報　2：4　7—8面　26年12月

再論「曲終人不見，江上數峯青」　佩弦　中學生雜誌　62　145—147面　25年2月

讀秦婦吟　陳寅恪　清華學報　11：4　951—968面　25年10月

溫飛卿詩發微　溫廷敬　語言文學專刊　1：3—4　831——841面　26年6月

五代十國史上一件小疑案（吳讓皇楊溥被幽於泰州時所作的一道七言詩）　孫珊　天津大公報史地周刊　85　25年5月15日

「小疑案」的商榷（詩當歸李煜作的推斷）　曉天　天津大公報史地周刊　92　25年7月3日

王安石明妃曲　佩絃　北平世界日報明珠　25年11月20日

白石道人詩說之研究　秋盦　北平晨報藝圃　25年10月13.14.17.21.27.28.30日

阮閱詩總考辨（字閎休，廬州舒城人）　羅根澤　師大月刊　26　83—84面　25年4月30日

宋朝民族英雄的詩詞（岳飛，陸游，劉改之，辛稼軒，文天祥）　楊昕　遺族校刊　2：4—5面　229—233面　24年6月8日

陸放翁詩之研究　府丙麟　約翰聲　47　1—8面　25年6月1日

繆偉雲論詩（繆偉雲古詩存，今已不易睹，凡例全文在天眽偶聞中）　逸樵　北平晨報藝圃　25年4月8日

文山詩評　縱橫　之江期刊　新1:7　63—87面　26年1月
　　20日

元遺山論詩絕句　郭紹虞　文學年報　2　5—14面　25年5月
　　中國新論　2:3　90—100面　25年3月1日

讀陽明詩雜記　葉輝　中央日報中央公園副刊第三張第二版
　　26年1月18—23　26—30日　2月2—10日

明遺民詩史（紫貍居土詩史一帙，皆未明軼聞，足輔翼正史）
　　林　　北平晨報藝圃　25年3月7.9.10日

王漁洋的「神韻說」　融穀　北平華北日報每日文藝　665
　　25年10月13日

漁洋山人秋柳詩舊箋　李北元　學術世界　1:8　74—76面
　　25年1月

漁洋秋柳詩李箋補缺　帥淨民　學術世界　2:2　25—面　25
　　年11月

漁洋秋柳別解（據天壤閣叢書中筆記立論）　白也　北平晨報
　　藝圃　25年3月24.25.26.28日

漁洋秋柳（原詩之翻案）　逸樵　北平晨報藝圃　25年3月29
　　31日

讀吳偉業的詩　融穀　北平華北日報每日文藝　472　25年3
　　月29日　473　25年3月30日

薛雪的詩論　融穀　北平華北日報每日文藝　432　25年2月
　　18日　433　25年2月19日

龔定盦的詩和詞　周策縱　國光雜誌　18　63—72面　25年
　　6月16日

朱九江先生談詩　朱傑勤輯錄　廣州學報　1:1　1—7面　26
　　年1月1日

清代京師竹枝詞四十種撮要　李家瑞　天津益世報讀書週刊

77　25年12月3日

「清代京師竹枝詞四十種提要」補遺　吳曉鈴　天津益世報
　讀書週刊　80　25年12月24日

壬寅京口夷亂竹枝詞（作者家藏壬寅京口夷亂竹枝詞一冊
　不著作者姓名，篇首書「道光壬寅年六月初八日于刻京口
　被噗夷援境偶作竹枝詞五十四首以記之」三十字）
　陶祖曜錄　逸經半月刊　24　19—21面　26年2月
　20日

鄘軒蒙古百咏選注　詹氏　天津益世報說苑　26年6月28
　—30日

靈芽先生遺詩跋（周子翰先生遺稿之一）　周貞亮　北平私立
　木齋圖書館季刊　2　58面　26年5月1日

太湖李氏清宮詞（關於孝欽德宗事十五則並加箋注）　隱　天
　津益世報說苑　26年3月19，20日

「廣州雜詠」補（附吳荷屋，陳蘭甫二氏遺墨）　劉成禺　逸
　經半月刊　21　61—64面　26年1月5日

洪憲紀事詩本事注　劉成禺　逸經半月刊　5　16—19面　25
　年5月5日　6　13—15面　25年5月20日　7　25—
　28面　25年6月5日　8　32—36面　25年6月20日
　9　60—64面　25年7月5日　10　43—45面　25
　年7月20日　11　27—29面　25年8月5日　12　29
　—31面　25年8月20日　13　23—27面　25年9月
　5日　14　19—22面　25年9月20日　15　41—43面
　25年10月5日　16　28面　25年10月20日　17　74—
　77面　25年11月5日　18　36—38面　25年12月20日
　19　27—29面　25年12月5日　20　32—34面
　25年12月20日　21　66—69面　26年1月5日　22

21—23面　26年1月20日　23　21—24面　26年2月5日　25　57—65面　26年3月5日　26　23——27面　26年3月20日　27　25—26面　26年4月5日　28　35—37面　26年4月20日　29　29—31面　26年5月5日　30　25面　26年5月20日　31　38—40面　26年6月5日　32　26—27面　26年6月20日

蕭鼓樓遺詩記　王逸　逸經半月刊　8　21—23面　25年6月20日

梁任公先生詩　李絜非　學風　6：9—10面　25年12月15日

（C）　詩　話（聯話附）

跋陳眉公集古今詩話　羅根澤　天津益世報人文周刊　7　26年2月19日

五代前後詩格書叙錄　羅根澤　文哲月刊　1：4　65—80面　25年1月15日

北宋詩話考　郭紹虞　燕京學報　21　145—176面　26年6月

兩宋詩話存佚殘輯年代表　羅根澤　師大月刊　30　243——258面　25年10月30日

滄浪詩話詩評箋注　胡才甫　中國文學會集刊　3　34—57面　25年8月

民族詩話　炳也　天津益世報說苑　26年5月18—21日

泌南詩話　陳鶴柴遺著　藝文雜誌　1：1　1—2面　25年4月1日

裹碧齋詩詞話　陳銳遺著　青鶴雜誌　4：22　1—5面　25年10月1日　4：24　1—6面　25年11月1日

25年9月16日　4:22　1—9面　25年10月1日　4:23

1—3面　25年10月16日　4:24　1—4面　25年11月1

日　5:2　1—6面　25年12月1日　5:4　1—4面　26年

1月1日　又美術　2　16—18面　24年11月　3　14

—17面　24年12月　4　23—26面　25年1月　5　24

—26面　25年6月

忍古樓詩話　夏敬觀　青鶴雜誌　4:1　1—5面　24年11月16

日　4:3　1—6面　24年12月16日　4:5　1—4面

25年1月16日　4:7　1—7面　25年2月16日　4:9　1

—9面　25年3月16日　4:11　1—4面　25年4月16日

4:14　1—3面　25年6月1日　4:16　1—2面　25年7月

1日　4:18　1—4面　25年8月1日　4:21　1—4面

25年9月16日　4:23　1—5面　25年10月16日

映庵臆説（詩詞話）　夏敬觀　藝文雜誌　1:3　1—3面　26

年6月15日

吟芷居詩話　張其淦　學術世界　1:9　39—43面　25年3

月　1:10　66—71面　25年4月　1:11　39—41面　25

年5月　2:1　13—17面　25年10月　2:3　97—98

面　26年1月　2:4　46—48面　26年4月

椶槐室詩話（續）　彭天龍　國專月刊　2:5　61面　25年1月

15日　3:1　69面　25年2月15日

靜盦詩話　廣生　經理月刊　1:2　143—144面　24年8月30

日　1:3　154—162面　24年9月30日

夢苕盦詩話（續）　錢萼孫　國專月刊　2:5　43—48面

25年1月15日　3:1　63—67面　25年2月15日　3:2

50—58面　25年3月15日　3:3　61—67面　25年4

月15日　3:4　7—68面　25年5月15日　3:5　37—

40面 25年6月15日 4:1 63—71面 25年9月15日

4:2 66—72面 25年10月15日 4:3 58—67面

25年11月25日

蕭齋詩話 鍾羡 河南政治月刊 6:5 1—4面 25年5月

6:6 1—4面 25年6月 6:7 1—3面 25年7月

6:8 1—2面 25年8月 6:9 1—3面 25年9月

6:10 2—4面 25年10月 6:11 1—3面 25年11月

6:12 2—5面 25年12月 7:1 4—6面 26年1月

7:2 1—3面 26年2月 7:4 1—3面 26年4月

冰西詩話 聰愿 天津益世報說苑 26年1月21.29日

2月6.9.23日 3月3.4.26—30日

紅菊廬隨筆（幾段詩詞話和書譚） 畢樹棠 逸經半月刊 25

14—16面 26年3月5日

畫蛇閒話（朱新仲詠昭君詩注評.朱文公詩.俞理初） 智堂

北平華北日報每周文藝 11 23年2月20日

詩句圖 羅根澤 新苗 4 1—5面 25年6月16日

未全貧室聯話 退庵 天津益世報說苑 26年1月27日 2月

14.26日 3月14日

天和閣聯話（續） 慎 北平晨報藝圃 25年11月17日 12月

29.30日

聯話 蕭爽 天津益世報說苑 26年1月31日 2月3日

（6） 詞

（A） 通 論

國難教育聲中發揮詞學的新標準 汪旭初 文藝月刊 3:2

12—17面 25年8月1日

令詞出於酒令考　夏承燾　詞學季刊　3：2　12－14面　25年
　　6月30日　又中國文學會集刊　3　32－34面　25年
　　8月
詞逵　夏承燾　中國文學會集刊　2　1－3面　25年
怎樣研究詞學？　李冰若　圖書展望　2：1　53－58面　25
　　年11月10日
怎麼樣讀詞　漱英　中國學生　1：11　9－10面　24年11月29
　　日
論詞譜　龍沐勛　語言文學專刊　1：1　1－10面　25年3月
詞律箋榷（續）　徐榮遺著　詞學季刊　3：1　79－111面
　　25年3月31日　3：2　83－101面　25年6月30日
論平仄四聲（詞學通論之一章）　龍沐勛　詞學季刊　3：2
　　7－11面　25年6月30日
論寄託　詹安泰　詞學季刊　3：3　11－25面　25年9月30
　　日
讀詞中的「愁」　拜白　天津益世報說苑　26年1月5.7－12
　　14.15日
詞源流考（原文見服部先生古稀祝賀紀念論文集.頁九二五至九
　　四〇.該書係富山房於昭和十一年（1936）出版）
　　日加田誠著　于式玉譯　文學年報　3　93－107面
　　26年5月
詞曲史後序　王易　青鶴雜誌　4：12　4－5面　25年5月1日
唐五代詞略述（續）　葉鼎彝　師大月刊　26　110－130面
　　25年4月30日
詞品　陳永年　河南政治月刊　6：4　1－7面　25年4月
評兩宋詞　阮真　國專月刊　3：5　32－36面　25年6月
　　15日

宋詞互見考（續）唐圭璋　詞學季刊　3:1　55—78面　25年
　　3月31日　3:2　40—66面　25年6月30日　3:3　72
　　—97面　25年9月30日

大鶴先生手札彙鈔（致疆邨多為宋詞事）　戴正誠輯　詞學
　　季刊　3:3　135—143面　25年9月30日

清代詞學　王洪佳　女師學院期刊　4:1—2　1—9面　25年
　　6月20日

道咸以來的江浙詞風　陸樹枬　江蘇研究　2:9—10　1—
　　3面　25年10月31日

（Ｂ）　　　專　　論

詞籍提要（目次：總集，蘭畹集，花間集，尊前集）　趙尊嶽
　　詞學季刊　3:3　53—71面　　25年9月30日

讀花間集注書後（華連圃注商務印書館出版民國二十四年十一
　　月）　晶明　天津益世報讀書週刊　70　25年10月15日

花間集評注（李若冰著開明書店二十四年十一月初版定價七角
　　）　張公量　國聞週報　13:4　39—42面　25年1月20
　　日

汲古閣本尊前集書後　汪北鏞　詞學季刊　3:2　161—162
　　面　25年6月30日

唐圭璋全宋詞序　吳梅　藝文雜誌　1:2　3—4面　25年5月
　　10日

唐圭璋全宋詞序　夏敬觀　青鶴雜誌　5:2　1面　25年12月
　　1日

全宋詞跋尾　唐圭璋　江蘇省立國學圖書館第八年刊　1—27
　　面　24年10月

全宋詞跋尾續錄　唐圭璋　制言半月刊　8　1—17面　25年
　　1月1日

毛刻宋六十家詞勘誤序　葉恭綽　詞學季刊　3:2　166——
　　167面　25年6月30日

嘉靖本篆文陽春白雪跋　鄭振鐸　暨南大學圖書館館報　1　9—
　　12面　26年4月24日

宋元名家詞補遺　周泳先輯　詞學季刊　3:1　137—142面
　　25年3月31日　3:2　129—138面　25年6月30日

元名家詞輯序　夏承燾　文瀾學報　2:1　25年3月31日

惜陰堂明詞叢書序　孟森　詞學季刊　3:3　167——168面
　　25年9月30日

惜陰堂彙刻明詞記田略　趙叔雍　天津大公報圖書副刊　143
　　25年8月13日

清名家詞序　葉恭綽　詞學季刊　3:2　165—166面　25年
　　6月30日

評圖書集成「詞曲部」　鄭振鐸　暨南學報　1:1　248—253
　　面　25年2月

讀詞小箋　林花榭　北平晨報藝圃　25年5月13.22.25.27
　　29日　6月2.3.8.9.12日

南唐二主詞叙論　龍沐勛　詞學季刊　3:2　1—6面　25年
　　6月30日

歐陽烱及其詞　摩洛　北平晨報學園　956　25年5月29日

馮延己的詞　王信之　北平晨報學園　979　25年7月13日

讀清真詞　張駿驥　細流　7　7—9面　25年6月20日

清真集校輯　趙萬里　國立北平圖書館館刊　11:1　47—64
　　面　26年2月

周詞訂律序（宋周美成詞）　邵次公　制言半月刊　16　1—2面

25年5月1日

東坡詞意境　介西　新苗　1　14—17面　25年5月1日

李清照研究（續）沐芳春　師大月刊　26　131—152面　25年
　　4月30日　30　106—137面　25年10月30日

淑玉詞叙論　龍沐勛　詞學季刊　3：1　1—10面　25年3月31日

白石道人詞小箋　吳徵鑄　金陵學報　5：2　313—328面
　　24年11月

與夏瞿禪論詞樂及白石行實　陳思遺稿　詞學季刊　3：2　169
　　—170面　25年6月30日

稼軒詞意境　介西　新苗　14　15—18面　26年1月16日

秦少游的詞　沈鵑　江蘇研究　3：1　1—2面　26年1月31日

讀詞雜記（宋姜夔楊州慢．陸游烏衣啼）淡菴　華年　6：
　　25　496—497面　26年7月1日

夢窗詞箋釋序　錢萼孫　國專月刊　3：1　71　25年2月25日
　　又學術世界　1：9　98—99面　25年3月　又青鶴雜誌
　　4：15　25年6月16日

蘦華詞跋　饒宗頤　天津益世報人文周刊　22　26年6月4日

片玉山莊詞存詞署序　沈惟賢　青鶴雜誌　4：7　1—2面　25
　　年2月16日

樂府補題考　夏承燾　文瀾學報　2：2　25年6月30日

與張孟劬讀「樂府補題」夏承燾　詞學季刊　3：2　172—
　　174面　25年6月30日

遺山樂府編年小箋　繆鉞　詞學季刊　3：2　67—82面　25
　　年6月30日　3：3　98—106面　25年9月30日

讀詞諧　苦水　天津益世報讀書週刊　104　21年6月17日

阮圓海之詞　瓊　北平晨報藝圃　25年9月2.4日

寺笠翁詞學　顧敦鍒　中國文學會集刊　3　1—32面　25年8月

納蘭詞的幾種作風　鄧懿　文學半報　2　173—196面　25年
　　5月

飲冰詞箋（李勗編注正中書局國學叢刊之一）　鄧懿　天津大
　　公報圖書副刊　189　26年7月8日　190　26年7月15
　　日

跋納蘭詞　蔣禮鴻　中國文學會集刊　2　1—4面　25年　之
　　江期刊　4　57—59面　24年12月1日

雙花閣詞鈔跋　柳詒徵　江蘇省立國學圖書館第九年刊
　　2　25年10月

鼓枻詞　白毫子遺著　詞學季刊　3：2　102—122面　25
　　年6月30日

趣園味菰詞序　曹元忠遺稿　詞學季刊　3：2　162面　25年6
　　月30日

積木詞序　俞平伯　詞學季刊　3：2　163—165面　25年6
　　月30日

梅月龕詞　曾福謙　詞學季刊　3：2　139—140面　25年6
　　月30日

惠如長短句　呂惠如遺著　詞學季刊　3：2　123—128面
　　25年6月30日

（ㄷ）　　詞　話　（關於彈詞鼓詞寶文寶卷等事）

詞話叢編序　王易　青鶴雜誌　4：9　4—5面　25年3月16日

蕙風詞話續編　況周頤遺著　藝文雜誌　1：1　1—12面　25
　　年4月1日　1：2　13—22面　25年5月10日　1：3　23
　　—27面　25年6月15日

忍古樓詞話　夏敬觀　詞學季刊　3：1　143—146面　25年

3月31日 3：2 141—146面 25年6月30日 3：3 145—149面 25年9月30日

映庵詞話 夏敬觀 青鶴雜誌 4：2 1—5面 24年12月1日 4：4 1—6面 25年1月1日 4：6 25年2月1日 4：8 1—6面 25年3月1日 4：10 1—7面 25年4月1日 4：12 1—7面 25年5月1日 4：15 1—6面 25年 6月16日 4：17 1—6面 25年7月16日 4：19 1—5面 25年8月16日 4：20 1—4面 25年9月1日 4：22 1—5面 25年10月1日 4：24 1—5面 25年 11月1日

夢桐室詞話 圭璋 中央日報中央公園副刊第三張第一版 26年1月 6—8. 12. 19. 21日 2月4. 6. 8. 10. 11. 15. 18. 19. 22日 3月9. 18. 21. 23日 4月6. 18日 5月4. 11. 20日 6月1. 15. 25日

春闌詞話 葉輝 中央日報中央公園副刊第三張第四版 26年 3月27. 29. 30日 4月4. 8. 10日 5月6. 7. 13. 17. 23. 28. 31日 6月4. 7日

冬闌詞話 葉輝 中央日報中央公園副刊 26年1月7—9. 11日

（7） 戲 曲

（A） 通 論

上古有戲曲嗎？ 徐晶心 北平世界日報戲曲音樂 24年8月 15—24日

古代的雜戲 徐中玉 逸經半月刊 17 41—47 25年11月 5日

歷代之舞及戲劇之關係　齊如山　北平晨報國劇週刊　114
　　25年12月24日　115　25年12月31日

我國戲劇起源之遲晚的原因　一版　進德月刊　1:5　42—44面
　　25年1月

由說書變成戲劇的痕迹　李家瑞　中央研究院史語研究所集刊
　　第七本第三分　405—418面　26年11月

唐古教坊樂概考　滄玉　戲劇旬刊　33　6面　25年12月31
　　日

讀宋元戲曲史　趙景深　青年界　9:3　35—36面　25年3
　　月

宋金元戲劇搬演考　錢南揚　燕京學報　20　177—194面
　　25年12月

元代搬演南宋戲文的唱念聲腔　魏建功　中央日報文史副刊
　　29　26年6月20日　30　26年6月27日

元人以詞曲取士辨　白雪　北平世界日報戲曲音樂　25年4月
　　9—12日

明代戲曲興盛的原因　張全恭　文學年報　2　97—101面
　　25年5月

明代的南雜劇　張全恭　嶺南學報　6:1　1—80面　26年3
　　月

明代戲曲與今劇　梨史　北平晨報國劇週刊　68　25年2月
　　7日

由字音談到南北曲之異點　白雲生　戲劇旬刊　30　15面　25
　　年11月30日　31　7面　25年12月10日

南北曲「務頭」解（作為一曲調之主腔解）　宗志黃　員輯
　　1:1　1—6面　25年7月1日

崑曲中南北曲之腔調與音階的比較研究　許勇三　文學年報

2 241—246面 25年5月

南北散曲史小談 春風 北平華北日報每日文藝 227 24年
　　7月22日

談談崑曲 白雲生 戲劇旬刊 24 7面 25年9月30日

崑曲小言 問梅 北平晨報國劇週刊 75 25年3月27日

崑曲史略 陸樹柟 江蘇研究 3:1 1—21面 26年1月
　　31日 3:2—3 1—18面 26年3月31日

崑曲的盛衰 晶心 北平世界日報戲曲音樂副刊 24年
　　12月30—25年1月1日 25年1月3—9.14—23
　　日 2月1—8日

古劇四考 馮沅君 燕京學報 20 85—131.面 25年12
　　月

雜戲倒喇考 李家瑞 天地人半月刊 6 57—58面 25年
　　5月16日

說路歧人 孫楷第 天津益世報讀書週刊 31 26年3月18
　　日

說賺詞 馮沅君 燕京學報 21 177—205面 26年6月

論科介 老桐 北平世界日報戲曲音樂 25年2月17.18日

中國戲劇漫談 王家綏 北平晨報劇刊 276 25年5月3日

顧曲研究（中國劇之組織） 葉蕖秋 戲劇旬刊 6 6—7
　　面 25年3月15日

什麼是國劇？國劇是什麼？ 傅靖遠 進德月刊 1:1 26—
　　27面 24年8月

一年來國劇之革新運動 宋春舫 劇學月刊 4:8 1—2面

整理國劇的第一步工作 進德月刊 1:3 29—30面 24年
　　10月 1:4 33面 24年11月 1:5 41—42面 25
　　年1月

改良劇曲芻議　徐慕雲　文化建設　2：5　70—75面　25年2
　　月10日

改良戲曲史　老桐　北平世界日報戲曲音樂　25年3月13——
　　19日

再談舊戲的改革（劇本的改編與創作）　歐陽予倩　申報周刊
　　2：7　139—142面　26年2月21日

再談舊戲的改革（演出法的研究）　歐陽予倩　申報周刊　2：8
　　166—167面　26年2月28日

再談舊戲的改革（表演術的研究）　歐陽予倩　申報週刊　2：
　　12　257—258面　26年3月28日

論改革皮簧之不易　撥雲　北平晨報國劇週刊　65　25年1月
　　16.23.30日

皮簧調的發源和近年來的演變　晶心　劇學月刊　5：5　3——
　　11面

皮簧歷史及其沿革　病鶴　戲劇旬刊　15　12面　25年6月30
　　日

西皮考　頑陶　北平世界日報戲曲音樂　24年8月2.3.5.
　　日

皮簧引子的研究　晶心　北平世界日報戲曲音樂　25年9月17
　　—23日

二簧劇之樂器　適青　天津益世報別墅　26年2月17.18日

四十年前名班出演之概況　清逸居士遺作　北平晨報國劇週
　　刊　109　25年11月19日

清代燕都戲曲史　張次溪　戲劇旬刊　9　4—5面　25年
　　5月1日　10　5面　25年5月10日　11　4面　25年5
　　月21日　12　8面　25年6月2日　13　5面　26年6
　　月10日　14　6面　26年6月20日　15　15面　26年

—— 347 ——

6月30日

清代梨園史話　午生　北平晨報國劇週刊　108　25年11月
12日　109　25年11月19日　112　25年12月10日
114　25年12月14日

內廷演劇之嚴格　殺黃　戲劇旬刊　23　1面　25年9月20日

清宮內廷戲臺考略　傅惜華　北平晨報國劇週刊　93　25年
7月30日　94　25年8月6日　96　25年8月20日
100　25年9月17日

清宮戲單　北平晨報國劇週刊　75　25年3月27日

清末戲班承值內廷之小說詮　寰如　北平晨報國劇週刊　101　25
年9月24日　103　25年10月8日　104　25年10月15日
107　25年11月5日　108　25年11月12日

清末戲班承值內廷史料之一班　寰如　北平晨報國劇週刊　94
25年8月6日　95　25年8月13日　96　25年8月20
日　97　25年8月27日　98　25年9月3日　99　25年
9月10日

梨園鱗爪隨筆　屠月三　進德月刊　1:10　146—147面　25年
6月1日　1:11　67—68面　25年7月1日　1:12　63—
64面　25年8月1日　2:1　66—69面　25年9月1日
2:3　109—111面　25年11月1日

藕紅室劇話　翁藕紅　北平世界日報戲曲音樂副刊　　2十年
12月1—3日　25年3月17—19, 23—31日　4月1—
6. 11—27日　5月1—11. 19—24. 26—31日　6
月1—7. 11日　7月8—16. 21—31日　9月2—14日
10月5—15日

劇談隨筆　徐凌霄　北平世界日報戲曲音樂　24年8月5. 12
—20日

腔之摭談　孫澗厂　十日戲劇　1：3　17—18面　26年3月7日　1：5　6—7面　26年3月29日

中國劇場之特色　齊如山　北平晨報國劇週刊　104　25年10月15日

北平劇場行政慣例　佟晶心　劇學月刊　4：10　28—34面

戲園舞臺舊規之種種　清逸居士遺作　北平晨報國劇週刊　106　25年10月29日

梨園每日演劇之開場　清逸居士遺作　北平晨報國劇週刊　107　25年11月5日

舊劇的導演術及其導演權威之建設論　禹肇延　劇學月刊　5：1　1—6面　25年1月

中國戲劇之表演技術　郭建英　戲劇旬刊　24　3面　25年9月30日

釋打（國劇中「打院本」「作雜劇」之「打」字有演或唱的意思）　雷儂　北平世界日報戲曲音樂　25年4月15，16日

釋內外行　雪儂　北平世界日報戲曲音樂　24年11月27—30日　12月1日

不准怪聲叫好（戲場中叫好來源）　老桐　北平世界日報戲曲音樂　25年2月29日　3月1，2日

婁羅的　絲依　北平世界日報戲曲音樂　25年7月6，7日

北平國劇陳列館概觀　午止　北平晨報國劇週刊　99　25年9月10日

民間戲劇之重要及其調查方法　田禽　河北月刊　5：4　1—4面　26年4月15日

談弋腔（俗稱高腔）　岳穉珪　北平華北日報戲劇與電影　80　25年1月25日

記故都慶生社（華北僅存之崑弋班）　景孤血　哈殺黃　戲劇

旬刊　2　8——9面　24年12月21日

'闊姿惜'蹦蹦戲脚本引序　洪深　文學　7：1　185——197
　面　25年7月1日

傀儡戲的沿革　笙雯　天津益世報別墅　25年11月6日

水戲（水傀儡劇）　晶心　北平世界日報戲曲音樂　25年1月
12，13日

河北省鄉村戲劇演出概況　岳稱珪　北平華北日報戲劇與電影
　69　24年11月2日　70　24年11月9日　71　24年11月
　16日　73　24年11月30日　74　24年12月7日
　75　24年12月14日　77　24年12月28日

談老調梆子　岳稱珪　北平華北日報戲劇與電影　86　25年
　5月7日

河北省底鄉村梆子　岳稱珪　北平華北日報戲劇與電影　83
　25年2月15日　84　25年2月22日　又進德月刊　1：7
　57——58面　25年3月

中國地方劇研究之一'灤州影戲'　中法大學月刊　8：3　1
　——54面　25年1月1日

談灤州影戲　芷苙　北平晨報劇刊　327　26年5月8日

雜論影戲（答佟晶心先生）　吳曉鈴　歌謠　3：9　1——3面
　26年5月29日

檢討章印戲劇'肘骨子'（肘骨子由秧歌進化出來）　周夢孚
　進德月刊　1：8　49——53面　25年4月

閒話'柳子戲'（山東鄉土戲劇之一）　周夢孚　進德月刊
　1：12　56——62面　25年8月1日

談'五音戲'（山東鄉土戲劇調查之一）　吳弢　進德月刊　1：
　10　147——150面　25年6月

從民間藝術談到河南戲劇　鄭劍西　戲劇旬刊　29　2面

25年10月20日　30　2面　25年11月30日　33　2
　　面　25年12月31日　34　2面　26年1月10日

南陽一帶的民間演戲（目的多在敬神）　李鴞　中央日報民風
　　劇刊　25　26年3月25日

嘣嘣戲在鄭州　輕騎　戲劇旬刊　16　13—14面　25年
　　7月10日

爬竿戲（陜西現下流行）　老桐　北平世界日報戲曲音樂　25
　　年1月10、11日

清末之上海戲劇　馬彥祥　東方雜誌　33:7　219—225
　　面　25年4月1日

浙江的戲劇　錢南揚　國風　8:9—10　52—56面
　　25年10月　又圖書展望　2:1　15—20面　25年11月
　　10日

的篤戲（轉載時代文藝）　魏金枝　開明月報　1:2
　　447—449面　26年2月15日

漢劇梨園變遷史　劍雲　戲劇旬刊　14　11面　25年6月
　　20日　15　3面　25年6月30日

三十年之廣東莉部　戇叟　粤風月刊　3:1—2　17—20面
　　25年7月15日

梅縣的傀儡戲　華木　天地人半月刊　7　47面　25年6
　　月1日

（B）專　論

讀曲初階　王玉章　圖書展望　2:2　33—36面　25年12
　　月10日

戲曲考略（戲曲雜記之一）　景弧　北平晨報國劇週刊　73
　　25年3月12日

國二十四年十一月初版吳瞿安（梅）撰．詞餘講義，亦吳氏編北京大學講義）　野鶴　劇學月刊　4:12　40—41面

漢唐宋的「大曲」　由航淼　文學年報　2　231—239面　25年5月

廣陵散考　戴明揚　輔仁學誌　5:1—2　1—25面　25年12月

霓裳羽衣小考　胡璞　細流　7　17—21面　25年6月20日

柘枝舞（柘枝是唐宋時大曲之一凡大曲皆舞曲）　杜穎陶　劇學月刊　4:9　13—22面

涼州曲小考　羅根澤　北平晨報學園　971　25年6月25日

元人曲調溯源　葉鼎彝　師大月刊　30　259—289面　25年10月30日

宋代雜劇考　徐嘉瑞　語言文學專刊　1:1　75—88面　25年3月

元代四折以上之雜劇（西廂記與西遊記）　苦水　中法大學月刊　10:5　95—99面　26年3月1日

略論馬致遠雜劇的胚胎　勁非　北平華北日報每日文藝　262　24年8月27日

關於「略論馬致遠雜劇的胚胎」的點錯誤　匡人　北平華北日報每日文藝　272　24年9月6日

再論馬致遠雜劇　勁非　北平華北日報每日文藝　279　24年9月13日

讀元人雜劇輯逸（趙景深撰）　苦水　天津益世報讀書周刊

注4　25年

關於元人雜劇輯逸（目次：簡帖塽（宋仲誼撰）張良辭朝（王
　　仲文撰）附錄趙景深關於元人雜劇輯逸）　若水　天津益
　　世報讀書周刊　55　25年7月2日

元明殘劇八種　顧隨　燕京學報　22　225——262面　26年
　　12月

「西廂記」的故事沿革及其他　歸農因　北平華北日報每日文
　　藝　128　24年4月10日

西廂記著作人氏考正　魏復乾　逸經半月刊　19　6——7面
　　25年12月5日

關於西廂記的作者　賣天蔥　逸經半月刊　24　31面　26年2
　　月20日

對於賣先生意見的商討　魏復乾　逸經半月刊　24　32——33
　　面　26年2月20日

金聖嘆與王實甫西廂記　李葳君　新苗　16　19——22面　26
　　年4月16日

繼志齋刻本重校北西廂記　憶堂　中央日報圖書評論周刊　3
　　26年6月4日

評「西廂記」英譯本（熊式一譯）　姚克　天津大公報文藝
　　124　25年4月8日

評「西廂記」英譯本（熊式一譯）　藏雲　天津大公報圖書副
　　刊　154　25年10月29日　又圖書季刊　3：3　157——
　　160面　25年9月

崔懷寶月夜聞箏戲文考　綠依　劇學月刊　5：5　15——17面
　　學報恩三虎下山（讀曲雜記之一）　孫源　北平晨報劇刊
　　264　25年2月2日

戚明雜劇二集　趙景深　青年界　9：4　39——42面　25年

4月

邸氏金雞劇新編跋　鄭振鐸　暨南大學圖書館館報　2　10
　—13面　26年5月24日

南戲本事撥拾　杜穎陶　北平世界日報戲曲音樂　24年9
　月8—12.14—16日

關於「南戲拾遺」的幾封信　青木正兒　顧隨　魏建功
　趙景深　文學年報　3　89—91面　26年5月

宋元南戲百一錄（錢南揚撰，燕京學報專號之九民國廿三年十
　二月哈佛燕京學社出版定價三元）　雲士　劇學月刊　5:1
　46面　25年1月

幽閨記「拜月」演藝之研究　碧渠　北平晨報國劇週刊　80
　25年4月30日　81　25年5月7日　82　25年5月14
　日　83　25年5月21日　84　25年5月28日　85　25
　年6月4日　86　25年6月11日

現存雜劇傳奇版本記　松鬼室主　劇學月刊　5:2　20—28面
　5:5　18—22面

六十種曲叙錄　徐調孚　文學　6:5　726—742面　25年
　5月1日

讀曲小識（目次：躍鯉記．雪梅教子．生辰綱（此冊已含四劇：英
　雄遁．雙雄鬥．漁家樂．七星聚）琉璃塔．無底洞．雄黃
　陣）　盧前　藝文雜誌　1:1　1—12面　25年4月1日
　1:2　1—4面　25年5月10日　1:3　1—4面　25年
　6月15日

浣紗記校記　儲皖峯　國立北平圖書館刊　10:2　113—
　—132面　25年3.4月

還魂記及其作者（明湯顯祖撰）　歸晨因　北平華北日報每日
　文藝　38　24年3月11日

湯若士牡丹亭　質父　北平晨報藝圃　25年5月20，22日

所謂精忠記　趙景深　逸經半月刊　3　27—28面　25年4
　　月5日

記繡春舫傳奇（二卷一冊都六十頁舊抄本不著撰人姓氏原藏懷
　　寧曹氏今歸上海涵芬樓）　岑齋　北平世界日報戲曲音樂
　　24年12月29—31日

始得李丹記校讀記　穎閩　劇學月刊　4：7　13—15面

異方便淨土傳燈歸元鏡三相實錄及其異本　吳曉鈴　中央日報
　　文史副刊　18　26年4月4日　19　26年4月11日　20
　　26年4月18日

李笠翁之戲劇批評　鄧綏寧　進德月刊　2：10　56—60面
　　26年6月1日

李笠翁與十二樓　孫楷第　圖書館學季刊　9：3—4　379—
　　441面　24年12月

風箏誤（讀曲札記）　王家綏　北平晨報劇刊　285　25年7
　　月5日

蔣清容的九種曲　趙曾玖　文學年報　2　197—204面　25年
　　5月

雷峰塔傳奇的作者　穎閩　劇學月刊　4：8　36—39面

南陽樂　芬陀利　天津益世報說苑　26年4月19—21日

說龍鳳巾　陳墨香　劇學月刊　4：10　6—11面

倚晴樓傳奇第八種——絳綃記　綠依　劇學月刊　5：1　31—
　　33面　25年1月

李越縵秋夢記本事考　許壽裳　新茁　5　1—9面　25年7月
　　16日

李越縵秋夢記本事考後記　許壽裳　新茁　12　13—24面
　　25年12月16日

元人散曲選序論　劉永濟　武大文哲季刊　5：2　325——341
　　面　25年

雍熙樂府探原　趙景深　出版周刊　新200　11——13面　25
　　年9月26日

「盛世新聲」與「詞林摘艷」　鄭振鐸　暨南學報　1：2　45——
　　72面　25年6月

「盛世新聲」與「詞林摘艷」　鄭振鐸講　劉宗向　塗靖南記
　　北平華北日報　23年12月29——31日

「詞林摘艷」裏的劇本及散曲作家考　鄭振鐸　暨南學報　2：2
　　149——219面　26年6月

元王元鼎商調河西後庭花套校釋　苦水　天津益世報讀書周刊
　　56　25年7月9日

林石逸興未刊稿　明薛論道撰　故宮旬刊　1　2——3面　25年
　　5月1日　2　6——7面　25年5月11日　3　10——11面
　　25年5月21日　4　14面　25年6月1日　5　18——20面
　　25年6月11日　6　22面　25年6月21日　7　26——27
　　面　25年7月1日

讀道藏中之自然集　盧前　暨南學報　1：2　259——262面
　　25年6月

芳茹園樂府（明末趙南星文集中有芳茹園樂府一卷）　天津益
　　世報讀書周刊　64　25年9月3日　65　25年9月10日

九宮正始與宋元戲文　趙景深　復旦學報　5　66——105面
　　26年6月30日

「彙纂元譜南曲九宮正始」跋　陸衍廬　天津大公報圖書副
　　刊　152　25年10月15日

南北曲律新論　綠依　劇學月刊　4：8　25——31面

元卓從之的中州樂府音韻類編　天英　劇學月刊　5：2　37——

—— 357 ——

44面

曹氏藏鈔本戲曲敘錄　盧前　嶺南學報　2:2　221—276面
　　26年6月

錄鬼簿新校注（錄鬼簿二卷，續編一卷）　馬廉遺稿　國立北
　　平圖書館館刊　10:1　47—76面　25年2月　10:2
　　41—70面　25年4月　10:3　55—94面　25年6月
　　10:4　45—84面　25年8月　10:5　61—100面　25
　　年10月

今樂考證（今樂考證十三卷清姚燮字梅伯別號復莊撰生於嘉慶
　　十年卒於同治三年）　杜穎陶　劇學月刊　4:10　25—
　　27面

跋今樂考證　斐雲　天津大公報圖書副刊　122　25年3月19
　　日

曲海總目提要拾遺（附曲海總目提要正編，拾遺綜合索引）
　　伯英　劇學月刊　5:3—4　1—93面

觀碧簃館所藏鈔本戲曲小記　寒山　北平晨報國劇週刊　75
　　25年3月27日　76　25年4月1日　77　25年4月8日

論戲詞中不怕典在事後　齊如山　北平晨報國劇週刊　113
　　25年12月17日

劇名分類的我見　靜因　北平世界日報戲曲音樂　25年4月5
　　—8日

戲名正誤　陳墨香　北平世界日報戲曲音樂　24年10月18—
　　28日

改革國劇劇本之我見　廉君　北平晨報國劇週刊　74　25年3
　　月19日

皮黃劇本作者續目　曲莘　北平晨報國劇週刊　82　25年5
　　14日　83　25年5月21日　85　25年6月4日　87　25

年6月18日　89　25年7月2日　91　25年7月16日
　　93　25年7月30日　95　25年8月13日

京劇提要（續）　陳墨香　劇學月刊　4：9　32—34面　4：
　　10　34—40面　4：12.　41—46面

潮州曲本提要　郭堃　林培廬記錄　中央日報民風副刊　16
　　26年1月21日

列國戲之鳥瞰　鄧漢定編輯　戲劇旬刊　8　11面　25年4
　　月11日　9　11面　25年5月1日　10　9面　25年5月
　　10日　11　11面　25年5月21日　12　14面　25年6
　　月2日

關於大明的戲劇　徐凌霄　劇學月刊　5：2　11—15面

關於晉劇之所見　徐凌霄　劇學月刊　5：5　12—14面

八義圖考源　晴　戲劇旬刊　12　9面　25年6月2日　13
　　4面　25年6月10日

滇南礼劇述評　徐凌霄　劇學月刊　4：12　3—7面

為朱買臣之妻辨寃　味水　天津益世報說苑　26年4月27—
　　29日

秋胡戲妻考　適青　天津益世報別墅　25年11月28日

「徐庶回馬薦諸葛」談　古直　北平晨報國劇週刊　64　25
　　年1月3日

談借東風　綠依　北平世界日報戲曲音樂　25年2月27—29
　　日　3月1—12日

黃鶴樓本事的來源　綠依　北平世界日報戲曲音樂　25年3月20—22日

虹霓關之研究　霞景　北平晨報國劇周刊　101　25年9月24日

劉文龍菱花鏡本事考　伯遜　劇學月刊　4：7　33—35面

說烈火旗延延安　陳墨香　北平世界日報戲曲音樂　24年11
　　月11日—26日

胭脂虎的考證和分析　馬肇延　北平世界日報戲曲音樂　24年
　　8月21―24日

談奇雙會　杜穎陶　劇學月刊　4：12　20―23面

釵頭鳳考源　晴　戲劇旬刊　17　12面　25年7月20日

顯微鏡下的舊劇劇本　穎陶　北平世界日報戲曲音樂　25
　　年1月23.27―29日

"瓊林宴"劇本考　曲莽　北平晨報國劇週刊　112　25年12月
　　10日　113　25年12月17日

打魚殺家之取材及其編製　周貽白　北平世界日報戲曲音樂
　　24年12月2―5日

戰太平之淵源及唱法之異同　寒山　北平晨報國劇週刊　105
　　25年10月22日

從明代內臣制度談到法門寺之坐獄　馬肇延　北平世界日報戲
　　曲音樂　25年1月30.31日　2月1―17日

漫談玉堂春　張佛吾　十日戲劇　1：4　4―6面　26年3月
　　17日

玉堂春故事的演變　阿英　文學　7：4　727―739面　25
　　年10月1日

混元盒劇本嬗變考　傅惜華　北平晨報國劇週刊　88　25年6
　　月25日

串行雲函醫記　小閑　北平晨報藝圃　25年4月25.28日

牧豬雙戲考說　逸廔　北平晨報藝圃　26年2月16.13日

（C）　劇　譚　關於化裝角色劇韻等事

國劇之特點　齊如山　北平晨報游藝　17　26年2月15日　18
　　26年2月17日　又中央日報　第二張第三版　26年4月

411

十三轍裏的尖團字　穎陶　北平世界日報戲曲音樂　25年5月
　　12—19日　6月8—16日　7月8—31日　8月1—5日
三四聲在二黃中之唱法　林澄伯　十日戲劇　1：8　6—7面
　　26年4月30日
論上口　趙用之　十日戲劇　1：8　9—11面　26年4月30日
論韻白中的白話成分　晶心　北平世界日報戲曲音樂　24年11
　　月27.28日
找轍（合轍押韻）　晶心　北平世界日報戲曲音樂　25年10月
　　20—24日
陰出陽收略說　方階聲　戲劇旬刊　21　8面　25年8月31
　　日
小田雜憶（讀「談中州韻」後有感）　陳小田　戲劇旬刊　13
　　14面　25年6月10日
談中州韻　鄭劍西　戲劇旬刊　7　2面　25年4月1日　8　2
　　面　25年4月11日　9　2面　25年5月1日　10　2面
　　25年5月10日　11　2面　25年5月21日　12　2面　25
　　年6月2日
二黃中之陰去聲與陽去聲　林澄伯　戲劇旬刊　33　10面　25
　　年12月31日
崑劇「定場白」讀法之研究　碧淥　北平晨報國劇週刊　79
　　25年4月23日
近代劇韻（張伯駒余叔岩合著北平京華印書局印刷，非賣品）
　　王丁一　天津大公報圖書副刊　167　26年1月28日
評國劇韻典　綠依　北平世界日報戲曲音樂　24年12月8—
　　12日

（8）　小　說

（A）　通　論

中西小說的比較觀　李竹年講　蘇憲隆等筆記　國師月刊 5:5
　　1—5面　25年6月30日

中國古代小說之外國資料　胡懷琛　逸經半月刊 4　3—6面
　　25年4月20日

小說家出於稗官說　余嘉錫　輔仁學誌 6:1—2　35—47
　　面　26年6月

中國小說在日本江戶時代流行之一班　長澤規矩也著　鍾敬文
　　秋子譯　青年界 10:1　130—142面　25年8月

武俠小說的流毒與防止　遲受義　文化與教育旬刊 86 1—5
　　面　25年4月10日

唐人小說的史學價值　錢萼升　遺族校刊 3:3　130—132面
　　25年7月10日

得勝頭迴與楔子（小說瑣記之一）　沈啟无　新苗 7　19—
　　21面　25年9月1日

（B）　專　論

西京雜記作者版本雜考（六朝小說考證之一）　微青　時代青
　　年 1:5　29—31面　25年9月30日

關於「枕中記」及其他　長明　北平華北日報每日文藝　137
　　24年4月19日

關於虬髯客傳等等　歸晨因　北平華北日報每日文藝　155
　　24年5月7日

書虬髯客傳後　孟心史　天津益世報讀書週刊　103，26年6
　　月10日

—— 363 ——

跋明本集異記　王廠大唐　北平華北日報圖書周刊　66　25年2月3日

綠窗新語　皇都風月主人　藝文雜誌　1:2　1—5面　25年5月10日　1:3　6—14面　25年6月15日

英烈傳（明郭勛為宣揚其祖郭英之功而作）　趙景深　青年界10:3　45—50面　25年10月

「西青散記」的參考資料　張公量　天津大公報圖書副刊　116　25年2月6日

蔣瑞藻編「小說考證」正誤（目次：無雙譜．聊齋志異．旗亭畫壁記．盜御馬．芝龕記．彭公案）　殷廬　天津益世報讀書周刊　82　26年1月7日

清世說新語（簡傲）　夏敬觀　青鶴雜記　3:24　1—5面24年11月1日

鈔本聊齋誌異跋　藥調南　北平華北日報圖書週刊　70　25年3月2日

記「聊齋志異拾遺」　滄波　北平華北日報圖書周刊　58　24年12月9日　59　24年12月16日　60　24年12月23日

志果（為芳老久芳閣叢書之一）　黃鳳歧芳久遺稿　船山學報3　1—14面　24年9月

三國志全傳　杜璟　北平華北日報圖書館學週刊　8　20年5月28日

殘唐五代史演傳（坊本簡稱五代殘唐共六十則）　趙景深　復旦學報　3　1—7面　25年4月1日

水滸傳與中國社會（薩孟武著南京正中書局出版頁一五八定價六角）　李長之　北平晨報學園　947　25年5月13日

水滸傳人物考　謝興堯　逸經半月刊　1　18—21面　25年3月5日

金聖嘆與七十回水滸傳　李滅君　新苗 1　11—13面　25年5月1日

水滸的英譯本（一是賽珍珠 Pearl S Buck 迻譯的名曰 all men are Brothers John Day 1933）（一是傑克森 J H Jackson 迻譯的名曰 Water Margin 商務印書館出版 1937）周其勳　中央日報圖書評論周刊　3　26年6月4日

現存明代小說書刊行者表（原文載書誌學雜誌）長澤規矩也著　傲欲釣譯　中央軍校圖書館月報 18　300—306面　24年3月1日

三寶太監西洋記　趙景深　青年界　3:1　121—144面　25年1月

金瓶梅之意識及技巧　阿丁　天地人半月刊　4　1—6面　25年4月16日

西遊記的內容及其比較　阿丁　天地人半月刊　7　6—13面　25年6月1日

樵史通俗演義　孟森　天津益世報讀書週刊　85　26年1月28日

「樵史演義」之發見　傅惜華　逸經半月刊　20　27—29面　25年12月20日

封神演義考　顧肇倉　文化與教育旬刊　75　38—42面　24年12月20日

封神演義的作者　張政烺　胡適　獨立評論　209　18—21面　25年7月12日

封神演義的時代及作者問題　幼梧　天津益世報史學　38　25年9月27日

陸西星作封神考　柳存仁　中央日報文史副刊　20　26年4月

18日 21 26年4月25日 22 26年5月2日 23 26年5月9日

臺灣外紀與臺灣列誌考 黃典誠 廈門大學學報七本 1—48面 25年7月

'宛如約'本事考（明人所著的一部章回小說，此書印本極少） 任釗 逸經半月刊 25 53—54面 26年3月5日

浮生六記佚稿辨偽 劉樊 國聞週報 14：6 26年2月1日

讀飲水詞聯想到紅樓夢 慎儀 天津益世報說苑 26年3月16、17日

曹雪芹的家世和紅樓夢的由來 宋孔顯 青年界 9：4 43—51面 25年4月

紅樓夢悲劇之演成（續） 牟宗三 文哲月刊 1：4 92—102面 25年1月15日

關於紅樓夢作者家世的新材料 嚴微青 時代青年 1：1 24—38面 25年5月25日

紅樓夢地點考 琤琤 北平晨報藝圃 25年4月29日 25年5月1、2、4日

紅樓雜談（大觀園在什剎海前海問題的討論） 曇尼 北平華北日報咖啡座 623 25年8月29日

紅樓瑣記 誠齋 北平晨報藝圃 25年6月29日

石頭閒話 聽風 書人月刊 1：2 56—58面 26年2月

紅樓說叢 萱慕 北平晨報藝圃 25年7月18、20、22、25、28日 8月3、10、11、15、17、25、28日 9月5、8、14、16、18、22、23、25、28日 10月9、10、16日 12月15、16、18、22、23、25、28—30日 26年1月26、29日

野叟曝言評議 焦木 北平晨報藝圃 25年2月19、21日

花月痕作者　誠齋　北平晨報藝圃　25年10月20日

品花寶鑑考證　趙景深　逸經半月刊　17　53—57面　25年11月5日

「九命奇寃」的本事　羅爾綱　天津益世報史學　35　25年8月16日

「九命奇寃」山北穿腮七檔案之發現　羅爾綱　天津益世報史學　43　25年12月6日

老殘遊記考證　胡㻽　中華月報　3:9　41—45面　24年9月1日　3:12　54—57面　24年12月1日　4:2　53—56面　25年2月1日

老殘游記考證補　胡㻽　中華月報　4:4 · 2:28—2:30面　25年4月1日

江湖奇俠傳　曹聚仁　通俗文化半月刊　2:3　72面　24年8月12日

江湖奇俠傳的評註緣起　于夢梅　通俗圖書館月刊　1:1　40—41面　23年5月31日　1:3　16—17面　23年7月31日　1:6　23年10月31日　1:10—12　39—42面　24年4月30日

關於「新刻荔鏡奇逢集」　歸見　天津大公報圖書副刊　160　25年12月10日

（Ｃ）　詞　話　（關於彈詞鼓詞變文寶卷等事）

說彈詞　李家瑞　中央研究院史語研究所集刊　6:1　103—120面　25年3月

三笑姻緣的演變　趙景深　文學　7:1　309—316面　25年7月

三笑新編彈詞考證　李家瑞　中央日報圖書評論周刊　2　26
　　年5月27日

夕林所藏彈詞目錄　吳夕林　北平華北日報圖書週刊　49　24
　　年10月7日

關詁大鼓書　黃白虹　進德月刊　1:8　54面　25年4月

關於大鼓　趙景深　歌謠　3:2　5—7面　26年4月10日

孔夫子鼓兒詞（縈調甫藏本）清蒲松齡遺著　曹芥初序錄
　　逸經半月刊　9　48—53面　25年7月5日　10　37—
　　41面　25年7月20日　12　32—37面　25年8月20日

鼓子詞與變文　杜穎陶　劇學月刊　5:2　29—30面

清代北京饅頭鋪租賃唱本的概況　李家瑞　天津大公報圖
　　書副刊　113　25年2月27日

智壽齋的唱本　李家瑞　天地人半月刊　3　59—60面　25
　　年4月1日

說書的起源　歸晨因　北平華北日報每日文藝　195　24年6
　　月20日

說書　老聽客　戲劇旬刊　3　16面　25年1月21日

說評書　姚論　語文　1:6　38—43面　26年6月1日

從「變文」的產生說到佛教文學在社會上之地位　覺先　人
　　海燈月刊　4:1　8—11面　26年1月1日

敦煌本伍子胥變文之研究　劉修業　天津大公報圖書副刊
　　184　26年6月3日

敦煌本捉李布傳文　王重民校錄　國立北平圖書館館刊　10:
　　1　1—45面　25年2月

燉煌本王陵變文　王重民　國立北平圖書館館刊　10:6　1—
　　16面　25年12月

燉煌寫本張義潮變文跋　孫楷第　天津大公報圖書副刊　145

25年9月27日　又圖書季刊　3：3　97—105面　25年9
月

敦煌寫本張淮深變文跋　孫楷第　中央研究院史語研究所集刊
第七本第三分　385—404面　26年11月

關於「影戲」與「寶卷」及「灤州影戲」的名稱　吳曉鈴　歌謠
2：40　1—2面　26年3月27日

答吳曉鈴先生關於「影戲」與「寶卷」的問題　佟晶心　歌謠
2：40　2—3面　26年3月27日

探論「寶卷」在俗文學上的地位（影戲在宋朝所使用的劇本，便
是當時的話本，但近代的便用寶卷）　佟晶心　歌謠　2：
37　1—2面　26年3月6日

（9）　民　間　文　學

（A）　故　事　傳　説

中國民間文學研究實況（原載日本東京發行中國文學月報第五
號）　武田氏撰　沈　譯　北平世界日報文藝周刊　15
24年9月16日　16　24年9月22日　17　24年9月30日

「中國民間文學探究」自叙　鍾敬文　亞波羅　13　65—73面
23年3月1日

中國「笑話」的史的演進　張壽林　中央日報民風副刊　33
26年5月20日　34　26年5月27日

中國神話傳說短論（原文載村松所著中國神話傳說集卷
首）　松村武雄著　石鹿譯　藝風月刊　4：1　45—48面
25年1月1日

神話演變及其影響　劉北斗　北平晨報歷史周刊　12　25年12
月16日

民間世說序（民間世說是林培廬編輯的一冊民間故事和傳說的
    總集）　羅香林　歌謠周刊　2：7　5—6面　25年5月
    16日

古傳雜鈔　靜聞　藝風月刊　4：1　95—99面　25年1月1日

中國的羿與希臘的赫克利斯　（Hercules）　（古代
    神話研究之一）　程憬　安大李刊　1：3　15—30面
    25年7月1日

羿　劉北斗　北平晨報歷史周刊　3　25年10月17日

晚周諸子故事之流傳　劉汝霖　人生評論　2　1—16面　25
    年11月10日

西門豹故事之轉化　董作賓　逸經半月刊　30　3—6面　26
    年5月20日

名人故事試探（跋林培廬的七賢故事集）　清水　民俗　1：2
    171—180面　26年1月30日

陳三五娘故事的演化　龔書輝　廈門大學學報　七本　1—62面
    25年7月

臨湖的傳說（歐亞兩洲）　于道元　北平晨報謎俗周刊　4　26
    年6月27日

白娘娘傳說中的悲劇成因　曹聚仁　論語半月刊　107　527
    —529面　26年3月1日

白蛇故事的演變　訪秋　北平晨報學園　1022　25年10月6—
    8日

中國之狐（妖狐傳說起源等事瑣記）　于道源　北平華北日報
    副葉　21年9月25—28日

八仙考　浦江清　清華學報　11：1　89—136面　25年
    1月

猴娃娘型故事略論　葉惠均　民俗　1：2　181—205面　26

420

年1月30日

紫姑神的傳說　闇國新　北平晨報謠俗周刊　2　26年6月13日

妙峯山王三奶奶的傳說　闇國新　北平晨報風雨談　26　26年
　　5月13日

紅道柳翠故事的轉變　張金茶　嶺南學報　5:2　54—74面
　　25年8月

粵南神話傳說漫談（序吳玉成粵南神話傳說及其研究）
　　劉萬章　中央日報民風副刊　22　26年3月4日　23　26
　　年3月11日

粵風與劉三妹傳說　黃芝岡　中山文化教育館季刊　4:2
　　763—782面　26年夏　史地社會論文摘要月刊　3:8
　　57—58面　26年5月20日

兩個名人的傳說（浙江建德關於洪武登基和羅隱秀才故事的傳
　　說）　王興佺　藝風月刊　4:1　90—91面　25年正月
　　1日

沈萬三的傳說　吳絳雪　江蘇研究　2:12　1—3面　25年
　　12月31日

中山狼　龔書煇　廈大周刊　15:12—13　19—21面　24年12
　　月16日　15:14—15　17—18面　25年1月4日

莆田丘太守傳說（丘太守河北通縣人名正字李方明正統進士）
　　楊樹芳　福建文化　3:19　21—23面　24年5月

紹興的五個傳說（目次：王羲之買鵝，賀家池，應宿閘，白鶴
　　娘娘，花紙（老鼠娶親）　白水　藝風月刊　4:4　55—
　　57面　25年4月1日

湖州地方傳說（目次：太湖，白魚精，黃龍洞，呼雷豹，觀音
　　娘娘的汗巾，新城村裏的碑，接山橋，青銅橋，紫宫，孟
　　姜女到過的地方）　張之金　藝風月刊　4:1　61—69面

5月16日

歌謠與民意　閻元彥　歌謠周刊　3:13　1—2面　26年6月26日

全國歌謠調查的建議　胡適　歌謠周刊　3:1　1—2面　26年4月3日

從如暑山歌與馮夢龍山歌見到採錄歌謠應該注意的事　魏建功　歌謠周刊　2:5　1—7面　25年5月2日

歌謠採輯十五年的回顧　魏建功　歌謠周刊　3:1　21—24面　26年4月3日

徵集西北歌謠的重要性　吳德　西北論衡　4:8　21—25面　25年11月15日

中國古代歌謠　老耳　北平世界日報明珠　25年5月13—16日

關於古歌謠　徐亞傑　北平世界日報明珠　26年3月8日

宋明集錄謠諺的兩種書　容肇祖　歌謠周刊　2:10　1—2面　25年6月6日

一夜西風水倒流（讀馮夢龍編的山歌）　李素　宇宙風　18　306—308面　25年6月1日

唱山歌之清史料　孟森　歌謠周刊　2:10　1面　25年6月6日

何惠羣及其嘆五更　李希三　粵風月刊　3:1—2　26—29面　25年7月15日

粵謳與招子庸　袁洪銘　民俗　1:2　253—255面　26年1月30日

關於粵謳及其作者　粵風月刊　1:5　20—22面　24年11月15日

踏歌　張壽林　歌謠周刊　3:6　1—3面　26年5月8日

423

—— 373 ——

再論踏歌 張壽林 歌謠周刊 3:8 1—3面 26年5月22日

打趣的歌謠 吳世昌 歌謠周刊 2:4 1—3面 25年4月25日

我所知的山歌的分類 壽生 歌謠周刊 2:32 1—6面 26年1月9日

乾隆以來北平兒童歌嬗變舉例 李家瑞 蔡元培先生六十五歲論文集（下） 713—725面 24年1月

兒歌的唱法 徐芳 歌謠周刊 2.1 3—6面 25年4月4日

河北定縣的秧歌 賀雷 劇學月刊 5:2 16—18面

晉省中部的秧歌 郝瑞垣 歌謠周刊 2:13 5—6面 25年6月27日

綏遠的山歌 毓靈 西北論衡 5:1 55—67面 26年1月15日

關於鄉邦文獻與山歌寄胡曉岑（此信原件寄興寧羅武守光閣）清黃遵憲遺著 畫林半月刊 1:1 12—15面 26年3月10日

「張打鐵」的研究 張為綱 歌謠周刊 3:1 15—21面 26年4月3日

吳歌的特質 李素英 歌謠周刊 2:2 3—6面 25年4月11日

蘇州近代蜜歌 顧頡剛 歌謠周刊 3:1 6—8面 26年4月3日

紹興兒歌述略序 周作人 歌謠周刊 2:3 1—2面 25年4月18日

「粵東詩海」的謠諺 清水 內外雜誌 4 14—16面 25年9月20日

廣州的民歌　孔藏　歌謠周刊　2:4　3—5面　25年4月25日

廣東潮陽的兒歌（序林楨潮陽兒歌集）　劉萬章　歌謠周刊
　　2:8　1—5面　25年5月23日

東莞婿歌研究　劉偉民　民俗　1:2　221—239面　26年
　　1月30日

廣西南部民間情歌　王祥珩　歌謠周刊　2:28　1—5面
　　26年3月13日　2:39　1—5面　26年3月20日

客家山歌之社會背景　張騰發　民俗　1:1　167—174面
　　25年9月15日　1:2　241—251面　26年1月30日

（ℂ）　俚　曲

關於俗曲的演變　葉德均　歌謠周刊　3:10　5—7面　26
　　年6月5日

"雜耍"考（"雜耍"是民間文學　含有蓮花落，八角鼓，太平歌詞）
　　東方　天津大公報　26年1月25，26日　2月3日

"數來寶"裏的"溜口轍"　徐芳　歌謠月刊　3:1　12—14面
　　26年4月3日

三宗寶　李家瑞　歌謠周刊　2:11　4—8面　25年6月13日

打花鼓　李家瑞　中央研究院史語研究所集刊　5:4　497—
　　513面　24年12月

兩種打花鼓的來源　李家瑞　天地人半月刊　1　50—52面
　　25年3月1日

打花鼓的圖畫　李家瑞　天地人半月刊　5　58—59面　25
　　年5月1日

唱春調　李家瑞　劇學月刊　5:1　30面　25年1月

大四景（即王妮卿調）　李家瑞　劇學月刊　5:2　19面

劈破玉　李家瑞　劇學月刊　4：9　12——13面

「繡荷包」考　傅惜華　歌謠月刊　3：3　1——3面　26年4月
　　17日

清末的時調　阿英　青年界　9.5　46——49面　25年5
　　月

馬頭調拾零　晶心　北平世界日報戲曲音樂　25年3月20
　　——26日

兩廣馬頭調之比較　李家瑞　天地人半月刊　8　39——43面
　　25年6月16日

（D）　　諺　　語

俗語分類試案　翁祖善　王天子　藝風月刊　4：1　143——
　　146面　25年1月1日

諺語的探討　薛誠之　文學年報　2　255——258面　25年5
　　月

中國諺語　羅金聲（Dr. C. H. Plopper）廣播周報　107
　　10——11面　25年10月10日

中國諺語中的社會關係論　陳定閎　經世　1：11　21——28面
　　6月15日

（E）　　謎語歇後語及其他

說謎　劉強　福建文化　3：21　1——3面　25年1月

紅樓夢中的謎語及諺語　培廬　中央日報民風副刊　22　第
　　三張第三版　26年3月4日

福州謎語之心理的與歷史的研究　張增齡　福建文化　3：21
　　4——19面　25年1月

廣東謎語和隱語　希三　粵風月刊　2：2　16—20面　25年2
　　月1日　2：3　14—17面　25年3月1日

燈謎考略（目次：流源、名目、體格、著述、雜俎）　進德月刊
　　1：5　33—34面　25年1月　1：6　41—42面　25年
　　2月　1：7　42　25年3月

歇後語的名稱　林丁　北平世界日報明珠　26年2月6日

歇後語堪稱絕妙好詞　天香樓主　北平世界日報明珠　26
　　年1月24日

歇後語雜談　黃力　北平世界日報明珠　26年3月9日

歇後語的母題　二合　北平世界日報明珠　26年2月7日

我們鄉下的歇後語及其應用　白一丁　北平世界日報明珠　26
　　年2月8、9日

古士大夫之歇後語　徐亞傑　北平世界日報明珠　26年2月6
　　日

介紹北平的俏皮語　於菟　北平世界明珠　26年2月6日

「縮腳語」「打公語」　黃力　北平世界日報明珠　26年3月
　　9、10日

所謂「縮腳語」　林丁　北平世界日報明珠　26年3月9日

幾則「打公語」　鄭宜六　北平世界日報明珠　26年3月9日

（九）　科　學

（1）　通　論

中國之古科學　（目次：緒言，印刷術，數學，古化學，——
練丹術，磁鐵之發現瓷器，造紙，天文學，火箭，結論。）
　　韓雲岑　科學的中國　6:7　253—257　面　24年10月
　　1日

西洋學術的輸入之萌芽時期　金抗風　科學雜誌　18:9
1138—1141　面　23年9月

利瑪竇和中國的科學　裴化行　新北辰　1:10　1055—1058
面　24年10月15日

利瑪竇對歐西科學與藝術的輸入　Henri Bernard　著
　　郗華譯　工商學誌　8:1　72—84　面　25年5月15日

徐文定公與中國科學　馬相伯　科學雜誌　17:11　1808—
1809　22年11月1日

徐文定公之科學觀　徐宗澤　聖教雜誌　25:10　578——
582　面　25年10月

譯刊科學書籍考略　周昌壽　張菊生先生七十生日紀念論文集
　　409—470　面　26年1月

天工開物　李秀峯　中央日報圖書評論周刊　3　26年6月4日
中國機械工程史料　劉仙洲　清華大學工程學會會刊　4:1
1—44　面　24年4月　4:2　27—70　面　24年11月
明魯般營造正式欽本校讀記　（魯般營造正式六卷與坊間通行
之匠家鏡　魯班經　同為一書）　劉敦楨　中國營造學社
彙刊　6:4　162—164　面　24年6月

429

（2）　天　文　曆　法

中國的天文學問題　裴化行　新北辰　1：11　1137—1152 面
　　24 年 11 月 15 日

中國古代天文儀器釋義　黃萬里　交大唐院季刊　2：1　68—
　　77 面　20 年 9 月

論古代測景與地中　郭豫才　河南博物館館刊　2　1—6 面
　　25 年 8 月

中國經緯度之測量　朱廣才　魯紫麗　北平研究院院務彙版
　　4：4　22 年 7 月

漢張衡候風地動儀造法之推測　王振鐸　燕京學報　20　577
　　—586 面　25 年 12 月

地球繞日說中國上古時已發明攷　劉慕仙　天津大公報科學副
　　刊　11　25 年 11 月 28 日

歲星辨正　黃肇　船山學報　12　4—7 面　25 年 10 月 30 日

十二辰攷　傅運森　張菊生先生七十生日紀念論文集　369
　　—407 面　26 年 1 月

論新月令　竺可楨譯　鄭子政記　科學雜誌　15：10　1567
　　—1579 面·20 年 10 月 1 日

時節日晷說明書　常福元　國學季刊　5：1　1—5 面　24 年

夏小正之檢討　陳兆鼎　江蘇省立國學圖書館第九年刊　1—30
　　面　25 年 10 月

春秋日食攷　朱文鑫　藝浪　8　18—22 面　21 年 12 月 1 日

秦漢閏月論　俞平伯　清華學報　12：2　435—443 面
　　26 年 4 月

劉歆四分亦趨辰說　荔生　天津益世報人文週刊　19　26 年
　　5 月 14 日

殷曆中幾個重要問題　董作賓　中央研究院史語研究所集刊
　　4:3　331—353　面　23年

三論殷曆　（駁董作賓先生對於殷曆諸說）　劉朝陽　史學專
　　刊　1:2　67—131　面　25年2月1日

叢報甲骨金文中所涵殷曆推證　吳其昌　中央研究院史語研究
　　所集刊　4:3　295—329　面　23年

西周曆朔新譜及其他　莫非斯　考古社刊　5　209—269
　　面　25年12月

春秋周殷曆法攷　莫非斯　燕京學報　20　263—329　面
　　25年12月

唐代曆家奇零分數紀法之演進　錢寶琮　數學雜誌　1:1　65
　　—76　面　25年8月1日

敦煌本曆日之研究　王重民　東方雜誌　34:9　13—20面
　　26年5月1日

大宋寶祐四年丙辰歲會天萬年具注曆諸名家跋文輯　白焦校錄
　　人文月刊　7:4　1—12面　25年5月15日

陽曆甲子考　（比較曆學叢考之一）　章用　數學雜誌　1:1
　　42—56　面　25年8月1日　1:2　39—56面　25年11月
　　1日

（三）　數　學

紀數法命名之研究　曾殼盎　武大理科季刊　4:2　1—29面
　　22年12月

唐宋元明數學教育制度　李儼　科學雜誌　17:10　1545—
　　1565面　22年10月1日

中國數學中之整數勾股形研究　錢寶琮　數學雜誌　1:3
　　94—112面　26年2月1日

── 386 ──

韓信點兵 （此為我國昔時數學游戲之一） 金品 科學雜誌 17:3 358—378面 22年3月1日

中國圓周率值之演變 程綸 武大理科季刊 5:4 511—550面 24年6月

中國算學祖沖之及其圓周率之研究 嚴敦傑 學藝雜誌 15:5 509—522面 25年6月15日

中國算學略說 李儼 科學雜誌 18:9 1135—1137面 23年10月

中算之起原及其發達 李儼 東方雜誌 3:7 81面 26年4月1日 又史地社會論文摘要月刊 3:8 21—22面 26年5月20日

怎樣研究中國算學史 李儼 出版週刊 新220 1—3面 26年2月13日

古代算學發達史略 馬地豪 復旦學報 1 274—261面 24年6月30日

近年來國內算學研究的徵影 譚火惠 遺族校刊 2:6 31—46面 24年9月1日

二十年來中算史料之發見 李儼 科學雜誌 17:1 1—15面 22年1月1日

中國算學故事 李儼 金陵學報 6:1 65—74面 25年5月

中算家之方程論 李儼 科學雜誌 15:1 7—44面 19年11月1日

九章算術內容分析 徐兆埠 中等算學月刊 5:3 6—12面 26年3月

「算經十書」考（譯自三上義夫氏東西數學史） 三上義夫著 楊永芳譯 新苗 8 17—18面 25年9月16日

李儼術藏中國算學書目續編（續）　李儼　科學雜誌　13：8
　　1134—1137面　18年3月15日　15：1　138—160面
　　19年11月1日　16：5　856—853面　21年5月1日
　　16：11　1710—1713面　21年11月1日　17：6　1005—
　　1008面　22年6月1日　18：11　1547—1556面　23
　　年11月

幾何原本滿文譯本跋　陳寅恪　中央研究院史語研究所集刊
　　2：3　281—282面　26年4月

（四）　氣　象

古氣候學概論（內有「中國在地史上各時代氣候情形概要」
　　一章）　楊鍾健　科學雜誌　15：6　889—930面　20
　　年6月1日　15：7　1092—1121面　20年6月1日

中國的氣候古今果然有重大變化嗎？　千秋　天津益世報讀
　　書周刊　43　25年4月16日

（五）　醫　學

中國醫學之復興　伍連德　科學雜誌　20：4　259—266面
　　24年4月

國醫藥學術整理大綱草案（轉載二十二年八月一日出版之余氏
　　醫學革命論二集）　陸淵雷　中西醫藥　2：2　122—
　　135面　25年2月1日

我國醫學革命之破壞與建設（轉載社會醫報第一八期）　余雲
　　岫　中西醫藥　2：3　164—178面　25年3月1日

中國醫學之起源及其發達之狀況　陳邦賢　東方雜誌　34：7

119面　26年4月1日

醫史學與醫學前途之關係　余雲岫講　濮良藝記　中西醫藥
2：9　617—624面　25年9月1日

評中國醫學史　（陳邦賢著民國廿六年商務印書館出版定價二
元二角）　晴然　天津大公報醫學周刊　397　26年5
月22日

醫藥史話　王吉民　中西醫藥　3：1　62—67面　26年1月

三則中醫藥的故事　星星　天津大公報家庭　228　25年
11月7日　229　25年11月8日

西醫與中藥　梅汝璈　經世半月刊　1　73—75面　26年
1月15日

古代中西醫藥之關係（續）　范行準　中西醫藥　2：1　9—
23面　25年1月1日　2：3　239—258面　25年3
月1日　2：4　269—288面　25年4月1日　2：5
313—331面　25年5月1日　2：10　633—660面
25年5月1日　2：11　713—729面　25年11月1
日　2：12　801—810面　25年12月1日

漢魏南北朝外來的醫術與藥物的考証　陳竺同　中西醫藥　2：
6　381—402面　25年6月1日　2：7　433—459
面　25年7月1日　又嶺南學報　1：1　59—105　25年
2月

漢魏南北朝外來的醫術與藥物的考証　商榷　范行準　中西
醫藥　2：7　460—477　面　25年7月1日

清末西洋醫學傳入時國人所持的態度　全漢昇　食貨半月刊
3：12　599—609面　25年5月16日

新醫東漸史之研究　周濟　中西醫藥　2：4　260—268面
25年4月1日　2：5　332—345面　25年5月1日

2:6　403—408面　25年6月1日

法定傳染病　（中有我國古代的傳染病觀一章）　幻廬　中西醫藥　2:7　478—480面　25年7月1日　2:8　515—526面　25年8月1日　2:9　596—603面　25年9月1日　2:10　661—673面　25年10月1日

我國舊醫疾病玫　沈其震　天津大公報　家庭　212　25年10月6日　213　25年10月8日　214　25年10月10日　216　25年10月15日　217　25年10月17日　219　25年10月20日　220　25年10月22日　221　25年10月24日　222　25年10月25日　223　25年10月27日　224　25年10月29日　225　25年10月31日　226　25年11月1日　227　25年11月5日　228　25年11月7日　229　25年11月8日　230　25年11月10日　231　25年11月12日　233　25年11月15日　234　25年11月17日　236　25年11月21日　237　25年11月22日　238　25年11月24日　239　25年11月26日　240　25年11月28日　241　25年11月29日　243　25年12月3日

中國的糖尿病玫　李濤　中華醫學雜誌　23:8　1060—1066面　26年8月

談子夏喪明　陳耀真　中華醫學雜誌　24:1　35—38面　27年1月

中國經絡學之剖視　（續）　范行準　中西醫藥　1:1　82—91面　24年9月1日　1:3　256—264面　24年11月1日

讀內經上古天真論感言　李廷玉　國學　1:3　33—34面　26年6月1日

「鄧煜華先生的素問真偽年代玫」評　同濟　中西醫藥

　1:4　312—319面　24年12月1日　2:1　31—35
　　面　25年1月1日

月經的迷信與傳説　時然　天津大公報醫學周刊　388
　　26年3月20日

全國醫藥期刊調查記　（續）　宋大仁　沈警凡　中西醫藥
　　1:3　270—288　24年11月1日

中國藥物　葉善定　科學雜誌　17:9　1429—1446面　22
　　年9月1日

有毒藥物之認識與利用　（此為作者中國醫學變遷史中之第三
　　章）　范行準　中西醫藥　2:9　574—595面　25年
　　9月1日

中國藥用植物考證　伊博恩著　宋大仁譯　中西醫藥　2:8
　　527—529面　25年8月1日　2:11　759—789
　　面　25年11月1日

中國藥用植物圖誌　裘墫　科學雜誌　20:6　480—493
　　面　25年6月　20:12　1037—1040面　25年12月

我國歷代本草概觀　沈其震　天津大公報醫學周刊　363
　　25年9月22日　364　25年9月29日　365　25
　　年10月6日

宋元以後本草藥理論概要　余雲岫　科學雜誌　17:9
　　1377—1382面　22年9月1日

國藥之研究——本草實物攝影圖説　趙燏黃　科學雜誌
　　17:9　1343—1376面　22年9月1日

中國本草圖譜史略　章次公　中西醫藥　1:4　306—
　　311面　24年12月1日

燉煌石室六朝寫本本草集註考　范行準　中西醫藥　3:1
　　77—90面　26年1月　3:3　202—212面

26年3月　3:4　16—40面　26年4月

陶勝力注本草　范行準　中西醫藥　2:1　36—37面　25年1
月1日

對於本草經新註之我觀　佩珍　中國出版月刊　6:12　1—
3面　25年2月10日

（六）　古　生　物　學　及　其　他

中國之古生物學　萬利普著　張鳴韶譯　科學雜誌　15:8
1207—1211面　25年8月1日

中國工古生物學史述要　章鴻釗　北平研究院院務彙報　2:5
1—6面　20年9月

十五年來中國古生物學研究之進展　孫雲鑄講　章熙林記　大
地月刊　1:6　1—4面　26年6月15日

案山子（草木蟲魚之四）　案山子日本語讀作加賀之（Kaga-
shi）即嚇鴉草人，用於田間以逐鳥雀者）　豈明　北平
華北日報副刊　622　20年10月14日

莧菜梗（草木蟲魚之五）　此物　南史王智深傳常有出現　齊
民要術　卷十有人莧一條。　南方平民每天必須的菜蔬
豈明　北平華北日報副刊　637　20年10月29日

蝴蝶　樂水　廣播週報　141　65—68面　26年6月12日

談梨（古書中關於梨的記載）　劉華傑　勵學　5　86—
96面　25年1月30日

三省礦防考跋　謝國楨　天津大公報圖書副刊　127　25年
4月23日

化學肇始在中國何故後世反衰落　倪則塤　科學的中國　3:7
765—768面　23年4月1日

—— 386 ——

中世紀前東西化學接觸之一斑　陳文熙　科學雜誌　18：8
　　1092—1098面　23年8月1日

中國古代金丹家的設備和方法　曾元宇　科學雜誌　17：1
　　31—54面　22年1月1日

古代灌溉工程原起考　徐中舒　中央研究院史語研究所集刊
　　5：2　255—269面　24年12月

古代灌溉工程發展史之一解　翁文灝　蔡元培先生六十五歲
　　論文集（下）　709—712面　24年1月

中國古代之灌溉成績　陳澤崇　水利月刊　1：4　237—
　　242面　20年10月

我國古代橋樑　葉影珪　科學的中國　7：1—17面　25年
　　1月1日

中國古代的玻璃　森漢　工業學院學報　3　53面
　　26年6月

中國的種種發明家（轉載　海王）　小慧　同行月刊　4：11
　　31—32面　25年11月25日

指南車之車制模製說　王振鐸　天津大公報史地周刊　116
　　25年12月18日　又史地社會論文摘要月刊　3：5　2
　　面　26年2月20日

438

（十） 政 治 學

（1） 通 論

中國政治哲學與中國歷史中之實際政治　馮友蘭　清華學報
　　12：1　99—112面　26年1月　又文化建設月刊　3：
　　5　159面　26年2月10日

四千餘年來中國政治之演變　程方　政治月刊　2：2　7—19
　　面　23年11月15日　又史地社會論文摘要月刊　1：3　1面
　　23年12月20日

中國政治制度的變遷　陶希聖講　樊懷祥記　中外月刊　2：4
　　27—38面　26年4月

中國古代原始﹁德謨克拉西﹂制度存在諸形跡　吳澤　北平晨
　　報歷史週刊　10　25年12月2日

中國地方行政制度之起源　王文山　時事月報　14：3　222—
　　226面　25年3月1日

中國地方高級行政制度沿革之新研究　張富康　前途雜誌
　　5：6　53—62面　26年6月16日

中國歷代地方行政制度之變遷及其得失　沈叔　國專月刊
　　3：1　38—45面　25年2月15日

中國的封建制度　德國弗朗克（O. Franke）著　朱炳蓀譯
　　文學年報　3　169—171面　26年5月

中國封建構成的發展之合則性問題（譯文係據日人西村雄三氏
　　編譯的東洋封建制度史論書中）　波里耶可夫著　傅衣凌
　　譯　食貨半月刊　4：10　407—424面　25年10月16日

論語言政述　吳竞成　國專月刊　3：5　5—7面　25年6月15
　　日

—— 388 ——

殷商的政治形態　正文　天地人　1:4　159—163面　25年
　　3月15日

關於西周的封建制　　中一　北平華北日報史學周刊　3　23
　　年9月20日

戰國時代郡縣制度的發展及其完成　曾謇　北平華北日報史學
　　周刊　74　25年2月20日　75　25年2月27日

春秋末戰國初的變法運動　陶希聖　中山文化教育館季刊　4:1
　　305—310面　26年1月

秦始皇之統一及其政治之設施　李慶渾　磐石雜誌　5:2　69
　　—77面　26年2月1日

秦漢的地方制度　桑鉥英　天津益世報食貨　26　26年6月
　　1日　27　26年6月8日

兩漢地方政治制度之變遷　高炳亯　金陵學報　5:2　299—
　　311面　24年11月

漢唐間地方行政區分的演變　桑伯亯　天津益世報食貨　27
　　26年6月8日

五代吳越奇政的問題　劉凚　天津大公報史地周刊　122　26
　　年1月29日　又史地社會論文摘要月刊　3:5　16—17面
　　26年2月20日

宋初政治與王安石新法之批判　程方　中國新論　2:7　38
　　—55面　25年8月1日

北宋政治上南北勢力之消長　甌敷　天津大公報史地周刊
　　104　25年9月25日

論慶曆熙寧之兩次變政（未學齋讀史隨筆之九）　錢穆　天津
　　益世報讀書週刊　105　26年6月24日

蒙古政治制度之今昔　馬中俠　文化建設　3:4　86—96
　　面　26年1月10日

近代蒙古之地方政治制度　札奇斯芹　北大社會科學季刊　6:3
703—736面　25年9月

明太詔與明初之政治社會　鄧嗣禹　燕京學報　20　455—
483面　25年12月

明代地方行政制度之研究　王文山　經世　1:6　49—58面
26年4月1日　1:7　56—62面　26年4月15日　1:8
56—62面　26年5月1日

清代行政制度引論　馬奉琛　北京大學社會科學季刊　6:1
153—174面　25年3月

清朝地方自治制度之略述　郭冠杰　社會科學論叢　4:3　71
—125面　21年3月1日

清末之督撫集權、中央集權，與「同署辦公」　沈乃正　文化
建設月刊　3:5　152面　26年2月10日　又社會科學
2:2　311—342面　26年1月　又史地社會論文摘要月
刊　3:7　22—24面　26年4月20日

清廷對蒙政策之檢討　雲瑞臣　新蒙古　4:6　13—20面
25年3月15日

近百年中國政治經濟宗敎上的變動　崔影　正風雜誌　2:12
1159—1165面　25年8月1日

近百年來中國政治之鳥瞰　邢鵬舉　政治學報　3　14—19面
22年5月20日

過去立憲運動的回顧及此次制憲的意義　吳經熊　張菊生先生
七十生日紀念論文集　211—252面　26年1月

中國制憲紀略　王賜驪　山西大學法學院季刊　1:1　5—34
面　26年5月1日

中國政黨探源　戴傳安　團專月刊　3:1　46—50面　25年2月
15日　3:2　16—23面　25年3月15日　3:3　20—28面　25年4月15日

中國政黨政治之蛻變及其對於近代文化影响　楊幼烱　東方雜誌　34:7　63—？面　26年4月1日　又文化建設月刊　3:8　137—138面　26年5月10日

中國歷史上的黨爭之發生及其發展　士素　嚶鳴雜誌　1:1　52—62面　25年9月1日

中國歷史上的及現階段的民族解放鬥爭　宋雲彬　中學生雜誌　66　13—23面　25年6月

中國歷代武人干政考略　紀廷藩　江漢思潮月刊　4:4　13—17面　25年4月15日

近世文武爭衡考　陳登原　人文月刊　8:1　1—14面　26年2月15日

宋代道學與政爭　沈忱農　文化建設月刊　3:2　87—92面　25年11月10日

陳東與宋代學生運動　沈忱農　青年月刊　1:5　15—19面　25年2月15日

兩宋學生運動考　沈忱農　東方雜誌　33:4　11—17面　25年2月16日

元季民族革命　科蕾　北平華北日報史學周刊　96　25年7月30日

晚明黨爭與史可法　王崇武　天津大公報史地周刊　118　26年1月1日　又史地社會論文摘要月刊　3:5　20—21面　26年2月20日

（2）　政　治　思　想

中國政治思想之源泉　蔣錫曾　河北月刊　5:3　1—7面　26年3月15日

中國政治思想的特質及其時代需要　洪濤　前進雜誌　4：2
　　51—58面　25年2月16日

中國政治思想史十講（續）　呂思勉講　呂翼仁記　光華大學
　　半月刊　4：6　45—49面　25年3月10日　4：7　15—30
　　面　25年3月25日　4：8　32—36面　25年4月15日
　　4：9　21—27面　25年5月10日　4：10　15—19面　25年
　　6月3日　5：1　35—46面　25年10月17日　5：2　3—5
　　面　25年11月7日　5：3-4　22—26面　25年12月8日

陶希聖中國政治思想史第四冊（新生命書局發行民國二十五年
　　一月出版實價一元二角三八大頁）　孟倜　天津益世報讀
　　書周刊　40　25年3月19日

中國邃古政治哲學　吳森永　社會科學論叢季刊　2：4　107—
　　125面　24年12月1日

樊英與諾克恩（John Knox, 1505—1572）論我國古代的
　　反抗權　姚從吾　北平華北日報史學周刊　55　24年10月
　　3日

希臘與周代的政治思想及社會生活之比較　許炳琨　大夏年刊
　　155—179面　22年6月1日

儒術政治與中國武化　程清舫　國聞週報　13：49　3—7面
　　25年12月14日　又文化建設月刊　3：4　148面　26年1
　　月10日

儒家政治思想之變遷　蒙季甫　團專月刊　5：2　40—49面
　　26年3月15日

儒道墨法四家政治思想之比觀　林偘行　仁愛月刊　1：10—11
　　17—40面　25年3月

孔子的政治思想　龢君　河南政治月刊　6：10　1—16面
　　25年10月

—— 392 ——

孔子之政治思想論　牛愛若　河南政治月刊　5:2　1—13 面
　24年2月

孔子政治思想研究　李民舞　政治學報　7　61—69 面　26年
　3月

孔子政治思想的研究　樹屏　長城季刊　2:1　9—16 面　25
年7月1日

老子政治思想的探討　黄培銓　正風雜誌　3:7　793—798
面　25年11月16日　又文化建設月刊　3:3　159 面　25
年12月10日

楊朱之政治學說　吕恩勉　政治學報　3　33—36 面　22年5
月20日

鄭子產政治述說　孫念希　河北月刊　4:10　1—5 面　25年10
月15日

孔孟仁政論與荀子君政論之比較研究　張毅菽　新民月刊　2:1
145—166 面　25年1月

孟子為民權論者　玉父　大道半月刊　18　35—40面　23年9
月1日

孟子政治思想淺論　傅慶隆　丁丑雜誌　1　1—12面　26年4
月30日

孟子政治思想研究　董文焜　政治學報　6　25年6月

孟子政治思想概述（續）　張紹曾　仁愛月刊　1:6　9—23
面　24年10月

墨子的政治思想　張金蘭　河南政治月刊　4:11　1—4面　23
年11月　4:12　1—12 面　23年12月

墨翟的政治思想　王金振　北平華北日報中國文化　61　24年
11月3日　62　24年11月10日

荀墨政治哲學　嚴挺　學術世界　1:10　104—113面　25年4月

荀子的政治學說　匡祝三　讀書青年半月刊　1：3．36—43面　25年8月1日

荀子政治思想的探討　吳寶明　政治月刊　16　71—81面　23年9月15日

管子政治哲學的研究　陳邁源　政治學報　3　37—51面　22年5月20日

管子政治思想的研究　謝源和　文化批判　3：3　68—82面　25年6月15日

韓非子政治思想研究　郭登皞　民族雜誌　5：3　567—588面　26年3月1日

韓非之政治學說（續）　陳千鈞　學術世界　1：7　68—76面　24年12月　1：8　63—69面　25年1月

韓非政治思想述要　翁琴崖　仁愛月刊　1：9　1—15面　25年1月

呂氏春秋所表現之政治思想　李子英　長城季刊　2：2　35—46面　25年10月1日

王莽的改革　宋毅貞　食貨半月刊　5：2　97—100面　26年1月16日　文史地社會論文摘要月刊　3：5　11面　26年2月20日

王莽新政之改革及其失敗　于潤澤　國論月刊　1：6　1—11面　24年12月20日　1：7　1—33面　25年1月20日

宋明道學家的政術（續）　陶希聖　北大社會科學季刊　6：2　419—454面　25年6月

論明道與新法（未學齋讀史隨筆之三）　未學齋主　天津益世報讀書週刊　70　25年10月15日

王荊公新法攷序　陳登原　金陵學報　6：2　267—274面　25年11月

王安石的改革政策　王毓銓　政治經濟學報　5:1　91—168
面　25年10月　5:2　379—469面　26年1月

王安石之政治改革與理財政策　徐學武　之江期刊　1:5　6—
11面　25年1月1日

王荊公之政治思想與現代　毛振鳳　進德月刊　1:11　48—51
面　25年7月

王安石新政的估價　明夷　政治月刊　3:3　7—24面　24年
7月1日

王安石變法之史的評價　張騰驤　現代史學　3:2　1—16面
26年4月5日

張江陵的人才政治論　璧圍　北平華北日報中國文化　96　25
年7月19日　97　25年7月26日

王陽明政治思想之概述　儀方　政治月刊　3:3　25—39面
24年7月1日

黃梨洲的政治思想　趙九成　北平華北日報中國文化　90　25
年6月7日　91　25年6月14日　92　25年6月21日　93
25年6月28日

王船山的政治思想　趙九成　河南政治月刊　6:11　1—11面
25年11月　6:12　1—6面　25年12月

王船山的經世思想　張西堂　經世半月刊　1　61—69面　26
年1月15日

船山黃書原極篇演義　黃華　船山學報　8　1—6面　24年6月

船山黃書古儀軍制演義　黃華　船山學報　8　7—9面　24年6月

黃書大正篇演義　黃華　船山學報　8　9—12面　24年6月

顧亭林的經世思想　繆鎮藩　經世　1:9　17—22面　26年5
月15日

顧炎武之新封建論　譚丕模　北平晨報歷史周刊　13　25年12

月23日　14　25年12月30日

龔自珍的經世思想　孔繁信　師大月刊　26　46—62面　25年
　　4月30日

戊戌政變中心人物康梁之政治思想　左模　河南政治月刊　7：
　　4　1—18面　26年4月1日

章炳麟之政治思想　沈訒　國專月刊　3：5　20—23面　25年
　　6月15日

章太炎先生革命文獻的一班　許壽裳　新苗　15　9—15面
　　26年3月16日

（3）法律

我國法律教育之歷史譚　董康　法學雜誌　7：3　259—270
　　面　23年3月　7：4　409—411面　23年6月　7：5
　　581—586面　23年8月　7：6　705—708面　23年11月

禮與法律（此作者「祭祀及礼與法律」書中之一篇）　捷積陳
　　重著　朱顯禎譯　社會科學論叢　3：1　131—178面　20
　　年1月1日

禮治與法治　趙鳳喈　武大社會科學季刊　6：1　1—46面
　　1936年1月

中國法源論　章壽昌　法學季刊　3：3　142—150面

法律之語源　丘漢平　法學雜誌　5：2　1—5面　20年12月

中國的法制起源說　宗韶　北平華北日報中國文化　20　24年
　　1月20日

中國法學思想之國際地位　高維廉　法學季刊　4：3　167—
　　170面　19年1月

試論我國法系之梗概　何與翔　民鐘季刊　1：4　143—149
　　面　24年12月

儒家法學與中國固有法系之關係（關於中國法系回顧之一）
　　陳顧遠　中華法學雜誌　新編1:3　18—28面　25年11月1日

家族制度與中國固有法系之關係（關於中國法系回顧之二）
　　陳顧遠　中華法學雜誌　1:7　15—34面　26年3月1日

中國法系的特徵及其將來　蔣祀光　社會科學論叢　1:4　32
　　—46面　18年2月15日

中國法系之權利思想與現代　陳鵬　法律評論　13:40　1—8
　　面　25年8月2日

讀中國法系之權利思想與現在有感　李景禧　法律評論　13:
　　47　1—8面　25年9月20日

中國舊律對權利之觀念　海風　長城季刊　2:2　15—27面
　　25年10月1日

中國法律思想式微之原因　陳振暘　法學雜誌　8:2　213—
　　219面　24年3月1日

中國法律在東亞諸國之影響　楊鴻烈　新民月刊　1:7—8
　　1—57面　24年12月

讀「中國法律思想史」後（楊鴻烈著上海商務印書館出版）
　　戚維新　法學雜誌　10:2　209—213面　26年6月

中國法制史（轉載華年周刊第三卷四十六期陳顧遠為上海商務
　　印書館出版定價二九三角）　梁園東　出版週刊　新124
　　18面　24年4月13日

周秦以前之法律考略　司徒韜　民鐘季刊　2:3　131—146
　　面　25年10月

先秦「法」的思想之發展（從楊朱到韓非）　翦伯贊　中華法
　　學雜誌　新編1:1　59—74面　25年9月1日

徒法不能以自行論（探求孟子之政治觀念及其法律思想）　丘
　　漢平　法學雜誌　5:4　7—10面　21年4月　5:5　1—6面

21年6月

唐以前法律思想底發展　吳經熊　法學季刊　2:3　117—124面

書、唐以前法律思想發展、後　孫德謨　法學季刊　2:5

　　203—221面　14年6月

名公書判清明集（民國二十四年十二月商務印書館影印五冊定

　　價十八元此書羅列宋元兩代名公判牘十之八九為民事判決）

　　李祖蔭　北大社會科學季刊　6:1　202—204面　25年

　　3月　又天津大公報圖書副刊　131　25年5月21日

宋元檢驗三錄跋　孫祖基　青鶴雜誌　4:16　4—5　25年

　　7月1日

元代法律的特色（續完）　有高巖作　酈護華譯　法律評論

　　12:41　13—14面　24年8月11日

∟大元通判⌐中的∟禁令⌐解　呂振羽　中華法學雜誌　新編

　　1:2　118—123面　25年10月1日

前清法制概要　董康　法學季刊　2:2　59—70面

清律名例（中國舊律之檢討）　郭衞　中華法學雜誌　新編1:

　　4　24—30面　25年12月1日

清六律之檢討（吏、戶、禮、兵、刑、工律）　郭衞　中華法學

　　雜誌　新編1:8　52—60面　26年4月

山右讞獄記跋（顧懇齋山右讞獄記一卷、凡十五案、中四案

　　有年可稽）　王澄　國風　8:5　196面　25年5月

局例考（藏藏地方行用的一種特別刑法和民法）　任啟珊　社

　　會科學論叢季刊　3:1　73—87面　26年1月1日

楊幼炯著近代中國立法史（中山文化教育館研究叢書、二十五

　　年五月商務印書館出版共五九一頁　陳之邁　社會科學

　　2:3　595—598面　26年4月

周禮新述之司法制度　陳顧遠　中華法學雜誌　新編1:5—6

—— 398 ——
　　100—119面　26年2月1日
後魏司法上因種族成見犠牲的文史家　楊鴻烈　中華法學雜誌
　　新編1:8　43—51面　26年4月
前清司法制度　法學雜誌　8:4　445—467面　24年8月1日
大赦釋例　楊毓節　遼族校刊　3:1　100—107面　24年11月
　　20日
中國巡廻審判考　法學雜誌　8:5　663—670面　24年11
　　月1日
古人之誹文　慎儀　天津益世報說苑　民國26年5月20至24日
歷代法典之遞遷與刑制之變遷（中國舊律之檢討一）　郭衛
　　中華法學雜誌　新編1:3　12—17面　25年11月1日
從吾國社會實際需要略論刑法　董康　北大社會科學季刊　6:1
　　241—250面　25年3月
我國刑法沿革論　郝乃毅　法學季刊　3:7—8　190—196
　　面
中國刑法之淵源及其發達（原文載日本大學部出版之法律學研
　　究第二十九卷十號・十二號、第三十一卷一號）　會田範
　　治著　盧謙齋譯　河南政治月刊　5:2　1—29面　24年2月
新舊刑律比較概論　董康　法學季刊　3:5　5—11面
三十年來中國刑法之辯證法的發展　蔣楅衡　北大社會科學季
　　刊　6:1　73—104面　25年3月
虞舜五刑說　董康　法學季刊　3:7—8　141—148面
中國上古刑法（周代及周以前之刑法）　黄公覺　民族雜誌
　　4:3　445—460面　25年3月1日
論語中的刑法思想　任啟珊　社會科學論叢　4:8　33—39面
　　22年3月1日
漢魏晉的肉刑論戰　劉公任　人文月刊　8:2　1—23面　26.

年3月15日

宋建隆重詳定「刑統」考略　任啟珊　社會科學論叢季刊　2:4　51—58面　24年12月1日

廷杖　酉生　天津益世報史學　24　25年3月17日

我國民法中「典」之沿革論　劉德暄　中華法學雜誌　新編1:8　79—92面　26年4月

中國女子財產繼承法之史的探討　秦馨英　社會科學論叢　4:2　79—106面　21年2月1日

先秦時代之不婚　陳貽絆　法學季刊　4:8　826—845面　20年4月

羅馬婚姻法與唐明律之比較　章壽昌　法學季刊　3:7—8　170—189面

婦女在唐律上之地位　賀聖鼐　法學季刊　4:6　477—492面　19年10月

魏晉南北朝官工業中之刑徒　鞠清遠　天津益世報食貨周刊　5　26年1月1日　又史地社會論文摘要月刊　3:5　13面　26年2月20日

唐代處理商客及蕃客遺產的法令　陶希聖　食貨半月刊　4:9　382—383面　25年10月1日

唐代管理水法的法令　陶希聖　食貨半月刊　4:7　316——322面　25年9月1日

唐代管理「市」的法令　陶希聖　食貨半月刊　4:8　323——330面　25年9月16日

先秦國際法之遺跡（徐傳保著）　漢平　法學雜誌　5:6　61——62面　21年8月

于能模費月波鮑鏧等中外條約彙編（民國二十四年商務印書館發行）　王獻崖　天津大公報圖書副刊　142　25年8月6日

（4） 吏治與其他

怎樣做成一個好地方官　陳克文　中華月報　4:3　甲:5——
　　甲:8面　25年3月1日

西漢時代的吏治（讀漢劄記之一）　馬元材　河南政治月刊
　　1:1　1—9面　20年9月

'養老'的演化　袁可尚　文化建設　3:9　144面　26年6月10日
　　又華年周刊　6:8　151—152面　26年3月8日　6:9
　　163—165面　26年3月15日　6:10　189—190面　26年
　　3月22日

幕府制之檢討　流訳　國專月刊　3:4　17—20面　25年5月
　　15日

古代與中古的'客'　陶希聖講　張錫綸筆記　北平華北日報
　　史學周刊　120　26年1月14日

秦客卿考　丹秋　天津大公報史地周刊　137　26年5月21日
　　又文化建設　3:9　143—144面　26年6月10日

西漢時代的客（目次：序言，奴客或漢客並稱，客的不生產性，
　　客的兵役，刺客與劍俠，俠與客，客的固定性與流動性）
　　陶希聖　食貨半月刊　5:1　1—6面　26年1月1日　又開
　　明月報　1:1　152—156面　26年1月15日

王莽末年的豪家及其賓客手筆　食貨半月刊　5:6　26年3月
　　16日　又史地社會論文摘要月刊　3:7　5面　26年4月
　　20日

三國時代的'客'　鞠清遠　食貨半月刊　3:4　161—165
　　面　25年1月16日

北朝中鮮卑及諸北族貴族的地位（原文載東洋史研究一卷三號）
　　內田吟風著　楊聯陞節譯　天津大公報史地周刊　121

26年1月23日　文史地社會論文摘要月刊　3：5　14—15

面　26年2月20日

唐代官僚蓄積之研究（原文載東亞第八卷八號）　鈴木俊著

王懷中譯　食貨半月刊　4：8　331—348面　25年9月16日

唐代官僚蓄積之效果　高福怡譯　北平華北日報史學週刊　90

25年6月18日　91　25年6月25日　93　25年7月9日

五代軍閥官僚的財富及其享樂生活　戴希震　食貨半月刊　5：

10　445—453面　26年5月16日

五季的軍閥官僚與商業土地　戴希震　大學藝文　1：1　57—

61面　25年5月1日

五代的游幕（目次：諸侯的延攬幕客及其原因，諸侯的優待游

幕，游幕的困厄和遭禍，游幕與南唐西蜀的文化）　戴振

輝　天津大公報史地週刊　107　25年10月16日

五代的幕府　劉獎　食貨半月刊　5：1　26—43面　26年1月1日

明代宦官勢力之消長　菊生　西北論衡　5：1　103—110面

26年1月15日　文史地社會論文摘要月刊　3：5　19—20

面　26年2月20日

明代宦官宦官之研究（清水泰次為日人研究明史最努力之一人，

其所撰著，以散見於東洋學報史學雜誌者最多。此篇原名

「宦官宦官之研究」刊登於日本史學雜誌第四十三編第一

號，譯者以內容講明代史實者，故易改今題）　清水泰次

著　王崇武譯　西北論衡　4：9　29—39面　25年12月15

日　又北平華北日報史學週刊　78　25年3月19日　79

25年3月26日　80　25年4月2日　81　25年4月9日

清初之魏閹餘孽　劉振卿　北平晨報藝圃　26年3月15日

保甲制度之歷史觀　李國俊　河北月刊　4：4　1—19面　25年

4月5日

先秦兩漢鄉官考　謝之勃　國專月刊　3：5　8—14面　25年
　　6月15日

王安石保甲法之利弊和唐代兵制　賀學海　國光雜誌　18　42
　　—47面　25年6月16日

中國警察設置沿革史略　盧謙曾　河南政治月刊　3：11　1—26
　　面　22年12月

中國殖民政策的演進（目次：殖民略史；反對殖民時期；允許
　　殖民及保護時期；保護殖民及獎勵時期）　楊振先　民族
　　雜誌　4：3　355—364面　25年3月1日

自周秦至明清日本的中國移民（目次：自稱秦始皇後人移殖日
　　本者；秦氏在日本的地位及其供獻；自稱漢高祖後人移殖
　　日本者；博士王仁及儒學的始入日本；從三國到明的移殖
　　日本者）許興凱　文化與敎育旬刊　91　25—29面　25年5
　　月30日

明初之移民　張雲波　建國月刊　16：1　26年1月13日　又史
　　地社會論文摘要月刊　3：5　18—19面　26年2月20日

明末遼東失陷後遼民的安揷　蕭士武　天津大公報史地周刊
　　135　26年5月7日

敦煌之移民　李玉林　方志　9：1　22—30面　25年1月1日

檀香山華僑小史　陳觀勝　天津大公報史地周刊　92　25年7
　　月3日

一件國難外交的史實（選澶淵之役）　樓桐孫　東方雜誌
　　33：4　5—9面　15年2月16日

十一 經濟學

(1) 通論

斯密亞丹論中國　連士升原作　陶希聖改篇　食貨　3:3　1—
　7面　25年1月1日

中國社會經濟史研究的總成績及其待決問題　陳嘯江　社會科
　學論叢季刊　3:1　127—184面　26年1月1日

研究中國經濟史的方法和資料　連士升　天津大公報史地周刊
　106　25年10月9日

中國經濟史的基礎和階段（原文載巴黎出版之「社會研究」雜
　誌 Zeitschaft für sozialforschung jahrgang
　IV 1935 Heft. 1. PP. 26-60）　魏特夫格著　冀筱泉
　譯　食貨半月刊　5:3　105—131面　26年2月1日

中國古代經濟制度變遷之鳥瞰（自上古至漢代）　謝仁愈　之
　江經濟期刊　1　73—82面　23年1月1日

從歷史上以觀察我國今後應採之經濟政策　唐慶增　經濟學季
　刊　7:1　173—178面　25年6月

冀筱泉中國歷史中的經濟樞紐區域（書評）　吳景超　獨立評
　論　197　1270—273　面　25年4月19日

冀筱泉中國歷史中的經濟樞紐區域（書評）　陶希聖　食貨半
　月刊　4:6　1270—1273面　25年8月16日

冀筱泉中國歷史中的經濟樞紐區域（書評）　風　天津大公報
　圖書副刊　135　26年6月18日

冀筱泉中國歷史中的經濟樞紐區域（書評）　張蔭麟　天津大
　公報史地周刊　103　25年9月18日　又中國社會經濟史
　集刊　5:1　121—125面　26年3月

——404——

馬東風中國經濟史序　馮友蘭　北平晨報思辨　64　25年12月
4日

唐慶增著中國經濟思想史上卷（上海商務印書館印行民國二十
五年一月出版四一一頁）　蕭公權　社會科學　1:4
1143——1145面　25年7月

中國古代農業經濟形態　郷若訊　文化論衡　1　1—13面　25
年9月1日

中國封建時代之財政　朱公準　社會科學論叢　3:10　23—
35面　20年10月1日

中國上古及中古之國家社會主義經濟政策（本篇譯自 O. Frand
所著之 Staatosojialistischer Versucke in Al-
ter unb mittelaterlichen China（Berlin
1931）一文）　O. Frand 著　蘇兒英譯　食貨半月
刊　3:7　336——346面　25年3月1日

啟代經濟前論　呂振羽　中山文化教育館季刊　3:4　1163—
1180面　25年10月

啟商的財産制度　正文　天地人　1:1　1—9面　24年12月15日

詩人時代的經濟生活狀況（中國經濟史之第三章）　馬元材
河南政治月刊　2:8　1—20面　21年8月　2:9　1—32面
21年9月

春秋時代的財政狀況　高耘暉　食貨半月刊　4:6　239——
261面　25年8月16日

春秋戰國時代之經濟生活狀態（本篇為作者所著中國經濟史之
第四章）　馬元材　河南政治月刊　1:2　1—38面　20年
10月　1:3　1—29面　20年11月

戰國時代之經濟生活　劉繼宣　金陵學報　5:2　247—266
面　24年11月

秦漢經濟史資料（續）　馬非百　食貨半月刊　3:3　102—
132面　25年1月1日　3:8　385—400面　25年3月
16日　3:9　417—441面　25年4月1日

漢代統制經濟制度　張天護　北平華北日報經濟週刊　4　25
年9月27日

西漢財政之演變　朱蓂曾　文化批判　3:3　83—92面　25年
6月15日

西漢財政制度之一斑　周鈞漢　食貨半月刊　3:8　356—
384面　25年3月16日

陳嘯江西漢社會經濟研究的一斑　楊聯陞　食貨半月刊　4:6
274—275面　25年8月16日

國史上一個經濟會議中的大辯論　陳振鷺　光華大學半月刊
4:10　60—61面　25年6月3日　又商學叢刊　3　64
—66面　25年9月20日

鹽鐵論中所見之漢代危機　孔繁霱　師大月刊　30　317—
327面　25年10月30日

陶元珍，三國食貨志（三國食貨志商務印書館發行，民國二十
四年十二月初版定價四角五分）　陳嘯江，三國經濟史（
三國經濟史國立中山大學文科研究所發行，民國二十五年
一月初版定價六角）　谷霽光　政治經濟學報　5:2
489—496面　26年1月　又天津大公報圖書副刊　170
26年2月25日

大業民變之經濟的動力　李文治　食貨半月刊　4:4　170—
192面　25年7月16日

南北朝隋唐時代的經濟與社會　何茲全　天津益世報食貨　24
26年5月18日　25　26年5月25日

唐代經濟史（陶希聖，鞠清遠合著，史地小叢書之一）　仙鄉

—— 406 ——

　　天津益世報讀書周刊　53　25年6月17日

唐代經濟史（陶希聖・鞠清遠合著，史地小叢書之一）　梁園
　　東　出版周刊　新201　13　25年7月13日　人文月刊
　　7：7　1—2面　25年9月15日

唐代經濟史（陶希聖・鞠清遠合著，史地小叢書之一）　袁永
　　一　中國社會經濟史集刊　5：1　130面　26年3月

唐代經濟景況的變動　陶希聖　張菊生先生七十生日紀念論文
　　集　139—152面　26年1月

唐代寺院的統制組織（譯自道端良秀著唐代寺院之經濟史的研
　　究）　道端良秀著　鞠全譯　北平華北日報史學周刊　71
　　25年1月30日　72　25年2月6日　73　25年2月13日

唐代寺院經濟概說　陶希聖　食貨半月刊　5：4　189—194
　　面　26年2月16日　又天津益世報食貨周刊　2　25年12
　　月13日　又史地社會論文摘要月刊　3：8　11—12面　26
　　年5月20日

讀高力士外傳釋「變造」、「和糴」之法　俞大綱　中央研究院
　　史語研究所集刊　5：1　75—85面　24年10月

唐代官私債偶與利息限制法　陶希聖　社會科學　2：1　35—
　　49面　25年10月

唐代之高利貸述概　慕鄉　天津益世報商業　34　35年11月
　　20日

北宋民變之經濟的動力　李文治　食貨半月刊　4：11　464—
　　484面　25年11月1日

關於財政方面之王安石諸新法　馬元材　河南政治月刊　5：11
　　1—32面　24年11月　5：12　1—12面　24年12月

南宋末年的民生與財政　張蔭麟　北平華北日報史學周刊
　　111　25年11月12日

458

明代的高利貸　顏子愚　天津益世報食貨　27　26年6月22日

論清光緒時之財政　吴廷燮　文献論叢　故宫博物院十一週年紀念刊　37—43面　25年10月10日

中國平民借貸制度研究　劉自强　文化建設　3:7　99—105面　26年四月10日　又史地社會論文摘要月刊　3:8　56—57面　26年5月20日

(2) 經濟思想

老子孔子之經濟思想　馬元材　河南政治月刊　2:5　1—18面　21年5月

孟子及其重農思想　徐學武　之江經濟期刊　6　1—6面　25年5月

孟子農村經濟思想的探討　牛磊若　河南政治月刊　6:5　1—7面　25年5月

墨子之經濟思想　馬元材　河南政治月刊　2:2　1—17面　21年2月

荀子之經濟思想　馬元材　河南政治月刊　2:1　1—14面　21年1月

管子之重農原理及重農政策　陳振鷺　河南政治月刊　3:6　1—14面　22年7月

李悝許行陳仲白圭之經濟思想　馬元材　河南政治月刊　2:4　1—14面　21年4月

桑弘羊經濟學説管窺　陶修楫　之江經濟期刊　6　1—7面　25年5月

劉晏之生平及其財政經濟政策　馬元材　河南政治月刊　7:4　1—12面　26年4月

唐劉宴之經濟設施　陳興齡　國聞周報　14:15　27—32面

26年4月19日

論荊公溫公理財見解之異同（未學齋讀史隨筆之六） 錢穆

天津益世報讀書週刊 89 26年3月4日

南宋初年的均富思想 張蔭麟 天津大公報史地周刊 87 25

年5月29日 又道德半月刊 3：10 22—26面 25年5

月30日

（3） 貨 幣

（古錢幣入攷古學；金銀問題入此）（錢莊業附）

中國幣制改革史略（作者「中國近代經濟史」中之一部分）

侯厚培 農行月刊 3：7 1—14面 25年9月15日 3：

11 1—10面 25年11月15日

金銀貨幣的單位與形狀 褚遹巷 北平華北日報史學周刊 39

24年6月13日

歷代貨幣制度變遷述略 岑泉盦 古泉學 4 16—18面 26

年3月

秦漢以後中國金銀貨幣之沿革 葉受祺 學風 6：2 25年3月

15日

近三十年來我國幣制改革的檢討 沈雲龍 國論月刊 1：7 1—

14面 25年1月20日

中國最古的貨幣——貝殼 衛聚賢 古泉學 2 18—33面 25

年9月1日

古代的龜貝貨幣 褚遹巷 北平華北日報史學周刊 33 24年

5月16日

古代金幣的消滅 褚遹巷 北平華北日報史學周刊 9 33年11

月8日

金文中所窺見的西周貨幣制度 菲斯 食貨半月刊 4：7 277

—285面 25年9月1日

先秦貨幣考略　葉愛祺　學風　6：6　25年11月1日

先秦及漢代幣制玫　以偉　北平華北日報經濟週刊　8　25年
　　10月30日　9　25年11月6日　10　25年11月13日

秦漢時代的貨幣制度（秦漢經濟史稿之第四章）　馬元材　河
　　南政治月刊　3：1　1—27面　22年1月

秦漢時代之貨幣　李超桓　社會科學論叢　3：1　79—93面
　　20年1月1日

秦漢金屬貨幣的確定　褚道菴　北平華北日報史學週刊　20
　　24年1月31日

秦漢貨幣使用的廣大（從公私經濟兩方面說明）　褚道菴　北
　　平華北日報史學週刊　21　24年2月7日　22　24年2月
　　14日

秦漢時代黃金的使用　褚道菴　北平華北日報史學週刊　4
　　23年9月27日

秦漢銅幣的鑄造　褚道菴　北平華北日報史學週刊　24　24年
　　2月28日

秦漢金銀產地考　褚道菴　北平華北日報史學週刊　40　24年
　　6月20日

漢代造幣權的變遷　褚道菴　北平華北日報史學週刊　17　24
　　年1月10日

漢以平準與明以濫鈔亡試言其故并述幣制改革後興利除弊之方略
　　俞振基　光華大學半月刊　4：10　83—95面　25年6月3日

梁代貨幣玫　朱希祖　廣州學報　1：1　1—11面　26年1月1日

唐代的貨幣　黃君默　食貨半月刊　4：11　449—463面　25
　　年11月1日

唐代的鑄幣恐慌　傅安華　北平華北日報史學週刊　57　24
　　年10月17日　58　24年10月24日

唐朝的錢荒　陶希聖　北大社會科學季刊　6:3　607—626
面　25年9月

五代的錢幣　劉奘　食貨半月刊　4:2　72—86面　25年6月
16日

宋元明紙幣攷　孫輝方　北平華北日報經濟週刊　16　25年12
月25日　17　26年1月8日　18　26年1月15日　19　26
年1月22日

幣制演進與元代紙幣本位考　譚逸飛　工商學誌　8:2　55—
58面　25年12月25日

王茂蔭的生平及其官票寶鈔章程四條（輝縣光明雜誌第二卷第
九期（二十六年四月十日出版）　王鑅　史地社會論文摘
要月刊　3:7　12面　26年4月20日

龍圖小史　龔維航　天津大公報史地周刊　96　25年7月31日

雲南用貝考　江應樑　新亞細亞月刊　13:1　19—面　26年
1月1日　又史地社會論文摘要月刊　3:7　12—13面
26年4月20日

西藏銀幣攷　傅振倫　禹貢半月刊　6:12　83—88　26年2
月16日　又史社會論文摘要月刊　3:7　17面　26年4
月20日

近代中國社會結構與山西票號　侯兆麟　中山文化教育館季刊
3:4　1151—1162面　25年10月

山西票號之今昔　陸國香　民族雜誌　4:3　401—415面
25年3月1日

清末上海之金融潮　黃華　中央日報中央公園副刊　26年3月
2,4,5,8日

中國銀行業之史的發展　李紫翔　中山文化教育館季刊　3:3
785—798面　25年7月

三十年來中國銀行制度概觀　趙雪楚　中華季刊　3:3　1—16
　　面　25年11月

（4）工　商　業

黃河以北歷代與外國通商述略　許同莘　河南政治月刊　6:3
　　1—11面　25年3月

南洋輸入生產品史考　陳笙同　南洋研究　5:6　12面　6:1
　　113—125面　25年4月

木棉的輸入與分布（讀書雜記之一）　楊中一　北平華北日報
　　史學周刊　33　24年5月2日

跋長兄天澤著中葡通商研究（Sino-Portuguese Trade
　　from 1514 to 1644, E. J. Brill, Leyden, 1934）
　　張天澤著　張天護評　史學年報　2:4　191—192面　26
　　年12月

中越貿易與中法越約　李休盦　新中華　4:15　15—23面　25
　　年8月10日

工正及其他（左傳中的經濟史料之一）（管理工業的官吏，叫
　　做工正）　陸侃如　食貨半月刊　4:4　166—169面
　　25年7月16日

秦漢時代的手工業（秦漢經濟史稿之第一章）　馬元材　河南
　　政治月刊　2:11　1—16面　21年11月

秦漢時代的商業（秦漢經濟史稿之第二章）　馬元材　河南政
　　治月刊　2:12　1—37面　21年12月

秦漢物價的蠡測　褚道庵　北平華北日報史學周刊　18　24年
　　1月17日

記漢代米價（未學齋讀史隨筆之五）　錢穆　天津益世報讀書
　　周刊　83　26年1月14日

西漢長安的市（讀漢書隨筆之一）　陶希聖　北平晨報歷史周刊　9　25年11月25日

漢魏以來海外輸入奇者攷　陳笙同　南洋研究　6：2　195——214頁　25年5月

漢魏以來異域色料輸入考　陳笙民　暨南學報　1：2　93——114頁　25年6月

魏晉南北朝的冶鐵工業　鞠清遠　天津益世報食貨　11　26年2月16日

魏晉南北朝的匠師及其統轄機關　鞠清遠　天津益世報食貨　12　26年2月23日　13　26年3月2日　文史地社會論文摘要月刊　3：7　6——7頁　26年4月20日

魏晉南朝之官工業機關　鞠清遠　天津益世報食貨周刊　7　26年1月19日　文史地社會論文摘要月刊　3：5　12——13　26年2月20日

魏晉南北朝的紡織工業　鞠清遠　天津益世報食貨　17　26年3月30日　文史地社會論文摘要月刊　3：8　9——10頁　26年5月20日

五胡北朝及隋的官工業機關　鞠清遠　天津益世報食貨　4　25年12月27日　文史地社會論文摘要月刊　3：5　14頁　26年2月20日

唐宋時代的市　加藤繁著　盧文迪譯　人文月刊　8：4　1——11頁　26年5月15日　8：5　13——24頁　26年6月15日

唐代商業之研究　李彰璋　師大月刊　26　293——302頁　25年4月30日　27　170——177頁　25年6月30日

唐代嶺南的墟市　何格恩　食貨半月刊　5：2　101——103頁　26年1月16日　文史地社會論文摘要月刊　3：5　16頁　26年2月20日

唐宋對阿刺伯人的貿易及其發展　宋慎行　北平華北日報史學
　周刊　124　26年2月18日　又史地社會論文摘要月刊
　3:7　6—7面　26年4月20日

唐宋以來之市舶司制度　錢卓升　遺族校刊　4:3　79—93面
　26年5月10日

讀武堉幹先生著「唐宋時代上海在中國對外貿易上之地位觀」
　後記　奇萍　北平華北日報圖書周刊　42　24年8月19日

唐宋兩代廣州之對外貿易　滄洲　新民月刊　2:3　39—83面
　25年5月

唐宋時代四川的鹽市　鞠清遠　食貨半月刊　3:6　278—
　284面　25年2月16日

宋金通商的沿革（原載日本史學雜誌昭和十二年一月號原文「
　宋與金的貿易論」分四節講：一兩國貿易的沿革，二榷場
　的規則，三貿易的物品，四結語本文即譯其沿革一節）
　加藤繁著　周乾溁譯　天津益世報食貨　8　26年1月26
　日　又食貨半月刊　5:9　380—399面　26年5月1日

宋金榷場的規制　加藤繁著　周乾溁譯　天津益世報食貨　12
　26年2月23日

宋金貿易之貨物　加藤繁著　周乾溁譯　天津益世報食貨　17
　26年3月30日　又史地社會論文摘要月刊　3:8　12—
　13面　26年5月20日

阿拉伯海舶東來貿易與兩宋國家經濟的關係　江應樑　新亞細
　亞月刊　12:3　67—73面　25年9月1日

宋時伊斯蘭教徒底香料貿易　白壽彝　禹貢半月刊　7:4　47
　—77面　26年4月16日

宋之手工作坊　中一　北平華北日報史學周刊　13　23年12月
　6日　14　23年12月13日

—— 414 ——

唐宋元明的南海舶政 陳棨同 南洋研究 6:3 115—130面 25年6月

由元代市舶抽分則例觀察元代國際貿易（市舶抽分則例，凡二十三條，對於海上貿易規定頗為周詳） 王幹 工商學誌 7:2 77—80面 24年12月25日

元代上海在中國對外貿易上之地位觀 武堉幹 新中華 4:19 75—93面 25年10月10日 又文化建設月刊 3:2 158面 25年11月10日

明代中國之外國貿易（原文載東亞第八卷七月號） 百瀨弘著 郭有義譯 食貨半月刊 4:1 42—51面 25年6月1日

明成化嘉靖間福建市舶司移置福州考 薩士武 禹貢半月刊 7:1-3 247—249面 26年4月1日

清代海南島的漢黎交易 王興瑞 社會科學論叢季刊 3:2 221—237面 26年4月1日

清代以前的市 任天燊 市政評論 4:11 35—37面 25年11月16日

清代村鎮的定期市（原載東方學報二十三卷二號） 加藤繁作 王興瑞譯 食貨半月刊 5:1 44—65面 26年1月1日

集的研究（中國社會組織研究之一） 莊澤宣 邱壁光 潘鳳韶 中山文化教育館季刊 3:3 883—913面 25年7月

金陵黑市源流考 徽之 華年周刊 5:47 908—910面 25年12月5日

廣州十三行（十三洋行簡稱）陸丹林 逸經半月刊 6 19—22面 25年5月20日

清開關前後的三部商人著作（江湖尺牘分韻撮要全集廣學園溫岐石同輯；商賈便覽吳中孚撰，新增酬世眉芳雜錦作者不詳） 鞠清遠 天津益世報食貨 18 26年4月6日 19

466

26年4月13日 21 26年4月27日 28 26年6月22日

29 26年6月29日 又史地社會論文摘要月刊 3：8

15—16面 26年5月20日

校正江湖必讀（一部商人作的文字述及商客郎店牙行三者的閱

係地方很多） 鞠清遠 食貨半月刊 5：9 400—412

面 26年5月1日

商標考 颿廬 逸經半月刊 17 48—49面 25年11月5日

（5） 賦 稅

（A） 通 論

中國租稅史上之寶物輸納與貨幣輸納（原文載日本支那研究第

三十九號） 小竹文夫著 高憲卞譯 現代史學 3：1

1—12面 25年5月25日

秦漢時代的租稅制度（秦漢經濟史稿之第八章） 馬元材 河

南政治月刊 2：7 1—34 面 21年7月

漢代之徭役及人頭稅（文載東亞經濟研究十九卷第四號） 范

石軒譯 食貨半月刊 3：7 331—336面 25年3月1日

中國西漢以來稅制綱要 朱公準 社會科學論叢 4：5—6

87—101 面 21年5月1日 4：7 68—88面 22年1月

1日 4：8 41—72面 22年3月1日

西漢的租稅制度 黃君默 食貨半月刊 3：7 326—331面

25年3月1日

三國時代的各種雜稅 曹謇 天津益世報食貨 8 26年1月

26日

唐代租稅論 黃君默 食貨半月刊 4：12 510—546面 25

年11月16日

唐代兩稅考　帥戴勳　民族雜誌　4:11　1963—1985面　25
　　年11月1日

唐代的兩稅法　鞠清遠　北大社會科學季刊　6:3　667——
　　702面　25年9月

唐代財政上的特種收支　鞠清遠　天津益世報食貨　1　25年
　　12月6日　3　25年12月20日

兩稅法時代的諸稅法與專賣法（從日本平凡社所出世界歷史大
　　系第五册東洋中世史第二篇第一章土地制度及財政譯出，
　　本文是第一章的第九節）　鈴木俊著　楊蜜仁譯　北平華
　　北日報經濟周刊　12　25年11月27日

（B）　田　賦　與　商　稅

田賦輸納的方式與道路遠近的關係　梁方仲　天津益世報史學
　　20　25年1月21日

中國古代土地之所有性及租稅之起源　劉興唐　北平華北日報
　　史學周刊　130　26年4月1日　131　26年4月8日
　　132　26年4月15日　133　26年4月22日　又史地社會
　　論文摘要月刊　3:8　25面　26年5月20日

評陳登原中國田賦史（上海商務印書館出版　中國文化史叢書
　　第一輯　二八六頁定價一元五角）　余慶生　天津益世報
　　食貨　21　26年4月27日

魏晉南北朝田租與戶調對立的稅法　武仙卿　食貨半月刊　5:4
　　185—188面　26年2月16日　天津益世報食貨　2　25
　　年12月13日

元至順二年種麩跋　柿生　逸經半月刊　16　22—23面　25
　　年10月20日

明開國前後的賦率　晨人　天津益世報史學　48　26年2月21日

明初田賦考　清水泰次著　張錫綸譯　食貨半月刊　4:2　42—48面　25年6月16日

明太祖蠲賦問題研究　張錫綸　天津大公報史地周刊　134　26年4月13日　又史地社會論文摘要月刊　3:8　13—14面　26年5月20日

一條鞭法　梁方仲　中國近代經濟史研究集刊　4:1　1—65面　25年5月

一條鞭法的爭論　梁方仲　天津益世報史學　37　25年9月13日

「易知由單」的淵源（田賦易知由單即催種遍知單，其名捆明代中葉已有之）　梁方仲　天津益世報史學　43　25年11月22日

清末田賦與農民（近代農民問題研究之一）　王毓銓　食貨半月刊　3:5　237—248面　25年2月1日

綏遠田賦之起源及其演變（目次：綏遠田賦起源於清朝，清初莊頭領地繳米，清代中葉年間地尸認種承種，清末押荒局與清丈局丈放升科的田賦）　高荀　天津益世報農村周刊　114　25年5月16日　115　25年5月23日　116　25年5月30日

唐代的商稅　傅安華　北平華北日報史學周刊　49　24年8月22日

宋代商稅制度一般（宋代商稅攷之一）　加藤繁著　高福怡譯　北平華北日報史學周刊　44　24年7月18日　45　24年7月25日

宋代商稅徵收機關（宋代商稅攷之二）　加藤繁著　高福怡譯　北平華北日報史學周刊　49　24年8月22日

（C） 關 稅 與 鹽 務

明末福建海關情況及其地照變遷攷略　薛澄清　禹貢半月刊
　　5：7　43—45面　25年6月1日

民國二十年以前之中國關稅史略　期公　北平華北日報經濟
　　週刊　19　26年1月22日　20　26年1月29日　21　26年
　　2月5日

我國海關貿易統計編製方法及其內容之沿革攷　鄭友揆　社會
　　科學雜誌　5：3　264—296面　23年9月

我國歷代鹽政總檢討　梁登高　中國建設　15：5　81—95面
　　26年5月

中國鹽政之檢討　翔　天津益世報商業　53　26年4月4日

歷代鹽制述要　煒　中央時事周報　5：41　11—14面　25年
　　10月24日　5：42　17—21面　25.10月31日

中國鹽政之沿革　林紀戴　工商學誌　7：1　34—47面　24
　　年4月25日

中國鹽政沿革　德齡　政治月刊　4：2　15—25面　24年12月
　　1日

中國鹽政之史底概念（中國、鹽政改革的理論與實施下結論）
　　朱子汲　中法大學月刊　9：5　37—54面　25年10月1日

唐代鹽法攷略　傅安華　北平華北日報史學周刊・43　24年
　　7月11日　44　24年7月18日

清代兩淮鹽政　吳兩蒼　國事月刊　3：5　61—74面　25年6
　　月15日

乾隆間河東鹽課歸丁的籌備及實施　劉儁　天津益世報史學
　　41　25年10月25日　42　25年11月8日　43　25年
　　11月22日

河北省鹽務志　左謙　河北月刊　1：8　1—4面　22年8月1
　　日　1：9　1—6面　22年9月1日　1：10　1—6面　22年
　　10月1日　1：11　1—4面　22年11月1日　2：1　1—10面
　　23年1月1日　2：5　1—6面　23年5月1日　2：6　1—
　　5面　23年6月1日　2：7　1—6面　23年7月1日　2：8
　　1—7面　23年8月1日　2：9　1—8面　23年9月1日
　　2：10　1—8面　23年10月1日　2：11　1—6面　23年11月
　　1日

川鹽官運之始末　吳鐸　中國近代經濟史研究集刊　3：2
　　143—261面　24年11月

中國歷代鹽務要籍輯目　鄧衍林　北平世界日報圖書館周刊
　　13　24年5月29日　14　24年6月5日　15　24年6月12日

鹽書目錄　何維凝　中央日報圖書評論周刊　4　26年6月10
　　日　5　26年6月17日　6　26年6月24日

（6）其　　他

我國儲蓄事業之演變　迪吉　天津益世報商業　14　25年7月
　　5日

中國固有會計之史的研究　擧立　經理月刊　1：2　121—126
　　面　24年9月30日

萬曆會計錄（明萬曆四年二月戶部尚書王國光原編萬曆十年二
　　月戶部尚書張學顏重編四十三卷）　梁方仲　中國近代經
　　濟史研究集刊　3：2　292—299面　24年11月

對華國際借款團之史的檢討　楊剛　國論月刊　1：9　1—23面
　　25年3月20日　1：10　28—64面　25年4月20日

中國公債史的沿革及其影響的透視　白方策　中國建設　14：6
　　57—69面　25年12月

十二 社會學

(1) 通論

唐虞讓國之社會學的解釋 孫正容 圖書展望 1:4 31——
35面 25年1月15日

從農業技術發展史上考察中國社會經濟重心之轉變 王興瑞
社會研究季刊 1:2

中國社團之史的考察 張雪影 文化建設月刊 3:5 100——
116面 26年2月10日

研究中國社會史的方法和觀點 陶希聖講 賈文美記 天津益
世報社會研究 復刊31 25年12月9日

研究中國社會史應注意之點 舜思和 天津大公報史地周刊
125 26年2月26日

中國循環過程的研究 莫非斯 文化建設月刊 3:1 45——
61面 25年10月10日

史前期中國社會研究（呂振羽著 北平人文書店出版 定價一元二
角） 蘇若愚 中國學生 1:7 13——15面 24年11月
1日 1:8 22——23面 24年11月8日

評童君「評呂君振羽著」史前期中國社會研究「」 劉亞生
北平華北日報史學周刊 137 26年5月27日 138 26
年6月3日

讀曾松友著「中國原始社會之探究」 羅維 食貨半月刊 5:5
233——236面 26年3月1日

讀曾松友著「中國原始社會之探究」 竟南 天津大公報圖書
副刊 131面 25年5月21日

讀曾松友著「中國原始社會之探究」 李伯泰 華年周刊 5:20
373面 25年5月23日

為中國社會長期停滯問題答王宜昌　莫菲斯　思想月刊　1:2
　　41──45面　26年3月1日　又史地社會論文摘要月刊
　　3:7　17──18面　26年4月20日

評郭沫若近著兩種（內有中國古代社會研究一書）　法國馬伯
　　樂（H. Maspero）撰　陸侃如譯　文學年報　2:　61──
　　71面　25年5月

答馬伯樂先生　郭沫若　文學年報　2　1──4面　25年5月

介紹支那社會經濟史附批評（日本森谷克己著東京章華社出版
　　定價日金一圓八十錢）　憶恬　北平華北日報史學周刊
　　56　24年10月10日

關於中國社會史一個基本問題（轉載自修大學雜誌第一輯第六
　　號（二十六年四月三日出版）　何幹之　史地社會論文摘
　　要月刊　3:7　44面　26年4月20日

中國社會史簡論　趙毅生　北平華北日報圖書周刊　19　24年
　　3月11日　20　24年3月18日　21　24年3月25日　22
　　24年4月1日　23　24年4月8日　24　24年4月15日
　　25　24年4月22日

中國社會史概述（譯自東洋思潮第十四回配本）　加藤繁著
　　蕭正誼譯　食貨半月刊　5:2　78──90面　26年1月
　　16日　5:3　132──144面　26年2月1日

中國社會史的輪廓　陶希聖講　張佐華記　北平晨報　25年
　　11月7─9. 11日

中國石器時代社會研究　岑家安　現代史學　3:2　1──16面
　　26年4月5日

中國封建社會　瞿同祖　社會學界　9　282──299面　25年

關於封建社會　李偉　讀書生活　4:5　246──248面　25年
　　7月10日

評呂振羽的中國奴隸社會論　王宜昌　思想月刊　1：2　36—40
　　面　26年3月1日　又史地社會論文摘要月刊　3：7 18面
　　26年4月20日

中國果真沒有存在過奴隸制度嗎？（質之於中國奴隸社會論的
　　作者劉興唐先生）　丁道謙　食貨半月刊　5：7　287—
　　295面　26年4月1日　又史地社會論文摘要月刊　3：8
　　19—20面　26年5月20日

以真憑實據質之於「中國無奴隸社會」論者　丁道謙　世界動
　　態　1：2　287—296面　25年12月1日

中國先階級社會之崩滅　吳澤　北平晨報歷史周刊　14　25年
　　12月30日

中國古代社會的展望（轉載學術界二卷2.3期神州國光社出版
　　二十六年四月十四日45—55頁原文約八千字）　陳素
　　史地社會論文摘要月刊　3：8　24—25面　26年5月20日

中國古代社會組織與仁義　陶希聖講　張佐華記　北平華北日
　　報　23年12月25—27日

中國古代社會政治發展的階段　曾謇　天津益世報食貨　29
　　26年6月29日

中國古代社會的新研究　游儀馨　中國社會　3：2　49—71面
　　25年5月15日

中國古代農業社會之成立（譯自中國社會經濟史第一章）　森
　　谷克己作　呂聖與譯　北平華北日報史學周刊　22　24年
　　2月14日

原始人類的生活與環境　程憬　中央大學社會科學叢刊　2：2
　　113—132面　25年1月

周易中所見氏族制崩潰期社會經濟之發展　許宏然　食貨半月
　　刊　4：4　155—165面　25年7月16日

周易顧言本義的鑽求和上古社會史的探討　江紹原　北平華北
　　日報中國古占卜術研究　5　25年5月1日

易經中的古代社會（目次：經濟結構，政治制度，社會生活，
　　精神生產）　李星可　文化論衡　1　1—30面　25年9月
　　1日

論西周封建國家的形成　劉盈生　北平華北日報史學周刊　117
　25年12月24日　118　25年12月31日

周代非封建社會論　曾謇　食貨半月刊　3：10　463—469
　　面　25年4月16日

└宗法社會與儒家學說研究┐導言　曾謇　北平華北日報史學
　　周刊　50　24年8月29日　51　24年9月5日　52　24年
　　9月12日

古代宗法社會與儒家思想的發展　曾謇　食貨半月刊　5：7
　　303—316面　26年4月1日　又文化建設月刊　3：7
　　137面　26年4月10日

儒家社會主義　王緇塵　學術世界　2：1　32—35面　25年
　　10月　2：3　39—93面　26年1月　2：4　73—79面
　　26年4月。

過渡期的春秋戰國時代（譯自中國社會經濟史第二篇第四章）
　　森谷克己作　呂聖與譯　北平華北日報史學周刊　31
　　24年4月13日　32　24年4月25日

戰國時代烏瞰　張蔭麟　天津大公報史地周刊　68　25年1月
　　10日

戰國時代的思潮　張蔭麟　天津大公報史地周刊　75　25年3
　　月6日　又進德月刊　3：6　23—32面　25年3月30日
　　3：7　26—35面　25年4月15日

周秦社會的烏瞰（轉載現代讀物第二卷第二十七期，二十六年

二十八日．重慶現代讀物社出版）　劉樊　文化建設月刊
3：7　137—139面　26年4月10日

秦漢之際社會政制的轉移　曾謇　天津益世報食貨周刊　6
26年1月10日　又史地社會論文摘要月刊　3：5　9—10
面　26年2月20日

屈原時代．郭沫若　文學　6：2　242—251面　25年2月1日

西漢社會背影與王莽之改革　鄭唯龍　遺族校刊　3：2　118
—135面　25年4月4日　3：3　110—129面　25年7月
10日

西漢末年的平民變亂　丹秋　天津大公報史地周刊　90　25年
6月19日

東漢社會之史的考察　傅安華　食貨半月刊　1？　470—483
面　25年4月16日

東漢時代的社會風氣　周志遠　河北月刊　5：4　1—18面　26
年4月15日

東漢風俗之特點與其因果　王達海　勵學　5　1—20面　25年
1月30日

東漢的豪族　楊聯陞　清華學報　11：4　1007—1063面　25
年10月　又文化建設月刊　3：2　156—157面　25年11
月10日

東漢的士氣　陳其原　教育雜誌　24：2　95—104面　23年10
月10日

東漢名節之分析　賀次君　書林半月刊　1：4　6—12面　26
年4月25日

東漢的世家士族宦官與黨錮　紫僧　天津益世報食貨　10　26
年2月9日

漢末└黃巾之亂┐的一個新考察（農民反抗豪族一件大暴動）

揚蓮生 天津大公報周刊 103 25年9月18日

三國時代的社會 曾謇 天津益世報食貨 13 26年3月2日
又史地社會論文摘要月刊 3：7 5—6面 26年4月20日
又食貨半月刊 5：10 420—430面 26年5月16日

中古大族寺院領戶研究 何茲全 食貨半月刊 3：4 166—187
面 25年1月16日

魏晉時代之士風 劉衡如 廣播週報 93 18—21面 25年7
月4日

魏晉之一般的苦悶 龍世雄 社會科學論叢 4：8 91—134
面 22年3月1日 又河南政治月刊 4：5 1—23面 23
年5月

永嘉前後的社會 曾謇 天津益世報食貨 18 24年4月6日
20 26年4月20日 23 26年5月11日 又史地社會論文
摘要月刊 3：8 8—9面 26年5月20日

六朝門閥 谷霽光 武大文哲季刊 5：4 829—875面 25
年6月 又文化建設月刊 3：5 151—152面 26年2
月10日

北魏孝文帝一朝的社會與經濟 非洋 天津益世報食貨 5
26年1月1日 6 26年1月10日 又史地社會論文月刊
3：5 15面 26年2月20日

隋文帝的社會政策及其統治手段 張玉林 食貨半月刊 3：9
442—453面 25年4月1日

通信一則（關於隋文帝的社會政策及其統治手段一文之解答補
充諸問題） 張玉林 食貨半月刊 3：12 610—612面
25年5月16日

唐代社會生活一斑 傅安華 文化建設月刊 3：2 75—83面
25年11月10日

唐代宗初年江南兩大暴動（稅賦．徭役權壓結果，江淮間暴動） 鞠清遠 天津益世報食貨 29 26年6月22日

黃巢之亂的社會背景 戴振輝 天津大公報史地周刊 71 25年2月7日

黃巢暴動的社會背景（續） 李文治 師大月刊 26 303—315面 25年4月30日

北宋社會經濟與政治 王毓銓 食貨半月刊 3:11 535—546面 25年5月1日 3:12 577—598面 25年5月16日

宋初四川王小波李順之亂（失敗均產運動） 張蔭麟 清華學報 12:2 315—335面 26年4月

宋代士風 王遵海 勵學 6 65—87面 25年7月15日

王安石之時代背影 靜好書室主 河南政治月刊 5:11 1—8面 24年11月

北宋之後北方的義軍 黃硯璠原稿 陶希聖增補 食貨半月刊 3:5 225—236面 25年2月1日

方臘的暴動 楊效曾 北平華北日報史學週刊 39 24年6月13日 40 24年6月20日

南宋初年河北山東之義軍（義軍之起因：太行五台等山之英雄，山水諸寨；王彥之八字軍；馬擴之再接再厲；巡社紅巾之產生；義士民兵之興起；結論） 黃現璠 文化建設 2:5 15—25面 25年2月10日

宋室南渡前夕的中國南方社會 張家駒 食貨半月刊 4:1 28—41面 25年6月1日

元代的社會經濟（讀元曲選剳記之一） 天津益世報食貨 2 25年12月13日 3 25年12月20日 6 26年1月10日 9 26年2月2日

14 26年3月9日 15 26年3月16日 16 26年3月23
日 25 26年5月25日 29 26年6月29日

元代之社會 吳晗 社會科學 1:3 535—677面 25年4月

元代社會概觀 森谷克已著 李仲奇譯 長城季刊 1:3 91
——96面 25年1月1日

元代的階級制度 蒙思明 史學年報 2:3 39—124面 25
年11月 又史地社會論文摘要月刊 3:5 17—18面 26
年2月20日 又燕京大學圖書館報 117 2面 27年7
月1日

元代長江流域以南的暴動（讀元史隨筆之四） 陶希聖 食貨
半月刊 3:6 285—294面 25年2月16日

明代之社會（續） 王蘭蔭 師大月刊 25 63—129面 25
年2月30日

讀「徐璫疏稿」後記（明末遼東社會情況之一斑） 北平華北
日報史學周刊 32 24年4月25日 23 24年5月2日

清初滿漢社會經濟衝突之一斑 馮奉琛 食貨半月刊 4:6
262—269面 25年8月16日 4:8 349—356面 25
年9月16日 4:9 334—402面 25年10月1日

清季長期內亂的原因 汪伯岩 北平華北日報史學周刊 24
24年2月28日 25 24年3月7日 26 24年3月14日
27 24年3月21日

蕉窗誌小錄（咸豐年波山艇）幼梧 天津益世報史學 42 25
年11月8日

論學二則（中有論土風一則） 李絜非 學風 6:7-8 25年
11月1日

與某君書論士大夫與黌稿 大雄 北平華北日報哲學周刊 7
23年5月31日

混雜的迷信與歷朝內亂　阮毅　天津大公報史地周刊　85　25
　　年5月15日

(乙) 社 會 問 題

(a) 通 論

中國歷史上的「相砍」問題　李季　嚶鳴雜誌　1:2　5—13面
　　25年12月1日

漢末魏晉間之流民　谷霽光　天津益世報史學　34　25年8月
　　2日

南北朝國家寺院士族的協和與衝突　武仙卿　文化建設月刊
　　3:1　112—124面　25年10月10日

五代人民的逃亡　聶家裕　食貨半月刊　4:2　87—91面
　　25年6月16日

北宋之差役與雇役　何茲全　北平華北日報史學周刊　13　23
　　年12月6日　11　23年11月22日

順治年間三大社會問題（圈地，投充，逃人）　天津益世報食
　　貨　22　26年5月4日

順治朝的逃人及投充問題（王氏東華錄雜鈔之二）　食貨半月
　　刊　3:11　547—556面　25年5月1日

(B) 人 口

中國人口變動之史的研究　C. P. Fitzgerald著　徐祖甲譯
　　天津益世報社會研究　復刊47　26年3月31日　復刊43
　　26年4月7日　復刊49　26年4月14日

中國人口生長的歷史證據（Historical Evidence for the
　　growth of the chinese population．係 C. P.
　　Fitzgerald 所著載於1936年四月份之社會學評論
　　The Sociological Review. vol. XXVIII. no. 2）C. P.

—— 429 ——

Fitzgerald著　馬長壽評　東方雜誌　33：17　249——252面　25年9月1日

中國歷朝之戶口統計　飯田茂三郎著　李汝源譯　食貨半月刊　4：11　490—497面　25年11月1日

秦漢時代的人口及土地分配狀況（秦漢經濟史稿之第六章）馬元材　河南政治月刊　2：6　1—38面　21年6月

兩漢戶籍與地理之關係　勞幹　中央研究院史語研究所集刊　5：2　179—214面　24年12月

兩漢郡國面積之估計及口數增減之推測　勞幹　中央研究院史語研究所集刊　5：2　215—240面　24年12月

兩漢的人口與食糧政策　劉乘仁　禹貢半月刊　7：1—3　171—181面　26年4月1日　又史地社會論文摘要月刊　3：8　7面　26年5月20日

三國時人口與都市的南移　高亞偉　中法大學月刊　9：2—3　75—156面　25年6月1日

北魏之僧祇戶與佛圖戶（譯自日本東洋史研究昭和十二年三月號）塚本善隆著　周乾滎譯　食貨半月刊　5：12　507—525面　26年6月16日

唐代的人口　易曼暉　食貨半月刊　3：6　260—277面　25年2月16日

唐戶籍簿叢輯（中日文書籍雜誌裏輯錄的燉煌戶籍丁籍）陶希聖　食貨半月刊　4：5　193—230面　25年8月1日

論宋代詭戶及戶口問題（詭戶即詭名挾名之略稱，此亦戶等低下，規避稅役之主要手段）日野開三郎著　復一譯　北平華北日報史學周刊　93　25年8月13日　99　25年8月20日

宋代的詭戶（詭名挾名的略稱，亦稱詭挾挾戶即是挾有子戶或

小户的意思）　日野開三郎　北平華北日報史學周刊　52
　　24年9月12日

明初戶口的流亡和招撫　王崇武　天津益世報讀書周刊　43
　　25年4月16日

明代戶口的消長　王崇武　燕京學報　20　331—373面　25
　　年12月

清代黃冊中之戶籍制度　王梅莊　文獻論叢　117—133面
　　25年10月10日

清代洪亮吉的人口思想　吳希庸　正風雜誌　2:6　424—
　　428面　25年5月1日

近代中國人口的估計（下）　王士達　社會科學雜誌　2:1
　　51—105面　20年3月

（C）奴　隸

中國奴隸發生之原因　岡田巧者　蕘甫譯　北平華北日報史學
　　周刊　12　23年11月29日

奴隸制度研究（印度日本及中國的奴隸制度）　雷哈特撰　李
　　東衡譯　食貨半月刊　5:6　5:7　296—302面　26年
　　4月1日

中國歷代奴隸使用考　闕燕詳　社會科學論叢季刊　3:2　175
　　—220面　26年4月1日

中國古代社會的奴隸制度（本篇分上下兩期，分載於日文歷史
　　科學八月號及九月號）　倭西泊夫作　仲孝譯　北平晨報
　　歷史周刊　8　25年11月18日　9　25年11月25日

客與戶　崇天　北平華北日報史學周刊　26　24年3月14日

殷代奴隸制度研究　呂振羽　河南政治月刊　4:12　1—12面
　　23年12月　5:1　1—16面　24年1月

秦漢時代奴隸制度概觀（秦漢經濟史稿之第七章） 馬元材
　　河南政治月刊 2:3 1:—23面 21年3月

秦漢貨幣經濟與奴隸制度 褚道卷 北平華北日報史學周刊
　　25 24年3月7日

漢代奴隸制度輯略 勞榦 中央研究院史語研究所集刊 5:1
　　1—11面 24年10月

漢代蒼頭考（漢代奴隸之一種）（原文載於歷史學研究第二卷
　　第一號題為「關於漢代奴隸制度的蒼頭」） 志田不動磨
　　著 傅衣凌譯 食貨半月刊 4:11 485—489面 25
　　年11月1日

唐代的奴隸制度 關燕詳 社會科學論叢季刊 3:1 185—
　　231面 26年1月1日

唐代的催傭勞動 傅安華 北平華北日報史學周刊 43 24年
　　8月15日

金代的奴隸制度 關燕詳 現代史學 3:2 1—11面 26年
　　4月5日

元明兩代之匠戶 吳晗 天津益世報史學 44 25年12月20日

明清時代的人賣和人質 仁井田陞著 佳仔一譯 北平華北日
　　報史學周刊 111 25年11月12日 112 25年11月19日

明清之際吳中的奴變 蔣瑞珍 江蘇研究 2:11 1—3面
　　25年11月31日

明清之際徽州奴隸考 吳景賢 學風 7:5 1—15面 26年
　　6月20日

（D）農 村

中國農村文化 Dr. Frank William Price 撰 徐學訊
　　譯 廣播週報 92 21—23面 25年6月27日

中國農村社會固有組織的分析及其估值（限於浙江一省） 蔡
斌咸 文化建設 2:6 69—74面 25年3月10日

中國古代稉水稻作考 方哲然譯 食貨半月刊 5:6 26年3
月16日 又史地社會論文摘要月刊 3:7 20面 26年4
月20日

水碓磑考（碾磨） 高桂華 張錫綸 北平華北日報史學周刊
71 25年1月30日 72 25年2月6日

兩民族的農業生產工具與方法 陸印泉 內外雜誌 4 5—8面
25年9月20日

甲骨金文中所見的殷代農稼情況（中國文化史國民經濟篇田制
章的第一節） 吳其昌 張菊生先生七十生日紀念論文集
323—368面 26年1月

里廬考 劉興唐 食貨半月刊 3:12 564—576面 25年5
月16日

周代的鄉村與城市 王宜昌 北平晨報歷史周刊 3 25年10
月17日 4 25年19月24日

周代的住宅 王宜昌 北平晨報歷史周刊 10 25年12月2日
11 25年12月9日

魏晉間的農田水利 丹秋 北平華北日報史學周刊 83 25年
4月30日 84 25年5月7日

魏晉時人口大移動中之農民與地主的關係 傅安華 北平華北
日報史學周刊 37 25年5月23日

魏晉時代的塢壁（大概同現在華北各鄉村的「寨」相似） 靖五
北平華北日報史學周刊 94 25年7月16日 35 25年7
月23日

晉室八王亂後日趨衰落之農村經濟 喬介林 長城季刊 1:3
97—100面 25年1月1日

——433——

齊民要術裏田園的商品生產　陶希聖　食貨半月刊　3:4·188
　　——192面　25年1月16日

齊民要術的田器及主要用法　陶希聖　國學季刊　5:2　119
　　——128面　25年5月

北魏均田與園莊制　楊效曾　北平華北日報史學周刊　28　24
　　年3月28日　29　24年4月4日　30　24年4月11日

唐代農耕的灌溉作用　易曼暉　食貨半月刊　3:5　216—224
　　面　25年2月1日

杜甫在夔州的讓西與東屯莊　鞠清遠　食貨半月刊　3:8　401
　　——406面　25年3月16日

唐中葉以後之農村崩潰狀況　田山榮久著　正文譯　天地人
　　1:2　65—71面　25年1月15日

唐代幾首描寫農村生活的詩　武仙卿　天津益世報食貨　22
　　26年5月4日

五季農村破壞經過　聶家裕　歷史學報　1　1—24面　25年
　　10月

讀五季農村破壞之經過　盧逮曾　天津益世報讀書週刊　95
　　26年4月15日

元代佃戶之生活　黃現璠　師大月刊　30　49—65面　25
　　年10月30日

明代對於農民的征斂　張錫綸　天津大公報史地周刊　98
　　25年8月14日

明末農民暴動之社會背景　楊廷賢　食貨半月刊　5:8　346
　　——356面　26年4月16日

清代的佃農　張致恭　北平華北日報史學周刊　46　24年8月
　　1日

五十年前華北農業情況的一個觀察（光緒時一地主田產經營的

486

帳簿） 魏澤瀛 天津益世報農村周刊 99 25年2月1日

（巨）農業土地

中國農業的起源 洪振鑠 學風 7:4 1—3面 26年5月20日

中國農業技術發展史（續完） 王興瑞 現代史學 3:1 1—
90面 25年5月25日

詩書時代的農業演進 影秋 河南政治月刊 2:3 1—7面
21年3月

秦漢時代的農業（秦漢經濟史稿之第三章） 馬元林 河南政
治月刊 2:10 1—34面 21年10月

土地政策（內有中國歷代之土地政策一章） 蕭明新 河南政
治月刊 6:2 1—17面 25年2月 6:3 1—8面 25
年3月 6:4 1—15面 25年4月 6:5 1—11面 25
年5月 6:6 1—13面 25年6月 6:7 1—9面 25
年7月

中國歷代土地問題研究 羅曼 河南政治月刊 4:10 1—10面
23年10月 4:11 1—16面 23年11月

中國土地私有制度之研究 侯鴻智 磐石雜誌 4:3 169—
173面 25年3月1日 4:4 251—254面 25年4
月1日

中國舊有土地制度改革論 張覺人 文化建設 2:6 49—53
面 25年3月10日

中國土地沿革的回顧與展望 鄭季楷 農村經濟 3:3 7—16
面 25年1月1日

中國歷代生產量之一考察 楊效曾 北平華北日報史學周刊
23 24年2月21日

中國社會經濟史上均田制度的研究 汪詒孫 東方雜誌 33:14

53—61面　25年7月16日

由歷史變動律說到中國田制的循環　丁道謙　食貨半月刊 5:3
　　145—155面　26年2月1日

中國田制由夏至唐之變遷史略　孫德元　北平華北日報經濟週
　　刊　21　26年2月5日　22　26年2月19日　23　26年2
　　月26日

籍田考　牛磊若　文化批判季刊　4:1　102—114面　26年1
　　月10日　又文化建設月刊　3:6　142—143面　26年3月
　　19日

井田與均田　陶希聖　天津大公報經濟週刊　189　25年10月
　　28日

中國井田制度之探討　邱運熹　文哲月刊　1:9　134—156
　　面　25年11月20日

井田新證別論　倪今生　食貨半月刊　5:5　220—223面
　　26年3月1日

支配中國數千年土地思想的井田制度　王全揆　北平華北日報
　　中國文化　80　25年3月15日　81　25年3月29日

中國古代的限田論　周光琦　農村經濟　3:7　45—49面
　　25年5月31日

秦漢社會的土地制度與農業生產　許宏烋　食貨半月刊　3:7
　　306—325面　25年3月1日

秦漢隋唐間之田制　谷霽光　政治經濟學報　5:3　577—600
　　面　26年4月　又文化建設　3:3　141—142面　26年
　　6月10日

秦漢的水利灌溉與屯田墾田　曾謇　食貨半月刊　5:5　224
　　—232面　26年3月1日　又史地社會論文摘要月刊
　　3:7　4面　26年4月20日

西漢時代的土地兼併與農民暴動　江世榮　歷史教育　2　28
　　——30面　26年5月25日　又天津大公報史地周刊　125
　　26年2月26日

曹魏的屯田　鞠清遠　食貨半月刊　3:3　133—139面　25
　　年1月1日

晉的占田與課田的考察　曾謇　天津益世報食貨　11　26年2
　　月16日　又食貨半月刊　5:8　340—345面　26年4月
　　16日　又文化建設月刊　3:3　136—137面　26年5月
　　10日

北魏均田以前中國田制史　吳其昌　武大社會科學季刊　6:3
　　555—585面　1936年6月　6:4　835—876面
　　1936年8月

北魏均田制度之一考察　武仙卿　食貨半月刊　3:3　140—143
　　面　25年1月1日

北魏均田制之成立（著者支那社會經濟史中之一節）　森谷克
　　己著　魏耀庭譯　北平華北日報史學周刊　19　24年1月
　　24日

隋唐之均田　曾了若　食貨半月刊　4:2　60—71面　25年6
　　月16日

唐代土地法令叙説（唐代經濟史料叢編土地法令集序）　武仙卿
　　天津益世報食貨　9　26年2月2日　10　26年2月9日

唐代土地問題槪説　武仙卿　食貨半月刊　5:4　195—197面
　　26年2月16日　天津益世報食貨　1　25年12月6日

唐之均田制與租庸調制的關係　鈴木俊著　何仲珉譯　農村經
　　濟　3:9　13—24面　25年8月1日

唐代均田法中僧尼的給田　森慶來著　高橋怡譯　食貨半月刊
　　5:7　321—325面　26年4月1日

宋以前中國田制史　吳其昌　武大社會科學季刊　7:2　399
　　——436面　26年1月　又史地社會論文摘要月刊　3:7
　　7面　26年4月20日

宋代的土地整理與均稅問題　胡徐暄　農村經濟　3:7　50——
　　55面　25年5月31日

南宋的土地問題　李文治　天津大公報史地周刊　106　25年
　　10月9日

南宋平均地權的幾種理論　李文治　天津大公報史地周刊　115
　　25年12月11日

明代土地整理之考察　許宏烋　食貨半月刊　3:10　484—506
　　面　25年4月16日

明代田地的估計（明代土地包括田，地，土，塘，四種）　清
　　水泰次著　張錫綸譯　食貨半月刊　3:10　507—508面
　　25年4月16日

L明代的屯田制度7導言　王崇武　北平華北日報史學周刊
　　90　25年6月18日

L明代的屯田制度7導言　菊風　天津益世報人文周刊　22
　　26年6月4日

明初之屯墾政策與井田說　王崇武　禹貢半月刊　5:5　29——
　　34面　25年5月1日

明初施行屯田的社會背景（此為作者L明代的屯田制度7一書
　　中之第二章）　王崇武　北平華北日報史學周刊　100
　　25年8月27日　101　25年9月3日

明代的商屯制度（此作者L明代的屯田制度7文中之一章）
　　王崇武　禹貢半月刊　5:12　1—15面　25年8月16日

明代民屯之組織　王崇武　禹貢半月刊　7:1—3　231—238
　　面　26年4月1日　又史地社會論文摘要月刊　3:8　15——

16面　26年5月20日

明末地主自救運動與劉宗周　譚丕模　北平晨報思辨　45　25年
　7月24日

明代福建之一田三主與白兑　趙純　文化批判　3:3　93—9面
　25年6月15日

清初農民之均田運動與顏李學派之產生　譚丕模　北平晨報歷
　史周刊　2　25年10月10日　4　25年10月24日

湘西各區屯防均屯田土沿革（湘西有屯七縣：鳳，乾，綏，保，
　古，瀘，麻）　余範傳　邊疆半月刊　2:2　38—41面
　26年1月31日

中國歷代之荒政制度　徐鍾湄　經理月刊　2:1　71—85面
　25年1月30日

我國古時農荒及備荒制度　廖增益　北平華北日報經濟周刊
　6　25年10月16日　7　25年10月23日

我國倉庫業述要　慕柳　天津益世報商業　16　25年7月19日
　32　25年11月8日　33　25年11月15日

中國歷代倉庫制度與現代農業倉庫的推進　劉廣惠　經理月刊
　2:1　49—69面　25年1月30日

隋唐時代的倉儲與關中民食的調節　劉東仁　天津大公報史地
　周刊　102　25年9月11日

明代的預備倉　梁方仲　天津益世報史學　50　26年3月21日
　又史地社會論文摘要月刊　3:8　14面　26年5月20日

江蘇各縣清代水旱災表　朱煩堯　江蘇省立國學圖書館第七年
　刊　23年11月

道光末年的災荒　羅爾綱　天津益世報史學　29　25年5月24日

　　（F）家庭婦女

—— 439 ——

家族制度與選擇作用 潘光旦 社會學界 9 89—104面
25年

中國家族制度之倫理基礎 梁寶彝 仁愛月刊 1:10—11 85
—— 104面 25年3月

從人類學的觀點考察中國宗族鄉村 林耀華 社會學界 9
125—142面 25年

史前期中國社會的親族制 吳澤 文化批判季刊 4:1 69-78
面 26年1月10日 文化建設月刊 3:5 149—150面
26年2月10日

宗法 李源澄 論學 4 106—115面 26年4月1日

大宗小宗說 邵君樸 社會科學論叢季刊 3:1 233—236
面 26年1月1日

殷商的家族與親族關係 正文 天地人 1:5 209—216面
25年4月15日

殷商家族制度與親族制度的一個解釋 董書方 食貨半月刊
3:10 457—462面 25年4月16日

論秦的家族組織與商君的變法 曾謇 北平華北日報史學周刊
42 24年7月4日

漢魏大族的概況 武仙卿 北平華北日報史學周刊 21 24年
2月7日

河南的血族組織 劉興唐 文化半月刊 3:3 29—40面 25
年6月15日

福建的血族組織 劉興唐 食貨半月刊 4:8 357—368面
25年9月16日

黑龍江的家族制度與風俗 應麟 新青海 3:2 26—29面
24年2月

古代的婦女 聖手 北平晨報婦女與家庭 25年12月6日

士文叢中的女性觀　陳之佛　文藝月刊　9:1　1—10面　25
　　年7月1日

先秦女子教育論略　任家望　國專月刊　3:5　15—19面
　　25年6月15日

中國女子文學生活　任頌著　女師學院季刊　3:1—2　74—
　　80面　24年1月10日

女子故事　廢名　北平世界日報明珠　46　25年11月15日

歌謠中的姑嫂　楊向奎　歌謠周刊　2:6　3—5面　25年5
　　月9日

從歌謠中剖視婦女　林蕭　北平晨報婦女青年　186　25年3
　　月14日　187　25年3月21日　189　25年3月23日　190
　　25年4月4日　191　25年4月11日

從東莞歌謠中所見的婦女觀　梁鑑波　民俗　1:2　257—
　　260面　26年1月30日

詩經中的婦女社會觀　丁道謙　食貨半月刊　4:7　286—
　　315面　25年9月1日

由漢唐的婦女束縛談元明婦女的地位　曼芳　北平晨報婦女與
　　家庭　25年12月6日

唐代的兩種婦女生活（剝削階級（指貴族，官僚，豪族，地主
　　大商人）被剝削階級（農民農奴））　傅安華　北平華北
　　日報史學周刊　62　24年11月21日　63　24年11月28日

李汝珍所提出的婦女問題　黎敏　北平晨報婦女　22　26年6
　　月10日

婦女纏足考　傅振倫　新苗　10　5—9面　25年10月16日

論小腳（中國文化遺產之一）　史寄髮　北平華北日報　每日
　　談座　90　23年7月11日　91　23年7月12日　92　23年
　　7月13日　93　23年7月14日

——441——

宋代婦女服飾考　錢華　中國文學會集刊　3　90—100面
25年8月

歷代預政女子述略　吳廷燮　河北月刊　5:2　1—2面　26年
2月15日

關於女人的書籍　唐弢　文學　7:1　297—299面　25年7
月1日

跋萬歷刻閨範四卷　王立中　天津大公報圖書副刊　175　26
年4月1日

中國婚姻制度與立法　任重　中華季刊　3:2　1—19面　25
年2月

中國婚姻法綜論（張紳著上海商務印書館出版定價九角）　陳
顧遠　出版周刊　新214　21—23面　26年1月2日　又
華年周刊　5:49　956—958面　25年12月19日

中國原始婚姻的諸形態　劉興唐　文化批判季刊　4:1　79—
101面　26年1月10日

從歌謠中看到中國舊式婚姻的痛苦　靜安　北平晨報婦女青年
203　25年8月15日　209　25年8月22日

論中國婚姻制度及其變遷　紀廷藻　江漢思潮月刊　4:5—6
37—40面　25年6月30日

中國婚姻制度之發生及其進展　陳顧遠　東方雜誌　34:7
93面　26年4月1日　又文化建設月刊　3:9　135—136
面　26年5月10日　又史地社會論文摘要月刊　3:8　49—
50面　26年5月20日

中國古代婚姻演進概況　戴民貴　大夏年刊　225—231面
22年6月1日

論我國古代結婚的年齡　董家遵　社會研究季刊　1:2

中國古代婚制拾零　張玄　北平華北日報中國文化　12　23年

11月25日

中國古代族外婚制研究　陳偉旋　文化建設月刊　3：8　37—
48面　26年5月10日

中國原始社會群婚制度論證　正文　天地人　1：6　241—249
面　25年5月15日

中國古代社會果有群婚制嗎（中國婚姻史綱初稿之一節）　陳
偉旋　食貨半月刊　4：10　425—432面　25年10月16日

一夫多妻制考　劉興唐　文化批判　4：2　98—104面　26年
4月10日　又史地社會編文摘要月刊　3：8　50—51面
26年5月20日

四史中所記諸野蠻民族之婚姻與家庭　曾謇　北平華北日報史
學周刊　47　24年8月8日　48　24年8月15日

元朝祕史所見蒙古人的婚姻　李詠林　天津大公報史地周刊
72　25年2月14日

明清學者關於貞女問題的論戰　董家遵　現代史學　3：1　1—
5面　25年5月25日

歷代節婦烈女的統計　董家遵　現代史學　3：2　1—5面　26
年4月5日

離婚故事　徐彥　逸經半月刊　24　12—16面　26年2月20日

論漢唐時代的離婚　董家遵　社會研究季刊　1：1

贅壻制度考　陳顧遠　經世　1：8　34—37面　26年5月
1日

　　　　　　　（3）禮教與民俗（凡關於喪葬婚俗節令祠
　　　　　　　　　　　　　　祀祖先崇拜類入民俗；
　　　　　　　　　　　　　　他如神祇天然崇拜拜物
　　　　　　　　　　　　　　教等入宗教學）

禮與法律　穗積陳重著　朱顯禎譯　社會科學論叢　3：1　131

——178面 20年1月1日

禮治與法治 章 天地人 1:6 275——276面 25年5月15日

倫理出於天秩義 黃肇 船山學報 10 11——14面 24年12月

四維與國辨微 黃明明 政治月刊 3:4 67——76面 24年8月1日

說禮義廉恥 陳芭懷 仁愛月刊 1:10—11 119—129面 25年3月 又制言半月刊 3 1—8面 25年1月16日

論禮教 金臺 正風雜誌 3:10 1157——1165面 26年1月1日

聖人法天地以作禮樂說 黃肇 船山學報 10 6—8面 24年12月

中國禮教之意義與淵源 宮廷璋 正風雜誌 2:4 191—196面 25年4月1日

中國禮教之演進與原理 宮廷璋 正風雜誌 2:5 291—300面 25年4月16日

中國禮教之德目 宮廷璋 正風雜誌 2:6 405——413面 25年5月1日

由道德中說到中國固有道德之起源 毛振風 進德月刊 1:2 13—16面 24年9月 1:3 7——9面 24年10月

中國禮制之特質與今後之趨向 陳念中 廣播週報 121 16——19面 26年1月23日

由周迄清父子之倫未全確定論 劉盼遂 燕京學報 20 409——420面 25年12月

拜跪舉廢議 太炎遺著 制言半月刊 22 1—3面 25年8月1日

怎樣研究民俗學 林惠祥 厦大周刊 15:30 14—18面 25

年 6 月 22 日

民俗學與通俗讀物　揚堃　大眾知識　1　5—14面　25年10月
20日

尚可耐齋俗事叢考　屈翼鵬　中央日報民風副刊　15　26年1
月14日　18　26年2月4日　19　26年2月11日　21　26
年2月25日

中國古代民俗中的鼠　鍾敬文　民俗　1:2　13—26面　26年
1月30日

吳越民族文身談　陸樹枬　江蘇研究　3:5—6　1—2面　26
年6月30日

唐都長安的牡丹狂　胡行　逸經半月刊　7　10—11面　25年
6月5日

北宋首都汴京的民眾生活及其藝術　徐嘉瑞　語言文學專刊
1:1　89—99面　25年3月

十三世紀蒙古人的物質生活　百讓　北平華北日報史學周刊
105　25年10月1日　106　25年10月8日　107　25年
10月15日

十三世紀時蒙古人的風俗　百讓　北平華北日報史學周刊　125
26年2月25日　126　26年3月4日　又史地社會論文摘
要月刊　3:7　13—14面　26年4月20日　3:8　13面
26年5月20日

明初漢人之胡化　王崇武　北平華北日報史學周刊　53　24年
9月19日

近三百年來中國南部之民間械鬥（福建．廣東．廣西）　郎擎
霄　建國月刊　14:3　1—10面　25年3月20日　14:4
1—14面　25年4月20日　14:5　1—12面　25年5月20日

北平風俗類徵自序　李家瑞　天津益世報讀書週刊　72　25年

　　10月29日

燕京歲時記　知堂　北平晨報學園　25年1月13日

河北風俗之變遷與古禮教　灝山　河北月刊　5：1　1—6面
　　26年1月15日　又見地社會論文摘要月刊　3：7　18面
　　26年4月20日

江西南昌的民俗　張維綱　民俗　1：1　101—111面　25年
　　9月15日

漳州祈雨的風俗　歐陽飛雲　中央日報民風副刊　35　26年6
　　月3日

東夷南蠻的圖騰習俗　岑家梧　現代史學　3：1　1—6面　25
　　年5月25日

畬民的圖騰崇拜　何聯奎　民族學研究集刊　1　235—238
　　面　25年5月

瓊崖島民俗志　王興瑞　岑家梧　民俗　1：1　13—80面　25
　　年9月15日

海南島的民情風俗談　黄尊　内外雜誌　8　25—26面　25年
　　11月20日

海南黎人文身之研究（附閩省跋）　劉咸　民族學研究集刊
　　1　197—233面　25年3月

猺人風俗考　李旭華　河北博物院畫刊　110　1面　25年4
　　月10日　112　2面　25年5月10日

拜王（廣東北江猺山猺人風俗之一）姜哲夫　張佩　龎新民
　　中央研究院史語研究所集刊　4：1　39—119面　21年
　　10月

廣西融羅苗疆談叢　魏鼎勳　新中華　4：16　69—72面
　　25年8月25日　4：17　65—69面　25年9月10日

雲南「擺夷」風俗談　笑岳　中央日報民風副刊　14　26年

1月7日

昆明民俗志尊論　江應樑　民俗　1:2　27—60面　26年

1月30日

風水與葬埋　陳懷楨　社會研究季刊　1:3　1—12面　26年

1月

中國古代花甲生藏之起源與再現　馬長壽　民族學研究集刊

1　261—231面　25年5月

儒家推行喪服制度之史的考察　曾謇　北平華北日報史學周刊

97　25年3月6日

儒家喪服制度論　曾謇　北平華北日報史學周刊　113　25年

11月26日　114　25年12月3日　115　25年12月10日

116　25年12月17日　又史地社會論文摘要月刊　3:5

5面　26年2月20日

漢代婚喪禮俗考（楊樹達撰上海商務印書館發行每冊七角五分）

克凡　出版週刊　新117　11　24年2月23日

三國時代的喪葬禮　余維炯　正風雜誌　3:4　374—380面

25年10月1日

關主父母短喪并壻為岳父母從妻之喪　陳文彥　國學　1:3

35—37面　26年6月1日

南陽一帶的喪葬禮　李鵠　中央日報民風副刊　31　26年4月

22日　32　26年5月6日

題湊考（「題湊」始出呂氏春秋卷十節葬篇）　岑家梧　考古

社刊　4　277—280面　25年6月

題湊翰繪說（輝縣發掘報告之一）　許敬參　河南博物館館刊

6　1—5面　26年2月

中國墳地問題之始的發展及其解決　于贊緒　文化建設月刊

3:1　77—30面　25年10月10日

先秦時代的宗教與婚喪　陳應槐　民俗　1:1　131——134面
　25年9月15日

元代蒙古人收繼婚俗傳入內地之影響　李曾人　天津大公報史
　地周刊　30　25年4月10日

南陽一帶的婚嫁習俗　李嶠　中央日報民風副刊　33　26年6
月24日

東莞婚俗的叙述及研究　劉偉民　民俗　1:1　31——99面
　25年9月15日

三月三日考　徐彥　逸經半月刊　28　12——15面　26年4月20日

寒食和清明　徐彥　逸經半月刊　27　11——14面　26年4月5日

說端陽（陶樹說叢之一）　謝宗陶　河北月刊　4:7　1——4面
　25年7月15日

端午民俗考　徐中玉　國聞週報　13:25　31——34面　25年6
月29日

端午節考　閬堂　論語半月刊　114　326——329面　26年6
月16日

端午「惡日」考　歐陽飛雲　逸經半月刊　32　28——31面　26
年6月20日

上己、端午、七夕、重九考　莊敬梓　勵學　6　88——95面
　25年7月15日

七夕故事　中玉　國聞週報　13:33　33——42面　25年8月
24日

中秋月餅　風人　正風雜誌　3:4　423——430面　25年10月
1日

瑣語中秋　徐中玉　逸經半月刊　15　16——19面　25年10月5日

重九雜話　徐中玉　國聞週報　13:42　31——36　25年10
月26日

閒話冬至　朝宗　天地人　1：2　86—87面　25年1月15日

祭竈　陳儁如　北平晨報藝圃　25年1月20日

送竈閒談　非繁　北平晨報藝圃　25年1月20日

祀竈與送窮（嶺東客族傳說）　張謙安　逸經半月刊　23
　　31面　26年2月5日

漢人祀竈考　胡嘉　逸經半月刊　21　4—7面　26年1月15
　　日　又文化建設月刊　3：5　159—161面　26年2月10日

爆竹　智堂　北平世界日報明珠　34　25年11月3日

歲除閒話（歲除故事演進）　徐彥　逸經半月刊　23　32—33
　　面　26年2月5日

亮燈樂（清宮廷內新年掛燈典禮）　劉振卿　北平晨報藝圃
　　26年4月19日

瀋陽的僞歲　春風　文化建設　3：4　97—102面　26年1
　　月10日

說坊間年畫　謝宗陶　河北月刊　4：2　1—3面　25年2月
　　5日

上元燈　徐彥　逸經半月刊　25　50—52面　26年3月5日

上元燈話　梧生　論語半月刊　105　404—408面　26年
　　12月1日

上元放燈　陳儁如　北平晨報藝圃　25年2月5日　25年2月
　　6日　25年2月8日　25年2月10日

燈節小史　觀今　論語半月刊　105　399—403面　26年
　　2月1日

唐宋時代元宵看燈的盛況　林連祖　論語半月刊　106　502
　　——504面　26年2月16日

明代的上元節　非繁　北平晨報藝圃　25年2月8日

春節中之秧歌　厭攻　北平晨報藝圃　25年1月22日

祠堂制度略　李魯人　天津益世報社會研究　復刊44　26年
　　3月10日
祖廟與神主之起源（釋且．宜．俎．宗．祐．祊．示．主．宝
　　等字）　陳夢家　文學年報　3　63—71面　26年5月
古文字中之商周祭祀　陳夢家　燕京學報　19　91—155面
　　25年6月
清代堂子所祀鄧將軍考　孟森　國學季刊　5：1　39—52面
　　24年

（4）雜考

中國救濟事業之史的探討　梁雲谷　仁愛月刊　1：12　51—
　　76面　25年4月
宋代的救濟事業　高邁　文化建設　2：12　75—61面　25年
　　9月10日
記江忠烈辦賑務　亞　北平晨報藝圃　26年4月21日
上海社會救濟事業史的檢討　吳澤霖　章復　華年　6：4　64
　　—67面　26年1月30日　6：5　86—88面　26年2月
　　6日
賑賑考　高邁　文化建設　3：7　90—98面　26年4月10日
　　　又史地社會論文摘要月刊　3：8　57面　26年5月20日
林玉堂中國報紙與輿論史（*A History of the press and
　　Public opinion in china By Lin yutang*）
　　趙敏恒　武大社會科學季刊　7：1　201—203面　25年
　　10月
清代的「杭州白話報」（清光緒二十七年五月期刊每月出三冊）
　　沈聖時　文藝大路　1：6　353—355面　24年10月10日
報海前塵錄（目次：申報．大公報．新聞報．時事新報　時報

蘇報案，暨三民，天鐸和民權報，神州日報，國民日報，
商報，字林報，大陸報，倫敦太晤士，益却斯忑衛報，紐
約時報，自由報，申報總纂，王紫銓，沈藎，邵飄萍，林
白水等）江蘇研究　3：4　1—17面　26年4月31日

阿㕭溯源　李長傳　中學生雜誌　68　134—142面　25年10月

鴉片禍華初史　徐寬厚　天津大公報史地周刊　124　26年
　　2月19日

鴉片事略（清李圭著上下二卷二十年一月國立北平圖書館據清
　　光緒刻本排印每冊實價一元）　湯象龍　社會科學雜誌
　　2：2　299—302面　29年6月

禁酒禁賭的考據　芳菲　天津益世報語林　1181　25年1月
　29日

嘉道時之禁煙　劉振鄉　北平晨報藝圃　26年4月7日

道光朝之禁煙運動　王明綸　民族雜誌　4：10　1785—1805
　　面　25年10月1日　4：11　1911—1933面　25年11月
　　1日　4：12　2157—2173面　25年12月1日

兔子考　李家瑞　天地人半月刊　2　32—34面　25年3月16日

我國原有合作制度之介紹　鄭厚博　農行月刊　4：1　29—43
　　面26年1月55日

社考　賀次君　廣州學報　1：2　1—3面　26年4月1日

明季杭州登樓社考　朱偰　廣州學報　1：2　1—20面　26年
　　4月1日

平市會館與行會之檢討　張景蘇　市政評論　5：4　36—40面
　　26年4月16日　5：5　39—43面　26年5月16日

唐代都市中的邸店與牙人　傅安華　北平華北日報史學周刊
　　47　24年8月8日

淮陽太昊陵廟會概況　鄭統九　河南政治月刊　4：8　1—20面

503

中國歷代度量衡沿變概略　楊效曾　北平華北日報史學周刊
　　18　24年1月17日

石與斛　楊中一　北平華北日報史學周刊　29　24年4月4日

中國相學小史　叔先　北平華北日報中國文化　64　24年11月
　　24日　73　25年1月26日

歐洲的象占和我們的卦占　江紹原　北平華北日報中國古占卜
　　術研究　3　25年4月16日

「巫」與「史」之社會學的研究　林履信　社會科學論叢4:7
　　89—98面　22年2月1日

商代的神話與巫術　陳夢家　燕京學報　20　435—576面
　　25年12月

「豆豉」考略　張孟倫　天津大公報史地周刊　145　26年7
　　月16日

點心雜譚　錢華　之江期刊　1:5　55—57面　25年1月1日

寓意於吉利的春節食物小釋（橘，荔，風乾茄蒂．盤龍饅首，
　　餛元寶）北平晨報藝圃　25年1月21，22．23日

（十三） 教育學

（1）通論

「師天地」「師人」「師萬物」之三種歷程（動物心理學研究
　　之一斑） 吳家鎮 文哲月刊 1：9 35面 25年11月20日

中國教育史研究 潛龍 丁己雜誌 1：2 1—14面 6年4
　　月20日

中國教育史綱圖說（續） 丁琦行 國光雜誌 13 54—63面
　　25年1月16日 14 43—53面 25年2月16日 15 36
　　—46面 25年3月16日 16 36—42面 25年4月16日
　　17 37—46面 25年5月16日 18 48—00面 25年6
　　月16日

陳東原著「中國教育史」述評（上海商務印書館發行民國二十
　　五年七月初版國幣四元） 吳景賢 學風 7：2 1—9面
　　26年2月20日 又華年 6：10 196—199面 26年3
　　月22日 又出版周刊 新228 13—15面 26年4月10日

中國回教寺院教育之沿革及課本 龐士謙 禹貢半月刊 7：4
　　99—103面 26年4月16日

由「老頭子」問題而介紹所謂「家書」 徐一士 逸經半月刊
　　17 58—62面 25年11月5日

關於家訓 知堂 北平晨報學園 899 25年1月27日

禁舊的兒童讀物 遲受義 文化與教育旬刊 105 5—8面
　　25年10月20日

養士教育的起源 陳東原 教育雜誌 25：4 291—237面
　　24年4月10日

六朝門生辦 唐景崧 天津益世報讀書周刊 36 25年2月20
　　日 37 25年2月27日

明初學制 趙九成 北平華北日報史學周刊 103 25年10月

22日　109　25年10月29日

清代學使按臨　素聲　北平晨報藝圃　26年4月16日　26年4月18日

中國興學以來教育宗旨之嬗遞考　弍生　江漢思潮月刊　5:2　58:64面　25年11月15日

中國初期留學史拾遺　方豪　磐石雜誌　4:1　54—60面　25年1月1日　4:2　141—146面　25年2月1日

清末小學教育之演變（續）　佟振家　師大月刊　25　130——182面　25年2月30日　29　121—218面　25年9月30日

清末民初教育史料　靳維喬　光華大學半月刊　5:1　14—17面　25年10月17日　5:2　6—9面　25年11月7日

清末安徽的實業教育　趙郭　教育新潮　4:1—2　1—8面　24年4月

中國中學目標的清算　姚善友　教育學報　1　1—8面　25年3月3日

我國中學課程的變遷　麥伯祥　教育學報　2　80—94面　26年2月3日

民眾基本字彙問題　徐則敏　山東民眾教育月刊　6—7　89——106面　24年9月25日

三十年來中國之識字運動　鍾靈秀　教育雜誌　27:3　15——18面　26年3月10日

北平私塾的研究　單維藩　新北辰　2:10　1061—1070面　25年10月15日　2:11　1167—1175面　25年11月15日　2:12　1259—1274面　25年12月15日

古代兒童讀物概觀　翁衍楨　圖書館學季刊　10:1　91——146面　25年3月

中國兒童讀物的分析　鄭振鐸　文學　7:1　43—60面　25年

章太炎先生重訂三字經（渭南嚴貞敏嚴貞媛校刊）　毛子水
　　天津益世報讀書週刊　71　25年10月22日

清末以來我國小學教科書概觀（轉載申報全國兒童讀物展覽特
　　刊）　吳研因　中華教育界　23：11　103—107面　25
　　年5月1日　又北平晨報全國兒童讀物展覽會特刊　25年
　　1月30日　同行月刊　4：1　2—4面　25年1月25日　4：2
　　7—9面　25年2月25　4：3　2—3面　25年3月25日
　　4：4　14—16面　25年4月25日

小學教科書大競賣風景線外的兒童方字（從光緒32年到中華民
　　國25年）（五彩精圖方字（1906年）戴克敦編商務印書館
　　出版，五彩基本折字片（1935年）孫慕堂沈百英編校
　　商務印書館出版，彩圖五用大方字（1936年）林漢達編
　　世界書局出版）　湯期華　書人月刊　1：1　63—73面
　　26年1月

三十年來中央政府對於編審教科圖書之檢討　鄭鶴聲　教育雜
　　誌　25：7　1—44面　24年7月17日

（2）教育思想

中國教育思想中之自然主義　黃景韓　師大月刊　24　87—
　　145面　25年1月30日

先秦儒家教育思想之檢討　磐石雜誌　4：2　33—93面　25
　　年2月1日

孔子的教育哲學　王國棟　北平晨報思辨　47　25年3月7日

孔子的教育學說　張爾謙　教育學報　1　1—8面　25年3
　　月3日

孔子的教育思想　朱錫裕　青年月刊　3：4　24—31面　26年
　　1月15日　3：5　51—57面　26年2月15日

孔子教育思想　郭韻笙　女師學院季刊　3:1—2　39—41面
　　24年1月10日

孔子道德教育研究　傅慶隆　正風雜誌　3:11　1277—1284
　　面26年1月16日

孔門教育之教材與設備　陳夢韶　廈門大學學報　七本　1—
　　47面　25年7月

論孔門的六藝并評馮友蘭先生的中國哲學史　曾謇　北平華北
　　日報史學周刊　59　24年10月31日　60　24年11月7日

聖人對門弟子的態度　明聖　論語半月刊　90　97　24—26面
　　25年10月1日　98　70面　25年10月16日　99　126 ——
　　128面　25年11月1日

孔孟教育學說與近代教育思潮比較觀　吉長瑞　遺族校刊　2:6
　　81—98面　24年9月1日

孔孟荀教育思想探討　陳松英　學術世界　2:1　86—91面
　　25年10月

孟子教育理論研究　楊縈春　廣州學報　1:2　1—28面　26
　　年4月1日

孟子的教育思想　琴崖　仁愛月刊　1:7—8　17—31面
　　25年12月

孟荀教育學說之比較　刁道宗　國專月刊　2:5　33—35面
　　25年1月15日

墨子的教育理論與實際　楊瑞才　教育新潮　4:3　7—14面
　　25年4月

呂氏春秋之教育論　雁雲　教育學報　1　1—6面　25年3月
　　3日

王安石的教育主張及其設施　李樹芳　河南政治月刊　5:11
　　1—8面　24年11月

中國教育家陸象山之學風　紹聲　北平華北日報中國文化　48
　　24年8月4日

桂萼之小學四堂法　王蘭陰　師大月刊　29　219—223面
　　25年3月30日

顧亭林先生的學與教　何貽焜　師大月刊　26　15—30面　25
　　年4月30日　30　1—19面　25年10月30日

顏習齋教育學說述評　陳登璨　教育雜誌　25:10　161—183
　　面　24年10月10日

顏習齋的性說與其教育思想　何美俠　北平華北日報中國文化
　　41　24年6月16日　42　24年6月23日　43　24年6月30日

曾國藩的教育思想　曾盛鎮　師大月刊　23　149—167面
　　25年7月30日

張之洞氏之教育思想及其事業　鄭鶴聲　教育雜誌　25:2
　　23—38面　24年2月10日　25:3　109—127面　24
　　年3月10日

（3）書　院　學　校

宋代的書院制度　梁歐第　社書研究季刊　1:1

兩宋書院制度　傅順時　之江期刊　1:7　57—63面　26年
　　1月20日

南宋杭州之國立大學（民國二十五年十月二十日浙江大學紀念
　　週演講稿初載浙江大學月刊）　張其昀　史地雜誌　1
　　73—79面　26年5月1日　又圖風　8:9—10　8—14面
　　25年10月

元代書院制度　梁甌第　現代史學　3:2　1—54面　26年4
　　月5日

明朝之學校　喬介林　師大月刊　30　198—207面　25年10

月30日

明代國子監制度考略　于登　金陵學報　6:2　109—117面
　　25年11月

近代書院學校制度變遷考　謝國楨　張菊生先生七十生日紀念
　　論文集　231—322面　26年1月

雍正年間意大利的中國學院（養成教士傳教中國）　傅任敢
　　中華教育界　32:9　61—64面　25年3月1日

京師大學堂小史　拓堂　中心評論　11·27—28面　25年5月1日

河北省書院志初稿　王蘭陰　師大月刊　25　1—62面　25年
　　2月30日　29　1—110面　25年9月30日

談談以往的蓮池　滄山　河北月刊　5:2　1—4面　26年2月
　　15日　5:3　1—4面　26年3月15日

山東省書院志初稿　王蘭陰　師大月刊　29:111—120面
　　25年9月30日

歙縣之飛布書院與師山書院（給安徽書院志編者的一點史料）
　　鄭浩然　學風　6:3　25年5月1日

洋川毓文書院考　吳景賢　學風　7:4　1—34面　26年5月
　　20日

詁經精舍志初稿　張鍂　文瀾學報　2:1　1—14面　25年3
　　月31日

湖南時務學堂遺編　大道半月刊　16　1—14面　23年8月1日
　　17　1—12面　23年8月16日　19　1—12面　23年9月16日
　　20　1—12面　23年10月1日　21　1—14面　23年10月10日
　　22　1—12面　23年11月1日　23　1—14面　23年11月16日
　　24　1—8面　23年12月1日

廈門大學校址考（歷史上緣起）　鄭德坤講　黄典誠筆記　廈
　　大周刊　15:22　3—20面　25年4月6日

書院制度之精神與學海書院之設立　張君勱　新民月刊 1:7—8
　　1—11面　24年12月

學海堂述略　古公愚　新民月刊　1:7—8，1—23面　24年
　　12月

（4）考試制度

中國考試制度史序（鄧嗣禹作，國民政府考試院出版）　顧頡
　　剛　燕京大學圖書館報　89　2—3面　25年4月1日

清代科擧制度述略　吳雷川　教育學報　1:1—8面　25年3
　　月3日

清代考塲見聞雜輯　沈知　北平晨報藝圃　25年2月15,17,18日

皇明進士登科考攷（十二卷，首有詔令一卷，明山陰陳汝元輯
　　天啟元年刻本前有陳汝元目序）　朱希祖　天津大公報浙
　　江文獻展覽會特刊　25年11月3日

己未詞科錄外錄　孟森　張菊生先生七十生日紀念論文集 253
　　—279面　26年1月

現行考試制度與清代日本考試制度之比較　金天錫　中央時事
　　週報　4:43　8—17面　24年11月9日

清代瑞安選擧人表（續）　甌風雜誌　21—22　6—11面　24
　　年10月20日　23—24　12—17面　24年12月20日

司祝堂述古（牡丹狀元（黎美周逐球）附明代狀元考略）　袁
　　廟祝鉈　正風雜誌　2:11　1105—1108面　25年7月
　　16日

談談狀元　徐彬之　逸經半月刊　4　33—37面　25年4月
　　5日

十四　宗教學

（1）　通論

說宗教（陶榭說叢之一）　謝宗陶　河北月刊　4：11　1—3
面　25年11月15日

何為中國宗教　譚雲山　前途雜誌　5：1　129—136面 26年
1月16日

中國的宗教觀　陳金鏞　真光雜誌　35：1　39—43面 25年1
月　35：2　36—40面　25年2月　35：4　38—42面　25
年4月　35：5　36—40面　25年5月　35：6　39—42面
25年6月　36：7　42—44面　25年7月　35：8　41—44面
25年8月　35：9　36—40面　25年9月　35：12　38—40面
25年12月

中國宗教問題　周蔭棠　邊疆校刊　1：3　459—469面　22
年8月25日　1：4　611—621面　23年1月31日

中國宗教思想之特質　唐君毅　中心評論　33　7—15面　25
年12月11日

（2）　道教

論道教何以託始於老子　唐學黃　中山文化教育館季刊　4：1
293—304面　26年1月

張天師與道教　謝興堯　逸經半月刊　9　11—13面　25年7
月5日

天師道與濱海地域之關係　陳寅恪　中央研究院史語研究所集
刊　3：4　439—466面　22年

太平道與五斗米道　中一　北平華北日報史學週刊　2　23年

—— 461 ——

　　9月13日

方士源流述略　崇天　北平華北日報史學週刊　5　23年10月
　　4日

說卯　述道家之嬗化及長春之西遊　楊毓芬　微妙聲月刊　1：
　　7　66—73面　26年5月15日　1：8　71—77面　26年6
　　月15日

圖教始末及其經卷（嘉慶時民間秘密組織與紅陽教八卦教、
　　无教．多相似．盛行江淮間，教首金懷安徽和州人）　吳
　　玉英　人文月刊　8：5　1—6面　26年6月15日

道光年間湖南的青蓮教（即齋教、白蓮教門中之一支）　幼
　　梧　天津益世報史學　34　25年8月2日

北平白雲觀道學淵源考（續）　羅森彭�　正風　3：1　71—
　　73面　25年8月16日　3：3　296—298面　25年9月16
　　日　3：4　411—412　25年10月1日

讀太平經書所見　湯用彤　國學季刊　5：1　7—38面　24年

老子化胡經的公案　黃華節　海潮音月刊　17：6　28—35面
　　26年6月15日

陶弘景的真誥考　胡適　蔡元培先生六十五歲論文集（下）
　　539—554面　24年1月

羅羅太上清淨消災經對譯　楊成志　中央研究院史語研究所
　　集刊　4：2　175—198面　22年

記許纘曾輯刻太上感應篇圖說　陳垣　天津大公報圖書副刊
　　153　25年10月22日　圖書季刊　3：4　207—210面
　　25年12月

八卦教殘餘經典述略　魏建猷　逸經半月刊　10　3—5面
　　25年7月20日

514

(3) 佛　教

(A) 通　論

略談今日之佛法研究　魏善忱　微妙聲月刊　1：3　1—3面
　　26年1月15日

由陳澧「說佛」文中體會出來之佛教真精神　朱賢昌　北平晨
　　報思辨　43　25年7月10日

論佛教文字與側重義理　化莊　海潮音月刊　17：10　19—30面
　　25年10月15日

廣五蘊論闡微　現月　海潮音月刊　17：7　54—58面　25年7
　　月15日

佛教傳入中國之時期及中國大乘教之源頭　陳雄榮　之江期刊
　　4：14　41—45面　24年12月

佛教傳佈的今昔觀　朱星元　新北辰　1：12　1239—1244面
　　24年12月15日

中國佛教過去現在和將來　惟品　海潮音月刊　17：8　42—48
　　面　25年8月15日

中國佛史零篇　湯用彤　燕京學報　22　1—52面　26年12月

六朝時代中國境內之西域佛傳　江應樑　新亞細亞月刊　12：4
　　25年11月1日　文化建設月刊　3：3　158—159面　25
　　年12月10日

唐代以前儒佛兩家之關係　高觀如　微妙聲月刊　1：1　33—
　　43面　25年11月15日

唐代儒家與佛學　高觀如　微妙聲月刊　1：3　15—24面　26
　　年1月15日

唐代佛教與社會　兩曇　海潮音月刊　17：8　5—23面　25年

潮音月刊　17：5　22——31面　25年5月15日

華嚴宗之源流及其演變　雨簧　微妙聲月刊　1：8　19——25面
26年6月15日

天台宗教義略說　梅光羲　廣播週報　40　38——39面　24年6
月22日　41　38——39面　24年6月29日　42　38——40面
24年7月6日　43　35——36面　24年7月13日　44　38——
39面　24年7月20日

宋元時代的白雲宗　重松俊章撰　張錫綸譯　北平華北日報史
學週刊　76　25年3月5日　77　25年3月12日

淨土宗教義略說　梅光羲　廣播週報　70　38——39面　25年1
月25日　73　41——43面　25年2月15日　79　40——42面
25年3月28日　84　27——28面　25年5月2日　87　41——
43面　25年5月23日

禪宗宗義略說　梅光羲　廣播週報　92　43——45面　25年6月
27日

楞伽宗考　胡適　中央研究院史語研究所集刊　5：3　283——
312面　24年12月　哲學評論　7：1　127——128面25年
9月

達磨以前中土之禪學　忽滑谷快天著　海盧譯　微妙聲月刊
1：1　45——52面　25年11月15日　1：2　31——39面　25年
12月15日　1：3　35——40面　26年1月15日　1：4　31——
44面　26年2月15日

中國禪學之方法　劉汝霖　師大月刊　26　1——14面　25年4月
30日

中國禪宗歷史之演變　東初　海潮音月刊　17：10　51——57面
25年10月15日　17：11　50——70面　25年11月15日　17：12
59——74面　25年12月15日　18：2　81——96面　26年2月15

目

禪宗初祖達摩攷　李華宗　北平晨報思辨　56　　25年10月9日

禪宗南派五家開祖言行述略　張聖慧　海潮音月刊　17：12　21
—37面　25年12月15日

宋禪僧與日本武士　王輯五　治史雜誌　1：1　13—17面　26
年3月

密宗塑像說略　吳世昌　史學集刊　1　139—162面　25年
4月

密敎的淨土觀　談玄　海潮音月刊　17：10　31—33面　25年10
月15日

唯識思想與純密敎　神林隆淨著　東初譯　海潮音月刊　17：10
34—40面　25年10月15日

如是瑣瑣議　萬筠　微妙聲月刊　1：3　53—54面　26年1月
15日　1：4　48—54面　26年2月15日　1：5　49—56面
26年3月15日　1：6　51—56面　26年4月15日

釋門叢識　燕居　微妙聲月刊　1：1　69—78　25年11月15日
1：2　55—61面　25年12月15日　1：3　55—61面　26年
1月15日　1：4　61—64面　26年2月15日　1：5　65—
72面　26年3月15日　1：6　61—65面　26年4月15日
1：7　39—44面　26年5月15日

（B）　經　典　論　疏

佛學名詞釋要序　熊十力　北平晨報思辨　47　25年8月7日

佛典目錄學大綱　板原闞敎著　吳敬元譯　微妙聲月刊　1：6
7—23面　26年4月15日

佛敎石經目　楊殿珣　微妙聲月刊　1：7　58—65面　26年5
月15日　1：8　63—70面　26年6月15日

佛教論文索引　許國霖　微妙聲月刊　1:7　74—81面　26年
6月15日

宋元明清譯經圖記　周叔迦　微妙聲月刊　1:7　50—57面
26年5月15日　1:8　55—62面　26年6月15日

歷代藏經芳略　葉恭綽　張菊生先生七十生日紀念論文集　2
—42面　26年1月

修整清藏經庫版架記　範成　微妙聲月刊　1:5　58—60面
26年3月15日

重印清藏緣起　觀如　微妙聲月刊　1:6　57—58面　26年4
月15日

拉卜塄之經藏　鄧隆　方志　9:3—4　225—227面　25年
7月

釋氏外學著錄攷　楊毓芬　微妙聲月刊　1:1　79—87面　25
年11月15日　1:2　63—68面　25年12月15日　1:3　63
—72面　26年1月15日　1:4　65—70面　26年2月15日
1:5　73—80面　26年3月15日　1:6　66—78面　26年
4月15日

悲華經舍讀經札記　洪椎舲遺著　微妙聲月刊　1:5　21—26
面　26年3月15日　1:6　24—29面　26年4月15日

大方廣佛華嚴經入法界品四十二字觀門義証序　周叔迦　微妙
聲月刊　1:8　51—53面　26年6月15日

大方廣佛華嚴經提要　梅光羲　廣播週報　98　41—43面　25
年8月8日　118　40—42面　26年1月1日　137　48
—51面　26年5月15日

南傳大藏長阿含經目提要　許三替夫著　梅光羲譯　微妙聲月
刊　1:5　14—20面　26年3月15日

佛說大乘稻芉經講記　太虛大師講　道屏記　海潮音月刊　17:

　　　10　　58—77面　　25年10月15日

金光明經序　歐陽漸　語言文學專刊　1：1　11—17面　25年
　　3月

楞伽疏訣與唯識抉擇談質疑　周繼武　海潮音月刊　17：9　30
　　—33面　25年9月15日

佛教唯識哲學（又名成唯識論提要）　梅光羲　廣播週報　121
　　44—45面　26年1月23日

房融筆授楞嚴質疑　何格恩　嶺南學報　5：3—4　117—121
　　面　25年12月

唐寫本大方廣佛華嚴經迴向品殘卷校記　劉厚滋　北平研究院
　　院務彙報　7：1　63—66面　25年3月

西夏文佛母孔雀明王經考釋序　陳寅恪　中央研究院史語研究
　　所集刊　2：4　404—405面　21年

佛母大孔雀明王經龍王大仙眾生主名號夏梵藏漢合璧校釋　王
　　靜如　蔡元培先生六十五歲論文集（下）　737—775
　　24年1月

大月經游意　慧隱　海潮音月刊　17：7　45—53面　25年7月
　　15日

蓮花箋　知堂　中央日報文史副刊　14　26年2月28日

（4）　基　督　教

天主教與中國　于斌　新北辰　2：10　1105—1108面　25年10
　　月15日　廣播週報　108　10—14面　25年10月17日　磐
　　石雜誌　4：9　621—624面　25年11月1日

基督教與中國數百年文化之關係　述先　真光雜誌　35：10　7
　　—14面　25年10月

聖教史略與天主教傳行中國考　葉德祿　天津益世報人文週刊
　　12　26年3月26日

羅瑪教廷與蒙古通史略　徐宗澤　聖教雜誌　25:8　450——
　　465面　25年8月

天主教士來華之歷史及其著述　陳蓉生　之江期刊　1:6　67
　　—76面　25年

中國傳教士得力於學術之歷史觀　徐宗澤　聖教雜誌　25:1
　　2—12面　25年1月

十七十八世紀之天主教在中國文化上的地位　H. Bernard S. J.
　　（裴化行）　天津益世報宗教與文化　4:33　25年9月4日

天主教對於中國文化的貢獻　程懋聲　磐石雜誌　5:6　319
　　—325面　26年6月1日

基督教教士輸入西洋文化考　姚寶猷　史學專刊　1:2　1—
　　66面　25年2月1日

明末清初天主教士對於吾國天文之貢獻　李恒固　新北辰　2:
　　8　779—806　25年8月15日

天主教對於中國社會問題所演之實效　徐宗澤　聖教雜誌　25:
　　3　130—140面　25年3月

唐景教論　徐宗澤　聖教雜誌　25:7　386—398面　25年7
　　月

元代之聶斯脫里異教　徐宗澤　聖教雜誌　25:9　514—527
　　面　25年9月

馬哥索羅時代在中國的基督教　明義士（Jamea M. Menzies）
　　齊大季刊　3—5　169—185面　23年12月

中國天主教——自利瑪竇逝世至明末　徐宗澤　聖教雜誌　26:
　　5　258—270面　26年5月

東林黨與天主教　方豪　天津益世報人文週刊　24　26年6月

522

浙江天主教略史　方豪　國風　8：9—10　62—75面　25年10月

最近發現王徵遺文記略　方豪　聖教雜誌　25：3　148—151面　25年3月

許纘曾奉事天主虔誠問題　徐宗澤　聖教雜誌　25：2　66—74面　25年2月

裴化行司鐸（R. P. Bernard Henri）明末天主教來華初期史的日本著作　新北辰　2：1　79—84面　25年1月15日

中國聖教掌故拾零　聖教雜誌　25：1　12、16、18、25．25年1月　25：2　74　79　25年2月　25：3　140．144．147．162　25年3月　25：5　270．275．277．25年5月　25：6　347．361．363．369　25年6月　25：7　420　423．433．25年7月　25：8　465．472　489．492　495　497　25年8月　25：9　536．550　25年9月　25：10　595．610．25年10月　25：11　674．682．25年11月　26：12　96．102．26年2月　26：13　152　153．158　166　170　173　26年3月　26：5　270．284．25年5月　26：6　346　353　367　26年6月

（5）　回　教

喇嘛教與回教　何培琨譯　丁己雜誌　1：2　1—10面　6年4月20日

回族回教辯　王日蔚　禹貢半月刊　5：11　41—48面　25年8月1日

回族與摩尼教　劉風五　內外雜誌　3　1—5面　25年9月5日

中國回教史研究　白壽彝　天津大公報圖書副刊　134　25年

6月11日　圖書季刊　3：1——2　58——60面　25年3月

回教徒與中國歷代的關係　劉風武　新亞細亞月刊　11：4　17
——29面　25年4月1日　11：6　19——28面　25年6月1日
12：1　1——9面　25年7月1日　12：2　1——7面　25年
8月1日

回教的遺產　裴化行　新北辰　1：8　859——868面　24年8
月15日

中國回教寺院教育之沿革及課本　龐士謙　禹貢半月刊　7：4
99——103面　26年4月16日

（6）　　其　他

中國古代「天」的觀念之發展　陳高傭　暨南學報　2：1　83
——122面　25年12月　文化建設月刊　3：6　141——142
面　26年3月10日

中國古代對於「天」及「上帝」之思想　馮伯璜　仁愛月刊
1：10——11　1——16面　25年3月

中國古代靈石崇拜　孫作雲　民族雜誌　5：1　191——206面
26年1月1日　文化建設月刊　3：4　147面　26年1月
10日

我國城市守護神城隍研究　余雛烱　文化與教育旬刊　81　23
——27面　25年2月20日　82　24——27面　25年2月29日
83　28——33面　25年3月10日　84　30——34面　25年3月
20日

文昌帝君考　賀次君　逸經半月刊　9　23　25面　25年7月
5日

九子母攷　趙邦彥　中央研究院史語研究所集刊　2：3　261
——273面　20年4月

民俗學與神馬　于鶴年　河北月刊　4：3　1—3面　25年3月5日

北平之神馬　桐山　北平晨報藝圃　25年2月6日　10日至12日

關於門神　張壽林　中央日報民風副刊　24　26年3月18日　25　26年3月25日

魯南「敬天」的風俗　李辰　天津益世報社會研究　7　25年6月18日

山西通志中的山川崇拜　李光信　食貨半月刊　4：3　127—139面　25年7月1日

灌口水神考　陳志良　新壘月刊　5：2—3　112—128面　24年3月15日

河南鄉村祀神的研究　趙質宸　河南政治月刊　2：4　1—8面　21年4月

記廣東北江猺山荒洞猺人之建醮供萬王神　姜哲夫　中央研究院史語研究所集刊　4：1　83—88面　21年10月

書陳垣摩尼教入中國考後　劉銘恕　北平晨報思辨　40　25年6月16日

浙江之摩尼教　方豪　國風　8：9—10　81—83面　25年10月

成吉思汗時代的沙漫教　姚從吾　治史雜誌　1：1　18—27面　26年3月

清代的堂子與沙曼教　張錫綸　治史雜誌　1：1　111—116面　26年3月

九蓮菩薩畫像記　祁景頤　青鶴雜誌　4：5　2—3面　25年1月16日

西藏之原始宗教　羅桑崔尼李馬著　郭和鄉譯　學術彙刊　1

（十五）　藝　術

（1）　通　論

論中國藝術之特色　唐君毅　中心評論　2　11—15面　25年
2月1日

中國藝術之史的出路　張彭年　亞波羅　14　57—73面　24年
11月1日

中國藝術論集　練君　天津大公報圖書副刊　143　25年8月
13日

深入民間的藝術　豐子愷　新中華　4：7　9—13面　25年4
月10日

中國美術感言　洪蘭友　中國美術會季刊　1：1　9—13面
25年1月1日

東西南北　張其昀　科學雜誌　17：8　1273—1313面　22年8
月1日

格魯寒：東方文化中國之部　周谷城　暨南學報　2：2　277
—282面26年6月

西洋美術所受中國之影響　朱傑勤譯　現代史學　3：2　1—
9面　26年4月5日

關於古美術鑑賞的一點意見　徐紹尊　中國美術會季刊　1：4
7—10面　26年1月1日

中國藝術源流　（Ludwig Bachhofer 著）　方紀譯　天
津大公報藝術週刊　89　25年6月27日

中國史前藝術之探討　陳鍾凡　學術世界　1：10　6—8面
25年4月

論秦漢諸美術與西方之關係　傅抱石　文化建設　2：10　95—

—— 475 ——

107面　25年7月10日

秦漢的銅鑄人像反其在藝術史上的價值　孫毓棠　天津益世報
　　史學　48　26年2月21日

秦漢美術史（朱傑勤著）姚漁湘　天津大公報圖書副刊　149
25年9月24日

隋唐五代的藝術與社會　姚漁湘　長城季刊　1:4　73—76面
25年4月1日　2:1　81—94面　25年7月1日　2:2
93—106面　25年10月1日

評李樸園中國藝術史概論　姚漁湘　國聞週報　13:6　29—34
面　25年2月17日

評東洋美術史上卷（史岩著）姚跨鯉　國聞週報　14:22　39
—40面　26年6月7日　華年週刊　5:45　876—877面
25年11月21日

篆刻研究　壽璽　北平華北日報藝術週刊　34　25年5月8日
35　25年5月15日

中國北部古代藝術考察報告（繪畫）洪徵厚　亞波羅　17　1
—22面　25年10月1日

中國北部古代藝術考察報告（圖案）薛光等　亞波羅　17　43
—53面　25年10月1日

參加倫敦中國藝術國際展覽會出品目錄（續）　故宮週刊　493
—510　24年12月28日——25年4月25日

中國藝術國際展覽會參觀記　傅振倫　北平故宮博物院年刊
137—168面　25年7月

參加中國藝術國際展覽會工作歸來之感想　傅振倫　天津大公
報　25年7月1日　25年7月2日

倫敦藝展會中國展品過目記　薛鈴曾　中國新論　2:6　115—
123面　25年7月1日

528

倫敦中國藝術展覽會品類概說　頌昌辭　天津大公報藝術週刊
　　65　25年1月4日
中國藝術倫敦國際展覽會陳列之河北古物　傅振倫　河北博物
　　院畫刊　139　1—2面　26年6月25日
恭加倫敦中國藝術國際展覽會報告　鄭天錫　天津大公報　25
　　年8月11日—20日連載

（2）　書　　畫

通論

答張谷雛論書畫　黃賓虹　美術　2　21面　24年
論法與品　李濂　文哲月刊　1:7　83—110面　25年8月10
　　日
書畫鑑　但燾　青鶴雜誌　5:1　1—7面　25年11月16日
　　5:4　1—6面　26年1月1日
域外繪畫流入中土考略　燾　亞波羅　16　34—51面　25年5
　　月1日
宋代畫院攷略　燾　亞波羅　15　65—72面　25年1月1日
書袁珏生太史中祕目錄序後　白也　北平晨報藝圃　25年4月
　　6日
中西繪畫的理論及方法　施翀鵬　讀書青年　1:5　39—44面
　　25年9月1日
倫敦藝展特約專家論中國藝術書畫　勞蘭斯東寧著　秦宣夫譯
　　湖社月刊　100　5—28面　25年3月1日　天津大公報
　　藝術週刊　67　25年1月18日　68　25年2月1日
南華書畫錄　南華月刊　1:1　1—3面　26年1月25日
關於鑑別書畫的問題　馬衡　張菊生先生七十生日紀念論文集
　　471—482面　26年1月

書法概要　喬曾劬　廣播週刊　142　32—33面　26年6月19
　　日　143　28—29面　26年6月26日

與姜生志純論書法書　陳柱　國專月刊　3:3　68—70面　25
　　年4月15日　學術世界　1:11　105—106面　25年5月
　　光華大學半月刊　4:10　102—103面　25年6月3日

論書法　陳柱　學術世界　2:2　16—19面　25年11月

書法實原　葉煒曰　國專月刊　3:2　45—49面　25年3月15
　　日　3:4　52—58面　25年5月15日

金石學大意　夏甲亘　北平晨報藝圃　25年3月25日、26日、
　　28日、29日連載

傅青主論書粹語　陳柱　學術世界　2:2　108—111面　25
　　年11月　2:3　85—88面　26年1月

王錫侯的書法精言　周作人　逸經　5　10—11面　25年5月
　　5日

記吳缶盧論書瑣聞　沈曾邁　學風　7:4　1—3面　26年5
　　月20日

何紹基詩中論書法　沅之　北平晨報藝圃　26年1月19日

書譜略說　尹紹覲　湖社月刊　98　8—11面　25年1月1日
　　99　7—9面　25年2月1日

讀論畫書（續）　牛新北　湖社月刊　98　16面　25年1月
　　1日　99　16面　25年2月1日

墨井書畫集錄文訂誤　陳垣　天津大公報圖書副刊　164　26
　　年1月7日

書法之欣賞——書體　鄧以蟄　國聞週報　14:28　27—30面
　　26年7月19日

書法之欣賞　鄧以蟄　國聞週報　14:23　13—16面　26年6月
　　14日　14:24　29—32面　26年6月21日　14:28　27—30面

26年7月19日

愚盦書法　祝嘉　中央日報中央公園副刊　26年5月6日、8
日、14日、25日、31日、6月11日、22日．連次刊載．

論碑版法帖　太炎　制言半月刊　11　1　3面　25年2月16
日

如何學習北魏碑帖　倪人俊　圖書展望　2：3　39—41面　26
年1月10日

名帖考源　焦水　北平晨報藝圃　25年5月8日．11日．12日

皇象章草急就篇石本之研究　茹欲立　中國美術　1：2　17—
21面　25年6月1日

顏魯公所書佛教碑帖攷　恭黙　微妙聲月刊　1：3　47—52面
26年1月15日

標準行書之研究　黄仲明　東方雜誌　33：7　195—211面
25年4月1日

二王墨迹見傳攷　容庚　天津大公報史地週刊　86　25年5月
22日

詹東圖玄覽（續）　明詹景鳳著　故宫週刊　493—510　24
年12月28日—25年4月25日

西圃題跋未刊稿　明張萱遺著　故宫旬刊　1—12　25年5月
1日—25年8月21日　14—28　25年9月11日—26年2月
1日

跋定遠方氏所藏岳忠武秦草卷子　胡適　中央日報文史副刊
30　26年6月27日

陶風樓藏名人手札目　江蘇省立國學圖書館第七年刊　1—96
面　23年11月

清人書評　王潛剛　北平晨報藝圃　25年10月12日—14日．16
日　19日—21日．23日．26日．28日．30日．11月2日．

3日．7日．9日．13日．14日．18日、23日、27日、28日

論近代名人書法　王湘綺遺著　制言半月刊　11　1——2面　25年2月16日　船山學報　10　3——4面　24年12月

近代書家觀笑記　胡儀曾　逸經半月刊　2　31——34面　25年3月20日　4　30——32面　25年4月20日　11　35——37面　25年8月5日

何謂國畫　經頤淵　中國美術會季刊　1：2　43——45面　25年6月1日

談國畫系統　田蓁頤　中國美術會季刊　1：4　38——40面　26年1月1日

中國繪畫的蘊藏　德人陶德曼　東方雜誌　34：10　55——61面　26年5月16日

中國繪畫與詩歌之關係　周沐華　新北辰　2：7　713——714面　25年7月15日

詩與畫　章毅然　中國美術會季刊　1：2　15——16面　25年6月1日

再論詩與畫　章毅然　中國美術會季刊　1：3　19——25面　25年9月1日

繪畫與時代　龍鐵崖　中國美術會季刊　1：4　65——67面　26年1月1日

論氣韻　馬振麟　中國美術會季刊　1：3　47——48面　25年9月1日

國畫之危亡待救　麗川　中國文化建設協會山西分會月刊　2：3　29——33面　25年3月16日

談國畫的臨摹和創造　夏緯珍　天津大公報藝術週刊　65　25年1月4日

年6月1日

吾粵畫人之成見　浦致中遺著　美術　5　13—16面　25年6月

現代國畫派別述略　關友聲　進德月刊　1：5　13—16面　25年1月

國畫理法論　龍鐵崖　中國美術會季刊　1：3　1　10面　25年9月1日

中國畫法之演變　李寶泉　逸經半月刊　29　48—54面　26年5月5日　31　25—28面　26年6月5日

唐宋五代之畫法　慎盦　北平晨報藝圃　25年3月31日　4月1.3.4.6.7.8日連次刊載

元明清之畫法　慎盦　北平晨報藝圃　25年5月19日　22日.23日.26日.27日.6月1日

賓虹畫語錄　張虹　學術世界　1：12　11—13面　25年7月

畫學講義（續完）　金紹城　湖社月刊　98　1面　25年1月1日　99　1面　25年2月1日　100　4面　25年3月1日

畫齋漫談　姜丹書　中國美術會季刊　1　48—51面　25年1月1日

繪畫雜談　王青芳　北平華北日報藝術週刊　49　25年8月28日

思古樓畫述　夏敬觀　藝文雜誌　1：1　1—4面　25年4月1日　1：2　5—10面　25年5月10日

鳳公畫語　李鳳公　美術　2　14—16面　24年11月　3　12—13面　24年12月　4　21—22面　25年1月　5　23面　25年6月

論畫示三女蕙英　陳柱　學術世界　2：1　10—12面　25年10

月

畫之題識談　龍鐵崖　中國美術會季刊　1:2　85—90面　25
　年6月1日

中國文人畫概論　三龍精一著　傅抱石譯　文化建設月刊　3:
　9　71—84面　26年6月10日

論筆墨　馬振麟　中國美術會季刊　1:4　41—44面　26年1
　月1日

國畫色彩雜談　尚其遠　中國美術會季刊　1:3　37—39面
　25年9月1日

水墨畫之基礎及性質　河西青五撰　蘇民生譯　中法大學月刊
　11:2　71—83面　26年5月1日

中國風景畫的演進　崔韶五　北平華北日報藝術週刊　50　25
　年9月4日

論畫偶記　陳子舞　藝浪雜誌　7　15—16面　21年1月1日

國畫山水之我見　田養頤　中國美術會季刊　1:2　106—107
　面　25年6月1日

郭熙與宋朝山水畫　瀧精一著　方紀生譯　天津大公報藝術週
　刊　71　25年2月22日

清代山水畫派輯略　何怡如　中國美術會季刊　1:4　45—48
　面　26年1月1日

論畫家之南北二宗　張思珂　金陵學報　6:2　135—150面
　25年11月

山水畫的南北宗　鄧以蟄　哲學評論　7:2　153面　25年12月

國畫山水結構論　龍鐵崖　中國美術會季刊　1:4　1—6面
　26年1月1日

中國山水畫南北分宗說辨偽　童書業　考古社刊　4　248—
　265面　25年6月

56面　23年1月

中國內部建築幾個特徵　中國建築　1：2　9—13面　22年8
月

中國歷代宗教建築藝術的鳥瞰　孫宗文　中國建築　2：2　44
—47面　23年2月　2：3　32—34面　23年3月　2：4
39—43面　23年4月　2：5　43—45面　23年5月　2：6
28—31面　23年6月

明堂建築略考　楊哲明　中國建築　3：2　57—60面　23年2
月

中國塔之建築　黃祖淼　中國建設　9：5　79—85面　23年5
月

佛塔考略　震華　微妙聲月刊　1：7　20—27面　26年5月15
日　1：8　31　42面　26年6月15日

唐宋塔之初步分析　鮑鼎　中國營造學社彙刊　6：4　1—29
面　26年6月

識小錄　陳仲篪　中國營造學社彙刊　6：2　158—168面
24年12月

斗栱考　樂嘉藻　河北博物院畫刊　104　1—2面　25年1
月10日　106　2面　25年2月10日　107　1—2面
25年2月25日　110　3—4面　25年4月10日　112
3—4面　25年5月10日

金磚　嘯庵　北平華北報副葉　90　21年10月10日　91　21年
10月11日

（4）　刻　印　與　硯　墨

治印　樂漫　北平晨報藝圃　25年8月15日、17日

治印芻談　陳子舞　藝浪雜誌　9—10　1面　22年12月

印文瑣譚　昌熾　中央日報中央公園副刊　26年4月11日

印文續譚　若盧　中央日報中央公園副刊　26年4月30日

庚雨盦鬻印話（續）　沙文若　國風　8:2　45　50面　25年
2月

論印章源流　傅抱石　國立中央大學教育叢刊　3:2　165——
172面　25年6月

浙江為印學總匯記　沙孟海　國風　8:9—10　39—40面　25年
10月　天津大公報浙江文獻展覽會特刊　25年11月3日

尊東印譜考　冼玉清　嶺南學報　5:1　99—142面　25年7
月

古鑑齋藏印集跋　許敬參　河南博物館刊　7—8　3—4面
26年4月

旭東館印集叙言　蕭仲祁　國光雜誌　16　58面　25年4月16
日

端硯之研究　克勉　北平晨報藝圃　25年1月29日、31日、2
月3日至5日均連次刊載

歙硯與澄泥之研究　克勉　北平晨報藝圃　25年3月17、18、
20至23日均連次刊載

中國墨之研究　唐淩閣　東方雜誌　34:11　61—66面　26年6
月1日

買墨小記　知堂　北平晨報學圃　909　25年2月24日

（5）　雕塑與陶瓷

與王靜遠先生論雕塑書　茹壽之　北平華北日報藝術週刊　17
24年12月27日　19　25年1月17日

中國雕刻之初雕時期　梁洽民　藝術論壇　1　16—19面　25
年8月15日

倫敦藝展特約專家論中國藝術 —— 雕刻（亞士頓著）　秦宣夫
　　譯　天津大公報藝術週刊　72　25年2月29日
關於版畫　鄭振鐸　中學生雜誌　61　71—81面　25年1月
漫談木刻　梁以俅　北平晨報風雨談　20　26年4月29日
記徽州木刻藝術　王立中　國聞週報　13:46　37—40面　25年
　　11月23日
泥畫石畫鐵畫　焦木　北平晨報藝圃　25年12月7日、8日
鐵畫燈　蓼仙　論語半月刊　105　443面　26年2月1日
朱碧山槎杯　北平晨報藝圃　25年5月13日　19日　20日
角直保聖寺羅漢非楊塑辨　黃頌堯　藝浪　8　44—45面　21
　　年12月1日
陶瓷小史　朱傑勤　史學專刊　1:3　255—307面　25年4
　　月1日　史地社會論文摘要月刊　3:5　2　26年2月20
　　日　文化建設月刊　3:3　157—158面　25年12月10日
瓷史（續）　糟粕　北平晨報藝圃　25年3月13日　14、16、
　　18、20至23日均連次刊載。
陶瓷淺說　楊耀文　燕大學刊　17　27—37面　24年9月
瓷器與浙江　陳萬里　國風　8:9—10　57—58面　25年10月
浙江之陶瓷　胡行之　圖書展望　2:1　21—23面　25年11月
　　10日

　　　　　（6）　奕　話　與　其　他

古藝叢考　李裕增　河北博物院畫刊　109　25年3月25日
　　111　25年4月25日　113　25年5月25日　116　25年
　　7月10日　118　25年8月10日　120　25年9月10日
　　124　25年11月10日　125　25年11月25日　127　25年
　　12月25日　132　26年3月10日　136　26年5月10日

140　26年7月10日

打馬圖記　朱南銑　國立北平圖書館刊　11:1　31—45面　26年2月

圍棋雜考　鄭子瑜　逸經半月刊　20　17—18面　25年12月20日

象棋源流攷略　萬國鼎　邊疆半月刊　1　45—46面　25年8月25日

國術進化概論　候敬輿　國專月刊　3:5　52—61面　25年6月15日

漢畫所見游戲攷　趙邦彥　蔡元培先生六十五歲論文集（上）525—538面　22年1月

振萬說　羅庸　天津益世報讀書通刊　62　25年8月20日

蹴踘和打球　宋雲彬　中學生雜誌　62　173—176面　25年2月1日

關於擊球　知希　天津益世報說苑　26年4月19日

蠟像公展　程桃霞　天津益世報別墅　25年4月9日、10日

顧繡源流小志（吳越散雅之一）　陳樹枬　江蘇研究　2:12　1面　25年12月31日

讀顧繡攷並論新的中國刺繡藝術　顧良　書人月刊　1:1　96—98面　26年1月

故都商店區題談略　百扇齋主　北平世界日報明珠　24年6月18日

壁畫　鷗隱　北平晨報藝圃　25年8月1日、3日

夕照寺畫壁記　鮑汀　北平研究院院務彙報　2:2　20年3月

（十六）　　音　樂

音樂叢談　高義　廣播週刊　71　48面　25年2月1日　73　46—47面　25年2月15日

音樂叢談　潛略．漢波　廣播週報　39　54—55面　24年6月15日　40　49—51面　24年6月22日　41　50—51面　24年6月29日　42　50—51面　24年7月6日　43　45—46面　24年7月13日　44　48—49面　24年7月20日　45　51—52面　24年7月27日　46　48—50面　24年8月3日

音樂偶寄　李漫生　進德月刊　1：9　50—51面　25年5月1日　1：10　126—128面　25年6月1日　1：11　59—60面　25年7月1日　1：12　43—44面　25年8月1日　2：1　81面　25年9月1日　2：2　106—107面　25年10月1日　2：3　119—120面　25年11月1日　2：4　139—140面　25年12月1日

民族音樂　盧冀野　廣播週報　99　12—13面　25年8月15日

中國音樂的進化與退化　屠月三　進德月刊　2：1　25—28面　25年9月1日

中國本位音樂　張沅吉　國聞週報　14：13　17—20面　26年4月5日

興復國樂問題　劉伯遠遺著　大道半月刊　18　47—74面　23年9月1日

從朱載堉談到整理舊樂　胡彥久　國聞週報　14：9　25—30面　26年3月8日

東西樂制之研究　沈有鼎　清華學報　11：1　261—271面　25年1月

明清之際西洋音樂傳入中國紀略　吳相湘　天津大公報史地週

刊　142　26年2月19日

中國古代的音樂論　李宗文　新中華　4:1　113—116面　25年1月10日

國樂小史　胡為　廣播週報　120　49—50面　26年1月16日

中國音樂文學史　朱謙之著　野鶴　劇學月刊　5:1　46—47面　25年1月

泉南古曲在中國音樂上之地位　朱維之　福建文化　3:19　52—56面　24年5月

西域文明與唐代樂舞及雜劇　石素真　新苗　4　13—20面　25年6月16日　5　19—24面　25年7月16日　6　9—24面　25年8月16日　7　23—30面　25年9月1日　8　23—30面　25年9月16日　10　25—28面　25年10月16日　11　19—28面　25年11月1日

跋圉州本律呂志解　杜穎陶　劇學月刊　4:11　23—24面

律呂正義後編卷首檔　文獻叢編二十六年第一輯　1—6面　26年1月

律音彙考　邱之稑遺著　船山學報　12　1—15面　25年10月30日　13　1—10面　26年3月

中國音階考譜　屠月三　進德月刊　1:4　81—84面　25年5月　1:11　87—90面　25年7月　1:12　77—81面　25年8月

中國古代之律與調　胡為　廣播週報　139　26年5月29日

中國樂律攷　李華萱　進德月刊　1:11　80—86面　25年7月

中國古代定律法　胡為　廣播週報　141　69—70面　26年6月12日

平均律算解（律呂攷之一）　楊蔭瀏　燕京學報　21　2—60面　26年6月

古樂器圖考　毅癵　廣播週報　102　59面　25年9月5日　105　57面　25年9月26日　108　55—56面　25年10月17日　110　51面　25年10月31日　112　55—56面　25年11月14日　114　49面　25年11月28日

編鐘編磬說　許敬參　河南博物館館刊　9　1—6面　26年5月

考商代所藏古夾鐘磬　胡光煒　金陵學報　5:2　237—246面　24年11月

歷代大樂章考　摩華萱　進德月刊　1:8　65—74面　25年4月

瀏陽文廟祀孔樂譜　大道半月刊　18　1—9面　23年9月1日

曲阜孔廟大成樂器攷　摩華萱　進德月刊　1:5　53—59面　25年1月　1:6　59—66面　25年2月

四裔樂歌志　嘯巷　北平華北日報副葉　112　21年11月1日　113　21年11月2日　115　21年11月4日　119　21年11月8日　125　21年11月14日　129　21年11月18日　131　21年11月20日　137　21年11月26日　138　21年11月27日　141　21年11月30日

宣統時製定之國樂　素聲　北平晨報藝圃　26年1月1日

關於三絃和提琴的源流　晶心　北平世界日報戲曲音樂　24年12月9日、10日

音樂叢談　高義　廣播週報　47　52—53面　24年8月10日　48　49—50面　24年8月17日　49　51—52面　24年8月24日　50　51—52面　24年8月31日　51　55—56面　24年9月7日　52　45—46面　24年9月14日　53　46—47面　24年9月21日　59　47面　24年11月2日　60　48—49面　24年11月9日　61—3　74—75面　24年11月30日

　　64　55—56面　24年12月7日　65　48面　24年12月14日

　　66　47—48面　24年12月21日

中國歷代大成琴譜　李草萱　進德月刊　1:9　75—80面　25

　　年5月1日

古琴概說　今虞琴社　廣播週報　110　49—51面　25年10月

　　31日

古琴淺說　陳闌蓀　藝浪　2:2-3　1—7面　25年6月

古琴的評價　毅齋　廣播週報　102　57—58面　25年9月5

　　日

古琴之構造　毅齋　廣播週報　105　56—57面　25年9月26日

古琴常識　毅齋　廣播週報　108　55面　25年10月17日

古琴泛音與徽的關係　杜穎陶　劇學月刊　5:1　26—29面

　　25年1月

漢之雅琴　彭仲鐸　學藝雜誌　15:4　365—370面　25年5

　　月15日

揚琴　廣播週報　112　54—55面　25年11月14日　114　48

　　—49面　25年11月28日

胡琴雜譚　胡若愚草稿　孫濟厂修正　戲劇旬刊　24　11面

　　25年9月30日　25　2面　25年10月10日

胡琴音律　王仲犖　廣播週報　45　50—52面　24年8月17日

音樂叢談　（二胡）　甘漢波　廣播週報　78　48—49面　25

　　年3月21日　80　52—53面　25年4月4日　82—48面

　　25年4月18日　84　51面　25年5月2日

琵琶弦　老鶴　北平世界日報明珠　24年5月19日

音樂叢談　高子銘　廣播週報　70　48—49面　25年1月25日

　　72　45—47面　25年2月8日　74　58面　25年2月22日

　　76　42—43面　25年3月7日

簫韻逸話　毅爵　廣播週報　105　57面　25年9月26日

談笙　醉音　廣播週報　133　62—63面　26年4月17日　135　64—65面　26年5月1日　137　64—66面　26年5月15日

抒煙春雨樓雜話（談歌舞）　菁元　北平晨報藝圃　26年5月7日、9日

從中國古代神話的起源說到古代樂舞　周彥　北平華北日報每日文藝　141　24年4月23日

舞樂及鏡歌樂　苑朝生　北平晨報藝圃　26年3月28日

中國歷代樂舞考　李萃萱　進德月刊　1：7　74—85面　25年3月

中國古代的舞蹈　陸樹枏　文化建設月刊　3：5　117—120　25年2月10日

中國古代的舞樂　黃覺寺　藝浪　9—10　1—4面　22年12月1日

（十七） 博 物 館 學

（1） 通 論

論吾國急宜提倡博物館事業　鄭師許　學術世界　1：9　1——
　　4面　25年3月

如何創設博物館　威　科學雜誌　20：5　340——341面　25年
　　5月

我也來談談博物館　李永增　中央軍校圖書館月報　28　543
　　——544面　25年3月1日

博物館應注重民族部及其研究之範圍　王幼僑　河南博物館館
　　刊　2　1——5面　25年8月

民俗博物館在現代中國之重要性　荊三林　學術世界　2：2
　　53——56面　25年11月

（2） 各 地 博 物 館 概 況

組織中國博物館協會緣起　北平世界日報自然　132　24年6
　　月9日

中國博物館協會成立紀　重熙　科學雜誌　19：5　741——745
　　面　24年5月

華北博物院參觀印象記　施昕更　西湖博物館館刊　3—4　65
　　——68面　24年6月

故宮博物院文獻館　（福開森）　文獻論叢　35——36面　25年
　　10月10日

河北博物院沿革紀略　張宗芳　河北月刊　4：4　1——3面
　　25年4月5日

河北博物院沿革及概況　中國博物館協會報　1：5　21——24面

　　25年5月

天津市立美術館五年來實施工作概況　嚴季聰　中國博物館協
　　會會報　1：4　19—27面　25年3月

上海市博物館籌備經過報告　李大超　胡肇椿　中國博物館協
　　會會報　2：3　6—10面　26年1月

浙江省立西湖博物館概況　西湖博物館館刊　1　1—21面
　　22年6月

安徽省立圖書館歷史博物部之籌設經過　朱伯石　學風　6：1
　　25年2月1日

廣西省立博物館近況及過去工作　中國博物館協會會報　1：4
　　38—43面　25年3月

（十八）　圖　書　館　學

（1）　通　論

怎樣研究圖書館學　馬宗榮　出版週刊　新170　1——7面
　　25年2月29日

學問家與圖書館　蔡尚思　江蘇省立國學圖書館第八年刊　24
　　年10月

審定圖書館學名詞芻議　雜康　北平世界日報圖書館週刊　59
　　25年4月15日

中國圖書館漫談　俞爽迷　出版週刊　新184　8——11面　25
　　年6月6日　新185　13——14面　25年6月13日

中國圖書館小史（續）　杜範三　廣州大學圖書館季刊　2：2
　　——3　164——181面　26年3月1日

關於中國圖書館沿革弦略　王洪攸　天津通俗圖書館月刊　1：2
　　20面　23年6月30日　1：3　21面　23年7月31日

印刷術發明以前之中國圖書館　于鏡宇　中央軍校圖書館月報
　　20　339——343面　24年5月1日　21　371——374面
　　24年6月1日

一年來的中國圖書館事業之回顧　李冷衷　中央軍校圖書館月
　　報　17　275——278面　24年2月1日　北平華北日報
　　24年1月1日、2日

民國二十四年之我國圖書館事業　陳訓慈　文化建設　2：4
　　145——154　25年1月10日

中國之圖書館事業　陳訓慈　圖書館學季刊　10：4　667——689
　　面　25年12月

中國圖書館事業十年來之進步　李小緣　北平世界日報圖書
　　週刊　75—79　25年8月5日至9月2日　圖書館學季刊
　　10：4　507—549　25年12月

兒童圖書館事業發達的五個時期　王伯年　北平世界日報圖書
　　館週刊　121　26年6月30日

中國圖書制度之變遷　蔣元卿　學風　6：3　25年5月1日
　　6：4　25年6月15日

中國書籍裝潢小史　李景新　書林半月刊　1：5　11—24面
　　26年5月10日

書冊制度補考　余嘉錫　文献特刊　9—27面　24年10月10日

清代題本制度攷　單士魁　文献論叢　177—189面　25年10
　　月10日

線裝書籍保護法　王克倫　工讀週刊　1：2　40—43面　24年
　　12月14日

閒話圖書館　王以中　圖書展望　2：2　67—71面　25年12月
　　10日

圖書館圖書贍求法序　田洪都　圖書館學季刊　10：3　439
　　440面　25年9月

圖書館管理法　丘山　中央軍校　圖書館月報　7　103—106
　　面　23年3月1日　8　119—122面　23年4月1日　9
　　135—139面　23年5月1日　10　151—154面　23年
　　6月1日　11　167—174面　23年7月1日　12　183
　　—189面　23年8月1日

各種圖館出納法概述　王鍚悌　文華圖書館學專科學校季刊
　　8：4　493—552面　25年12月15日

各國圖書館互借概況　顧家杰　文華圖書館學專科學校季刊
　　8：3　346—364面　25年9月15日

圖書館規定處罰之研究　喻友信　學鐙　1：3　1—22面　25年4月15日

宋初三館考　陳樂素　天津大公報圖書副刊　148　25年9月17日　圖書季刊　3：13　107—116面　25年9月

文淵閣藏書全景後記　朱啟鈐　圖書館學季刊　10：2　311—316面　25年6月

海源閣藏書史略　劉階平　北平華北日報圖書週刊　3　23年11月19日

奎虛書藏營建始末記　王獻唐　山東省立圖書館季刊　1：2　1—32面　25年12月13日

近世藏書家概略　李少微講　汪志中記　進德月刊　2：9　123—133面　26年5月1日　2：10　122—130面　26年6月1日

郇氏曬書堂雜記　菁光　北平晨報藝圃　26年6月7日

鄧鶴安先生藏書考略　匋齋　天津大公報圖書副刊　123　25年3月26日　圖書季刊　3：1—2　29—38面　25年3月

古驪室記　太炎　制言半月刊　9　1—2面　25年1月16日

辛亥以來藏書紀事詩　倫明　正風雜誌　2：2　63—64面　25年3月1日　2：3　161面　25年3月16日　2：5　374面　25年4月16日

浙江藏書文獻　文瀾學報（浙江省文獻展覽會專號上冊）　2：3—4　351—396面　25年12月

浙江藏書家攷略　項士元　文瀾學報　3：1　1—32面　26年3月31日

最近浙江之私家藏書　項士元　天津大公報浙江文獻展覽會特刊　25年11月3日　國風月刊　8：9—10　50—51面　25年10月

兩浙藏書家印章考　蔣復璁　文瀾學報　3:1　1——25面　26
　　年 3 月 31 日

黄氏藏書樓記　章炳麟　青鶴雜誌　4:20　1——2面　25年9
　　月 1 日

廣東藏書家攷（續）　何多源　廣州大學圖書館季刊　2:2—3
　　182——185 面　26 年 3 月 1 日

私家藏書善後談　孫勉士　浙江省圖書館協會會刊　2　13面
　　26 年 4 月

西舖訪書記　邢藍田　山東省立圖書館季刊　1:2　71——73面
　　25 年 12 月 13 日

蒲柳泉先生故鄉訪書記　路大荒　北平華北日報圖書週刊　7
　　23 年 12 月 17 日

鵲莊訪書記　邢藍田　山東省立圖書館季刊　1:2　65——70
　　面　25 年 12 月 13 日

瀛涯璅志　伺連　天津大公報圖書副刊　156　25年11月12日
　　157　25 年 11 月 19 日　國立北平圖書館刊　10:5　9——44
　　面　25 年 10 月　國風　8:12　32——61面　25 年 12 月

羅馬訪書記　王重民　天津大公報圖書副刊　162　25年12月24
　　日　圖書季刊　3:4　231——238面　25 年 12 月

翻印舊書之風　無忌　天津大公報圖書副刊　128　25年4月
　　30 日

五代的刻書與藏書　戴振輝　天津大公報圖書副刊　133　25
　　年 6 月 4 日

宋孝宗時代之刻書　張秀民　天津大公報圖書副刊　155　25
　　年 11 月 5 日　圖書館學季刊　10:3　385——396面　25年
　　9 月

宋光宗時代之刻書　張秀民　天津大公報圖書副刊　183　26

551

—— 499 ——
年 5 月 27 日

浙江刻書文獻　文瀾學報（浙江省文獻展覽會專號上）　2:32
4　327——350 面　25 年 12 月

書林清話校補　李洣　文瀾學報　2:2　25 年 6 月 30 日

書林漫話　北平世界日報圖書週刊　51　25 年 2 月 19 日　52
25 年 2 月 26 日

書林漫話　張友梅　圖書展望　2:1　133——137 面　25 年 11
月 10 日　2:3　63——66 面　26 年 1 月 10 日

（2）　各 地 圖 書 概 况

日本之中文圖書館　王古魯　圖書館學季刊　9:2　143——157
面　24 年 6 月

僞滿洲國治下之圖書館　于震寰　中央軍校圖書館月報　8
122——125 面　23 年 4 月 1 日

我所到過的幾座圖書館　雲雁　中央軍校圖書館月報　26　488
——491 面　25 年 1 月 1 日

我所參觀北平的幾個圖書館　張桂森　文華圖書館學專科學校
季刊　9:1　134——138 面　26 年 3 月 15 日

參觀國立北平圖書館記　李繼先　北平華北日報圖書館學週刊
14　20 年 7 月 9 日

國立北平圖書館館址記　張秀民　國立北平圖書館館刊　10:4
3——5 面　25 年 8 月

北平國劇圖書館概觀　午生　北平晨報國劇週刊　103　25 年
10 月 8 日

北平國私立大學圖書館概况　春申　北平華北日報　24 年 1 月
22 日、23 日

北平師範大學圖書館工作報告及近四年的統計　何日章　中華

圖書館協會會報　12：3　10—15面　25年12月31日

平大女文理院圖書館概況　馮人駿　中華圖書館協會會報　11：5
9—10面　25年4月30日

北京大學圖書館新建築概略　嚴文郁　圖書館學季刊　9：3—4
331—334面　24年12月

北平市立第一普通圖書館概況　李文裿　中華圖書館協會會報
11：4　10—14面　25年2月29日　北平世界日報圖書館週
刊　45　25年1月8日　46　25年1月15日

河北省立女子師範學院圖書館概況及其展望　錢亞新　圖書館
學季刊　9：3—4　499—508面　24年12月

天津市立通俗圖書館一瞥　天津通俗圖書館月刊　1：1　18—
33面　23年5月31日

天津市立通俗圖書館流通圖書概況　天津通俗圖書館月刊　1：2
4—8面　23年6月30日　1：3　8—10面　23年7月31
日　1：4—6　16—18面　23年10月31日　1：7—9　14—20
面　24年1月31日　1：10—12　16—17面　24年4月30日

天津市立圖書館鳥瞰　安國鈞　中國出版月刊　5：3—4　22—
25面　24年10月5日

天津市立第一民眾閱書報概況　天津通俗圖書月刊　1：10—12
50　54面　24年4月30日

鄒平鄉師圖書館概況　李靖宇　中華圖書館協會會報　11：4
1—6面　25年2月29日

青島市圖書館概況　青島市圖書館　中華圖書館協會會報　11：6
3—5面　25年6月30日

河南省立圖書館過去與現在　編者　河南政治月刊　3：8　1
—2面　22年9月

山西銘賢學校圖書館概況　李鍾履　圖書館學季刊　10：3　485

— 498面　25年9月

陝西國立西北農林專科學校圖書館概況　黄連琴　中華圖書館
　協會會報　12：4　10—12面　26年2月28日

中央軍校圖書館概況　聲洪　中央軍校圖書館月報　5　75—
　76面　23年1月1日　6　87—89面　23年2月1日　7
　109—111面　23年3月1日

內政部警官高等學校圖書館概況　蔡國銘　中華圖書館協會會
　報　11：5　6—8面　25年4月30日

鐵道部圖書室概況　中華圖書館協會會報　12：1　13—14面
　25年8月31日

金陵大學圖書館系概況　袁湧進　北平世界日報圖書館週刊
　35　24年10月30日

江蘇省立教育學院圖書館擴充事業概況　俞頌明　圖書館學季
　刊　9：1　127—131面　24年3月

江蘇省立國學圖書館二十四年四月展覽會紀事　陳兆鼎　江蘇
　省立國學圖書館第八年刊　1—39面　24年10月

南京市立圖書館　符孔逸　中華圖書館協會會報　12：3　16面
　25年12月31日

記三十年前一個國人自辦的私立圖書館——國學保存會藏書樓
　啟俊　圖書展望　2：1　123—124面　25年11月10日

一年來之浙江省立圖書館　陳訓慈　圖書展望　1：10　49—59
　面　25年7月20日

浙江省各圖書館概況　浙江省立圖書館協會會刊　2　15—23
　面　26年4月

天一閣藏書參觀記　霞山　中央日報中央公園劇刊　26年4月
　8日、9日

安徽省立圖書館二十五年度之推進綱要　吳天楨　學風　6：5

25年8月1日

一年來之安徽省立圖書館　吳天植　學風　6:4　25年6月15
　　日　中華圖書館協會會報　12:1　10—12面　25年8月31
　　日

湖南省立中山圖書館觀書記　葉定侯　中華圖書館協會會報
　　11:5　10—11面　25年4月30日

厦門大學圖書館概況　李慶雲講　陳榮真筆記　厦門大學週刊
　　15:22　65面　25年4月6日　15:23　8—10面　25年4
　　月20日

厦門大學圖書概況　俞爽迷　中華圖書館協會會報　12:2　18
　　—20面　25年10月31日　1:8　55—57面　25年5月30日

厦門市立圖書館概況　厦門圖書館聲　3:10—12　3—4面
　　25年7月

廣西全省普通中學校圖書館調查與分析　李仲甲　文華圖書館
　　學專科學校季刊　9:1　17—28面　26年3月15日

（3）　目　錄　學　編目法附

怎樣研究目錄學　譚戒甯　出版週刊　新216　1—7面　26年
　　1月16日　新217　1—7面　26年1月23日

圖書館的鑰匙—目錄的常識　王文萊　圖書展望　1:7　55—
　　57面　25年4月30日

中國目錄分類學史　葉仲經　中央時事週報　4:45　41—45面
　　24年11月23日　5:3　37—40面　25年2月1日　5:4
　　39—41面　25年2月8日

評陳登原古今典籍聚散考　余維炯　文化與教育旬刊　107
　　26—30面　25年11月10日

孔壁藏書為聖道存亡關鍵論　黃軍　船山學報　12　7—10面

—— 503 ——

25年10月30日

贏餘貸書影響考略　楊汝泉　圖書館學季刊　10:4　623—630面　25年12月

圖書分類概述　李景新　書林半月刊　1:1　3—11面　26年3月10日

圖書之分類弁言　陝訓慈　圖書展望　1:9　55—57面　25年6月30日

四部分類號碼表　張英敏　圖書館學季刊　10:2　201—220面　25年6月

劉國鈞氏中國圖書分類法評　沈丹泥　圖書館學季刊　11:1　103—110面　26年3月

杜威卡特、王雲五、分類法的比較　王曉初　通俗圖書館月刊　1:10—12　13—14面　24年4月30日

皮著「中國十進分類法」質疑　景培元　中華圖書館協會會報　12:1　6—7面　25年8月31日

七略釋例　曾運乾　中山大學文學院專刊　3　325—363面　25年11月1日

站在中國圖書館立場上對於圖書分類法文學分類的商榷　瓜萬里　北平華北日報圖書週刊　39　24年7月29日　40　24年8月5日　41　24年8月12日

對於民眾圖書館圖書分類法之芻議　朱英　通俗圖書館月刊　1:7—8　32—37面　24年1月31日

書本目錄與卡片目錄　李繼先　北平華北日報圖書館學週刊　16　2年7月23日

圖書編目學自序　金敏甫．圖書館學季刊　11:1　48—49面　26年3月

金著圖書編目學序　杜定友　圖書館學季刊　11:1　47—48面

26年3月.

圖書目錄著錄法與編輯法論　邢雲林　圖書館學季刊　11：1
　　1—24面　26年3月　11：2　175—188面　26年6月

書碼和圖書的排列方法　王文萊　圖書展望　1：8　57—60面
　　25年5月31日

分析卡是重要的嗎？　顧家杰　中央軍校圖書館月報　24—25
　　462—463面　24年12月1日

試擬河北省立工業學院圖書館編目大綱　張鴻書　河北省立工
　　業學院學報　2　190—194面　24年12月

中國方誌編目條例草案　毛裕良　毛裕芳　圖書館學季刊　10：2
　　191—200面　25年6月

中文編目論略　舒紀維　北平世界日報圖書館週刊　49　25年
　　2月5日

中文書登錄應以書名為主　汪應文　圖書館學季刊　10：3　397
　　—408面　25年9月

記錄圖書篇卷圖表之研究　宇　北平世界日報圖書館週刊　38
　　24年11月20日　39　24年11月27日

中文標題總錄初稿　呂紹虞　中央軍校圖書館月報　19　319
　　—334面　24年4月1日　20　350—362面　24年5月
　　1日　21　378—390面　24年6月1日　22　404—418
　　面　24年7月1日　23　430—440面　24年9月1日

和友人論編製標題書的一封信　鏡宇　中央軍校圖書館月報
　　13　199—201面·23年10月1日

中文圖書編目著者項之著錄法　綺生　北平世界日報圖書館週
　　刊　92　25年12月9日　93　25年12月16日　94　25年12
　　月23日

中文著者號碼編製法的探討　王樹偉　圖書館學季刊　10：2

————505————

163—190面　25年6月

梁氏國音著者號碼表論述　張鴻書　河北省立工業學院學報
　2　175—189面　24年12月

（4）　檢字與索引

檢字法　王文萊　圖書展望　1:10　31—35面　25年7月20
　日

漢字排檢問題談話　沈有乾　書人月刊　1:1　37—40面
　26年1月　中華教育界　24　115—116面　26年3月
　1日

擬定漢字新部首案　黎錦熙　北平世界日報國語週刊　194
　24年6月15日

漢字形體檢字法　北平世界日報國語週刊　191　24年5月25日
　192　24年6月1日

一種新的檢字方法　王定南　北平世界日報國語週刊　188
　24年5月4日

一種新的檢字法的商榷　徐影靈　北平世界日報國語週刊　197
　24年7月6日

中文圖書索引與半週鑰筆法　周辨明　廈大圖書館館報　1:3
　1—21面　24年11月30日

母筆科學順序檢字法　于樹樟等　河北省立工業學院學報　3
　143—157面　26年6月

平民百部字典檢字法例言　李樹新　北平世界日報國語週刊
　208　24年9月21日

關於四角號碼檢字法　居東瑞　北平世界日報圖書館週刊　53
　25年3月4日　54　25年3月11日　55　25年3月18日

引得的檢討　翮九　天津通俗圖書館月刊　1:1　2—4面　23

年 5 月 31 日

索引的意義及其使用法　王文泰　圖書展望　1:9　49—54 面
25 年 6 月 30 日

注音符號目錄索引法　蕭綱　天津通俗圖書月刊　1:1　9—
13 面　23 年 5 月 31 日

關於索引的方法（國音索引法）　黎錦熙講　王恩華紀錄　北
平世界日報國語週刊　286　26 年 4 月 3 日

期刊索引之檢討　錢亞新　圖書展望　2:3　50—54 面　26 年
1 月 10 日

圖書館期刊索引標題表　吾愚　北平世界日報圖書館週刊　21
24 年 7 月 24 日

中國索引論著彙編初稿　錢亞新　文華圖書館學專科學校季刊
9:2　249—287 面　26 年 6 月 15 日

三種左傳索引正誤　聶崇岐　天津大公報圖書副刊　182　26
年 5 月 20 日　183　26 年 5 月 27 日

名號索引序　陳乃乾　人文月刊　7:4　25 年 5 月 17 日

兩漢不列傳人名韻編　葉德祿　天津益世報人文週刊　4　26
年 1 月 22 日

八十九種明代傳記綜合引得　連士升　天津大公報史地週刊
83　25 年 5 月 1 日

國立清華大學圖書館叢書子目索引序　洪有豐　圖書館學季刊
9:2　281—282 面　24 年 6 月　中央大學教育叢刊　3:1
251—252 面　24 年 12 月

叢書子目書名索引　陶蔣　天津大公報圖書副刊　141　25 年
7 月 30 日

書目答問索引（續）　孔彥培　中法大學月刊　8:1　113—
126 面　24 年 11 月 1 日　9:1　105—128 面　25 年 4 月

1日　9:5　85—106面　25年10月1日

L中國古代地名考證索引「略例　朱俊英　禹貢半月刊　6:6
87—89面　25年11月16日

歷史地理論文索引　國立北平圖書館輿圖部編　禹貢半月刊
5:6　51—60面　25年5月16日

清代文史筆記子目地理類索引稿（續）　北平圖書館索引組
禹貢半月刊　5:12　65—72面　25年8月16日　6:1　67
—76面　25年9月1日　6:2　79—88面　25年9月16日

關於緊變問題的圖籍與論文索引　許輯五　輿玉年合輯　禹貢
半月刊　7:8—9　181——188面　26年7月1日

康藏論文索引　北平圖書館輿圖部　禹貢半月刊　6:12　113
—127面　26年2月16日

理藩院則例內西藏資料索引　黎波　邊疆半月刊　2:8　41—
44面　26年4月30日

中國之各科教學實驗索引　陳一百　學術世界　1:10　72—76
面　25年4月

有關兒童圖書館問題之雜誌論文目錄　丁瀚　圖書館學季刊
10:1　153——162面　25年3月

兒童讀物論文引得　遲燮義　文化輿教育旬刊　90　25—31面
25年5月20日　91　19—24面　25年5月30日　92　19—
25面　25年6月10日

民眾讀物研究論文索引　編者　山東民眾教育月刊　6:7　241
—246面　24年9月25日

佛教論文索引　許國霖　微妙聲月刊　1:7　74—81面　26年
5月15日　1:8　78—85面　26年6月15日

中國新聞學文字索引　高伺景　圖書館學季刊　11:1　79—102
面　26年3月　11:2　227—245面　26年6月

國外漢學論文提要索引分類目錄　史學消息　1：8　53—73面
26年7月1日

（5）　印　刷　與　板　本

中國印刷術源流史　　卡德　原著　劉麟生譯述　出版週刊
新181　15—17面　25年5月16日　新182　15—16面
25年5月23日　新183　17—19面　25年5月30日　新184
17—18面　25年6月6日　新185　15—16面　25年6月
13日　新186　15—16面　25年6月20日　新187　13—
14面　25年6月27日　新188　17—18面　25年7月4日
新189　11—12面　25年7月11日　新190　13—14面
25年7月18日　新191　17—18面　25年7月25日　新192
17—18面　25年8月1日　新193　15—16面　25年8月
8日　新194　13—14面　25年8月15日　新195　15—
16面　25年8月22日　新196　15—16面　25年8月29日
新197　15—16面　25年9月5日　新198　13—14面
25年9月12日　新199　29—30面　25年9月19日　新200
15—16面　25年9月26日　新201　15—16面　25年10月
3日　新202　15—16面　25年10月10日　新203　15—
16面　25年10月17日　新204　19—20面　25年10月24日
新205　19—20面　25年10月31日　新206　17—18面
25年11月7日　新207　13—14面　25年11月14日．新208
15—16面　25年11月21日　新209　17—18面　25年11月
28日　新210　17—18面　25年12月5日　新211　19—
20面　25年12月12日　新212　15—16面　25年12月19日
新213　15—16面　25年12月26日　新214　25—26面
26年1月2日　新215　17—18面　26年1月9日　新216

日　1:12　61—63面　25年9月30日

康熙字典引書證誤　黃雲眉　金陵學報　6:2　173—181面
　25年11月

康熙字典字母切韻要法考證　趙蔭棠　中央研究院史語研究所
　集刊第三本第一分册　93—120面　20年8月

中小字典序　劉復　北平世界日報國語週刊　209　24年9月
　28日　210　24年10月5日　213　24年10月26日

劉復中小字典序　黎錦熙　北平世界日報國語週刊　209　24
　年9月28日

平民百部字典序　黎錦熙　北平世界日報國語週刊　208　24
　年9月21日

民衆字典的需要和內容　管思九　中華教育界　23:12　63—
　66面　25年6月1日

評字類辨正（朱起鳳著）　吳英華　天津益世報人文週刊　16
　26年4月23日

字類辨正訂誤（朱起鳳編）　葛信益　天津益世報人文週刊
　18　26年5月7日

談談中國的辭典　次丹　北平華北日報圖書週刊　34　24年6
　月24日

辭源訂補序　瞿潤緡　天津益世報人文週刊　5　26年1月29
　日

辭源訂補　瞿潤緡　天津益世報人文週刊　9　26年3月5日

辭海序　黎錦熙　北平世界日報國語週刊　268　25年11月21
　日　269　25年11月28日

辭源與辭海上册中天主教名詞的誤解　維篤　天津益世報人文
　週刊　19　26年5月14日

對於中華成語詞典的小貢献　李西溟　學風　7:5　6—8面

—— 5 1 3 ——
　　26年 6 月 30 日
中國人名大辭典正誤　張洪城　天津大公報圖書副刊　173
　　26年 3 月 18 日
評「中國文學家大辭典」　丁霄漢　文化建設月刊　2:6　119
　　—130面　25年 3 月 10 日
評「國難後第六版」的王雲五大辭典　紀洙　天津盆世報讀書
　　週刊　95　26年 4 月 22 日
增訂第四十二版的「王雲五小辭典」　李長之　北平晨報學圖
　　984　25年 7 月 22 日
國語辭典編纂的經過　黎錦熙　北平世界日報國語週刊　275
　　25年 1 月 16 日
國語辭典的用處　黎錦熙　北平世界日報國語週刊　276　26
　　年 1 月 23 日
國語辭典序　汪怡　北平世界日報國語週刊　278　26年 2 月
　　6 日
中國地理大詞典編纂之商榷　王革隆　新北辰　1:6　639—
　　648面　24年 6 月 15 日
三部地名辭典的比較研究　錢治澄　學風　6:1　25年 2 月 1
　　日
編輯「中國山水辭典」緣起　張佩蒼　禹貢　4:10　49—50面
　　25年 1 月 16 日
太平御覽之研究　錢亞新　大夏年刊　128—138 面　22年 6
　　月 1 日
太平御覽跋　張元濟　圖書館學專刊　9:2　283—285 面
　　24年 6 月
英文中國年鑑　吳澤霖　方顯廷　出版週刊　新168　9—11
　　面　25年 2 月 15 日　政治經濟學報　4:3　664—667面

566

25年4月　華年週刊　5：7　124——126面　25年2月22
日

讀英文中國年鑑後的幾點意見　莊澤宣　華年週刊　5：10　183
面　25年3月14日

英文中國年鑑第二回　吳澤霖　華年週刊　6：15　295——296
面　26年4月26日

（7）　校　勘　學

校讎概要　滄雲　廣播週刊　118　47——49面　26年1月1日
120　41——43面　26年1月10日　121　42——43面　26年
1月23日

校讐新義之命名（杜定友著）　武　天津大公報圖書副刊　136
25年6月25日

十五年來之校讎學　葉長青　藝學世界　1：12　14——16面　25
年7月

論校勘學之起源　余嘉錫　天津益世報人文週刊　3　26年1
月15日

校讎學及其歷史　太玄　北平世界日報圖書館週刊　20　24年
7月17日

論校勘古書的方法　周燕孫　天津益世報讀書週刊　64　25年
9月3日

校勘材料之鑑別　李笠　文瀾學報　2：2　25年6月30日

談錯字　知堂　北平晨報學園　904　25年2月10日

廣段玉裁論校書之難　李笠　語言文學專刊　1：2　303——314
面　25年6月

盧抱經增校附諸家校補詩考跋　柳詒徵　江蘇省立國學圖書館
第九年刊　1——2面　25年10月

28面　22年12月

蕭敬孚論校勘詩集　儲皖峰　天津益世報人文週刊　4　26年
　　1月22日

復堂日記補錄續錄校字記　金濤　學風　7：4　1—3面　26
　　年5月20日

人間校詞札記　王國維校　羅莊錄　國立北平圖書館館刊　10：1
　　109面　25年2月

（8）　　書　　目

（A）　　普　　通

書目的種類及其功用　王文萊　圖書展望　2：6　53—59面
　　26年4月10日

漢書藝文志四論　葉長青　學術世界　2：1　64—67面　25年
　　10月

讀焦竑漢書藝文志糾繆　吳之英　國專月刊　4：2　57—60面
　　25年10月15日　4：3　37—40面　25年11月25日

漢書藝文志問答序　曾克耑　國專月刊　5：2　60面　26年3
　　月15日

漢書藝文志問答自序　葉長青　國專月刊　5：2　61面　26年
　　3月15日

漢書藝文志問答　葉長青　國專月刊　4：1　4—24面　25年
　　9月15日　4：2　4—30面　25年10月15日　4：3　8—
　　23面　25年11月15日　4：4　16—31面　25年12月25日
　　4：5　47—68面　25年1月15日　5：1　14—45面　25年
　　2月15日

漢書藝文志問答又補　葉長青　國專月刊　5：3　42—47面

—— 517 ——

26年4月15日 .

要籍題解（續）　陳行　國專月刊　5：2　8——21面　26年3

月15日　5：3　7——15面　26年4月15日　5：5　1——4

面　26年6月15日

清代要籍編年表　中法大學月刊　8：5　77——119面　25年3

月1日

經籍略後序（與橋彩集外遺文之一）　清吳望鳳遺著　青鶴雜

誌　5：1　3——4面　25年11月16日

全國各圖書館書目錄綵　許振東　浙江省立圖書館協會會刊

1　19——30面　25年5月

江蘇省立國學圖書館圖書總目序　柳詒徵　江蘇省立國學圖書

館第九年刊　1——3面　25年10月

江蘇省立國學圖書館圖書總目叙例　王煥鑣　江蘇省立國學圖

書館第九年刊　5　10面　25年10月

藝風年譜與書目答問　陳垣　天津大公報圖書副刊　126　25

年4月16日　圖書季刊　3：1——2　19——20面　25年3月

初學門徑書擇要　息園老人　北平私立木齋圖書館季刊　2

21——31面　26年5月1日

各科普通參考書目彙錄　許振東　圖書展望　1：11　47——53面

25年8月31日

家庭必備之參攷書　填恨　北平世界日報圖書館週刊　50

25年2月12日

中學生國文科略讀書擇要　朱聚之　圖書展望　2：1　97——106

面　25年11月10日

中學生國文課外閱讀書籍述要　李翰章　北平世界日報圖書館

週刊　52　25年2月26日

書名小記　伯壽舞　北平研究院院務彙報　7：3　39——61面

25年5月

惜陰書屋書目自序附跋　李冬涵遺著　北平華北日報圖書週刊
　　73　25年3月23日

陶風樓藏書書目　汪汝燮　江蘇省立國學圖書館第五年刊　1
　　— 264面　21年12月

安雅廔藏書目錄跋　顧廷龍　天津大公報圖書副刊　147　25
　　年9月10日

梁氏飲冰室藏書題跋　梁啟超撰　劉郁文輯　江西省立圖書館
　　館刊　2　104 — 112面　24年7月

關於顧千里書跋之輯刊　白蕉　逸經半月刊　1　50面　25年
　　3月5日

書關於顧千里書跋之輯刊後　王欣夫　逸經半月刊　10　42面
　　25年7月20日

古歡堂經籍略序　清吳聖鳳遺著　青鶴雜誌　5：1　1—3面
　　25年11月16日

鄭堂讀書記補遺　清周中孚遺著　藝文雜誌　1：1　1—11面
　　25年4月1日　1：2　1—8面　25年5月10日　1：3
　　1—5面　25年6月15日

水壺讀書錄　周懋　江蘇省立國學圖書館第八年刊　1—20面
　　24年10月

陶風樓藏盧抱經校本述要　趙鴻謙　江蘇省立國學圖書館第五
　　年刊　1—58面　21年12月

藏書題識　劉半農遺作　宇宙風　17　265—266面　25年5
　　月16日

五千卷樓隨筆　張宗祥　天津大公報浙江文獻展覽會特刊　25
　　年11月3日　國風　8：9—10　87—88面　25年10月

千華山館序跋　金鉽戤　制言半月刊　31　1—5面　25年12

月16日　32　1—6面　26年1月1日

盂山庋書校跋（續）　潘承弼　制言半月刊　8　10—18、20
25年1月1日——7月1日

金氏花近樓書目解題（續）　金濤　學風　6：5　25年8月1
日　6：6　25年9月15日　6：7—8　25年11月1日　6：
9—10　25年12月15日　7：1　1—4面　26年1月20日
7：2　1—4面　26年2月20日　7：3　1—4面　26年3
月20日　7：4　1—3面　26年5月20日　7：5　1—2面
26年6月20日

葉鄭園先生遺書序　王嘯蘇　員幅　1：2　1—3面　26年1
月1日

劉申叔先生遺書序　汪東　制言半月刊　28　1—2面　25年
11月1日

叢書談片　杜聯喆　北平華北日報圖書館學週刊　1—13　20
年4月9日——7月20日　20—24　20年8月20日——10
月1日

叢書跋語（續）　張元濟　青鶴雜誌　3：24　1面　24年11月
1日

補撰四部叢刊提要　水齋　北平私立水齋圖書館季刊　1　74
面　26年2月1日　2　15—21面　26年5月1日

古今圖書集成再考　張菉　新中華　4：4　17—26面　25年2
月25日

師石山房叢書序　陳訓慈　文瀾學報　3：1　7—9面　26年
3月31日

評劉盼遂跋王五種　仲伯營　天津益世報讀書週刊　62　25年
8月27日

飲虹簃叢書序　黄孝紓　蓺文雜誌　1：2　1—2面　25年5

月10日

謝國楨叢書子目類編序　黎錦熙　師大月刊　26　367——369

面　25年4月30日　北平世界日報國語週刊　231　25年

3月7日

略論「世界文庫」的宗旨選例及其他　鄧恭三　國聞週報

13:1　25年1月1日

（B）　專　科

中國雜誌總目提要（1815——1936）　鄭慧英　鄭級宜　黃玩

彩　廣州大學圖書館季刊　2:2—3　1——154面　26年

3月1日

圖書館學目題識　郭重戚　中央軍校圖書館月報　30　586——

589面　25年5月1日　32　622——626面　25年9月15

日

中法大學圖書館藏中文參考書目類編　中法大學月刊　9:4

95—111面　25年9月1日

中國新聞學書籍舉要　梅心　北平世界日報圖書館週刊　28

24年9月11日

中國本位文化建設論文集目　劉修業　北平世界日報圖書館週

刊　18　24年7月3日　27　24年9月4日

自得齋目睹國朝易學書目贅編　沈竹礽遺著　制言半月刊　32

1——18面　26年1月1日

佛教石經目　楊殿珣　微妙聲月刊　1:7　58—65面　26年5

月15日　1:8　63—70面　26年6月15日

孔學著述之鳥瞰　陸宗韶　北平華北日報中國文化　101　25

年8月23日　102　25年8月30日

數學用書述要　啟英　中央軍校圖書館月報　32　627——628

—— 521 ——

面　25年9月15日

中算方志目錄表　孫文青　河南博物館館刊　4　1——15面
25年10月

中國水利舊籍書目　沙玉清　清華大學土木工程學會會刊　3
159——174面　23年6月20日

存素堂入藏圖書河渠之部目錄　朱啟鈐編　茅乃文補輯　圖書
館學季刊　10:3　441——483面　25年9月

中國歷代鹽務要籍輯目　鄧衍林　北平世界日報圖書館週刊
13　24年5月29日　14　24年6月5日　15　24年6月12
日

鹽書目錄　何維凝　中央日報圖書評論週刊　4　26年6月10
日　5　26年6月17日　6　26年6月24日

敬告僅識漢文之有志研究國藥者　黃勞逸　中西醫藥　3:1
74　76面　26年1月

教育參攷書提要　許振東　圖書展望　1:8　47——51面　25年
5月31日

廈門大學圖書館及教育學會圖書室所藏教育刊物專號集目　鄭
廷璋　廈大圖書館館報　1:8　13——21面　25年5月30日

民眾教育書目　吳藻洲　圖書館學季刊　10:4　633——666面
25年12月　11:1　51——78面　26年3月　11:2　211——226
面　26年6月

民眾圖書選目　編者　中國出版月刊　6:5——6　11——89面
25年9月10日

近二年來兒童讀物選目　張素經　北平世界日報圖書館週刊
22　24年7月31日　23　24年8月7日　24　24年8月14
日

兒童節參考資料集目　梅心　中央軍校圖書館月報　29　560

562面　25年4月1日

孤孽文献举目　莲子　中兴週刊　80—81　17—20面　24年2月9日　82—83　16—21面　24年2月23日

孤孽文献举目补　黄賓賓　中兴週刊　85　7—13面　24年3月9日

年俗書籍举要　翰章　北平世界日報圖書館週刊　48　25年1月29日

盃山所見所藏明清史籍題記　潘承弼　制言半月刊　22—23　25年8月1日，16日

一年來國內各大書坊史地新書彙目　雪昆　圖書展望　1：4　49—56面　25年1月15日

最近日本的關於中國之出版物　謝位鼎　讀書與出版　14　2—4面　25年6月16日

元太祖成吉思汗生平史料目錄　鄧衍林　圖書館學季刊　10：2　317—328面　25年6月

拳匪史料輯目　趙興國　中華圖書館協會會報　12：1　15—17面　25年8月31日　人文月刊　7：7—8　1—4面　25年9月15日

清內閣漢文黃册聯合目錄序　蔡元培　文獻論叢　25年10月16日

清代學者地理論文目錄（續）　王重民　禹貢半月刊　4：11　33—46面　25年2月1日　4：12　45—53面　25年2月16日

浙江問題圖書擬目　許振東　圖書展望　6　22—33面　25年3月31日

廣東方志要錄　瞿光之　新民月刊　2：3　85—135面　25年5月

西文雲南論文書目增補　丁驌　禹貢半月刊　5:6　49—50面
25年5月16日

海南島參攷書目　何多源　廣州大學圖書館季刊　2:2—3　186
—202面　26年3月1日

南洋書目選錄　許道齡　禹貢半月刊　6:8—9　189—194
面　26年1月1日

三個收藏記述上海的西文書籍的目錄　胡道靜　禹貢半月刊
6:6　57—86面　25年11月16日

華北問題論文集目　胡東衡　植耘合輯　圖書展望　1:9　45
—48面　25年6月30日

明代四裔書目　朱士嘉　禹貢半月刊　3—4　137—158面
25年4月11日

歐美人士研究我國邊疆問題之書目　西尊　邊疆半月刊　1:1
75—76面　25年8月25日　1:2　72—73面　25年9月10
日　1:3　72—73面　25年9月25日　1:4　69—71面
25年10月10日　1:5　77—78面　25年10月25日

日本著名史地雜誌刊載研究中國邊疆問題論文索引　西尊　邊
疆半月刊　1:1　71—74面　25年8月25日　1:2　65—
71面　25年9月10日　1:3　59—67面　25年9月25日
1:4　66—68面　25年10月10日　1:5　70—76面　25年
10月25日　1:6　67—72面　25年11月10日　1:7—8
79—85面　25年12月10日

東北書目之書目　陳鴻鈐　禹貢半月刊　6:3—4　233—255
面　25年10月16日

東北史地參攷文獻摘目　青木富太郎等輯　劉選民校補　禹貢
半月刊　6:3—4　257—297面　25年10月16日

東北期刊目錄　陳鴻鈐　禹貢半月刊　6:3—4　203—231

面　25年10月16日

旅行北平近郊名勝參考書述略　李翰章　北平世界日報圖書館
　　週刊　62　25年5月6日

國內名勝導遊書目　雪昆　圖書展望　1:12　57—60面　25年
　　9月30日

共讀樓所藏年譜目（續）　陳乃乾校錄　人文月刊　7:1　37
　　—44面　25年2月15日　7:2　45—55面　25年3月15日

齊魯大學圖書館藏年譜目錄　齊大季刊　7　111—126面
　　24年12月

共讀樓所藏近人墓志目　陳乃乾校錄　人文月刊　7:4　1—12
　　面　25年5月15日　7:5　13—26面　25年6月15日

小停雲山館金石書畫過眼錄　項士元　文瀾學報　2:1　25年
　　3月31日

石經論著目錄　楊殿珣　國立北平圖書館館刊　10:6　31—60
　　面　25年12月

建設大衆語文學書目　北平世界日報國語週刊　226　25年2
　　月1日　227　25年2月8日

幾種文學書目述評　李繼先　北平華北日報圖書館學週刊　28
　　20年10月29日　29　20年11月5日

宮閨氏籍藝文考略　王士祿遺著　藝文雜誌　1:1　1—19面
　　25年4月1日　1:2　1—12面　25年5月10日　1:3
　　1—12面　25年6月15日

選學書著錄　駱鴻凱　制言半月刊　11　1—8面　25年2月
　　16日

唐文粹粹目　唐文粹補遺選目　黃季剛選　彭績淡錄　制言半
　　月刊　24　1—8面　25年9月1日

宋元人說部題跋　夏敬觀　青鶴雜誌　4:3　1—4面　24年

12月16日 4：4 1——3面 25年1月1日 4：5 1——4面 25年1月16日 4：7 1——4面 25年2月16日 4：8 1——4面 25年3月1日 4：9 1——4面 25年3月16日 4：10 1——3面 25年4月1日 4：11 1——3面 25年4月16日 4：12 1——3面 25年5月1日 4：13 1——3面 25年5月16日 4：14 1——3面 25年6月1日

詞籍提要 趙尊嶽 詞學季刊 3：1 41——54面 25年3月31日

參加倫敦中國藝術國際展覽會出品目錄（續） 故宮週刊 493——510 24年12月28日——25年4月25日

水經注引書類目（續）鄭德坤 廈門大學圖書館館報 1：3 35——40面 24年11月30日

珉玉集引用書目 邵蒿 進德月刊 2：5 124——127面 26年1月1日

（C） 善 本 禁書目附

國立北平圖書館善本書目乙編序 袁同禮 圖書館學季刊 9：3—4 479——480面 24年12月

北平圖書館善本書目乙編續目 趙錄綽 國立北平圖書館刊 10：4 85——95面 25年3月 10：5 101——122面 25年10月 10：6 61——86面 25年12月 11：1 65——114面 26年2月

國立北平圖書館善本叢書第一集叙錄 謝國楨 天津大公報圖書副刊 166 26年1月21日 出版週刊 新222 9——11面 26年2月27日 新223 11——13面 26年3月6日 同行月刊 5：1 26年1月25日 5：2 2——7面 26年2月25日 5：3 5——10面 26年3月25日

浙江省立圖書館藏善本書題跋輯錄（史部）（續） 夏定域
文瀾學報 2:1 1—10面 25年3月31日

浙江圖書館善本書志 夏定域 文瀾學報 2:2 25年6月30日

浙江圖書館善本書目序 張宗祥 張元濟 柳詒徵 文瀾學報
3:1 11—14面 26年3月31日

海源閣宋元秘本書目叙 王獻唐 北平華北日報圖書週刊 3
23年11月19日

江西省立圖書館館藏善本書題識 劉郁文 江西省立圖書館館
刊 1 35—39面 23年11月 2 113—118面 24年
7月

靜嘉堂秘籍志跋 孫峻遺著 文瀾學報 2:2 25年6月30日

芸盦群書題記（續） 斐雲 天津大公報圖書副刊 118 25年
2月20日 119 25年2月27日

拾經樓群籍題識（續） 葉定侯 圖書館學季刊 9:3—4
481—492面 24年12月

拾經樓群書題識拾零 葉啟勳 北平世界日報圖書館週刊 65
25年5月27日 69 25年6月24日 79 25年9月2日

著硯樓讀書志 潘承弼 制言半月刊 8 25年1月1日 9
25年1月16日 13 25年3月16日 14 25年4月1日
18 25年6月1日 19 25年6月16日 20 25年7月1
日 22 25年8月1日 24 25年9月1日

涉園藏書記 陶湘 青鶴雜誌 5:1 1—12面 25年11月16
日 5:2 1—7面 25年12月1日 5:3 1—6面
25年12月16日 5:4 1—7面 26年1月1日

藏園群書題記 1續 傅增湘 國聞週報 13:2 25年1月6日
13:5 25年2月10日 13:10 25年3月16日 13:12 25年

圖書館籌處處學觚　1:7　40—44面　25年8月15日

敦煌石室訪書記　伯希和著　陸翔譯　國立北平圖書館館刊
9:5　3—27面　24年10月

斯坦因千佛洞取經始末記　斯坦因著　王竹書譯　國立北平圖
書館館刊　9:5　29—60面　24年10月

讀「敦煌石室訪書記」及「斯坦因千佛洞取經始末記」後　伊
佗　海潮音月刊　17:12　48—53面　25年12月15日

英倫所藏敦煌經卷訪問記　王重民　天津大公報圖書副刊　124
25年4月　日

斯坦因氏蒐集品中注明日期之漢文寫本　翟理斯著　任直譯
史學消息　1:7　11—19面　26年6月1日

敦煌石室寫經題記　許國霖　國立北平圖書館館刊　9:6　43—72
面　24年11月12日　微妙聲月刊　1:1　89—98面　25年
11月15日　1:2　69—78面　25年12月15日　1:3　73—
82面　26年1月15日　1:4　71—84面　26年2月15日

敦煌石室寫經題記彙編補遺　許國霖　微妙聲月刊　1:6　79
—86面　26年4月15日

敦煌石室寫經年代表　許國霖　微妙聲月刊　1:5　81—86面
26年3月15日

敦煌寫經題記與敦煌雜錄序　胡適　微妙聲月刊　1:1　61—
64面　25年11月15日　國立北平圖書館館刊　10:3　1—
4面　25年5月6日　天津大公報圖書副刊　140　25年
7月23日

巴黎敦煌殘卷敘錄（續）　王重民　天津大公報圖書副刊　115
25年1月30日　116　25年2月6日　120　25年3月5
日　121　25年3月12日　133　25年6月4日　134
25年6月11日　136　25年6月25日　141　25年7月30

日　143　25年8月13日　165　26年1月14日　171

26年3月4日　176　26年4月8日　178　26年4月22

日

敦煌書翰殘片考略之一　芋民　天津益世報人文週刊　17　26

年4月30日

文瀾閣四庫全書之今昔　君發　圖書展望　2：6　61——66面

26年4月10日

清修四庫全書採集層籍之方案　伯昭　北平華北日報中國文化

22　24年2月3日

清高宗對於四庫全書篡修之督課　伯昭　北平華北日報中國文

化　26　24年3月3日　27　24年3月10日　28　24年3

月17日　30　24年3月31日

續修四庫之請　素馨　北平晨報藝圃　26年3月21日

覆勘文瀾文源二閣藏四庫全書檔　文獻叢編二十六年第三輯

1——6面　26年3月

四庫提要中之周亮工　陳垣　文獻論叢　3——12面　25年10月

10日

清孫馮翼四庫全書輯永樂大典本書目鈔本跋　程會昌　圖書館

學季刊　9：2　286——288面　24年6月

四庫全書提要敘　武　天津大公報圖書副刊　128　25年4月

30日

四庫全書提要序　蕭菜　天津大公報圖書副刊　133　25年6

月4日

四庫提要辨證（續）　天津大公報圖書副刊　149　25年9月

24日　152　25年10月15日　158　25年11月26日　164

26年1月1日　170　26年2月25日　175　26年4月1

日　185　26年6月10日　國立北平圖書館館刊　9：5

61—70面　24年10月　9：6　33—42面　24年12月　10：3
5—17面　25年6月

辦紀文達手書簡明目錄　王鍾翰　天津大公報史地週刊　133
26年4月23日

四庫全書目錄板本考（續）　葉啟勳　圖書館學季刊　9：1
87—108面　24年3月　9：3—4　442—473面　24
年12月　10：2　295—308面　25年6月　10：3　427—
437面　25年9月　10：4　579　622面　25年12月　金
陵學報　4：2　313　328面　6：2　277　308面　25
年11月

乾隆之禁書運動　郭斌佳　武大文哲季刊　5：3　701—712
面　25年

乾隆之焚書　賀次君　書林半月刊　1：5　3—10面　26年5
月10日

清代禁書燬書籍名家詳徵　王逸樵　北平晨報藝圃　民國26年
3月14、15、17、19、21、24日連載

金堡編行堂集的禁燬始末　容肇祖　天津大公報史地週刊　143
26年7月2日

館藏清代禁書述略（續）　周叔　江蘇省立國學圖書館第五年
刊　1—68面　21年12月

教育部第二次全國美術展覽會的圖書　蔣復璁　學觚　2：3
1—4面　26年4月15日

（d）　地 方 著 述 目

遼海叢書總目提要　金毓黻　禹貢半月刊　6：3—4　191—201
面　25年10月16日

桑梓之遺與海岱人文　牟祥農　山東省立圖書館季刊　1：2

113—139面　25年12月13日

山左先詰遺書提要　調甫　伯弢　獻唐　北平華北日報圖書週刊　12　24年1月21日　13　24年1月28日　14　24年2月4日

齊魯遺書提要　祿民　北平華北日報圖書週刊　18　24年3月4日　19　24年3月11日

江蘇藝文志　金鉽　江蘇省立國學圖書館第六年刊　1—436面　22年12月　第七年刊　1—548面　23年11月　第八年刊　1—226面　24年10月

浙江文獻展覽會　簡又文　逸經半月刊　19　3—5面　25年12月5日

浙江文獻展覽珍品述要　慕騫　天津大公報浙江文獻展覽會特刊　25年11月3日

浙江省文獻展覽會緣起及各項章則　浙江教育廳　文瀾學報　2：2　25年6月30日

浙江文獻展覽會之回顧　陳訓慈　圖書展望　2：2　73—88面　25年12月10日

浙江時人著述記　錢寶琮　國風　8：9—10　41—49面　25年10月　文瀾學報　3：1　1—12面　26年3月31日

四庫著錄浙江先哲遺書目　毛春翔　文瀾學報　2：1　1—48面　25年3月31日　2：2　25年6月30日

浙江鄉賢遺著　文瀾學報（浙江省文獻展覽會專號上冊）　2：3—4　1—304面　25年12月

浙江郡邑叢書與總集　文瀾學報（浙江省文獻展覽會專號上冊）　2：3—4　305—326面　25年12月

溫州文獻述概　孫延釗　文瀾學報　2：1　1—25面　25年3月31日　3：1　1—80面　26年3月31日

四明叢書第四集總序　張壽鏞　光華大學半月刊　4:9　1——
8面　25年5月10日

四明叢書第四集後序　張壽鏞　光華半月刊　4:8　1——4面
25年4月15日

安徽省立圖書館文物展覽之旨趣　吳天植　學風　6:1　25年
2月1日

安徽省立圖書館文物展覽內容述要　編者　學風　6:1　25年
2月1日

湖北舊聞錄　陳詩　北平私立木齋圖書館季刊　1　43——55面
26年2月1日

湖北先正遺書簡明目錄　北平私立木齋圖書館季刊　1　17——
42面　26年2月1日

廈門自唐至清著作人物表　編者　廈門圖書館聲　3:5——6
3——6面　24年9月　3:7-9　3——8面　25年3月

（C）　個人著述攷

鄭康成著述攷　陳家驥　文學年報　2　147——178面　25年5月
干寶著述攷　郭維新　國立北平圖書館館刊　10:6　17——24面
25年12月

張曲江著述考　何格恩　嶺南學報　6:1　120——130面　26年3月
船山遺書目錄序　鄒湘棻遺稿　船山學報　12　1——6面　25
年10月30日

蒲松齡著述攷　何鵬　學風　7:5　1——4面　26年6月20日
崔東壁遺書序　胡適　天津大公報圖書副刊　128　25年4月30日
崔東壁遺書序　顧頡剛　燕京大學圖書館報　91　2——3面
25年6月1日

讀顧輯崔東壁遺書感言　楊寧　天津大公報史地週刊　92　25

　　年7月3日

評顧頡剛標點本崔東壁遺書　毛子水　天津益世報讀書週刊
　　59　25年7月30日

評標點本崔東壁遺書　王伯祥　中學生　66　249—251面
　　25年6月

記鈔本章氏遺書　錢穆　天津大公報圖書副刊　163　25年12
　　月31日　圖書季刊　3：4　225—229面　25年12月

曾文正公著述考　王蘧常　大夏年刊　139—149面　22年6月1日

王菉友先生著述考　鄭曉　山東省立圖書館季刊　1：2　21—
　　64面　25年12月13日

陳簠齋先生著述知見錄　書痴　北平華北日報圖書週刊　70
　　25年3月2日

胡展堂先生遺著輯略　王樹偉輯　中華圖書館協會會報　11：6
　　11—20面　25年6月30日

章太炎先生著述小識　毛子水　天津益世報讀書週刊　54　25
　　年6月25日

太炎先生著述目錄初稿　蒲承弼　沈延國　朱學浩　徐復　制
　　言半月刊　25　1—64面　25年9月16日

魯迅先生著述目錄　李文奇　北平世界日報圖書館週刊　85
　　25年10月21日

魚台馬氏著述記　屈萬里　北平華北日報圖書週刊　5　23年
　　12月3日

魚台馬氏遺書提要　張李芳　北平華北日報圖書週刊　11　24
　　年1月14日

婁東周氏藝文志略　周愨　江蘇省立國學圖書館第九年刊　1—
　　60面　25年10月

丹徒柳翼南先生遺稿　柳榮宗　江蘇省立國學圖書館第九年刊
　　1—130　25年10月

嘉定錢氏藝文志略書後　薛瀛伯　燕京大學圖書館報　97　25
　　年10月1日

東林著述攷　朱倓　廣州學報　1：1　1—55面　26年1月1日

国家图书馆出版社简介

　　国家图书馆出版社,原名书目文献出版社,1979 年成立。1996 年更名为北京图书馆出版社,2008 年改为现名。

　　本社是文化部主管、国家图书馆主办的中央级出版社。2009 年 8 月新闻出版总署首次经营性图书出版单位等级评估定为一级出版社,并授予"全国百佳图书出版单位"称号。

　　建社三十年来,通过与各图书馆密切合作,形成了两大专业出版特色:一是编辑出版图书馆学和信息管理科学著译作,出版各种书目索引等中文工具书;二是整理影印中文古籍等各种稀见历史文献。此外还编辑出版各种文史著作和传统文化普及读物。

　　本社设有社长总编办公室、财务部、历史文献影印编辑中心(下设文史编辑室、古籍影印编辑室、民国文献影印编辑室)、图书馆学情报学编辑室、中华再造善本编辑室、营销策划部、发行部、储运部等部门。

《文學論文索引》全編(全三冊)

劉修業等　編

國家圖書館出版社 2010 年 12 月影印出版

定價:¥1500.00　　　SBN:978-7-5013-3871-9

內容簡介:

　　本書由以下三本書組成:《文學論文索引》(1932)《文學論文索引續編》(1934)《文學論文索引三編》(1936)。收錄 1905–1936 年間發表的文學論文,分類編排,是研究近現代文學必不可少的工具書。詳細信息如下:

　　《文學論文索引》由張陳卿、陳璧如、李維墀編,中華圖書館協會 1932 年 1 月出版,收錄範圍:1905–1929 年底發表的文學論文、消息和序跋。

　　《文學論文索引續編》,劉修業編,中華圖書館協會於 1933 年 11 月出版,收錄範圍:1928–1933 年 5 月。

　　《文學論文索引三編》,劉修業編,中華圖書館協會 1936 年 1 月出版,收錄範圍:1933 年 5 月至 1935 年底。